U0090480

中國學術思想 研究輯刊

五 編

林慶彰 主編

第 12 冊

惠棟易學研究（四）

陳伯适 著

花木蘭文化出版社

國家圖書館出版品預行編目資料

惠棟易學研究（四）／陳伯适 著 — 初版 — 台北縣永和市：
花木蘭文化出版社，2009〔民98〕
目 14+288 面；19×26 公分
（中國學術思想研究輯刊 五編；第12冊）
ISBN：978-986-254-041-1（精裝）
1.（清）惠棟　2.易學　3.學術思想　4.研究考訂
121.17　　　　　　　　　　　　　　　　98014777

ISBN - 978-986-2540-41-1

中國學術思想研究輯刊
五　編　第十二冊　　　　　　ISBN：978-986-254-041-1

惠棟易學研究（四）

作　　　者	陳伯适
主　　編	林慶彰
總 編 輯	杜潔祥
出　　版	花木蘭文化出版社
發 行 所	花木蘭文化出版社
發 行 人	高小娟
聯絡地址	台北縣永和市中正路五九五號七樓之三
	電話：02-2923-1455／傳眞：02-2923-1452
網　　址	http://www.huamulan.tw 信箱 sut81518@ms59.hinet.net
印　　刷	普羅文化出版廣告事業
封面設計	劉開工作室
初　　版	2009 年 9 月
定　　價	五編 20 冊（精裝）新台幣 33,000 元

版權所有·請勿翻印

惠棟易學研究（四）

陳伯适　著

目

次

附　錄

圖表目錄

第七章　惠棟易學的義理觀

　　惠棟易學，主要偏重在象數的部份，義理方面相對顯得不足，乃至爲一
般所忽視。但是，惠棟雖重於漢《易》象數之闡發，卻不代表其易學中不見
義理痕跡，仍有哲學的思維內容可以探尋。這些屬於義理的思維內容，除了
散見於《易漢學》外，《周易述》裡對各經卦的論述與對《易傳》的解說，也
可以得到其義理脈絡。而在《易微言》、《易例》、《易大誼》、《明堂大道錄》
與《禘說》當中，更可管窺其思想的會通所呈現的哲理面貌。本章首先關注
的是從宇宙觀的角度切入，探尋惠棟易學中的宇宙本源的思想；其次，要探
討的是《中庸》與《易》理的融攝，主要從《周易述》與《易大誼》所述作
爲討論內容之主要來源；再其次，主要針對惠氏以禮述《易》與以史述《易》
的部份作詳細的說明與檢討，參照《周易述》、《禘說》與《明堂大道論》作
論述。最後，舉惠氏所言的幾個重要義理概念，包括「有無」、「虛」與「日
月爲易」等命題作探述。

第一節　宇宙觀

　　兩漢以降，天人之學勃興，宇宙本原之說紛至沓來，從老子週延而概括
地將「道」有系統的建構起權威之哲學本體思想開始，一般都以老子道論爲
核心，視「道」具優先性而爲先天地而存在的本體思想；然而，殊不知另一
套宇宙觀始終蓬勃發展著，那就是易學這支歷久彌新的哲學體系。漢《易》
融合陰陽五行、天文曆法之說，藉由卦爻象位與陰陽、五行、八宮、世應、
納甲、爻辰、卦氣等論說的配合，呈現出與自然科學結合的易學特色，並融

合戰國以來元氣、生剋、宇宙、天道等思想命題，建立其類似物質氣化的宇宙觀及天人感應的世界圖式，將人與自然的關係，作最大程度的類比與聯結。一種類似物質氣化的宇宙觀，在兩漢時期蔚然成風，也儼然成為漢儒論《易》表現在宇宙觀方面的特有思想。因此，惠棟易學所呈現的宇宙觀思想，也正反映出漢代易學家在這方面的看法。

一、太極為本的宇宙觀

「太極」本為《易》的哲學思維的重要核心，也是論述易學思想在宇宙論中的重要命題。《易》以太極為最高性，並在《易傳》中予以闡發，所以太極生次的思想，蓋濫觴於斯，而為兩漢時期普遍延續而存在的說法。「太極」一說，《易傳》之外，首先為名者，則《墨子・非攻下》亦有「大極」之言，云：

> 禹既已克有三苗，焉磨（案當作歷）為山川，別物上下，卿制大極，
> 而神民不違，天下乃靜。〔註1〕

孫詒讓《閒詁》指出「疑當為『卿制四極』」，也就是認為「大」字乃「四」字之形訛，然而二字形殊而不相近，訛舛而誤用，不甚合理。作「卿制大極」，大義概略為有條理地去建立大極，這個「大極」語義並不明確，但應屬於某種人文現象，與作為宇宙論來談的「太極」，在內容上二者是截然不同的。《莊子・大宗師》論「道」而提及「太極」者，云：

> 夫道，有情有信，無為無形；可傳而不可受，可得而不可見；自本
> 自根，未有天地，自古以固存；神鬼神帝，生天生地；在太極之先
> 而不為高，在六極之下而不為深，先天地生而不為久，長於上古而
> 不為老。〔註2〕

以「太極」相對於「六極」來談，而這個「太極」的內涵性質如何，是否具有實體的概念，歷來眾說紛紜，學者各有其不同的表述，〔註3〕依其文意，大

〔註1〕 見《墨子・非攻下》。引自孫詒讓《墨子閒詁》，卷五，北京：中華書局《諸子集成》第四輯，1996 年 2 月 1 版北京 9 刷，頁 92～93。

〔註2〕 見《莊子・大宗師》。引自郭慶藩《莊子集釋》，卷三上，臺北：貫雅文化事業有限公司，1991 年 9 月初版，頁 246～247。

〔註3〕 朱伯崑先生認為「太極」是「指空間的最高極限」，用以說明「道」在「太極」之先而不為高，這個「太極」並不具有實體的概念。（見朱伯崑《易學哲學史》第一卷，北京：華夏出版社，1995 年北京第一版第一刷，頁 66。）葛榮晉先

概可以肯定的是,「太極」爲一種方位傾向的論述,「太極」與「道」不能等量齊觀,「生天生地」、「先天地生」的「道」的位階是又先於「太極」的。《易傳》中陳述「道」與「太極」的內容,〈繫辭上〉云:

> 一陰一陽之謂道,繼之者善也,成之者性也。……是故易有太極,
>
> 是生兩儀,兩儀生四象,四象生八卦。

「道」爲宇宙萬物變化的規律,也就是陰陽雙方互相對立和互相作用的規律;〈繫辭上〉認爲「生生之謂易」,事物之所以運動變化,生生變易,主要是由於事物中存有陰陽兩個相反相成的力量,在互相對立與作用下,促使其運動、變化與發展。在這裡,「道」爲「一陰一陽」,卻不是陰陽的本身,陰陽爲「道」存在的基礎,唯有陰陽的規律變化運動才是「道」,因此,陰陽可以視爲「道」的作用。陰陽規律普遍存在於天地萬物的運動變化的過程中,以其相互作用而爲天地萬物和社會人事的共同規律,並進一步地反映在宇宙、社會與人生中,作出不同的表現,這也就是後世所認識的,「立天之道曰陰與陽,立地之道曰柔與剛,立人之道曰仁與義」(〈說卦〉)的三才之道。從「道」內存於天地萬物、體現於天地萬物中來說,它是天地萬物的本質,但它卻又不拘執於具體的事物之中,它與具體事物的區別在於它是「形而上」的,具有無形的、抽象的性質,而事物是「形而下」的,具有有形的、具體的性質;簡而言之,即「道」與「器」之別。〔註4〕《易傳》在宇宙本體論的概念上,除了提到「道」之外,更重要的是提到「太極」,而彼此間的聯繫關係,並未詳細的說明。但是,我們可以知道,《易傳》以「一陰一陽」來規範出「道」的內涵,以「形

生則認爲,莊子在這裡所指的「太極不是一個實體性概念,而是形容道的性質的屬性慨念」。(見葛榮晉《中國哲學範疇導論》,臺北:萬卷樓圖書公司,1993年,頁57。)鄧球柏從方位的觀念來詮釋,認爲「『太極』乃天之最高處,『六極』是地的最深處」。(見鄧球柏《周易的智慧》,河北:河北人民出版社,1991年第一版第一刷,頁40。)王葆玹先生則提出不同的另一說法,認爲〈大宗師〉中的「太極」當作「六極」言才對,其理由爲:「『大』、『太』兩字古通用,根據馬王堆帛書各篇,『大』、『太』兩字在西漢早期隸書抄寫時很難區分,可見《大宗師》的原文應當是:『在六極之先而不爲高,在六極之下而不爲深』」。王葆玹將「六極」視爲四方上下的空間來談,並且否定《莊子》作「太極」之說。諸家對太極的理解都有明顯的不同,「太極」在宇宙本體論上的歸位不明。

〔註4〕　《易傳・繫辭上》云:「形而上者謂之道,形而下者謂之器。」用以區別「道」與「物」在性質上的差異,形而上的道,是無形的、抽象的,也就是「陰陽不測之謂神」(同前)、「神無方而易無體」(同前)的特性。形而下的事物本身,是有形的、具體的,也就是「形乃謂之器」(同前)的特性。

而上者」來描述「道」的本質特徵，而陰陽又是太極化生過程中的一個階段，因此，「道」與「太極」二者間的關係，可以視「道」爲「太極」化生萬物與其變化發展過程中的形而上的陰陽之道，但是它並不見得完全能夠與太極作等同的。《易傳》將太極作爲一種先天地萬物存在的實存體，而從太極到八卦，是一個生化或分化的過程，也就是說，「太極」作爲世界形成過程中的最高或最初的實體。這種論述八卦的形成，兼含宇宙萬物生成之理，正是易道生生之德。

關於「太極」的性質，《易傳》卻未作具體的規定，秦漢以來，大都解釋爲原始的混沌未分的氣；孔穎達《周易正義》云：

太極，謂天地未分之前，元氣混而爲一，即是「太初」、「太一」也。

故《老子》云「道生一」，即此「太極」是也。又謂混元既分，即有

天地，故曰「太極生兩儀」，即《老子》云「一生二」也。〔註5〕

李鼎祚《周易集解》引虞翻云：

太極，太一也；分爲天地，故生兩儀也。〔註6〕

王應麟輯《周易鄭注》也提到鄭玄釋「太極」云：

極中之道，淳和未分之氣也。〔註7〕

「太極」的內涵，一般普遍的說法，都認爲是天地未分之前的混沌狀態，是天地萬物的根源或總會之所在。至於太極生次的過程，則由太極而生兩儀，兩儀而生四象，四象而生八卦，其兩儀與四象，《易傳》並無明確的指明，所以其生次的架構，也就因此留給後人無限的哲學思考空間。於此，《易緯》的說法較爲明確，賦予兩儀與四象清楚的內容，《乾鑿度》云：

孔子曰：易始於太極。太極分而爲二，故生天地。天地有春秋冬夏

之節，故生四時。四時各有陰陽剛柔之分，故生八卦。八卦成列，

天地之道立。〔註8〕

緯文依太極而生天地，天地而生四時，四時而生八卦的次序，也就是以「太極→天地→四時→八卦」爲生次歷程，覈示於《易傳》的「太極→兩儀→四

〔註5〕　見孔穎達《周易正義·繫辭上》第七。引自藝文印書館十三經注疏本《周易注疏》，頁156。

〔註6〕　見李鼎祚《周易集解》卷十四，頁349。

〔註7〕　見王應麟輯《周易鄭注》，據《文選》卷十九所輯。引自惠棟考補《新本鄭氏周易》，臺北：臺灣商務印書館景印文淵閣四庫全書本第七冊，頁176。

〔註8〕　見《易緯乾鑿度》，卷上，頁480。

象→八卦」，作爲宇宙生成的發展過程。以「天地」指稱「兩儀」，「四時」指稱「四象」，這樣的論述，《乾鑿度》蓋爲首出者。

　　《易傳》以「太極」作爲宇宙最高的本源來說，但並無詳細疏解，實質內涵不明，提供後人不同的解釋空間。〔註9〕宇宙本體的觀念，從早期的恆常之道的抽象概念，作爲宇宙生成的本源，而後發展到兩漢時期普遍的氣論，諸如《管子・心術》等篇以「氣」名「道」，以「道」無所不在，而與「氣」相類，與「氣」同質。〔註10〕《呂氏春秋・大樂》提到「太一出兩儀，兩儀出陰陽」，「太一」的概念，某種程度是與《繫傳》的太極生兩儀的說法相通，以太一爲萬物之本源而化生陰陽二氣。〔註11〕《淮南子》更進一步從「太始→虛霩→宇宙→元氣（分清妙與重濁）→天地→陰陽→四時→萬物」的詳細創生過程，建立起典型的氣化宇宙論。〔註12〕並且，〈原道〉提到「道者，一立而萬物生矣」，「所謂一者，無匹合於天下者也。卓然獨立，塊然獨處，上通九天，下貫九野，員不中規，方不中矩，大渾而爲一」；「是故，一之理，施四海，一之解，際天地」。〈詮言〉也提到「一者，萬物之本也，無敵之道

〔註9〕　唐君毅先生認爲「唯是太極乃高于兩儀之一概念。如兩儀指陰陽或天地，則太極應爲位于陰陽、乾坤、天地二者之上，而如以統攝之一概念。而太極之所指者，則應爲天地及天地中之萬物之根源或總會之所在。此爲就《易傳》之文句之構造，吾人可如此說者。至于太極之一名所實指者爲何，則儘可容後人有不同之解釋。」（見唐君毅〈太極問題疏抉〉，《新亞書院學術年刊》，第六期，頁9～10。）

〔註10〕《管子・心術》等四篇（〈心術〉上下、〈白心〉、〈內業〉），以氣名道，從本質上改造發展了老子的道，「道在天地之間，其大無外，其小無內」（〈心術上〉），充塞於宇宙之間，「萬物以生，萬物以成」（〈內業〉），而無所不在。其道與氣相類，與氣同質，所以說，「靈氣在心，其細無內，其大無外」。

〔註11〕參見《呂氏春秋・大樂》：「太一出兩儀，兩儀出陰陽，陰陽變化，一上一下，合而成章，渾渾沌沌，離則復合，合則復離，是謂天常。天地如車輪，終則復始，極則復返，莫不咸當。」〈知分〉：「凡人物者，陰陽之化也。」〈明理〉：「凡生非一氣之化也，長非一物之任也，成非一形之功也。」萬物源於「太一」，並生化於陰陽二氣，陰陽二氣是「太一」的分化，「太一」是陰陽二氣混沌未分之初態。《呂氏春秋》並擴大精氣與形氣的養生論，參見〈盡數〉、〈達鬱〉等篇，在此不予贅述。

〔註12〕《淮南子・天文》：「天地未形，馮馮翼翼，洞洞灟灟，故曰太始。太始生虛霩，虛霩生宇宙，宇宙生元氣，元氣有涯垠，清陽者薄靡而爲天，重濁者凝滯而爲地。清妙之合專易，重濁之凝竭難，故天先成而地後定。天地之襲精爲陰陽，陰陽之專精爲四時，四時之散精爲萬物。」明白地提出萬物創生的歷程。此外，〈精神〉、〈俶眞〉等也提出天地萬物的肇生，始於元氣的概念。這樣的氣化宇宙論，可以說是兩漢以來有關說法的重要典型。

也」；「洞同天地，渾沌爲樸，未造而成物，謂之太一。同出於一，所爲各異，有鳥有魚有獸，謂之分物。方以類別，物以羣分，性命不同，皆形於有，隔而不通，分而爲萬物」。《淮南子》以「道」萬有之本根，或稱爲「一」、爲「太一」，爲處於一種混沌未明的狀態，與《呂氏春秋》「太一」義近。

《呂氏春秋》、《淮南子》皆言「太一」，事實上「太一」的觀念，源起甚早，丁四新先生指出「太一」一詞的出現當在戰國中期，〔註13〕而饒宗頤先生曾提出「戰國的儒家、法家，以及陰陽家、星占家對於『一』的共同追求，塑造出『大一』這個抽象而又具體的總攬宇宙萬物的元神（借用高誘語），來代表不易、不偏的最高原則性的道」，它的作用和意義與「太極基本上是一致的」。〔註14〕以「太一」爲名，確實從秦漢以降，極爲普遍，在《楚辭》中，「太一」爲楚國的主神。〔註15〕《莊子》以「太一」或「大一」爲名者，有五見，〈天下〉云「建之以常無有，主之以太一」；「至大無外，謂之大一」；〈列御寇〉云「太一形虛」；〈徐无鬼〉云「知大一」、「大一通之」。《文子・自然》云「天氣爲魂，地氣爲魄，反之玄妙，各處其宅，守之勿失，上通太一，太一之精，通合於天」。〔註16〕《荀子・禮論》云「以歸大一」，而《禮記・禮運》亦云「是故夫禮，必本於大一，分而爲天地，轉而爲陰陽，變而爲四時，列而爲鬼神」；皆以禮由「大一」而出，歸本於「大一」。《越絕書・外傳記寶劍》云「太一下觀，天精下之」。此外《鶡冠子・泰鴻》云「中央者，太一之位，百神仰制焉」。在先秦諸子之書，不論是儒、道之門，皆云「太一」。另外，在出土的文物中，如曾經出土的一件戰國戈（學者或稱「兵避太歲」戈），乃至包山楚簡、馬王堆漢墓出土的帛畫中，皆有「太一」崇拜的證據，特別是馬王堆《陰陽五行》乙本有《天一圖》，學者或稱《太一將行圖》，「太一」爲天帝神祇之名。「太一」之說，最具典型者，則爲郭店楚墓竹簡中《太一生

〔註13〕 見丁四新《郭店楚墓竹簡思想研究》，北京：東方出版社，2000 年 10 月 1 版 1 刷，頁 87。

〔註14〕 見饒宗頤〈帛書《繫辭傳》「大恒」說〉。引自陳鼓應主編《道家文化研究》，第三輯，上海：上海古籍出版社，1993 年 8 月 1 版 1 刷，頁 17。

〔註15〕 太一爲楚國之主神，《九歌》首列〈東皇太一〉，「東皇太一」即「上皇」，相當於上帝位格。而宋玉的〈高唐賦〉則有云「醮諸神，禮太一」，亦以「太一」爲神名。

〔註16〕 《文子》一文，見丁原植《《文子》資料探索》，臺北：萬卷樓圖書有限公司，199 年 9 月初版，頁 402。《文子》此段文字，同於《淮南子・主術訓》。惟「太一」一詞，《文子》有二本，除作「太一」外，亦作「太乙」。

水》的簡本，將「太一」作為宇宙本源的哲學觀念，作了有系統的說明，其中例如 1 至 8 簡云：

> 大一生水，水反輔大一，是以成天。天反輔大一，是以成地。天地
> 〔復相輔〕也，是以成神明。神明復相輔也，是以成陰陽。陰陽復
> 相輔也，是以成四時。四時復相輔也，是以成滄熱。滄熱復相輔也，
> 是以成濕燥。濕燥復相輔也，成歲而止。故歲者，濕燥之所生也。
> 濕燥者，滄熱之所生也。滄熱者，〔四時之所生也〕。四時者，陰陽
> 之所生。陰陽者，神明之所生也。神明者，天地之所生也。天地者，
> 大一之所生也。是故大一藏于水，行于時，周而或〔始，以己為〕
> 萬物母。一缺一盈，以己為萬物經。此天之所不能殺，地之所不能
> 埋，陰陽之所不能成。……〔註17〕

從這段文字可以看出其建構之宇宙化生體系極為嚴密，「太一」為宇宙之本根，一切萬有皆有此而生；太一生水生天生地，生神明生陰陽，生四時生滄熱生濕燥，直至一歲的形成。以太一為宇宙之本而論述「歲」的形成，「太一」有雙重的存在狀況，一是形上的超越存在，一是形下的即物而存在，因此丁四新指出「太一是其自身的圓滿規定，即使是其生物、物物、即物的特性，亦皆是太一自身的內在規定。這樣太一的形下存在即已經預設于太一存在的形上定律中，所以太一的兩種存在狀況是統一的」。〔註18〕

「太一」主神的地位，秦漢時期得到普遍的確認，《史記‧秦始皇本紀》提到「古有天皇，有地皇，有泰皇，泰皇最貴」，「泰皇」一般解釋為「太一」。又《史記‧禮書》云「貴本之謂文，親用之謂理。兩者合而成文以歸太一，是謂太隆」，又云「故至備，情文俱盡；其次，情文代勝；其下，復情以歸太一」。〔註19〕〈樂書〉亦云「漢家常以正月上辛祠太一甘泉」，「復次以《太一之歌》，歌曲曰：太一貢兮天馬下」。又〈天官書〉云「中宮天極星，其一明者，太一常居也」。〈封禪書〉言太一者更多，如「天神貴者太一，太一佐曰五帝」。這些論述，班固在《漢書》中特別在〈禮樂志〉與〈郊祀志〉，有更為詳盡的記載，這裡不再贅舉。因此，「太一」普遍在典籍中呈現，儼然成為

〔註17〕 文引自丁四新《郭店楚墓竹簡思想研究》，北京：東方出版社，2000 年 10 月
　　　　 1 版 1 刷，頁 88。
〔註18〕 見丁四新《郭店楚墓竹簡思想研究》，頁 90。
〔註19〕 這些文字幾乎與《荀子‧禮論》、《大戴禮記‧禮三本》之文相同。

那個時期文化學術上，將天文星象、宗教神話與思想義理聯繫在一起的一個重要稱謂，也被普遍套用在各個學說思想中，例如《漢書・藝文志》中列有：《太壹兵法》一篇，《泰一雜子星》二十八卷，《太壹雜子雲雨》三十四卷，《太壹陰陽》二十三卷，《太壹雜子候歲》二十二卷，《太一》二十九卷，《泰壹雜子十五家方》二十二卷，《泰壹雜子黃冶》三十一卷等等，「太一」成為陰陽五行、星象兵法的重要代言人。

　　已如前述，「太一」在哲學上，特別是宇宙論上，具有本源的概念，而這樣的概念，也滲透在易學思想之中，《易緯・乾鑿度》有「太乙下行九宮」之說，提到「太一取其數，以行九宮，⋯⋯上游息於太一天下之宮，而反於紫宮」，鄭玄注云：

> 太乙者，北辰之神名也。居其所曰太乙，常行於八卦日辰之間曰天一，或曰太一。出入所游，息於紫宮之內外，其星因以為名焉，故《星經》曰：天一、太乙，主氣之神。

天一與太一原本各主一位之主星，但到了鄭玄，則混同了二者，並且明確指出不管是天一或太一，皆為主氣之神。兩漢時期，氣論的宇宙觀盛行，宇宙的本源來自於氣，而太一又為主氣者，也就是說太一為氣之本根，也是宇宙之本根。《易》道陰陽之氣，以論氣為盛，所以《易》氣又與太一相涉。

　　兩漢時期，在「太極」之外，又有以「道」為名，或以「太一」而言宇宙本體者，不管它們是出自於道家系統、黃老系統或是儒家系統的思想，乃至兩漢學術思想發展的普遍傾向，但總可以理解的，是兩漢期間已普遍存在的宇宙本源思想。惠棟應該深刻瞭解這樣的發展，所以他在論述以太極為宇宙本源的同時，也用「太一」稱之，他明白地指出自己對「太一」的看法，在解釋《老子》「一生二，二生三，三生萬物」時云：

> 愚謂一，太一，天也。二，陰陽也。太一分為兩儀，故一生二，二與一為三，故二生三，三合然後生，故三生萬物。〔註20〕

惠棟在釋《繫傳》「顯道神德行，是故可與酬酢，可與右神矣」時指出：

> 太極，一也。道據其一，故道謂太極也。一尚微，太極生兩儀，剖判分離，故顯也。⋯⋯《九家》曰：陽往曰酬，陰來曰酢，故曰酬酢，往來也。⋯⋯神謂天神太一者，天之主氣，即其一不用者是也。右，助也。言易四象之作，能右太一之神，而助其變化，故可與右

〔註20〕見《易微言》，卷上，頁688。

神矣。〔註21〕

惠氏釋《繫上》「《易》有大極，是生兩儀」，云：

太極，太一者，馬氏云《易》有太極，謂北辰也。《乾鑿度》曰：太一取七、八、九、六之數，以行九宮。鄭彼注云：太一者，北辰之神名也。居其所曰太一，主氣之神，京氏注大衍之數云：其一不用者，天之主氣，將欲以虛來實，故用四十九。《禮運》曰：夫禮必本于太一，分而爲天地。《呂氏春秋》曰：太一出兩儀。太一者，極大曰太，未分曰一。太極者，極中也，未分曰一。故謂之太一。未發爲中，故謂之太極。在人爲皇極，其實一也。兩儀，天地也，分而爲天地，故生兩儀，此上虞義也。儀，匹也。《釋詁》文。天地相匹，故稱兩儀。《乾鑿度》曰：《易》始于一，分于二，通于三。鄭氏謂陰陽氣交，人生其中，故爲三才。太極函三爲一，相並俱生，故太極生兩儀，三才具焉。〔註22〕

從這幾段文句中，可以看出惠棟以「太極」爲「一」，以「太極」爲「太一」，而太極又爲「道」，所以「道謂太極」。對於《老子》所言「一生二」之「一」，視爲「太一」，然而，《老子》在「一生二」之前又有「道生一」，如此一來，是否意味著在「太一」之前又有一個「道」作爲本體呢？事實上，惠棟似乎並不否定這樣的存在，只不過刻意的忽略這個「道」的最高性，甚至混同了「道」與「太極」，所以他說「太極，一也。道據其一，故道謂太極也」；「太極」既爲「一」，而「道」又據其一，那「一」含於「道」中，也就是「太極」也含於「道」中，如此一來，「道」應該比「太極」或「一」更具根源性，但是，惠棟並不如此認定，以「道謂太極」使「道」之位階不在「太極」之上，與「太極」同，也就是「道」即「太極」。至於「太極」的本質，惠棟將之視爲「氣」，是一種未發未分之氣，此氣尚微而未顯，所以「一尚微」，直至太一判分陰陽兩儀時，才眞正的顯發。所以氣有未分有已分，未分爲「一」爲「太一」爲「太極」，已分則爲陰陽爲天地；不管是未分或已分，其本質仍是「氣」。此外，惠棟也指出「太一」主氣，以虛來實，也就是由虛中未分至顯發爲陰陽，陰陽二氣之往來變化，進而生成萬物。因此，惠棟以道爲「太極」，而「太極」又爲「一」、又爲「太一」，是一種物質的「氣」的存在。這

〔註21〕見《周易述‧繫辭上傳》，卷十六，頁435。
〔註22〕見《周易述‧繫辭上傳》，卷十六，頁455。

樣的說法，與兩漢時期普遍的氣化宇宙論之主張相近。並且，惠棟以「太極」即「太一」，其天神之性、北辰之星格，也合於漢儒的一般說法。有關「一」的詳細內涵，將於後文另作說明。

二、太易化生的宇宙觀

《易緯》建構一套由「太易」而「太初」而「太始」而「太素」，進而化分天地與衍生出具有形質的萬物的有系統的宇宙觀，其核心內容在於其氣化之質，是由無而有的，是不斷變化的。在這套宇宙觀裡，太易是其最高之本源，至於一般所提的太極，在這裡則又似乎是位居太易之下，彼此各居其位，分立而有別。惠棟揀選《易緯》之說，並對有關主張作了某種程度的改造，以呈現其宇宙觀的意向。

（一）側重「有」的氣化說

宇宙的本源，《易緯》除了呼應《易傳》，定太極於一尊外，更重要的是，明白地表述出氣化宇宙論的實質。《乾鑿度》的詳細之說則為：

> 昔者聖人因陰陽，定消息，立乾坤，以統天地。夫有形生於無形，乾坤安從生？故曰：有太易、有太初、有太始、有太素也。太易者，未見氣也；太初者，氣之始也；太始者，形之始也；太素者，質之始也。氣形質具而未離，故曰渾淪。渾淪者，言萬物相渾成而未相離。視之不見，聽之不聞，循之不得，故曰易也。〔註23〕

立乾坤以統天地為有形，而有形之物皆由無形而生，故《易緯》建立宇宙的形成階段，從太易而太初，而太始，而太素，乃至萬物的造化，都是由無而有的歷程，這樣的邏輯觀念，與《老子》「天下萬物生於有，有生於無」〔註24〕的推「有」入「無」的理論體系相似，或許也是因老子而發。

〔註23〕見《易緯乾鑿度》，卷上，頁481。此一引文，又見《乾鑿度》，卷下；下卷所言，其不同者，惟「聖人」作「文王」，「易無形畔」作「易無形埒」，餘則為虛詞之損益，文義概為一致。另外，《列子·天瑞》也有相似之引文，其不同者在於《乾鑿度》之文最後歸於「三畫而成乾」，「六畫而成卦」，展現出易書的本色，但《列子》之文則歸於「沖和氣者為人」，以及「萬物化生」。倘以《列子》後出，則其文或許是出自於《乾鑿度》者。又《白虎通義》卷九，論天地之始中提到：「始起先有太初，然後有太始，形兆既成，名曰太素，混沌相連，視之不見，聽之不聞，然後判。」顯然也襲引前者。

〔註24〕語出《老子》第四十章。

「太易」、「太初」、「太始」與「太素」於氣論中的位階與性質，鄭玄曾經作了解釋云：

太易之始，漠然無氣可見者；太初者，氣寒溫始生也；太始，有兆始萌也；太素者，質始形也。諸所爲物，皆成包裹，元未分別。

「太易」之時，以氣之未見而未分，而「太初」則氣始見，「太始」以氣成而後形見爲物，「太素」則萬物素質由是淳在，但仍是未成物的氣之質。這樣的說法，在《乾坤鑿度》也有同樣的敘述：

太易變，教民不倦。太初而後有太始，太始而後有太素。有形始於弗形，有法始於弗法。〔註25〕

《易緯》以「太易」屬「無」的階段，氣未能見，虛豁寂寞，不可視聽以尋，簡名爲「易無形畔」而「弗形弗法」的「易」，是氣化宇宙論的最高本源。「太初」以下屬於「有」的範疇；但是，「太初」爲「氣之始」，「太始」爲「形之始」，「太素」爲「質之始」，雖是「有」，其有形仍未落物形，故云以「之始」，而此三始與「太易」仍屬於「形而上者謂之道」的概念。

惠棟引《乾鑿度》之說，云：

《易》有太易，有太初，有太始，有太素。《易》變而爲一，當太初時，易无形畔。太易者，未見氣；太初者，氣之始，寒溫始生，故云易也。三變成爻，四營者止一變耳。而云易者，易本乎氣，故不言變而言易，象天地之始，故云象氣變也。〔註26〕

惠氏引「太易」爲「未見氣」，事實上《乾鑿度》認爲此時氣尙未形成，而至「太初」之時，則爲「氣之始」，也就是這時候氣才開始形成，亦即「太初」以降三始乃萬物相渾成而未相離之狀，總名曰「渾淪」，也是兩漢時期，普遍稱說的「元氣」。氣的特性爲絪縕運動，混沌一片，肉眼看不到其形狀，耳朵聽不到其聲音，沒有固定的形跡可循，卻是化生萬物的元素，故渾淪之氣，其氣即有氣之開始、產生與存在的性質，故屬於「有」，屬於「有形」的範圍和性質。但是，惠氏並且認爲「易本乎氣」，也就是「易」作爲萬化之源，是一種純粹的「氣」的存在，在這種情形下，惠氏似乎刻意忽略「太易」那「未見氣」的樣態，也就是忽略《乾鑿度》所表現的「太易」那種「無」的傾向，而將「太易」、「太初」、「太始」與「太素」概括爲「易」，「易本乎氣」，所以

〔註25〕見《易緯乾坤鑿度》，卷上，頁463～464。

〔註26〕見《周易述・繫辭上傳》，卷十六，頁434。

也就是概括爲「氣」。所以，惠氏於《易例》中特別列「太易」之易例，依《乾鑿度》之文，作了明確的解釋：

> 《乾鑿度》曰：有太易，有太初，有太始，有太素也。太易者，未見氣也；以其寂然無物，故名之爲太易。太初者，氣之始也；元氣之所本始，太易既自寂然無物矣，焉能生此太初哉，則太初者，亦忽然而自生。太始者，形之始也；形見也。天象，形見之所本始也。太素者，質之始也；地質之所本始也。氣形質具而未離，故曰渾淪。雖含此三始，而猶未有分判。《老子》曰：有物渾成，先天地生。渾淪者，言萬物相渾成，而未相離。言萬物莫不資此三者也。視之不見，聽之不聞，循之不得，故曰易也。

又以《禮記·曲禮正義》引河上公註云：

> 能生天地人，則當大易之氣。〔註27〕

從這段話，可以看出惠氏對此宇宙最高本原「太易」的看法，類似《乾鑿度》那種「無」傾向的本質，或是《老子》「道」的概念，是寂然無物的，也就是一種非物的存在，而這種「無物」或者「非物」，並不代表沒有物質性的物質存有，反而肯定是「元氣」的存在，所以他說「能生天地人，則當大易之氣」，也就是說，太易是一種寂然無物的「元氣」，稱之爲「渾淪」，含「太初」、「太始」、「太素」三始，而尙未分判，故「視之不見，聽之不聞，循之不得」。因此，從這樣的見解，惠氏對「太易」的化生系統之看法，並無像《乾鑿度》具有強烈地由無而有的歷程，惠氏的「無物」，仍然是一種元氣的存在，也可以說是「有」。

（二）太極同於太易之最高性

「太極生兩儀」的生次觀，乃至「太易→太初→太始→太素」的由無而有的氣化論，「太極」與「太易」皆是成卦之始，而二系統的關係如何，又如何相融，在探究《易緯》的宇宙論時，是有必要釐清的。《易緯》的「兩儀」明指天地，「太極」必在天地之上，是爲渾淪之性，既爲渾淪之氣性，則當屬「有」的形質；在這裡，太極究竟可否等同於太易？或者是同於渾淪？這對於建構一個完整而嚴謹的理論時，所必須交待清楚的，雖然《易緯》並無明白地展現其彼此間的脈絡關係，但我們仍可進一步有系統的釐析出來。

從《周易》的視野談「太極」，太極視爲宇宙的最高性與本源是不容置疑的，

〔註27〕二段引文，見《易例》，卷上，頁930。

雖然如唐君毅先生所言「儘可容後人有不同之解釋」，〔註28〕但落入《易緯》的
體系中，則不容隨意。《易緯》中，普遍以元氣作爲解釋「太極」之意。它是「淳
和未分之氣」，在天地未分之前，分輕清與重濁於未來的天地之中，也就是「輕
清者上爲天，重濁者下爲地」，〔註29〕誠如《河圖括地象》所云，「有易太極，
是生兩儀。兩儀未分，其氣混淪」，〔註30〕則太極本爲「渾淪之元氣」，在緯文
的系統中，是無待異議的。《乾坤鑿度》特別指出「太易始著，太極成；太極成，
乾坤行」，〔註31〕「太易」而後有「太極」，故其未見氣的「太易」階段，屬「性
無生」的「無」之性，而氣形質生的「太極」階段，則是「生復體」的從「無」
入「有」的歷程。因此，在《易緯》裡，「太易」與「太極」的重要屬性區別，
以「太易」爲「無」，而「太極」爲「有」。〔註32〕「太極」是氣而爲有，處於
未分天地的狀態，似乎涵攝「太初」、「太始」與「太素」三始；至於「太易」，
則非「太極」之質，而是先於「太極」而存在之未見氣者。此外，「太素」以上，
包括爲「無」氣之質的「太易」，以及「有」氣之質的渾淪狀的「太初」、「太始」
與「太素」，雖是「有形」之氣，但仍處於渾淪之狀，未現物形，故實質上皆仍
屬於「無形」者，也就是說，渾淪並非實質的「有形」，渾淪本是「無形」的，
但它已存在之氣，逐漸化生成爲有形之物；同樣地，「太極」也是如此，「太極」
雖是具「有形」之氣質，但也是處在渾淪之狀，實質上也是物形未現的「無形」
的「道」。至於「太素」以下，則爲眞正具有物象的「有形」的「器」。有形始
於無形，可以用此參合《易傳》所謂的「形上之道」與「形下之器」的區別，「太
極」與「太素」以上者皆屬「形而上之道」，「太極」下分之天地與「太素」以

〔註28〕見唐君毅〈太極問題疏抉〉，《新亞書院學術年刊》，第六期，頁9～10。
〔註29〕內文引號中所引，見《乾鑿度》。轉引自《周易述・象上傳》，卷九，頁224。
〔註30〕見《河圖括地象》。引自安居香山、中村璋八輯《緯書集成》，河北：河北人
　　　　民出版社，1994年12月1版1刷，頁1092。
〔註31〕見《易緯乾坤鑿度》，卷上，頁463。
〔註32〕「太易」與「太極」的「有」與「無」上的屬性差異，鄭玄《乾坤鑿度・上》
　　　　注云：「太易，無也；太極，有也。太易從無入有，聖人知太易有理未形，故曰
　　　　太易。」亦可以爲證。又《孝經緯鉤命訣》云：「天地未分之前，有太易，有太
　　　　初，有太始，有太素，有太極，是爲五運。形象未分，謂之太易。元氣始萌，
　　　　謂之太初。氣形之端，謂之太始。形變有質，謂之太素。質形已具，謂之太極。
　　　　五氣漸變，謂之五運。」其說雖異於《乾鑿度》，然以太極爲元氣則是一致的。
　　　　事實上，太極爲元氣，已如前文引《淮南子・天文訓》中已有明言，而劉歆在
　　　　《三統曆》中提到「太極元氣，函三爲一」，以太極爲元氣而涵攝天地人三才。
　　　　因此，太極爲有形的元氣之說，在兩漢期間，是一種極爲普遍的說法。

下者，則屬「形而下之器」。《易緯》不離《易傳》之義，由是可見一斑。

　　但是，惠棟引述《易緯》之說，雖並未否定《易緯》「有」、「無」之說，但是他也未進一步闡明此說，反而他將這些統稱為「易」，是一種「氣」的存在，也就是一種物質化的「有」。如此一來，惠氏似乎肯定「太極」與「太易」是站在同一位階上，同為一種氣質概念的存在，而與《易緯》有所不同。例如惠棟曾指出：

> 太易者，未見氣也；太初者，氣之始也。故云變易者，其氣也。
> 〔註33〕

又引《史記・律書》中「氣始於冬至……以得細若氣，微若聲」，以《正義》之言解釋此「氣」，明白地認為：

> 氣謂大易之氣。〔註34〕

「太易」或稱「大易」，雖「未見氣」，並不代表它不是「氣」的存在，從「太易」至「太初」的改變歷程，惠氏謂之「變易」，是一種「氣」的變化，所以「太易」仍為「氣」。是「太易」之「未見氣」，即氣呈現出一種混沌不明的狀態，這樣的狀態，與「太極」所反應出的元氣樣態相同。惠氏這樣的論述，是一種對《易緯》的改造。

（三）氣之性以變易

　　上面提到惠氏引《乾鑿度》提到「變易也者，其氣也」，《易》不離變易之性，而變易之性在於「氣」，也就是「氣」具有變易之性。《古微書・河圖緯》提到「元氣無形，洶洶隆隆，偃者為地，伏者為天」，〔註35〕元氣變化而無形，絪縕而化生天地萬物。惠氏釋《繫辭上傳》「是故四營而成《易》」時，提到：

> 若鄭氏之義，以文王推爻，四乃術數，則以四營為七、八、九、六。
> 單則七也，拆則八也，重則九也，交則六也。四營而成，由是而生
> 四七、四八、四九、四六之數，如是備為一爻，七、八、九、六皆
> 三變而成，故十有八變而成卦，八卦而小成也。……一變而為七，
> 七變而為九，九者氣變之究，乃復變而為一者，皆《乾鑿度》文。

〔註33〕見《周易述・繫辭上傳》，卷十五，頁387。
〔註34〕見《易微言》，卷下，頁726。
〔註35〕見《河圖括地象》。引自安居香山、中村璋八輯《緯書集成》，河北：河北人
　　　　民出版社，1994年12月1版1刷，頁1092。

物有始，有壯，有究。一，始也；七，壯也；九，究也。一、七、九，三氣相承。太極元氣，函三爲一，故乃復變而爲一，則三揲著而成一爻也。……《乾鑿度》曰：三畫而成乾，乾坤相並俱生。鄭彼注云：夫陽則言乾成，陰則言坤成。可知謂乾坤各三爻，故云六爻。三六十八，故十有八變而成卦。乾坤與六子俱名八卦，而小成謂天三爻，故云小成也。陽變成震、坎、艮；陰變成巽、离、兌。故云觀變于陰陽而立卦也。〔註36〕

又於釋《繫上》「形而上者謂之道，形而下者謂之器」，亦云：

《易說》：「易无形畔，易變而爲一，一變而爲七，七變而爲九，九者氣變之究也，乃復變而爲一，一者形變之始者。」皆《乾鑿度》文。易无形畔者，謂太易也。易變而爲一者，謂太初也。一變而爲七者，七主南方，謂太始也。七變而爲九者，九主西方，謂太素也。九者氣變之究也者，鄭氏謂西方陽氣所終究之始也。乃復變而爲一者，鄭氏謂此一則元氣，形見而未分者。一者形變之始者，即乾之初也。「清輕者上爲天，濁重者下爲地」，亦《乾鑿度》文。乾息至二則升坤五，故清輕者上爲天。〔註37〕

「太極」爲其形成的物質要素，而太極元氣也包蘊者氣、形、質三個方面。卦爻是依據元氣的變易規律而建構的，所有的卦畫和卦象都體現元氣的運動法則，基本的次序爲由氣而形而質生。氣、形、質而後成物，也必須經歷始、壯、究三個階段，八卦的三畫就是依此而生。「易」本無形畔，然非無作用，「太易」始著而「太極」成，「太極」之元氣發動，氣變之「始」爲一，氣變之「壯」爲七，氣變之「究」爲九。有形物的生成皆歷太初、太始與太素三個階段，藉由這樣不同階段的變化，最後形成有形的萬物。初變爲一，進而七，乃至於九爲極數，然後復變而爲一。但是，依鄭注所云，則認爲復變爲一是錯誤的，「當爲二，二變而爲六，六變而爲八，則與上七九意相協」。〔註38〕惠氏用《乾鑿度》之說，而未採鄭氏之注；事實上，《乾鑿度》復變爲一之說，並無不當，用「七」、「九」而不用「八」、「六」，在於卦氣或元氣以乾陽初九先起，當乾之時，坤陰尚未顯。乾始於太極初始之陽，變少陽之「七」，至「九」爲陽之極，此時坤

〔註36〕　見《周易述·繫辭上傳》，卷十六，頁434～435。

〔註37〕　見《周易述·繫辭上傳》，卷十六，頁466～467。

〔註38〕　鄭注《乾鑿度》，見《易緯乾鑿度》，卷下，頁488。

陰方始生，所以云「九者氣變之究也，乃復變而爲一」，這樣的說法仍屬合理。因爲乾一既然爲始起而爲先，而有至七至九的過程，這時坤尚未顯，自然仍是陽。「易變而爲一」，是太極始生乾之交；「復變而爲一」，是乾陽生坤之交，此時坤氣始生，但在生化的歷程上，仍是反復爲乾一之時。〔註39〕但是，在鄭玄的看法，以太極渾淪分化的過程，從變出陽氣之數，復生陰氣之數，也就是「陽變七之九，陰變八之六」。既有天地之形，復有陰陽數之變，故三畫而成乾坤，因而重之，故六畫而成卦，六十四卦也因之而生。易數一、七、九而反復爲一的循環概念，表現的意義，並不在純粹的數字遊戲或數的神祕主義上，某種程度上薪承《左傳・僖公十五年》載韓簡言「物生而後有象，象而後有滋，滋而後有數」的象數統一的前提，用「數」來擬象事物的變化週程的特定形式與內容呈現，其意義即是萬物化生的初始變化狀態。另外，陰陽之氣形成後，其運後的模式，則爲「清輕者上爲天，濁重者下爲地」，陽清而質輕故上升爲天，陰濁而質重而下降爲地。陰陽二氣升降的基本律則在於陽升而陰降，而最普遍而理想的升降，則爲乾二升坤五，坤五降乾二，荀爽升降說的理論基礎就是由此而來。

在氣化的歷程，由元氣的運行而形成天地後，其運行而有春秋多夏的四時節氣，以及陰陽、剛柔之分，各具陰陽、剛柔相反相成的作用，以及八卦的形成，天、地、雷、風、水、火、山、澤諸象的產生，這都反映出元氣的變化特性，和天地萬物的變化規律。至於八卦的本身，即體現了陰陽之氣變化的具體形態，八卦便是取象於陰陽之氣運動所形成天、地、雷、風等象而

〔註39〕 高懷民先生對於鄭玄注《乾鑿度》，也作了一番詳細的分析，認爲「（鄭玄）這一段注文乃誤解了原文之義，注者認爲『七變而爲九』之後，理應陽極變陰，變生坤陰，即與乾陽相對爲二，故言『一變誤耳，當爲二。』不知原作者之意，並非向『九』以下變，只是剖析『一中之變』。但注者仍有錯誤，即不當言『二變而爲六，六變而爲八。』當言『二變而爲八，八變而爲六。』因爲陽極所生爲少陰，然後方生老陰。注文的錯誤不止在於易學思想欠通，且在於錯會了原作者『乾鑿度』之用心，故以『一』爲『二』之誤文。又因爲要說明『當爲二』之正確性，乃回頭倒作解說，謂『易』即『太易』，『變一』即『變爲太初』，『變七』即『變爲太始』，『變九』即『變爲太素』，如此一來，等於勾消了原文的形上思想，錯誤更大了。」（見高懷民《偉大的孕育——中國哲學在皇皇的易道中成長發展》，臺北：作者自著，1999 年 2 月初版，頁 292。）高氏肯定《乾鑿度》的哲理思維，而否定鄭說的曲解。事實上，仔細觀照惠棟的論述，混同了《乾鑿度》與鄭說，揀選其所要的部份，而與二者又產生不同的看法。或許從誤讀當中，創造其新的詮釋內涵。

構造的。八卦之氣的運變，囊括了天地陰陽運動的規律。乾坤成卦，上陽下陰，象天地運動而氣化成物。因此，藉由元氣陰陽的不斷運動變化所形成的不同特質，作爲《周易》成卦的依據，及以其卦義的根本內容。

惠氏肯定宇宙萬物的生成，是由無形而至有形的變化過程，這樣的變化過程是一種氣化的過程。由太易而生天地，其間必歷太初、太始與太素的歷程轉換，乃至於萬物的生成，重卦的產生，也都是變易性質而生。至於數的變化，所反映的意涵，不僅可以表述節氣的變化，也可以說明世界從無到有的變化過程，這種元氣數值化的表現方式，也爲漢《易》中的象數之學，提供了理論的基礎與同時展現其時代的易學思想特色。

三、乾坤爲宇宙萬物化生的門徑

（一）主導之地位

「易變而爲一」，變而爲七，再而九，爲氣變之究，《乾鑿度》並復變而爲一；至於鄭玄則稱復變爲二，爲六，再而八。不論復變爲「一」或爲「二」，終致由乾坤的相並俱生，進而生成眾卦，以乾坤爲始，即萬物源起之門戶。乾坤擬象爲天地，天以陽剛爲尊，地由陰柔而卑；乾坤之陰陽剛柔，交感而化生萬物，《繫辭下傳》云：

> 乾坤其易之門邪！乾，陽物也；坤，陰物也。陰陽合德而剛柔有體，
> 以體天地之撰，以通神明之德。

乾坤是諸卦形成的門鑰，也是萬物化生的主要指徑。它們位居六十四卦之首，本於「乾坤相摩，八卦相盪」（《繫辭傳》）的共同作用，而爲「乾知大始，坤作成物」（《乾鑿度》）的大始成物的德業。乾坤似獨立於六十四卦之外，而爲易道所蘊積之根源，「乾坤成列，而易立乎其中矣」（《繫辭傳》）。太極分化爲二，兩儀成而天地生，而乾爲天，坤爲地，爲萬物之宗祖，陰陽之根本，大易之法門。因此，易學精粹盡在「乾」、「坤」。乾坤爲太極化生萬物的首要的、唯一的門徑，乾坤未行，太極之德業無以成。因此，乾坤二者，爲論述宇宙本體時不可或缺的命題。

惠棟指出「太極分而爲二，故二氣謂乾坤」，〔註40〕以太極作爲宇宙的最高範疇，分化爲陰陽二氣，即乾坤，乾坤在氣化的過程中，所處的地位，似

〔註40〕見《周易述・象下傳》，卷十，頁 260。

乎是平列相等的，但從「一」而「七」而「九」，並復變爲「一」的概念來看，乾似乎更具先始與重要的地位，《易緯》訓「乾」，「聖人頤乾道浩大，以天門爲名也。乾者，天也，川也，先也」。乾元陽氣充沛，彌合六虛，具生發萬物之勢，故乾爲「天也，又天也」，〔註41〕同天體一般具有剛健不息之動能，神化而難明，故擬以爲天象。又「乾」爲「川」，「川者，倚豎天者也」，〔註42〕乾以天地人三才之道皆備，三「一」（橫）豎而象「川」之形，故天川浩蕩，澤潤萬物，其用廣大。又「乾」爲「先」，以其元氣初發，始生萬物，必在萬物之先，而有先爲冒進之勢能，生生而不息之作用。〔註43〕故「乾」以其質健的乾元之氣，〔註44〕化生而剛健不息，同天體之運行永無止歇，象徵宇宙大生命的日新不竭。乾元下貫，純陽剛健，開闢元氣，始生萬物，以氣變之究而爲「九」，爲陽德之極數，剛健中正，勢高德崇，有大生之德，所以乾也可以視爲氣之原始、開端。

萬物因天地而生，而乾坤各位天地；當中，「坤」則爲地之作用，以其「知元氣隤委」而不能上，乃「立坤元，成萬物」，「生育百靈」，以輔乾元天道之德，而進萬化之功。〔註45〕從宇宙之本源爲起點來說，乾坤二元具生生之作用，所以萬物資於乾以始，資於坤以生；轉於人事，則坤地以其深厚廣大，「重厚可以匹天，迷遠可以盡極」，含容蓄有，窮其坤元之性。〔註46〕《乾坤鑿度》

〔註41〕 括弧引《易緯》諸文，見《易緯乾坤鑿度》，卷上，頁465。《乾坤鑿度》云：「乾者，乾天也，又天也。」《說文》云：「乾，上出也。」段注：「此乾字之本義也。自有文字以後，乃用爲卦名，而孔子釋之曰：健也。健之義生於上出，上出爲乾，下注則爲濕，故乾與濕相對，俗別其音，古無是也。」乾乃乾燥亢陽，元陽之氣充沛，具發動萬物之能，同天體一般剛健不息，故擬以爲天象。

〔註42〕 見《乾坤鑿度》，卷上，頁465。

〔註43〕 「乾」爲「先」，《說文》云：「先，前進也。」乾創生萬物，具先爲冒進之勢能。

〔註44〕 〈說卦〉云：「乾，健也。」〈乾・象〉：「天行健，君子以自彊不息。」又馬王堆帛書本以「乾卦」作「鍵卦」，其「鍵」可當作「健」，以其具剛陽之本質。

〔註45〕 《乾坤鑿度》，卷下云：「坤鑿度者，太古變乾之後，次坤鑿度。聖人法象，知元氣隤委，固甲作捍顯，孕靈坤地，……立坤元，成萬物，度推其理，釋譯坤性，生育百靈，效法之道矣。」鄭玄注云：「坤者，非地之名，是地之作用，以象地，坤元，萬物之孕靈從神化者也。」知坤道爲萬化之必要法門。

〔註46〕 《乾坤鑿度》提及「坤元十性」，其二爲「坤德厚」，鄭注云：「薄不載群物，重厚可以匹天，迷遠可以盡極。坤厚者，能載積氣，積氣者，山石聖神不能窮其性也。」（見《易緯乾坤鑿度》，卷下，頁473～474。）是以坤元德厚，

提到「坤性體」，爲「一刑殺，二默塞，三沈厚」；坤之體乃無形之體，其體由作用而見，也就是坤以用爲體。坤質至柔，但以順承乾陽爲務，承天而行，有其牝馬之貞，隱伏乾健，其動也剛，故其本質仍具動靜剛柔之一體兩面；其位消息十月，時在秋多，陰氣盛極，凝結肅殺，萬物蟄伏，潛藏禁閉，生氣全無，轉爲人事之用，則以刑罰之紀以膺懲妨禁，收安寧清正之效。因此，坤以刑殺爲體，即坤體以反面肅威爲用，可濟正面順從不察之失。又，坤體默塞，充靜不動，〔註47〕待乾陽一動而生機勃發，春回大地。又，其體沈厚，乃太極化爲二氣，清輕者上爲天爲乾，濁重者下爲地爲坤；坤純陰正，氣凝聚而下沈，沈而積厚，進而承載萬物，成就德業。是以坤之體，非具象之形體，而是就生成宇宙萬物與人事上的動能與作用而言。所以，惠棟認爲「乾爲道，故形而上者謂之道，坤消至五則降乾二，故濁重者下爲地，坤爲器，故形而下者謂之器也」。〔註48〕以道器或體用的概念來作乾坤之分野。

　　太極爲宇宙萬象之根源，其化育萬物，顯其二大勢能，其一爲創生之勢能，萬物資之以爲始，此乾之所象；其一爲凝聚之勢能，萬物資之以爲生，此則爲坤之所象。惠棟釋復卦《象傳》「復，見其天地之心乎」時，指出：

　　　《繫上》曰：《易》有太極，是生兩儀。虞氏注云：兩儀，謂乾坤也。
　　　太極生兩儀，故《乾鑿度》曰「乾坤相並俱生」。《象傳》曰「大哉
　　　乾元」，又曰「至哉坤元」，故云乾坤合于一元。乾爲天，坤爲地，
　　　冬至天地之中，故云天地之心，心即中也。知天地之心，即天地之
　　　中者，以成十三年《春秋傳》曰：民受天地之中以生，所謂命也。
　　　天地之中，即乾坤之元，萬物資始，乾元資生坤元，所謂民受之以
　　　生，故知天地之心即天地之中，不曰中，而曰心者，陽尚潛藏，故
　　　曰心也。〔註49〕

又釋《繫上》「是知知幽明之故」云：

　　　幽明，雌雄也。《三朝記》文。彼文云：虞史伯夷曰：明，孟也。幽，
　　　幼也。明幽，雌雄也。《詩推度災》及《乾鑿度》曰：雄生西仲，號

　　爲其質性。
〔註47〕《乾坤鑿度》云：「默者充靜，充塞不動。」（見《易緯乾坤鑿度》，卷下，頁
　　　475。）釋坤體默塞之義。此同《文言》所言「至靜而德方」，〈繫辭〉所言「其
　　　靜也翕」之義。
〔註48〕見《周易述‧繫辭上傳》，卷十六，頁466～467。
〔註49〕見《周易述‧象上傳》，卷九，頁250。

曰太初。雌生戌仲，號曰太始。雄生物魂，號曰太素。俱行三節。
宋均注云：節，猶氣也。俱行，自酉、戌行至亥。雌雄俱行，故能
含物魂而生物也。《推度災》又曰：陽本爲雄，陰本爲雌，物本爲魂。
宋均注云：本，即原也。變陰陽爲雄雌魂也。乾知大始，故始謂乾
初。坤道代終，故終謂坤上。〔註50〕

惠棟強調太極下貫乾坤兩儀，而乾坤相並俱生，合爲一元，立於天地之中以
生萬物，所以天地之中爲乾坤之元。太初之氣，爲雄陽之氣，所以「乾知大
始，故始謂乾初」，至於雌陰之氣，則在其後而演化，所以「坤道代終，故終
謂坤上」，雖有先後，但乾坤二元始終呼應，相輔相成，乾主創生，萬物因之
以始生；坤主凝聚，萬物因之以形成。乾坤不可分行。乾陽剛，具始生之功，
而坤陰柔，資生而順從天，這就是所謂「天德兼坤」的道理。同時，坤體純
陰，陰數以六爲極，純任陰行，剛冷肅殺，原易於迷錯陷溺，幸其德配在天，
順天而行，雖迷而以乾爲首，故能德合無疆。

（二）尊卑貴賤之別

從尊卑貴賤的角度看乾坤，從《易傳》時已明確作乾尊坤卑的定位，這
樣的概念一直是易學家普遍的共識，惠棟曾有這樣的論述：

天地既分，乾升坤降，故乾坤定矣；卑坤高乾也，乾二升五，坤五降
二。列貴賤者，存乎位，故貴賤位矣。……天有八卦之象，地有八卦
之形；在天爲變，在地爲化，故變化見矣。此天地之別也。〔註51〕

又云：

《廣雅》曰：「太初，氣之始也；生于酉仲，清濁未分也。太始，形
之始也；生於戌仲，清者爲精，濁者爲形也。太素，質之始也；生
于亥仲，已有素朴，而未散也。三氣相接，至于子仲，剖判分離；
輕清者上爲天，濁重者下爲地。」《傳》首言天尊地卑，是天地既分
之後。輕清者，上爲天，故乾升也。濁重者，下爲地，故坤降也。《乾
鑿度》曰：「乾坤相並，俱生天地。」既分乾升、坤降，故乾坤定矣。
卑坤高乾者，《下傳》云：「崇效天，卑法地。」故知卑謂坤，高謂
乾。坤自上降，乾自下升，故先言卑，而後言高也。虞注云：「乾高
貴五，故乾二升五；坤卑賤二，故坤五降二。」《下傳》云：「列貴

〔註50〕見《周易述・繫辭上傳》，卷十五，頁396～397。
〔註51〕見《周易述・繫辭上傳》，卷十五，頁381。

賤者，存乎位。」故貴賤位矣。必知乾二升五，坤五降二者。案：《乾
鑿度》曰：「陽爻者，制於天也；陰爻者，繫於地也。天動而施曰仁，
地靜而理曰義。仁成而上，義成而下。上者專制，下者順從。」故
荀、虞說《易》，「乾二例升五，坤五例降二也」。若然，乾升坤降，
爲天地之合。而云「別」者，卑高陳，貴賤位，仍是天地之別也。
〔註52〕

天地之既分，在於乾升坤降的乾坤之定位，乾坤之定位，顯現出天尊地卑的實
狀，惠氏指出「乾升曰御天，坤降曰承天。升降以時，不失其正」，〔註53〕顯示
出乾陽御天，而坤陰在於承天。同時乾坤的升降，也反映出天地陰陽的變化，
並且在變化中天地乃至乾坤亦有所別，即尊卑貴賤之別、乾升坤降之別，更明
確更理想者即乾二升五、坤五降二之別，乾升五位爲貴，坤降二位爲賤，所以
「貴賤位矣」。陰陽二氣之運動狀態，「輕清者上爲天，濁重者下爲地」，具體呈
現在乾坤爻位的變化上，則乾升表輕清而上爲天者，坤降表濁重而下爲地者，
升降已定，故乾高坤卑；高者專，卑者順，但雖有別，但二者仍當相輔相成，
方可造就天地，化生萬物。對於貴賤之別，惠氏有更具體的說明，云：

《上傳》：「卑高以陳，貴賤位矣。」虞注云：「乾高貴五‧坤卑賤二。」
謂九五、六二也。貴賤之義不一。若陽貴陰賤，則爻在下者亦得言
貴。如屯初九傳曰：「以貴下賤，大得民也。」謂初得坤民，是以陽
爻爲貴也。若陽而无德，雖居正位，翻蒙賤稱。故頤初九傳曰：「觀
我朵頤，亦不足貴是也。」若本皆陽位，則上貴下賤。如三爲下體
之君，對五而言亦爲賤。故《下傳》云：「三多凶，五多功，貴賤之
等是也。」今傳云：「存乎位。」則不專指爻之貴賤。但卦以二五爲
主。五陽爲貴，又在君位。二陰爲賤，又在臣位。故云「五貴二賤」
也。〔註54〕

從宇宙觀的貴賤之別，下落於事物上的差別性，並以爻位的關係來表示；在
陽貴陰賤的大前提之下，陽爻雖處下位，亦得以言貴，若屯☳☵卦初九即是。
但是，處「位」上的不同，也直接影響其貴賤上的差異，一般而言，上貴下
賤，所以同爲陽位或同爲陰位，大都以上貴而下賤；此外，二、五中位，五

〔註52〕見《周易述》，卷十三，頁383～384。
〔註53〕見《周易述‧彖上傳》，卷九，頁222。
〔註54〕見《周易述‧繫辭上傳》，卷十五，頁393。

本乾位，二本坤位，處五爲貴，處二爲賤。

　　另外，坤卦《象傳》「至哉坤元，萬物資生，乃順承天」，惠氏注云：

> 坤爲地。至從一，一亦地也。故曰至哉，乾坤相並俱生，合于一元。
> 故萬一千五百二十策，皆受始於乾，由坤而生也。天地既分，陽升
> 陰降，坤爲順，故順承天。

並進一步疏云：

> 地稱一者，亦謂天地皆始于一。《說文》曰：至，從高下至地，從一，
> 一猶地也。故乾稱大，坤稱至，乾坤相並俱生。《乾鑿度》文。《易》
> 有太極，極即一也，是生兩儀，兩儀天地也，故云相並俱生。何休
> 《公羊》注云：元者氣也，天地之始也。故云合于一。《素問》曰：
> 天氣始於子，甲子初九爲乾之元，即坤之元也。《三統曆》曰：陰陽
> 合德，氣鍾於子，化生萬物，故萬一千五百二十策，皆受始於乾，
> 由坤而生也。天地既分，而下亦約。《乾鑿度》而爲言彼文云：太極
> 分而爲二，故生天地，輕清者上爲天，濁重者下爲地。是天地既分
> 之初，即具升降之理，坤之所以順承天也。〔註55〕

天地之始，始於元氣，「合於一元」，所以乾坤天地皆爲一，是就其相合而言。
天地之氣，「輕清者上爲天，重濁者下爲地」，此太極分爲二氣而生天地，而
有升降之理，坤以順承於天，其質性爲下降爲地。乾坤雖合爲一元，也就是
皆合爲一，但就其先後之別，仍以乾陽之氣爲先，也就是宇宙氣化之變，由
一而七而九，復歸於一，由乾陽之氣所肇始，所以惠氏引《三統曆》認爲「萬
一千五百二十策，皆受始於乾，由坤而生」，一切皆由乾而起，不論在天地判
別之前，或是天地既分之後，陽升陰降、陽尊陰卑的關係都是不會改變的，
所以「升降之理，坤之所以順承天」。

　　從《易傳》乃至兩漢易學之說，不論直述乾坤的關係，仍至所象徵的陰
陽二氣，皆主陽健而陰順，地以承天而行天道，例如《易緯》云：

> 坤靭於乾，順亨貞。靭依乾而行，乾一索而男，坤一索而女，依乾
> 行道。乾爲龍，純顥氣，氣若龍。坤爲馬。乾爲父，坤爲母，皆靭
> 順天道，不可違化。乾君坤臣。……聖人裁以天地，膊靭而養萬元，
> 正其道。〔註56〕

〔註55〕見《周易述・象上傳》，卷九，頁224。
〔註56〕見《易緯乾坤鑿度》，卷下，頁476～477。

坤輔贊於乾，乾元始動，坤元乃順而應之，方能竟其成物之功。乾以剛健爲貞，坤則以柔順而正。坤道以陰從陽，以地承天，牝馬柔順而健行，故取其馬象。順於乾道，以含弘光大，品物咸亨，安貞之吉，應地無彊。坤既輔依乾道而行，乾以象父，坤則象母。乾父坤母之交感，乃有子女之衍生，而乾父純陽，坤母純陰，六子則各從父母而生。乾父坤母，推而爲乾君坤臣之道；坤但守其順道而不侵乾，輔順天道，不可違化，此即鄭注所云：

> 從王事，不敢違，無成有終，君唱臣和，上術下法。聖人畫卦，始
> 有紀綱，唯淳德化，以行於君臣，父子、夫婦定矣。〔註57〕

乾坤二氣，下落於人事倫理之中，乾坤各安其位，流行其德，則君臣、父子、夫婦的儒家倫常之道得以綱維。乾坤之分立，君臣之道明。乾爲君道，主倡始；坤爲臣道，主終正。陰陽各有職守，君臣各有定分；父子、夫婦之倫亦同。乾坤二元，從氣論演發萬物，也下落於人倫事理之中，取其宇宙天地的陰陽交感，對立而相融並生之象與其內在原理，成爲宇宙觀的當然之重要二元。

易學思想在太極生次的宇宙創生的系統裡，太極分化爲天地，又以乾坤爲門戶，進而生四時、生八卦，以立天地之道。乾父坤母，剛柔相摩，而生六子；諸此八卦，取天地之象，各有用事，融合歲時節令，以齊整終始之道，並濟萬物各以其類成。因此，陰陽得正，尊卑定象，通天意以理人倫，則萬物萬事各得其宜。宇宙萬物的化生，有形之物皆由無形而生；在這化生的體系中，視乾坤卦象爲有形，所以乾元始動，坤元始生，「兩儀生四象，四時乃乾坤所生，乾知大始，坤化成物，故乾坤成物也」，〔註58〕視乾坤爲陰陽之物，即「陰陽合德之事，乾剛坤柔，乾天坤地」，「陰陽同處則合德，分之則剛柔各有體也」，〔註59〕都是「有」的作用之體現。

四、道的實質意涵

「道」爲宇宙萬物生成的本源，爲老子哲學中最重要、最基本的涵義，《老子》第一章開宗明義指出「無，名天地之始；有，名萬物之母」；以「無」、「有」作爲「道」的代稱，是天地萬物的本始與根源，表明「道」由「無形質落實向

〔註57〕鄭玄之注文，見《易緯乾坤鑿度》，卷下，頁476。
〔註58〕見《周易述・象下傳》，卷十，頁263。
〔註59〕見《周易述・繫辭下傳》，卷十八，頁517。

有形質的活動過程」，〔註60〕這也說明「道」的轉化過程，可以爲「天地之始」、「萬物之母」，更爲「天地之母」〔註61〕、「萬物之宗」〔註62〕、「玄牝之門」、「天地之根」，〔註63〕化育萬物；「有」、「無」二者看似對立，卻是具有相互的連續性，且具有永恆性，此「有」、「無」相互作用的過程，則爲形上之「道」向下落實而產生天地萬物的的過程。所以「道」是一切最高的主宰，它打跛了傳統以「天」爲最高主宰的觀念，由「道」而取代，「道」是「先天地生」，〔註64〕具有最先性與根源性。《老子》認爲天地萬物由「道」而生，「道」也由無形之狀而轉化爲有形的萬物，所以「有生於無」，在有無相生的狀態下，產生萬物，這樣的「道」非但是萬物創生的本源，也是萬物創生時的活動歷程。「道」爲天地萬物的本源，但它又超越一切無形的精神而存在，那麼「道」究竟是具有物質本性的「唯物」性質呢？還是它本是一種不可捉摸的超現象存在的精神性？事實上，《老子》對於「道」的建立與詮釋，並不將「道」建立在「物質」或「精神」的一元化上來表述，而是給予「道」帶來極大的模糊性，所以它的「無」，並非全然的「無」，它的「有」也非絕對的「有」，所以只能說老子的「道」是具有物質與精神二個面向的雙重性格；這個雙重性格，使「道」可視爲物質性，又可解釋爲精神性的，使「道」具有高度的神秘色彩，包容廣闊的詮釋性，增加其討論與運用的空間。《老子》將「道」描述的具模糊性與神祕性的色彩，而它確是一種超物質的眞實存在。它並非是一個有具體形形象的東西，所以它「不可名」；也由於它的「不可名」，不爲「名」所拘限，因此它也就具有了無限性。〔註65〕它「夷」、「希」、「微」，非感官知覺所能予以形象的把握，所以「視之不

〔註60〕見陳鼓應《老子今註今譯》，臺北：臺灣商務印書館，1998年，頁48～49。

〔註61〕見《老子》第二十五章云：「有物混成，先天地生。……可以爲天地母。」這裏可以看出「道」是最具優先性的最根本者，它超越「天地」而存在，所以它爲「天地母」。

〔註62〕參見《老子》云：「道沖，而用之或不盈。淵兮，似萬物之宗。」（第四章）虛狀的道體，廣大而如淵深一般，爲萬物的根源所在。

〔註63〕參見《老子》第六章云：「谷神不死，是謂玄牝。玄牝之門，是謂天地根。綿綿若存，用之勤。」道體微而不絕，生生不息，化育萬物。

〔註64〕見《老子》第二十五章。

〔註65〕「道」本身是「不可名」的，然而第一章開宗明義也提到說：「道可道，非常道；名可名，非常名。」也賦予「道」之名稱，但實際上的「道」是不可言說的，無法用一般「名」的概念來表達說明的，只能基於方便起見而勉強以「道」字來稱呼，所以「吾不知其名，強字之曰道」（第二十五章），其「名」是「非常名」的。

見」、「聽之不聞」、「搏之不得」，看不見，聽不到，也摸不著。它非普通物的存在，是沒有形狀的形狀，不見物體的形象，所以名爲「惚恍」，也就是說，它是一個超驗的混沌的存在體，存在於事物的本身，存在於一切。〔註66〕「道」，深遠暗昧，似有似無，在幽隱混沌之中，確實「有象」、「有物」、「有精」、「有信」。所以「道」的眞實存在性是絕對肯定的，也正由於其眞實的存在，而能成爲萬物的本源。〔註67〕因此，《老子》強調「道」先天地而存在的優先性，將「道」作爲宇宙的本源，爲一切事物的根本規律，並進一步而爲人生的準則、規範；不論是從宇宙論、人生論、政治論、認識論等方向來展開，彼此間可以相互聯繫，有高度的互通性。老子對「道」的高度概括，以及其縝密的邏輯性，使其展現出的張力與延展性，能夠永續其思想的生命力，從而成爲後世學術思想的重要基源，特別是一旦涉及宇宙論的議題，莫不言「道」，也在某種程度上接受了《老子》而爲推波助瀾；尤其是兩漢的思想，又特別以黃老之學爲是，在《老子》的根本架構下進一步開闡。

　　然而，老子所言之「道」，爲一種超越一切無形的精神而存在，雖然本身具有糢糊性，但本質上仍屬於超物質的存在，並不能以此概括爲兩漢所普遍論述的宇宙觀下的「道」，縱使是黃老學說思想也是如此。例如，一般討論黃老帛書對老子「道」的因革問題，大都認爲黃老帛書是將老子的唯心主義作了唯物的改造，〔註68〕事實上，從「道」的主體與性徵上的表現來看，大致是與老子相近的，只不過在談到「道」的初生狀態時，呈現出近於物質的色彩，因此，欲將黃老帛書的「道」，判定爲絕對的物質存在，恐又過於斷言。又如《淮南子》的宇宙論，則發展爲氣化的宇宙論，以道並觀，則質性又顯與《老子》不同。〔註69〕在易學的思想世界裡，兩漢時期所涉論者，將「道」

〔註66〕參見《老子》第十四章云：「視之不見，名曰夷；聽之不聞，名曰希；搏之不得，名曰微。此三者不可致詰，故混而爲一。其上不皦，其下不昧，繩繩兮不可名，復歸於無物。是謂無狀之狀，無物之象，是謂惚恍。迎之不見其首；隨之不見其後。」

〔註67〕參見《老子》第二十一章云：「道之爲物，惟恍惟惚。惚兮恍兮，其中有象；恍兮惚兮，其中有物。窈兮冥兮，其中有精；冥兮窈兮，其中有信。」

〔註68〕諸如程武、高亨、董治安、鍾肇鵬、程武等人皆如是認爲。參見程武〈漢初黃老思想和法家路線——讀長沙馬王堆三號漢墓出土帛書札記〉，大陸：《文物》，1974 年，第 10 期。高亨、董治安〈十大經初探〉，大陸；《歷史研究》，1975 年，第 1 期。鍾肇鵬〈黃老帛書的哲學思想〉，大陸：《文物》1978 年，第 2 期。

〔註69〕《淮南子·俶真》云：「有始者，有未始有有始者，有未始有夫未始有有始者；有有者，有無者；有未始有有無者，有未始有乎未始有有無者。所謂有始者，

融入易學的宇宙觀中，這個「道」與《老子》爲「無」的精神傾向者亦不同，兩漢易學家普遍主張氣化的宇宙觀，是一種實有傾向的本源說法，這個「道」也就是實有的存在，或可稱「太極」，或可稱「元氣」。惠棟依循漢儒而立說，他曾引用阮籍《通老論》云：

> 道者，法自然而爲化，侯王能守之，萬物將自化。《易》謂之太極，
> 《春秋》謂之元，《老子》謂之道。〔註70〕

雖然沒有明白指出「道」的質性，但也說出「道」是一種自然的作爲或變化，在《易》稱爲「太極」，在《春秋》稱爲「元」，在《老子》稱爲「道」，「太極」、「元」或「道」，皆同屬而異稱，爲萬化之本。惠棟同時也引《繫上》「一陰一陽之謂道」，〔註71〕來述明「道」的本然屬性，「道」是由一陰一陽組合而成的，這一陰一陽就是陰陽之氣，因此，他引用《乾鑿度》、《參同契》解釋云：

> （《乾鑿度》）陽以七，陰以八易，一陰一陽合于十五之謂道。陽變
> 七之八，陰變九之六，〔註72〕亦合于十五。《參同契》曰：七八數十
> 五，九六亦相應，四十合三十，陽氣索滅藏。又曰：日合五行精，
> 月受六律紀，五六三十度，度竟復，更始三統歷，曰十一而天地之
> 數畢，十一者，五六也。五六三十而天地之數畢，故云七八九六，
> 合天地之數乃謂之道。太元曰：陰陽該極，乃道之合是也。〔註73〕

以一陰一陽之數合十五而爲「道」，陰陽合氣謂之道，分而爲七八或六九之數。

> 繁憤未發，萌兆牙蘗，未有形垺垠堮，無無蠕蠕，將欲生興而未成物類。有
> 未始有始者，天氣始下，地氣始上，陰陽錯合，相與優游競暢于宇宙之間，
> 被德含和，繽紛龍茯，欲與物接而未成兆朕。有未始有夫未始有有始者，天
> 含和而未降，地懷氣而未揚，虛無寂莫，蕭條霄霓，無有仿佛，氣遂而大通
> 冥冥者也。……」這種氣化的概念，即是一種物質的存在。事實上，檢視黃
> 老帛書中對於「氣」的論述，「氣」字約見五次，包括「地氣」、「夜氣」、「血
> 氣」、「雲氣」，以及「氣者心之浮也」等「氣」，此五「氣」皆傾向具體之氣，
> 並無抽象的哲學概念。這種說法，王博在其〈黃帝四經和管子四篇〉一文中
> 也有論及。（王博所論，見《道家文化研究》第一輯，上海：上海古籍出版社，
> 1992 年，頁 198～213）以此「氣」聯結「道」，則屬物質化的呈現，與《老
> 子》之「道」明顯不同。
>
> 〔註70〕見《易微言》，卷上，頁 683。
> 〔註71〕見《易微言》，卷下，頁 715。
> 〔註72〕惠棟《周易述》原文作「陰變八之六」爲誤，當改爲「陰變九之六」；引文改
> 　　　　之。（見《周易述・繫辭上傳》，卷十五，頁 401。）
> 〔註73〕見《周易述・繫辭上傳》，卷十五，頁 401。

不論是《易緯》、《參同契》，乃至《太玄》，皆如是說，以數字來代表陰陽二氣，分爲陰陽二氣，合爲「道」。所以「太極」即「道」，其質性又是未分化的「氣」。

　　惠棟對於「道」的見解，他概括的引用秦漢以下的重要說法，包括如引《越紐錄》：

> 范子曰：道者，天地先生不知老，曲成萬物不名巧，故謂之道。道生氣，氣生陰，陰生陽，陽生天地。天地立，然後寒暑、燥濕、日月、星辰、四時，而萬物備。〔註74〕

范蠡所言之道，爲生天地而成萬物者。由「道」而生「氣」，然後生「陰」生「陽」，再由「陽」生「天地」，乃至寒暑、燥濕、日月、星辰、四時，終至萬物，形成一個有系統的萬物的化生體系。在「氣」之前爲「道」，是相對於「氣」的最本源性，是不同於「氣」的超物質存在者，或許與《老子》之「道」相近。「氣」生「陰陽」二氣，是先「陰」而後「陽」，顯然范子也是貴雌柔者。事實上，范蠡的思想，在《國語・越語》每有記載，並多與老子思想相契合。〔註75〕惠氏又引《淮南子・天文》云：

> 道曰規，始于一，一而不生，故分而爲陰陽，陰陽合和而萬物生。
>
> 〔註76〕

已如前述，《淮南子》認爲「道」爲「一」，所以爲「一」，在於它是宇宙最本

〔註74〕　見《易微言》，卷下，頁715。
〔註75〕　《國語・越語下》多記述范蠡思想，例如提到：「天道盈而不溢，盛而不驕，勞而不矜其功。」又云：「天道皇皇，日月以爲常。明者者以爲法，微者則是行。陽至而陰，陰至而陽。日困而還，月盈而匡。」這種天道的自然法則，與《老子》之道論相契合。范蠡之天道觀，並非孤立獨言天道，而是認爲「人事必將與天地同參，然後乃可以成功」（同〈越語下〉），同時論述因天、因時、順其自然之概念，與《老子》所概括之「人法地，地法天，天法道，道法自然」（第二十五章）之思想亦有吻合。又云：「天道盈而不溢，盛而不驕，勞而不矜其功。」「夫聖人隨時以行，是謂守時。天時不作，弗爲人客，人事不起，弗爲之始。」「時不至不可強生，事不究不可強成，自若以處，以度天下，待其來者而正之，因時之所宜而定之。」「必有以佑天地之恆制，乃可以有天下之成利。」「因陰陽之恆，順天地之常。」「因天地之常，與之俱行。」范蠡論人事，必因天地四時，即天道與人事參論，尤其聖人「因天」之觀念，蓋爲當時人的一般共同思想，如同《易・革卦》所云：「天地革而四時成，湯武革命，順乎天而應乎人，革之時大矣哉。」這般思想，或在《老子》前後，而《老子》「人法地，地法天，天法道，道法自然」之思想，與之有異曲同工之妙。
〔註76〕　見《易微言》，卷下，頁715。

源而無可與之匹敵者，在天地萬物生成之前，只有它獨立存在而渾然一體的惟一者，所以為一。「道」為一，但一而不生，必須透過自身的分化而為陰陽二氣，並以二氣之接合而化生萬物。關於這個「道」或是「一」，它是先「氣」而存在的宇宙本體，而產生萬物的工作，主要落實在陰陽合和上。事實上，〈本經〉也提到「天地之合和，陰陽之陶化萬物，皆乘一氣者也」；「道」為「一」而為宇宙本根，但「氣」化生之後，「道」便是「氣」，所以「道」也就作為物質實體來看待了。又，引《鄭長者》云：

　　體道無為無見也。《漢書‧藝文志》：《鄭長者》二篇，在道家。〔註77〕

以「道」無為而不見其形，同《老子》之說。又引《莊子‧天地》云：

　　夫子曰：夫道，覆載萬物者也，洋洋乎大哉！〔註78〕

「道」廣大而無邊，覆載萬物，生息由之。此《老子》道論思想的延續。引賈子之說云：

　　《新書‧道術》曰：道者，所從接物也。其本者謂之虛，其末者謂之術。虛者言其精微也，平素而無設施也。術也者所從制物也，動靜之數也。凡此皆道也。

　　又〈道德說〉曰：道□疑而為德神載于德。〔註79〕德者，道之澤也。道雖神，必載于德。〔註80〕

以「道」、「德」並言，亦是《老子》道家系統的延伸，是一種體用的關係。賈誼受到《老子》的影響，以「道」為哲學思想的最高範疇，為一切事物的本原和最後根源。宇宙萬物皆為「德」所生，而「德」是「道之澤」，又是以「道」為本；「道」是非物質的東西，是神秘的「無」的狀態。並且，由「道」而下落於治術。道本為虛，為道之精微處，是一種平實而無為之狀；道末為術，是一種制物的動靜之法。然而，賈誼的宇宙觀，並不全然立足在《老子》為「道」為「無」的堅決立場上，它在《鵬鳥賦》中也有系統地表述自己的宇宙觀，提到「天地為爐，造化為工；陰陽為炭，萬物為銅。合散消息，安有常則？千變萬化，未始有極」！「萬物變化，固亡休息。斡流而遷，或推而還。形氣轉續，變化而嬗。沕穆亡間，胡可勝言」！宇宙萬物由天地、陰

〔註77〕見《易微言》，卷下，頁716。

〔註78〕見《易微言》，卷下，頁718。

〔註79〕□之字，惠氏缺，當為「冰」。

〔註80〕見《易微言》，卷下，頁719。

陽自然產生，且千變萬物，轉徙迴還，反復無定，不斷地更替而永無止息，強調的或是側重的是一種物質化的狀態，並發揮《周易》的陰陽變易思想。

惠棟又徵引《管子》諸說以言「道」，云：

> 《管子・四時》曰：道生天地。
>
> 《管子・白心》曰：道者一人用之，不聞有餘，天下行之，不聞不足，此謂道矣。注云：多少皆足者，道也。
>
> 〈正篇〉曰：陰陽同度曰道。
>
> 〈內業〉曰：夫道者，所以充形也，而人不能固。其往不復，其來不舍，謀乎莫聞其音，卒乎乃在于心，冥冥乎不見其形，淫淫乎與我俱生。不見其形，不聞其聲，而序其成，謂之道。注云：雖無形聲，常依序而成，故謂之道。
>
> 《文選注》引《管子》曰：虛而無形，謂之道。
>
> 〈形勢解〉曰：道者，扶持眾物，使得生育，而各終其性命者也。
>
> 〔註81〕

《管子》一書，內容龐雜，仔細考究，其思想內容並非僅專美於法家思想之一端，尚見道家、儒家、陰陽、兵學等諸家思想色彩，而道家思想韻味尤濃，陳澧《東塾讀書記》就說其以「一家之書而有五家之學矣」。〔註82〕所以，歷代的著錄，《管子》出入於諸家之中。〔註83〕《管子》全書，「非一人之筆，亦非一

〔註81〕見《易微言》，卷下，頁716～717。

〔註82〕陳澧《東塾讀書記・諸子書》卷十二云：「蓋一家之書而有五家之學矣。」即《管子》一書包含有法、名、老子（道家）、告子（儒家）、農等五家之學。（見陳澧《東塾讀書記》，北京：三聯書店，1998年，頁235。）

〔註83〕歷代關於《管子》的著錄，班固《漢書・藝文志》著錄「《筦子》八十六篇」，列道家類；另外〈兵書略〉又列「兵權謀十三家，二百五十九篇」下，班固云：「省《伊尹》、《太公》、《管子》、《孫卿子》、《鶡冠子》、《蘇子》、《蒯通》、《陸賈》、《淮南王》二百五十九種，出《司馬法》入禮也。」（見班固《漢書・藝文志》，頁1757）。王先謙《漢書補注》引陶憲曾曰：「蓋《七略》中《伊尹》以下九家，其全書收入儒、道、從橫、雜各家，又擇其中之言兵權謀者，重入於此，共得二百五十九篇。班氏存其專家各書，而於此則省之，故所省亦止二百五十九篇也。」《管子》之所以重複著錄，蓋劉向校諸子書，任宏校兵書，二人各錄所見，遂有重出者，故班固《漢志》予以刪之。班固《漢書・藝文志》云：「兵家者，蓋出古司馬之職，王官之武備也。……武帝時，軍政楊僕捃摭遺逸，紀奏兵錄，猶未能備。至於孝成，命任宏論次兵書為四種。」（見《漢書・藝文志》，頁1762）分兵家為「兵權謀」、「兵形勢」、「兵陰陽」、

時之書」，〔註84〕或可能「記管子之言行，則習管氏法者所綴輯，而非管仲所著述」，〔註85〕也就是實非一人或一時之作，其成書可能爲陸續增附而成，且雖未必爲管仲所作，當是管仲思想的延續與補充。《管子》論「道」，主要反映在其道家傾向的諸篇章中，其中特別是〈心術〉、〈白心〉、〈內業〉、〈正〉、〈勢〉、〈四時〉、〈五行〉等篇章，多涉及道論思想。〔註86〕惠棟引述云「道生天地」，天地

「兵技巧」等四類，《管子》即居「兵權謀」之列。《管子》列入兵家中之兵權謀類，此乃任宏論次所列。張守節《史記正義》引《七略》曰：「《管子》十八篇，在法家。」《漢書‧藝文志》於儒家類中著錄「《內業》十五篇」，班固自注「不知作書者」，至《隋書》、《唐書》〈經籍志〉已未見著錄，疑或亡佚，或因入《管子》之中，或本爲《管子》書本有，故而刪之。王應麟《漢書藝文志考證》云：「《管子》有內業篇，此書恐亦其類。」馬國翰《玉函山房輯佚書‧子編‧儒家類》有《內業》一卷，全錄《管子》內業篇文，而分之爲十五段，以求其合《漢書‧藝文志》所著錄言。馬氏並云：「考管子第四十九篇，標題內業，皆發明大道之蘊旨，與他篇不相類。蓋古有成書而管子述之。……明非管子所自作也。」（見《玉函山房輯佚書‧子編‧儒家類》）梁啓超《諸子考釋》則認爲《管子》中〈內業〉乃班固《漢志》所著錄十五篇中之一篇：「管子書乃戰國末人雜掇群書而成。內業篇純屬儒家言，當即此十五篇中之一篇。」（見梁氏《諸子考釋‧漢書藝文志諸子略考釋》。）因此，其書是否爲《管子》書中的〈內業〉，則仍眾說紛紜，難決定論。《漢志》又於〈六藝略〉孝經類中著錄「《弟子職》一篇」，顏師古注引應劭曰：「管仲所作，在管子書。」王應麟《漢書藝文志考證》云：「管子雜篇五十九，有學則、蚤作、受業、饌饋乃食、灑掃、執燭、請衽、退習等章。」朱熹《朱子語類》云：「弟子職一篇，若不在管子中亦亡矣。此或是他存得古人底亦未可知，或是自作亦未可知。竊疑是作內政時，士之子常爲士，因作此以教之。」是諸家皆肯定《漢志》所錄爲《管子》中之篇章——〈弟子職〉。歷來論類著錄，各有所本，亦皆見異，但知《管子》書中有法家、儒家、道家等諸家之色彩，是獲得大多數學者所肯定。

〔註84〕見葉適《習學記言》，卷四十五。

〔註85〕見章學誠《文史通義‧詩教上》，卷一。引自葉瑛校注《文史通義校注》本，臺北：里仁書局，1984年，頁62。

〔註86〕早在黃老帛書出土以前，黃震認爲《管子》一書，當中「心術、內業等篇，皆影附道家以爲高」，（見黃震《黃氏日抄‧談諸子》，卷五十五，臺北：大化書局，乾隆三十三年刊本影印：西元1768年，1984年初版，頁640。）〈心術上〉、〈心術下〉、〈白心〉、〈內業〉等四篇的內容早已受到關注，尤其張舜徽特將四篇納入其周秦道論之列。（見張舜徽《周秦道論發微》，臺北：木鐸出版社，1988年，頁199～309。）黃老帛書出土以後，驗證《史記》對黃老思想的定義，對照《管子》一書的內容，部份篇章已廣受肯定具有黃老學說的氣質韻味，尤其「四篇」特受肯定，認爲是稷下黃老的論著；《管子》四篇爲黃老思想者，郭沫若較早提出，認爲四篇是稷下尹文、宋鈃等黃老學者的遺作。（見《十批判書‧稷下黃老學派的批判》，北京：東方出版社，1996年，頁166～167。）此

由道而生，同於易學以太極生兩儀的概念同，兩儀除了表述陰陽二氣外，也可作為天地解。「道」包含了一切的存在，廣大精細，無所不包，它是萬事萬物生成的總根源，宇宙萬物皆由「道」而生，「扶持眾物，使得生育，而各終其性命者」，一切死生成敗也都由「道」來決定；所以，它「多少皆足」，它的存在具有普遍性。道體廣大而無端，不可捉摸，虛無寂靜，玄遠深邃，而為萬物之所生所成。其生滅萬物又非人感官所能知覺，它似有似無，若可得又若不可得，充滿在天下之間，卻不知其形。所以說「不見其形，不聞其聲」，「虛而無形，謂之道」。《老子》的「道」與《管子・內業》諸篇的差異，在於《老子》的道，可以視為一種想像的存在，一種超越物質的實有，也可以稱作一種境界，但《管子》的「道」，則漸漸向物質性存有靠攏，《管子》轉化為物質性的存有，〈內業〉所謂「卒卒乎其如可與索，洭洭乎與我俱生」，已假設「道」為可摸索的樣態，超越了無形無狀的不可攀附之界圍。這種具有物質性的樣態，可以精氣代稱，有關的說法，〈內業〉有進一步地解說：

> 凡物之精，此則為生，下生五穀，上為列星，流於天地之間，謂之鬼神。藏於胸中，謂之聖人。是故此氣，〔註87〕杲乎如登於天，杳乎如入於淵，淖乎如在於海，卒乎如在於己。
>
> 凡人之生也，天出其精，地出其形，合此以為人。
>
> 定心在中，耳目聰明。四枝堅固，可以為精舍。精也者，氣之精者也。氣，道乃生，生乃思，思乃知，知乃止矣。〔註88〕

外知水、許抗生等大多數的大陸學者皆肯定四篇為黃老的代表作；國內學者陳麗桂先生亦肯定四篇的黃老氣質。胡家聰先生認為《管子》裏除了「四篇」外，其他包括〈形勢〉、〈宙合〉、〈樞言〉、〈水地〉、〈正〉、〈勢〉，以及〈九守〉等篇亦屬黃老之作。（見胡家聰《管子新探》，北京：中國社會科學出版社，1995年，頁 88。）陳鼓應先生則認為除了「四篇」，以及前列胡氏所言數篇之外，尚包括〈四時〉與〈五行〉等篇，皆屬稷下道家黃老之作。（見陳鼓應《黃帝四經今註今譯》，臺北：臺灣商務印書館，1996 年，頁 22。）審覈《管子》一書豐富的內容，毋須過份裁割細分，斷言何者一定歸於道家，何者一定歸於法家，畢竟戰國時期，尤其中晚期以後，子學思想本有綜采各家、旁通混合各家的特色，倒可就篇章上氣質相近者，推敲其在學術演變中，可能融合或承繼的情形，並可基於思想敘述之便，集合而立論。

〔註87〕「是故此氣」，「此」本作「民」。丁士涵認為「民」乃「此」字之誤。（引自張舜徽《周秦道論發微》，臺北：木鐸出版社，1988 年，頁 278。）依丁氏校改，言之成理。

〔註88〕《管子・內業》，引自黎翔鳳《管子校注・內業》，卷十六，北京：中華書局，

「精氣」同「道」一樣，是萬物的本源，是不斷流動變化的存在物質。「心」爲精氣蓄駐之處，但「心」並不是在任何狀況下都能夠爲精氣之舍，必須從養心著手，讓「心」保持一種虛靜欲寡的狀態，如此精氣自定，而不受外界所干擾，以存在其本然的狀態。〔註89〕精氣是一種精微之物質性之氣，它充滿在天地之間，在蓄養「心」不受外物所累的狀態下，精氣自然進駐，但是，它雖然能夠生五穀、爲列星，能夠育萬物，成就人類的智慧與生命，然而它本身並不是精神的本體，而是具有物質的特性。精氣在這裏所要揭示的是精神的來源，而不是強調其精神的本質。惠棟引此道論，雖不涉精氣之說，但知《管子》的「道」，已非《老子》能作等同。

除此之外，惠氏又引《韓非子》云：

〈主道〉曰：道者萬物之始，是非之紀也。是故明君守始以知萬物之源，治紀以知善敗之端。故虛靜以待令，令名自命也，令事自定也，虛則知實之情，靜則知動者正。〈解老〉曰：道者，萬物之所然也。

〈揚權〉曰：夫道者，弘大而無形。德者，覈理而普至。至于羣生，斟酌用之。

又曰：道無雙，故曰一。是故明君貴獨道之容。又曰：虛靜無爲，道之情也。參伍比物，事之形也。參之以比物，伍之以合虛。喜之則多事，惡之則生怨。故去喜去惡，虛心以爲道舍。又曰：道者，萬物之所然也，萬理之所稽也。理者，成物之文也。道者，萬物之所成也。故曰：道，理之者也。物有理不可以相薄，故理之爲物之制，萬物各異理。萬物各異理而道盡，稽萬物之理，故不得不化。不得不化，故無常操，是以生死氣稟焉，萬智斟酌焉，萬事廢興焉。天得之以高，地得之以藏，維斗得之以成其威，日月得之以恒其光，

2004 年 6 月 1 版 1 刷，頁 931、945、937。

〔註89〕 參見《管子》云：「心也者，智之舍也。」（〈心術上〉）「毋以物亂官，毋以官亂心。」（〈心術下〉）「節欲之道，萬物不害。」（〈內業〉）「凡人之生也，必以其歡，憂則失紀，怒則失端，憂悲喜怒，道乃無處。」（同前）「節其五欲，去其二凶，不喜不怒，平正擅胸。」（同前）「耳目不淫，心無他圖，正心在中，萬物得度。」（同前）「宮者心也，潔之者去好過也。」（〈心術上〉）「虛其欲，神將入舍；掃除不潔，神乃留處。」（同前）「紛乎其若亂，靜之而自治。」（同前）「靜則得之，躁則失之，心能執靜，道將自定。」（〈內業〉）在在說明修養心的重要，必從虛靜寡欲方面下功夫，以求其自定。

> 五常得之以常其位，列星得之以端其行，四時得之以御其變氣，軒
> 轅得之以擅四方，赤松得之與天地統，聖人得之以成文章。道與堯
> 舜俱智，與接輿俱狂，與桀紂俱滅，與湯武俱昌。以爲近乎，遊于
> 四極。以爲遠乎，常在吾側。以爲暗乎，其光昭昭。以爲明乎，其
> 物冥冥。而功成天地，和光雷霆，宇內之物，恃之以成。凡道之情，
> 不制不形，柔弱隨時，與理相應。萬物得之以死，得之以生。萬物
> 得之以敗，得之以成。道譬諸若水，溺者多飲之即死，渴者適飲之
> 即生。譬之若劍戟，愚人以行忿則禍生，聖人以誅暴則福成。故得
> 之以死，得之以生，得之以敗，得之以成。〔註90〕

萬物都離不開「道」，它是「萬物之所成也」，「萬物之所然也」，「功成天地，和光雷霆，宇內之物，恃之以成」；「道」是萬物賴以生成的總根源，它能夠造成天地，調和雷霆，宇宙萬事萬物都依靠它而形成，所以「道」存在於萬物之中。「道」化育創生天地萬物，所以天得到「道」，所以能高；地得到「道」，所以能藏；北斗星得到「道」，所以能端正地守著運行的軌道；四時得到「道」，所以能支配氣節的變化；黃帝得到「道」，所以能夠統治四方；赤松仙人得到「道」，所以能與天地共長久；聖人得到「道」，所以能夠作成文章。宇宙一切莫不由「道」而生、由「道」而成。在這裏，可以看出韓非的「道」，是超越於天地而存在，「道」是高於天地的，它是天地創生的本源，更是一切的依準。「道」是「萬物之始，是非之紀」，也就是說它一方面是創生萬物的形上根源，一方面又是自然與人事的法則，兼具根源性與規律性，一切自然界的生死變化、成敗得失，皆依循於「道」，所以，「萬物得之以死，得之以生。萬物得之以敗，得之以成」。「道」的主要性徵在於「虛靜無爲」，「弘大而無形」，廣大而無形體，與一切有形的具體事物皆不相同，能夠散佈充盈於宇宙間的各個角落。它超越於萬有之上，所以它「不同於萬物」，姑且以「一」名之，也就是「道無雙，故曰一」，以「一」作爲「道」之具體呈現。另外，由「道」而言「理」，「理」是由「道」所分化出的，它是「道」化生於萬事萬物中的各別質性。也就是說，「道」是宇宙一切的總源，而「理」則是此總源呈顯於宇宙間各萬事萬物中的具體律則或殊性，所以稱之爲「成物之文」。「理」與「道」的重要不同點，在於「常」與「無常」；「道」總萬物，超越物理，

〔註90〕見《易微言》，卷下，頁717～718。「又曰」諸文，出自《韓非子·解老》，惠
　　　　氏並無述明。

超越時空之限制，而永恆存在，它本身並無恆質性，所以它「無常操」；然而，「理」卻是成萬物之文，是存在於各萬事萬物身上的異理，它各附於物之中，呈顯物性，有其固定常性，因此「萬物各異理」。「道」具有規律性，深化後即為規範、準則，轉化為事物之「理」，亦具指導、法式之作用。韓非認為「得事理則必成功」（〈解老〉），掌握事物的規律，並且用以作為行動的指導綱領，必能獲得成功；相對地，「動棄理則無成功」（同前），一但行動未能符合事物的規律，往往功敗垂成。所以「理」是行動的指南，是成功的基石。

惠棟在這裡，引用諸家「道」說，其「道」的概念，在某些意涵上與《老子》之說相近，但並不全合《老子》「道」的本質。所引的這些「道」，反而與秦漢所倡論的黃老學說相近，更是晚近學者探述黃老學說的重要材料。這個「道」，漸漸向漢儒普遍談到的「氣」靠攏，與「氣」起了糾葛的關係，已不像《老子》那般的形上而純粹化。在這裡，雖然惠棟引用諸家「道」說，某種程度地反映出諸家之說即是自己對「道」的見解或看法，但是，惠棟並沒有進一步地申說從這不同的各家之說，自己要表達的「道」論之最明確意義，以及如何籠絡諸家之說，而聯結成為自己的「道」論主張。因為諸家之說，不盡相同，如何從中取捨，如何擇選詮釋，惠棟都留給後人揣度。

五、「一」所涵攝的意涵

（一）文字學上的意義

文字為人類文明的重要開端，文字的起始又以數字為先，而數字以「一」為首，所以，《說文解字》將「一」列為所有文字之第一個。「一」為開端為源頭，因此，思想家往往將「一」視為萬有之始，一切之本源，抽象化成為宇宙根源的象徵。從字義上看，惠棟指出「一亦作壹，古壹字從壺、吉」，〔註91〕這樣的說法，蓋出自《說文》，云「𡉴，專一也，从壺吉聲」，「一」有有蓋之壺的表象；《說文・壺部》指出「壺，昆吾圓器也」，《詩・七月》「八月斷壺」，《毛傳》云「壺，瓠也」，《鶡冠子・學問》「中河失船，一壺千金」，陸佃注作「壺，瓠也。佩之可以濟涉，南人謂之腰舟」。不論「壺」或是「瓠」，皆蘊示著創世之義。「一」同「壹」，又作「壺」，《繫傳》有「天地壹壺」，不論是「壹壺」、「氤氳」或「絪縕」，皆表示宇宙元質之狀，或是更明確指為元氣之狀。〔註92〕因此，

〔註91〕見《易微言》，卷下，頁696。
〔註92〕朱駿聲《說文通訓定聲》指出：「《易・繫辭傳》：天地壹壺。按：氣凝聚也。

從文字學的角度云，「一」作「壹」，或作「壺」，乃至以瓠瓜作爲創世圖騰，皆有宇宙元始之義；並在質性的表現上，有氣化的宇宙本源之樣態。所以，惠棟又引云：

> 《說文》曰：惟初太始，道立于一，造分天地，化成萬物。又丙部云：陰氣初起，陽氣將虧，從一入冂，一者陽也。又甘部云：從口含一，一，道也。〔註93〕

> 《說文》甘字下云：美也，從口，含一。一，道也。〔註94〕

以「道」爲「一」，造分天地，陰陽氣化，所以「一」爲元氣之住所，爲陰陽二氣之本體，所以在本源的質性上，有氣化的實體存在。

（二）原始道家上的意義

在道家的系統裡，《老子》屢以「一」表徵「道」，例如惠棟引云：

> 《老子‧道經》曰：少則得，多則惑，是以聖人抱一爲天下式。

> 《老子‧德經》曰：道生一。王弼注云：一，數之始，而物之極也。

> 又曰：一生二，二生三，三生萬物。高誘《淮南》注云：一謂道也，三者和氣也。或說一者，元氣也。生二者，乾坤也。二生三，三生萬物，天地設位，陰陽流通，萬物乃生。愚謂一，太一，天也。二，陰陽也。太一分爲兩儀，故一生二，二與一爲三，故二生三，三合然後生，故三生萬物。

> 《老子‧道經》曰：聖人抱一爲天下式。河上公注云：抱，守也。守一乃知萬事，故能爲天下法式。王弼注云：一，少之極也。式，猶則也。《文選注》。

> 《老子‧德經》曰：昔之得一者，天得一以清，地得一以寧，神得一以靈，谷得一以盈，萬物得一以生，侯王得一以爲天下貞。王弼注云：一者，數之始，物之極也。各是一物，所以爲生也。各以其一，致此清寧貞。天地之一，即乾坤之元也。清輕，清上升也。寧，安貞也。神亦乾也，谷亦坤也。萬物資始于乾元，資生于坤元，故得一以生。侯王得一以爲天下貞，乾元用九而天下治也。〔註95〕

亦雙聲連語。據壹訓則吉亦意。」將此「壹壺」之狀，視爲元氣。
〔註93〕見《易微言》，卷下，頁688。
〔註94〕見《易微言》，卷下，頁695。
〔註95〕見《易微言》，卷下，頁688、692、695。

《老子》之「一」說，除惠氏前引諸例，尚有：

　　載營魄，抱一，能無離乎？（十章）

　　視之不見名曰夷，聽之不聞名曰希，搏之不得名曰微；此三者不可

　　致詰，故混而爲一。（十四章）

數之始爲「一」，物之極亦爲「一」，「一」無形無狀，無聲無響，所以能夠無所不通，無所不往，所以名爲「一」，故「一」與「道」可以作等同。雖然《老子》亦云「道生一，一生二，二生三，三生萬物」（四十二章），似乎認爲「道」在「一」之先，而「道生一」，「道」與「一」怎能等同？事實上，將《老子》的「道」細分，有二種性質，即爲「無」與爲「有」。老子以「天下萬物生於有，有生於无」（四十章），「无」爲無形無狀，「有」則有形有狀；作爲無形無狀之「道」，就是混沌，渾然一體的存在。所謂有形有象的「道」，就是「一」。「道」是「自根自生」的，亦即「道生一」，就是「道」產生自己。同樣地，「一」也具有雙重性，一方面它是「道」，是本體，一方面又是「道」所派生出來的；作爲本體，它是無所不包的整體，作爲「道」產生的具體事物來說，它又是「一」。所以，「道生一」，從言樣的理解來看，「道」即「一」。惠氏同時將《老子》「道」與「一」與易學貫通，明白地指出「一」即「太一」，也就是《易傳》所說的「太極」，然後造分兩儀，而爲陰陽爲二。故天地、乾坤，皆肇於一元，歸本於一，天地萬物皆因「一」而生，即所謂「萬物資始于乾元，資生于坤元，故得一以生」。繼《老子》之後，《莊子》亦論「一」，惠棟引云：

　　《莊子·天地》曰：泰初有無，無有無名。一之所起，有一而未形。

　　注云：一者有之，初至妙者也。至妙，故未有物理之形耳。夫一之所起，起于至一，

　　非起于無也。然莊子之所以屢稱無于初者，何哉？初者未生而得生，得生之難，而

　　猶上不資于無，下不待于知，突然而自得此生矣。物得以生，謂之德。天地

　　之大德曰生。未形者有分，且然無閒，謂之命。留動而生物，物成

　　生理，謂之形。形體保神，各有儀則，謂之性。注云：夫德形性命，因

　　變立名，其于自爾一也。性脩反德，德至同于初。謂復于初。

　　〈繕性〉曰：古之人在混芒之中，崔譔云：混混芒芒，未分時也。與一世

　　而得澹漠焉。當是時也，陰陽和靜，鬼神不擾，四時得節，萬物不

　　傷，羣生不夭，人雖有知，無所用之，此之謂至一。當是時也，莫

　　之爲而常自然。

〈天下〉曰：聖有所生，王有所成，皆原于一。注云：使物各得其根，抱一而已，無飾于外，斯聖王所以生成也。

又曰：以本爲精，以物爲粗，以有積爲不足，澹然獨與神明居，古之道術有在于是者，關尹、老聃聞其風而悅之，建之以常無有，主之以太一。

又曰：至大無外謂之大一，至小無內謂之小一。司馬彪注云：無外不可一，無內不可分，故謂之一也。〔註96〕

莊子繼承老子之思想，〈天地〉強調宇宙的本源、萬物的生成，是從無到有的創生歷程，至於「一」，則是一種有而無形的狀態，「物得以生，謂之德」，所以「一」爲「有」爲「德」。〈繕性〉提到「一」的質性，是一種混混芒芒，澹漠未分的情狀，此一情狀下，「陰陽和靜，鬼神不擾，四時得節，萬物不傷，羣生不夭」，也是一種無爲而自然的樣態。同樣地，「一」具有「有」與「無」的雙重性。聖王之所生所成，皆原於一。物各復其本根，即爲「一」爲「道」。所以，成玄英指出，「原，本也。一，道。雖復降靈接物，混迹和光，應物不離眞常，抱一而歸本者也」。〔註97〕一切萬有皆歸本於「一」，歸本於「道」。這樣的「道」或「一」，《莊子》也把它稱爲「太一」，展現出「道」或「一」作爲宇宙本體所具有的包容一切、至大至極的範疇意義得到最大限度的發揮。「太一」以言「一」言「道」，顯其廣大至極、曠蕩無邊、無不制圍、囊括萬有之狀，通而爲一，故又稱爲「太一」。

（三）儒家思想上的意義

在老莊之外，先秦時期思想家亦常以「一」爲論，惠棟廣納引述，在儒家思想系統裡，如下：

《左傳・襄廿一年》：臧武仲曰：《夏書》曰：念茲在茲，釋茲在茲，名言茲在茲，允出茲在茲。惟帝念功，將謂由己壹也。信由己壹，而後功可念也。案：茲，此也。壹即一念。《釋名》言允出皆在于此，故云由己壹也。

「一」爲心中之一念，亦即存乎一心。

〔註96〕見《易微言》，卷下，頁693～695。
〔註97〕見成玄英《莊子・天下》疏文。引自郭慶藩《莊子集釋》，卷十下，臺北：貫雅文化事業有限公司，1991年9月初版，頁1066。

《詩·曹風》云：鳲鳩在桑，其子七兮。淑人君子，其儀一兮。其儀一兮，心如結兮。《大戴禮》引此詩云：君子其結于一也。《中庸》曰：天下之達道五，所以行之者三，曰：君臣也，父子也，夫婦也，昆弟也，朋友之交也。五者，天下之達道也。知、仁、勇三者，天下之達德也，所以行之者一也。朱子曰：一則誠而已矣。

又曰：凡爲天下國家，有九經，所以行之者一也。朱子曰：一者誠也。

又曰：天地之道，可壹言而盡也，其爲物不貳，則其生物不測。《荀子》曰：并一而不貳，所以爲積也。

不論是五達道、三達德或是九經，能夠敦行而不悖者，在於「一」，亦即在於「誠」。至誠無息，能爲天地萬物之終始，能以其自性發動而自成，所以一切道德準據，皆因「誠」而成，因「誠」而備。此「誠」純善而不二，所以爲「一」。

《孟子》曰：梁襄王曰：天下惡乎定？吾對曰：定于一。孰能一之？對曰：不嗜殺人者能一之。趙岐注云：孟子謂仁政爲一也。又曰：章指言定天下者，一道而已，不貪殺人則歸之是，故文王視民如傷，此之謂也。不嗜殺人，仁也。仁即一也。故曰：不嗜殺人者能一之。

《孟子》曰：滕文公爲世子，將之楚過宋，而見孟子。孟子道性善，言必稱堯舜。世子自楚反，復見孟子。孟子曰：世子疑吾言乎？夫道一而已矣。

「一」爲善道，即爲「仁」，施行仁政，可以定天下，故定天下者一道而已，即「仁」。行仁能一以貫之，所以爲治道之本。

《禮器》曰：禮有大有小，有顯有微。大者不可損，小者不可益，顯者不可揜，微者不可大也。故經禮三百，曲禮三千，其致一也。鄭注：致之，言至也；一，謂誠也。未有入室而不由戶也。鄭注：三百、三千，皆由誠也。

《正義》曰：其致一也者，致，至也；一，誠也。雖三千三百之多，而行之者皆須至誠，故云一也。若損大益小，揜顯大微，皆失至誠也。

行誼約章，不在寡眾，而在於誠。至誠不二，不作損益，所以爲「一」。

《荀子·儒效》曰：道出乎一。曷謂一？曰：執神而固。曷謂神？曰：盡善浹洽之謂神。萬物莫足以傾之之謂固，神固之謂聖人。

《荀子‧勸學》曰：螾無爪牙之利，筋骨之彊，上食埃土，下飲黃
泉，用心一也。蟹六跪而二螯，非蛇蟺之穴，無所寄托者，用心躁
也。是故無冥冥之志者，無昭昭之明；無惛惛之事者，無赫赫之功。
行衢道者不至，事兩君者不容。目不能兩視而明，耳不能兩聽而聰。
螣蛇無足而飛，梧鼠五技而窮。《詩》曰：鳲鳩在桑，其子七兮。淑
人君子，其儀一兮。其儀一兮，心如結兮。故君子結于一也。

又〈解蔽〉曰：故好書者眾矣，而倉頡獨傳者一也。好稼者眾矣，
而后稷獨傳者一也。好樂者眾矣，而夔獨傳者一也。好義者眾矣，
而舜獨傳者一也。倕作弓，浮游作矢，而羿精于射。奚仲作車，乘
杜作乘馬，而造父精于御。自古及今，未嘗有兩而能精者也。《荀子》

言一而後精後出。古文云：惟精惟一，先精後一。非古義也。

以道出乎一，此「道」並無形上義。能為「一」者，在於盡善而不偏，居正
而不倚。治學也是如此，專心一致而無旁鶩。能神能精者，皆在於一。

《論語》曰：君子之于天下也，無適也。《荀子‧君子》曰：天子四
海之内無客禮，告無適也。適皆讀為敵。後儒有主一無適之語，讀
適如字，訓為之殊，非古義。《淮南‧詮言》曰：一者，萬物之本也，無敵
之道也。義與《文子》同。

一之初，幾也。幾者動之微，吉之先見者也。以此見性之初，有善
而无惡，惡者善之反，不與善對。故云無敵亦曰獨，君子慎獨，無
惡于志也。惡讀如字。幾，有善而无惡。周子言幾善惡，非也。

《文子》曰：一也者，無適之道也。案：適，讀為敵，一者道之本，
故云無適。〔註98〕

以「一」為純善，為一切的根本，是形上義的「道」之下落。惠氏從多元的
視野來論述「一」的概念，強化「一」的重要性。所引儒家諸說，「一」的概
念，並無強烈的形上本體之義涵。另外，惠棟又引云：

仲舒《對策》曰：春秋大一統者，天地之常經，古今之通誼也。師
古曰：一統者，萬物之統，皆歸于一也。

班固述〈律歷志〉曰：元元本本，數始于一。產氣黃鍾，造計秒忽。

張晏曰：數之元本，起于初九之一也。

〔註98〕以上儒典引文，見《易微言》，卷下，頁684～692。

《春秋元命包》曰：陰陽之性以一起，人副天道，故生一子。

《春秋元命包》曰：常一不易，玉衡正。《文選注》九。

《春秋元命包》曰：陽數起于一，成于三。又曰：元年者何？元宜
爲一。謂之元何：曰君之始年也。《文選注》。

《春秋保乾圖》曰：陽起于一，天帝爲北辰。〔註99〕

董仲舒藉由「一」的本根之性，作爲宇宙的律則，以天地人構成宇宙的三個
基本要素，三者爲「萬物之本」，「相爲手足，合以成體，不可一無也」，〔註
100〕力主天人同類，「以類合之，天人一也」，建構其以天是人的主宰，人是天
的附屬，人必須遵從天道，服從天意的天人合一思想，成就其帶有理性與神
祕主義相雜的天道觀。天人皆歸於「一」，一切也就皆本諸於「一」，下落於
政治上的大一統主張，萬物統歸於一，所以天下也當大一統。這裡特別要提
出來的是，董仲舒在宇宙本體觀的看法上，其重要的主張是將元氣視爲天地
萬物的原質，這個元氣就是陰陽中和之氣，類似《易傳》的「太極」，他認爲
「天地之常，一陰一陽」，〔註101〕而「天地之氣，合而爲一，分爲陰陽，判爲
四時，列爲五行」，〔註102〕宇宙的化生，從相合爲一的元氣，分而爲陰陽二氣，
然後爲四時，爲五行，而化生萬物。因此，董仲舒的宇宙觀，仍然肯定氣化
的宇宙觀。班固在律歷的主張上，也崇尚「一」的根源意義，「一」爲元氣，
爲數之始。至於緯書，也是如此，以陰陽之氣源於「一」，「一」作爲宇宙的
本源，爲物質之性。「一」之廣大神聖之性，即如天帝如北辰，也就是漢儒常
說的「太一」，甚至與「太一」相混的「天一」。這樣的主張，雖未必是儒家
原典的本義，卻是漢儒釋經的觀念所在，可以象徵爲漢儒的思想。也就是說，
漢儒普遍將「一」置於本根之位階，並具有元氣之質性，而這樣的主張，也
是漢儒對易學在宇宙觀上的看法。

（四）諸子與黃老思想上的意義

惠棟引《韓非子》之言云「一」：

〔註99〕以上諸引文，見《易微言》，卷下，頁690、692、695。
〔註100〕見董仲舒《春秋繁露·立元神》。引自蘇輿《春秋繁露義證》，卷六，北京：
中華書局，1996年9月1版北京2刷，頁168。
〔註101〕見董仲舒《春秋繁露·陰陽義》。引自蘇輿《春秋繁露義證》，卷十二，頁341。
〔註102〕見董仲舒《春秋繁露·五行相生》。引自蘇輿《春秋繁露義證》，卷十三，頁
362。

《韓非子・揚權》曰：用一之道，以名爲首，名正物定，名倚物徙，

　倚，偏倚；故聖人執一而靜。又曰：道無雙，故曰一。〔註103〕

韓非以「道」爲「一」，說明其弘大無形，恆定不變的本源特質。透過「道」
爲「一」，充份地掌握「一」的質性，而運用於治道之中。〈揚權〉指出「聖
人執一以靜，使名自命，令事自定」，聖人或國君掌握了「一」，一切就自然
走上正軌，國家社會也能夠達到安定清靜之境界。這個「一」就是「道」，它
是政治原則、方法與秩序建立的根本。「一」與「多」對立而構成整體，韓非
由此而爲「貴一賤多」的思想架構，賦予「一」在「多」的世界裏的合理定
位，而爲其尊君、極權的政治思想作鋪路。自然而和諧的「一」與「多」之
關係，是「一」包含「多」；也就是「道」總括萬物、萬理，即「道者，萬物
之所然也，萬理之所稽也」（〈解老〉），且「萬物各異理，而道盡稽萬物之理」
（〈解老〉），故「道」（「一」）當是能派生萬物、定一切之理（「多」），並能完
全主宰萬事萬物的。「一」的對立即「多」，「物」、「理」之時空有限，是多、
偏、分、私的；物、理眾多，各具特性，變動不居，必然是全面之一偏、整
體之某部分，是有限之個別，是有欲有爲之私。藉由「道」的至高獨一之特
性，導引出「貴一賤多」的觀念，反映在政治制度之思想上，即是塑造一個
絕對「一」的君主，以統御眾臣萬民，亦即塑造一個專制獨裁的君主與政治
體制。由於「明君貴獨道之容」，所以，凡「事在四方，要在中央，聖人執要，
四方來效」，「察君之分，獨分也」（〈揚權〉），「獨行謂之王」（〈忠孝〉），「能
獨斷者故可以爲天下主」（外儲說右上），「霸王者，人主之大利也」（〈六反〉）。
人主之利視之爲公利、大利，超越了任何人的利益，而君主所執，又貴於獨
有，必須把持「一」的完整性，進一步說，「一政而國治」（〈亡徵〉），求政事
的統一，即其權力不可以被分割，否則將造成「一棲兩雄，其鬥」、「一家二
貴，事乃無成」（〈揚權〉）、「兩主者可亡也」（〈亡徵〉）之嚴重現象。一切以
「一」爲基礎，所以除了上述之外：「國事務先而一民心」（〈心度〉），追求人
心的統一；「一行其法」（〈八經〉）、「法莫如一而固」（〈五蠹〉）、「不一其審合，
則姦多」（〈定法〉），要求執行法令的政治作爲要統一；「塞私便而一功勞」（〈八
說〉），要求賞罰的統一。「一」的用處在於一切的政治作爲。「一」即「道」，
而人格化則爲君主，賦予君主合理的地位；「道無雙」，道「獨立無對」，君主
也「獨立無對」，君權因之提高，至於無限。從這樣的進路可以體現韓非所言

〔註103〕見《易微言》，卷下，頁 690～691。

之「道」，置重於形下的政治場域，將「道」與「一」的聯結，也是在於建構其政治思想的理論，尋求合理的根據，使君權的獨貴獲得最佳的武裝與保證。

惠棟尚引秦漢諸家之說，包括如：

《家語‧本命解》曰：分于道，謂之命。形于一，謂之性。

「道」與「一」為相對應或是互為聯繫的關係。形於一者稱為「性」。其它如：

《呂覽‧論人》曰：游意于無窮之次，事心于自然之塗，若此則無以害其天矣。無以害其天則知精，知精則知神，知神之謂得一。凡彼萬形，得一後成。高注云：天，身也。一，道也。道生萬物，萬物得一，乃後成也。

《呂覽‧大樂》曰：道也者，至精也。精，微。不可為形，不可為名。彊為之，謂之太一。故一也者制令，兩也者從聽。從聽，聽從。先聖擇擇讀為釋。兩法一，擇，棄也；法，用也。是以知萬物之情。故能以一聽政者，樂君臣，和遠近，說黔首，合宗親。能以一治其身者，免于災，終其壽，全其天。天，身。能以一治其國者，姦邪去，賢者至，成大化。能以一治天下者，寒暑適，風雨時，為聖人。故知一則明，明兩則狂。

《淮南‧原道》曰：道者一立而萬物生矣。是故一之理施四海，一之解達也。際天地。至也。又〈天文〉曰：道曰規始于一，一而不生，故分而為陰陽。陰陽合和，而萬物生。又〈精神〉曰：一生二，二生三，三生萬物。高誘曰：一謂道也，二曰神明，三曰和氣也。或說一者元氣也，生二者乾坤也。二生三，三生萬物，天地設位，陰陽通流，萬物乃生。又曰：心志專于內通，達耦于一，一者，道也。又〈詮言〉曰：一也者萬物之本也。無敵之道也。《文子》敵作適，後人訓為主一者無他適，失之。

《管子‧內業》曰：一物能化謂之神，一事能變謂之智。化不易氣，變不易智，惟執一之君子能為此乎？執一不失，能君萬物。

《鶡冠子》曰：有一而有氣。陸佃注云：一者无氣之始。〔註104〕

不論是《呂氏春秋》、《淮南子》、《管子》乃至《鶡冠子》，皆以「道」為「一」，「道」生萬物，亦即「一」生萬物，「一」已成形，萬物萬形也皆得一而後成，

〔註104〕見《易微言》，卷下，頁 689～696。

所以說「道者一立而萬物生」。這種思想是老子道論的延伸，也是黃老思想的普遍主張。而在易學的論述範疇中，惠棟特別強調「一」為元氣，一生二為乾坤，也就是陰陽二氣。在這些引述的材料中，可以看到它們有一個共通之處，這個共通處即是晚近學者研究黃老學說的普遍共識，將這些材料都視為黃老學說的重要內容，並且，黃老之學盛極於兩漢，為兩漢時期普遍的學術氛圍或學術傾向，也就是說，以「道」為「一」，或為具有物質性的「元氣」，是漢代學術思想上的普遍性論述，惠棟基本上掌握了漢儒在這方面的主張，在易學的宇宙觀上也融入了這樣的認識，所以，這樣的認識，並非惠氏所獨幟，而是在體現漢儒或是漢代易學家的思想主張。學術的相互影響，特別是主流學術或是主流學術傾向的影響尤甚，漢代各家學術並容，而黃老的影響也特別的廣泛，包括兵家在內，甚至學者研究黃老學說，也把兵家視為一環，惠氏所舉如下：

> 《管子‧兵法》曰：明一者王，察道者帝，通德者王。
>
> 《鬼谷子‧陰符》曰：道者天地之始，一其紀也。又曰：道者神明之源，一其化端。
>
> 《六韜》：武王問太公曰：兵道何如？太公曰：凡兵之道，莫過乎一，一者能獨往獨來。黃帝曰：一者，階于道，幾于神，用之在于幾，顯之在于勢，成之在于君。故聖王號兵為凶器，不得已而用之。〔註105〕

「道」包一切，體道則能掌握一切，而「道」為「一」，所以體「一」就能掌握用兵之道。黃老尚「一」，如黃老帛書《十大經‧觀》提到「群群□□□□□□為一囷。無晦無明，未有陰陽。陰陽未定，吾未有以名」，〔註106〕以「道」之狀「如一囷」，為天地未成、陰陽未分時混聚昏冥的狀態，如同《文子‧九守》所云「天地未形，窈窈冥冥，〔渾而為一，寂然清澄，重濁為地，精微為天，離而為四時〕，分而為陰陽」，「剛柔相成，萬物乃生」；〔註107〕「為一囷」與「渾而為一」義近。又如黃老帛書《道原》提到「恒無之初，迵同大（太）虛。虛同為一，恒一而止。濕濕夢夢，未有明晦」，陳鼓應先生認為此「一」，

〔註105〕見《易微言》，卷下，頁 692、696。

〔註106〕見陳鼓應《黃帝四經今註今譯》，臺北：臺灣商務印書館，1996 年 7 月初版 2 刷，頁 268。

〔註107〕見《文子‧九守》。引自丁原植《《文子》資料探索》，臺北：萬卷樓圖書有限公司，1999 年 9 月初版，頁 118。

即指先天一氣，也就是「道」；〔註108〕此一氣作爲宇宙之本源，是濕濕夢夢、混混沌沌的狀態。且「一者其號也，虛其舍也，無爲其素也，和其用也。是故上道高而不可察也，深而不可則（測）也。顯明弗能爲名，廣大弗能爲刑（形）。獨立不偶，萬物莫之能令」；〔註109〕「一」即「道」，同《淮南子・原道》「所謂無形者，一之謂也」，爲哲學的最高範疇，它無名無形，沒有處所，所以它可大可小，可隱可顯，可出無入有，可在陽居陰，神秘莫測，變化萬端，獨一無二，萬物都離不開它。黃老學說對於「一」的論述極爲普遍，甚至也發展成爲修煉養生之術，如具有代表性的《太平經》也提到：

> 夫一者，乃道之根也，氣之始也，命之所繫屬，眾心之主也。〔註110〕
>
> 一者，數之始也；一者，生之道也；一者，元氣之所起也；一者，
> 天之綱紀也。故使守思一，從上更下也。〔註111〕

以「一」作爲「道」之本根，氣之始生，一切之源頭，一切之律則，並進一步強調「守一」作爲修煉的重要方法，所以有「脩一却邪法」、「守一明法」、「守一入室知神戒」等篇章內容，並對守一之法予以高度的評價。〔註112〕《太平經》守一，在於守精、氣、神三者合而爲一，〔註113〕此合三爲一之概念，亦是漢儒常見的主張，這個主張，於易學則近於「太極元氣，函三爲一」之

〔註108〕《道原》之文，同陳鼓應之說，見陳鼓應《黃帝四經今註今譯》，頁470。
〔註109〕文見《道原》。引自陳鼓應《黃帝四經今註今譯》，頁474。
〔註110〕見《太平經・脩一却邪法》。引自王明《太平經合校》，北京：中華書局，1997年10月1版5刷，頁12。
〔註111〕見《太平經・五事解承負法》。引自王明《太平經合校》，頁60。
〔註112〕見《太平經》諸篇：參見王明《太平經合校》，頁12～13、15～16、409～423。《太平經》肯定守一之法的功效，在其佚文中多有論及，如《秘旨》所引，云：「守一之法，乃萬神本根，根深神靜，死之無門。」又云：「守一之法，與天地神明同。出陰入陽，無事不通也。」又云：「守一之法，先知天意，生化萬物，不言而理，功成不宰，道生久視。」又云：「守一之法，可以知萬端。萬端者，不能知一。夫守一者，可以度世，可以消災，可以事君，可以不死，可以理家，可以事神明，可以不窮困，可以理病，可以長生，可以久視。元氣之首，萬物樞機。天不守一失其清，地不守一失其寧，日不守一失其明，月不守一失其精，星不守一失其行，山不守一不免崩，水不守一塵土生，神不守一不生成，人不守一不活生。一之爲本，萬事皆行。子知一，萬事畢矣。」相關的記載尚夥。有關佚文，見王明《太平經合校》，頁739～743。
〔註113〕參見《太平經・令人壽治平法》云：「三氣共一，爲神根也。一爲精，一爲神，一爲氣。此三者，共一位也，本天地人之氣。神者受之於天，精者受之於地，氣者受之於中和，相與共爲一道。故神者乘氣而行，精者居其中也。三者相助爲治。故人欲壽者，乃當愛氣尊神重精也。」（見王明《太平經合校》，頁728。）

說。這合三爲一的概念，移後文再詳述。《太平經》這種思想，可以說是黃老思想後期的轉化，亦是道教對黃老思想的吸收與轉化，包括如《老子想爾注》中亦有類似的主張。〔註114〕總之，黃老思想與易學思想，內容上有甚多相近的主張，而黃老又盛行於兩漢，所以，黃老的有關思想，某種程度上可以反映在易學思想上。

（五）「一」作爲易學範疇的明確定義

「一」在易學思想的範疇中，惠棟作了明確的定義：

> 一在《易》爲太極，在爻爲初。凡物皆有對，一者至善，不參以惡，參以惡則二矣。又爲獨，獨者至誠也，不誠則不能獨。獨者隱也，愛莫助之，故稱獨。一則貫，二則亂，故云其爲物不貳，得一善則拳拳服膺。并一而不貳，所以爲積也。〔註115〕

認爲「一」在易學思想的體系中，它代表「太極」，也就是爲宇宙的根源，爲萬有之本。而在一卦六爻爻位上，「一」則屬初爻，也就是卦爻之初始。〔註116〕凡物皆有相對應的，難有純粹而獨一者，物有陰亦含有陽，陽中亦有陰，不易有純陰或純陽者，於人事亦同，如「榮辱與共」的道理，也是相對的常則。故求「一」不易，」「一」則至極至善，純然而不蕪雜，獨一而無二，二則爲惡，破壞其惟善的原質。它既爲宇宙根源的「太極」，也如同《中庸》所說的「誠」，〔註117〕所謂「誠者，天之道」，「誠者，物之終始」，〔註118〕以誠爲宇宙之道，爲萬物的根源。惠氏以「一」又爲「獨」，所言有據，《方言》即以「一」爲「獨」。〔註119〕「一」既爲純善，則能「獨」，獨善無惡則無須掩其惡，在任何時刻皆處於至誠無息的狀態，誠如宋代陳淳《大學章句》所云「造

〔註114〕關於《太平經》與《老子想爾注》有關「守一」的思想，鄭國瑞先生《兩漢黃老思想研究》中也有作詳細的論述。（參見鄭國瑞《兩漢黃老思想研究》，臺北：國立政治大學中國文學系博士論文，2003 年 6 月，頁 355～357、378～379。）

〔註115〕見《易微言》，卷下，頁 684。

〔註116〕惠棟引文云：「恒六五《象傳》曰：婦人貞吉，從一而終也。虞注云：一謂初。」（《易微言》，卷下，頁 684。）即表明「一」在爻爲初。

〔註117〕《廣韻》云：「壹，誠也。」所以，惠氏以「一」爲「誠」，亦非妄言。

〔註118〕見《中庸》第二十章、二十五章。《中庸》言「誠」道者，包括第二十、二十一、二十二、二十四、二十六、三十二章，皆有廣泛論及。

〔註119〕《方言》，卷十二，云：「一，蜀也，南楚謂之獨。」章太炎《新方言·釋言》云：「《管子·形勢》曰：抱蜀不言。謂抱一也。」可見《方言》載楚地以「一」爲「獨」。

化流行，生育賦予，更無別物，只是個善而已」，〔註120〕「一」善則一以貫之，拳拳服膺，不變其善，不雜其二，此即「一」爲「獨」爲「至誠」之義。因此，「一」不但可以作爲宇宙論的概念，也可以下放爲人事的律則，不論是人生修養、政治作爲等等，皆可以「一」爲釋。

以「一」作爲易學上論述的範疇，惠棟並舉典籍與古說云：

> 《繫下》曰：天下之動，貞夫一者也。虞注云：一謂乾元。萬物之動，各資天。一陽氣以生，故天下之動，貞夫一者也。又曰：天下同歸而殊途，一致而百慮。又曰：天地絪縕，萬物化醇，男女構精，萬物化生。《易》曰：三人行則損一人，一人行則得其友。言致一也。

> 《乾鑿度》曰：《易》變而爲一。鄭注云：一主北方，氣漸生之始，此即太初之氣所生也。

> 又曰：《易》始于一。鄭注云：《易》本無體，烝變而爲一，故氣從下生也。〔註121〕

《易》根源於「一」，此「一」爲有形之氣，爲乾元資天之氣，也是一陽動而由下而上升之氣；含有本原之義，也含有於爻爲初九之義。在本原的概念上，不論是《乾鑿度》或是鄭玄的看法，都認爲「易」之原質本無體，基本上是一種老本所說的「無」的傾向，然後由氣變而爲「一」，這個氣就是太初之氣；也就是說，「一」是一種氣化的「有」，是一種物質的存在，而「太極」爲「一」，所以太極也是一種「氣」的存在。這樣的概念，前面已不斷的陳述，它是兩漢《易》家的普遍性甚至共同性的主張，也是惠棟對漢儒的認識和自己在宇宙觀上的理解。

此外，揚雄的思想，也代表著漢代另類易學的思想，惠棟援引揚雄的主張：

> 揚子《太玄》曰：生神莫先乎一。注云：玄始于一，玄道生神，故生神無先，一也。

> 揚子《太玄》曰：常初一戴神墨，履靈武，以一耦萬，終不稷測。曰戴神墨體一，形也。案：稷，側也。一，中也。以一耦萬，故不偏側。〔註122〕

〔註120〕見陳淳《四書集注·大學章句》。轉引自來可泓《大學直解·中庸直解》，1999年2月1版2刷，頁51。
〔註121〕見《易微言》，卷下，頁684、687。
〔註122〕見《易微言》，卷下，頁687～688。

揚雄將「玄」作爲宇宙的最高範疇，主要根源於《老子》的「道」，但是與《老子》的「道」不同，因爲他的「玄」含有高度的物質元氣之傾向，他指出「夫玄也者，天道也，地道也，人道也」，〔註123〕「玄」爲三者之合體，而始於「一」，體一而爲有「形」，是一種元氣的物質之狀。

（六）太極元氣，函三爲一

合三而爲一的概念，在漢代普遍可以看到，前述揚雄的太玄思想，也是這樣的一種模式，而董仲舒也提出「三而一成」的主張，指出：

> 何謂天之大經？三起而成日，三日而成規，三旨而成月，三月而成時，三時而成功。寒暑與和，三而成物；日月與星，三而成光；天地與人，三而成德。由此觀之，三而一成，天之大經也，以此爲天制。是故禮三讓而成一節，官三人而成一選。〔註124〕

用「三而一成」來解析宇宙的結構，並爲「三公、九卿、二十七大夫、八十一元士」〔註125〕的王者官制進行論證，肯定「三合爲一」爲「天之大經」，爲天所定之制度儀範，應當恪遵奉行。其合二爲一的主張，目的並不在探究宇宙的主體結構，而是在爲官僚制度確立背後的神聖根據，證明「官制象天」的神聖性。這樣的概念，到了後來的班固，也透過了天道觀來進一步地闡釋，指出：

> 王者受命爲天地人之職，故分職以置三公，各主其一，以効其。一公置三卿，故九卿也。天道莫不成於三。天有三光，日月星；地有三形，高下平；人有三尊，君父師。故一公三卿佐之，一卿三大夫佐之，一大夫三元士佐之。天有三光，然後能遍照。各自有三法。物成於三，有始、有中、有終，明天道而終之也。〔註126〕

〔註123〕見揚雄《太玄·玄圖》。引自司馬光集注《太玄集注》，北京：中華書局，1998年9月1版北京1刷，頁212。

〔註124〕見董仲舒《春秋繁露·官制象天》。引自蘇輿《春秋繁露義證》，卷七，頁216。

〔註125〕參見董仲舒《春秋繁露·官制象天》云：「王者制官，三公、九卿、二十七大夫、八十一元士，凡百二十人，而列臣備矣。吾聞聖王所取儀，法天之大經，三起而成，四轉而終，官制亦然者，此其儀與？三人而爲一選，儀於三月而爲一時也；四選而止，儀於四時而終也。三公者，王之所以自持也。天以三成之，王以三自持。立成數以爲植而四重之，其可以無失矣；備天數以參事，治謹於道之意也。此百二十臣者，皆先王之所與直道而行也。是故天子自參以三公，三公自參以九卿，九卿自參以三大夫，三大夫自參以三士。」引自蘇輿《春秋繁露義證》，卷七，頁214～215。

〔註126〕見《白虎通·封公侯》。引自陳立《白虎通疏證》，卷四，北京：中華書局，1997年10月1版北京2刷，頁130～131。

班固的「物成於三」，即董子的「三而一成」，而他們所言之「天道」或「天之大經」，都是用來服務於長期所流傳下來的三公九卿這套官制，爲了強調其權威性與神聖性，所以特別透過天道的思想來昭示。因此，以「一」這個數作爲宇宙的本原，由來已久，而以「三」這個成數作爲萬化過程中的重要概念的數，也是漢代思想家的慣用概念，如史遷提到「數始於一，終於十，成於三」，〔註127〕「一」與「三」作爲聯結的兩個數，在漢儒的論述中普遍可以體現。

漢代學說思想在「三一」或「一三」數字意涵上形成最大聲勢者，主要表現在「三統說」與「三統歷」方面。「三統說」以殷時爲正白統，周時正赤統，而「春秋應天作新王之事，時正黑統」。〔註128〕認爲天有三種「統致其氣」的方式，在夏歷正月朔，日躔營室，斗建寅之辰的時候致氣，通化萬物，萬物皆應而始萌，呈現黑色，是爲黑統；人間與之相應的朝代爲夏代。〔註129〕天又在夏歷十二月朔，日躔虛，斗建丑辰的時候致氣，蛻化萬物，萬物皆應而始芽，呈白色，是爲白統；人世間與之相應的朝代是殷代。〔註130〕又天在夏歷十一月朔，日躔牽牛，斗建子辰的時候致氣，施化萬物，萬物皆應而始動，呈赤色，是爲赤統；人世間與之相應的朝代是周代。〔註131〕王者「受之

〔註127〕參見《史記・律書》云：「音始於宮，窮於角；數始於一，終於十，成於三；氣始於冬至，周而復生。」

〔註128〕參見《春秋繁露・三代改制質文》。引自蘇輿《春秋繁露義證》，卷七，頁186～187。

〔註129〕參見《春秋繁露・三代改制質文》云：「三正以黑統初，正日月朔於營室，斗建寅。天統氣始通化物，物見萌達，其色黑。」蘇輿則引《禮記・月令》云：「孟春之月，日在營室。」又注云：「孟春者，日月會於娵訾，而斗建寅之辰也。」（引自蘇輿《春秋繁露義證》，卷七，頁191。）

〔註130〕參見《春秋繁露・三代改制質文》云：「正白統者，歷正日月朔于虛，斗建丑。天統氣始蛻化物，物始芽，其色白。」蘇輿則引《禮記・月令》云：「季冬之月，日在婺女。」又注云：「季冬者，日月會於元枵，而斗建丑之辰也。」又《春秋感精符》云：「地統十二月建丑，地助生之端，謂之地統，商以爲正。」又《白虎通》云：「十二月之時，萬物始芽而白。白者陰氣，故殷爲地正，色尚白也。」（引自蘇輿《春秋繁露義證》，卷七，頁193～194。）

〔註131〕參見《春秋繁露・三代改制質文》云：「正赤統者，歷正日月朔于牽牛，斗建子。天統氣始施化物，物始動，其色赤。」蘇輿則引《禮記・月令》云：「仲冬之月，日在。」又注云：「仲冬者，日月會于星紀，而斗建子之辰也。」又《春秋感精符》云：「天統十一月建子，天始施之端也。謂之天統者，周以爲正。」又《白虎通》云：「十一月之時，陽氣始養根株。黃泉之下，萬物皆赤，赤者之氣也。故周爲天正，色尚赤也。」（引自蘇輿《春秋繁露義證》，卷七，

於天」、「受命爲王」，都必須根據天統的啓示，「王者必受命而後王。王者必改正朔，易服色，制禮樂，一統於天下」。〔註132〕由黑而白而赤，循環反復，周而更始。每一統皆有自己的正朔，所以「三統」又稱「三正」；由於三正之始，萬物皆微，物色不同，所以「三統」又叫「三微」。惠棟認爲「陽氣始施，萬物微而未著，故曰微」，並對三微與三統的有關論述，作了詳細的引文說明。〔註133〕黑白赤三統又名天統、地統、人統，所以夏商周三正又叫做天正、地正、人正。三統著重於天的施化，而三正意在於人之副天。漢儒認爲三統是「元」的逐一顯現，所以《漢書・律歷志》提到「元之三統也，三統合於一元」〔註134〕之說。惠棟引董仲舒之言云：

> 董子《繁露》曰：惟聖人能屬萬物于一而繫之元也，故不及本所從來而承之不能遂其功。是以春秋變一謂之元，元猶原也。其義以隨天地終始也。《繫上》曰：原始反終。故人惟有終始也，而生死必應四時之變。原始反終，故知死生之說。說，舍也。故元者爲萬物之本，而人之元在焉。〔註135〕

「元」的意義，按照董子之說，乃「隨天地終始」，「爲萬物之本」的「氣」，爲「原」也爲「一」，也是哲學家所探述的宇宙之本原本根，是一種氣化的存在。元之三統，或三統一元的概念，也就是一即三，或三即一的意思。

　　三統說經過劉歆等歷數家的鼓吹而具體地呈現在其三統歷之中，他結合具有科學性的天文數據，以及《周易》與《春秋》中的思想，使三與一的關係，又有新的面貌產生。劉歆談到「備數」時提到：

> 數者，一、十、百、千、萬也；所以算數事物，順性命之理也。《書》曰「先其算命」，本起於黃鐘之數，始於一而三之，三三積之，歷十二辰之數，十有七萬七千一百四十七，而五數備矣。〔註136〕

數「本起於黃鐘之數」，即起於一，也就是黃鐘之數爲「一」，所以孟康認爲「黃鐘，子之律也；子數一。泰極元氣，含三爲一，是以一數變而爲三也」。

　　　　頁194。）
〔註132〕括弧引文參見《春秋繁露・三代改制質文》。引自蘇輿《春秋繁露義證》，卷七，頁184～185。
〔註133〕參見《易微言》，卷上，頁649～652。
〔註134〕見《漢書・律歷志》。轉引自惠棟《易微言》，卷上，頁622～623。
〔註135〕見《易微言》，卷上，頁622。惠氏所引，見《春秋繁露・玉英》。
〔註136〕見《漢書・律曆志》，卷二十一上，頁956。

〔註137〕「始於一而三之」，其「三之」即乘以三，以一中含有三，也就是「含三爲一」，所以「一而三之」，透過「三之」來開展一的內涵，「三三積之」，而「歷十二辰之數」，也就是將三之乘積開展十二次（一乘以十一個三），即：

$$1 \times 3 \times 3 \times 3 \times 3 \times 3 \times 3 \times 3 \times 3 \times 3 \times 3 \times 3 = 177147$$

劉歆相信這就是「順性命之理」，所得之數就可備「備數、和聲、審度、嘉量、權衡」〔註138〕等五數，也可命百事，極盡天地之妙。劉歆進一步指出：

> 太極元氣，函三爲一。極，中也。元，始也。行於十二辰，始動於子；參之，於丑得三；又參之，於寅得九；又參之，於卯得二十七；又參之，於辰得八十一；又參之，於巳得二百四十三；又參之，於午得七百二十九；又參之，於未得二千一百八十七；又參之，於申得六千五百六十一；又參之，於酉得萬九千六百八十三；又參之，於戌得五萬九千四十九；又參之，於亥得十七萬七千一百四十七。此陰陽合德，氣鐘於子，化生萬物者也。故孳萌於子，紐牙於丑，引達於寅，冒茆於卯，振美於辰，巳盛於巳，咢布於午，昧薆於未，申堅於申，留孰於酉，畢入於戌，該閡於亥。出甲於甲，奮軋於乙，明炳於丙，大盛於丁，豐楙於戊，理紀於己，斂更於庚，悉新於辛，懷任於壬，陳揆於癸。故陰陽之施化，萬物之終始，既類旅於律呂，又經歷於日辰，而變化之情可見矣。〔註139〕

「太極元氣」即混成太極的原始之氣，其所爲之「氣」，至大至正，至先至廣，爲宇宙萬物的本原，或稱爲「太極」，或稱爲「元」，或稱爲「一」。太極元氣之所以能夠化生萬物，在於它「函三爲一」。以「一」爲原始，爲本根，而此「一」又含有「三」，所含之「三」又含「三」，這樣的推演歷程，所以能夠化生萬物。太極元氣化生萬物的過程稱爲「行」，它行於十二辰，歷經全部的時空坐標，由子辰時爲一，而後展開其內涵，丑辰而爲三，丑辰的三，每一個也都是涵三之一，而後寅辰爲九、卯辰爲二十七，以此類推，至最後一辰亥辰得十七萬七千一百四十七，是爲萬物之數。劉歆將「氣」與「數」作聯結，以數的變化來表述萬物的演化形成，認爲萬物之數或萬數之物，是元氣之一分爲三再分爲三而逐步分化形成，它是「孳萌於子」，「出甲於甲」的漸

〔註137〕孟康注，見《漢書・律曆志》，卷二十一上，頁957。
〔註138〕參見《漢書・律曆志》，卷二十一上，頁956。
〔註139〕見《漢書・律曆志》，卷二十一上，頁964～965。

進歷程。他同時套用《周易》的思想語言，如云「陰陽合德」，云「陰陽之施化」，但是他始終並未具體的表明在一分為三的過程中，陰陽是如何的合德、如何的施化？而是著重於將天干地支的讀音或字形，同植物的生長過程相湊在一起，所以有所謂「冒茆於卯」、「斂更於庚」之言。但是，不管如何，純粹從「太極元氣，函三為一」的概念上去理解，宇宙的本體太極同於元氣，誠如張濤所言，即太極並與元氣合為一個範疇，而「太極元氣」在未分化以前即包含著天地人生成的元素而渾為一體。〔註140〕

　　惠棟以「太極」作為宇宙本原的論述內容時，特別不斷地引用劉歆《三統歷》「太極元氣，函三為一」的說法，《周易述》中解釋經傳時，至少引用此言七次以上，而《易微言》中也至少有兩次。舉其重要者，如《易微言》云：

> 《三統歷》曰：太極元氣，含三為一。《後漢書》郅惲曰：含元包一。又曰：始于一而三之。又曰：十一月乾之初九，陽氣伏于地下，始著為一。又曰：經元一以統始，《易》太極之首也。〔註141〕

釋復卦時指出：

> 《象傳》曰復其見天地之心，董子以二至為天地之中，云中者天地之太極。《三統歷》曰：太極元氣，函三為一。一，元也。極，中也。即復之初也。〔註142〕

釋《象傳》「大哉乾元，萬物資始，乃統天」時，指出：

> 隱元年《公羊傳》曰：何言乎王正月，大一統也。何休注云：統者，始也。元亦始也。王者所以通三統，故云「統，始也」。大衍之數五十，謂日十、辰十二、星二十八，三辰之數凡五十也。三辰合于三統，三統會于一元，故《三統歷》曰：太極元氣，函三為一。一即天、地、人之始，所謂元也。《乾鑿度》曰：易始于一，謂太極也。分于二，謂兩儀也，通于三，謂三才也。故三才之道兼之為六畫，衍之為大衍，合之為太極，太極函三為一，故一不用，其用四十有九也。六十四卦、萬一千五百二十筴，皆取始于乾元，苟義也。二篇六十四卦，萬一千五百二十筴，當萬物之數，《象傳》所稱萬物，

〔註140〕參見張濤《秦漢易學思想研究》，頁196。
〔註141〕見《易微言》，卷上，頁588～689。
〔註142〕見《周易述》，卷四，頁109。

即二篇之笑也。《説文》曰：道立于一，化生萬物。故萬一千五百二
十笑皆取始于乾元。《呂氏春秋》曰：凡彼萬形，得一後成。董子以
元爲萬物之本，又以天、地、人爲萬物之本，亦此義也。何休注公
羊曰：元者，天地之始，故乾坤皆言元。《春秋》正月、二月、三月，
三代稱元，是統天之義。……《荀子‧君道篇》曰：四統者俱，而
天下歸之；四統者亡，而天下去之。又〈議兵篇〉曰：未有本統。
統皆訓爲本。〈郊特牲〉曰：萬物本乎天。故笑受始于乾，猶萬物之
生本乎天也。〔註143〕

釋《繫辭上傳》「繼之者善也，成之者性也」云：

乾爲善，乃乾元也。《三統歷》曰：太極元氣，函三爲一。三謂酉、
戌、亥。故云三氣相承，合于一元，謂太初、太始、太素之氣也。《三
統歷》又云：元者，善之長也。共養三德爲善。孟康《漢書》注云：
謂三統之微氣也。當施育萬物故謂之德。《三統歷》又云：元，體之
長，合三體而爲之原，故曰元。三統合于一元，是其義也。〔註144〕

在這裡要重申，惠氏肯定劉歆之說，並認同「太極」同於「元氣」，二者同爲
一個範疇。「函三」爲含天、地、人三者，即太極元氣在未分化以前，包含著
天、地、人生成的元素而渾然一體，所以，惠氏不斷提到「太極元氣，函三
爲一；三才合于一元」，〔註145〕太極元氣合三者而爲一，也就是太極元氣爲
「一」，細言之則太極爲「一」，元氣亦爲「一」，即其所言「太極元氣，函三
爲一；一，太極也」。〔註146〕宇宙的根本就是「太極元氣」，也就是這個「一」。
數始於一，萬物之化亦始於一，陰陽之變亦始於一，陽氣始著即乾之初九，
或是復卦之一陽，爲太極之首，這是就爻位而言。《易》「六十四卦、萬一千
五百二十笑，皆取始于乾元」，也就是說，易卦之演化與策數之生成，皆始於
乾元，乾元本乎天，所以說「萬物本乎天。故笑受始于乾，猶萬物之生本乎
天也」。天、地、人三才合氣於一元，亦即太初、太始、太素之氣合爲一氣，
也就是「三氣相承，合于一元，謂太初、太始、太素之氣也」；藉由「太極元
氣，函三爲一」，將「太初、太始、太素」的宇宙化生系統作了聯繫，而這樣

〔註143〕見《周易述‧象上傳》，卷九，頁220～221。
〔註144〕見《周易述‧繫辭上傳》，卷十五，頁401～402。
〔註145〕見《周易述‧繫辭下傳》，卷十七，頁475。
〔註146〕見《周易述‧繫辭上傳》，卷十六，頁427。

的聯繫可以得知「太初」、「太始」、「太素」三者也屬於「氣」的範疇，並且三者合爲元氣。惠氏「函三爲一」的宇宙觀，是漢儒在這方面主張的再現，但是，惠棟並沒有作更細膩的闡發或進一步再造，只停留在概括的引述。

六、成既濟定的理想境域

宇宙萬化，「一陰一陽之謂道」，陰陽二氣的轉化而生生不息，形成萬物萬象，一切都是陰陽二氣所形成的相互聯繫、相互照應的效果，所以朱熹強調「大而天地萬物，小而起居食息，皆太極陰陽之理」，〔註147〕陰陽二氣在變化與創造的結果，呈現出萬象的不同面貌。以陰陽二氣作爲宇宙化生的主要元素，二氣的變化，其最佳的狀態與理想的境域，在於謀得陰陽二氣交感的和諧，誠如《繫辭上傳》所言「剛柔者，晝夜之象也」，也如《禮記·祭義》所說「日出於東，月生於西，陰陽長短，終始相巡，以致天下之和」，陽剛陰柔的變化，能得其適所，如呈現其晝夜之象、日月之行的和諧規律一般，晝夜、日月行之有道，天道陰陽處於和諧互動的狀態，貫通於人事，天地萬物始能蓬勃發展，不斷繁衍相襲，所以說「陰陽合德，而剛柔有體」，〔註148〕陰陽「二氣感應」，「天地感而萬物化生，聖人感人心而天下和平」即是一種天地陰陽相感、和諧相應、各處正位的理想思想。

陰陽消長變化，一旦「陰不之化，陽不之施，萬物各嗌」，〔註149〕「陰氣章強，陽氣潛退，萬物將亡」，〔註150〕此陰陽對待轉化失調失序，陰陽不施不化，萬物閉塞而不貫通，陰強而陽退，則萬物將消亡。所以說，「天失陰陽則亂其道，地失陰陽則亂其財，人失陰陽則絕其後，君臣失陰陽則其道不理，五行四時失陰陽則爲災」，〔註151〕陰陽雙方不調和或不平衡，便會亂天道，亂地財，人絕後，君臣其道不理，五行四時發生災異。陰陽的和諧或失序，造成截然不同的結果，因此，必須尋求一種和諧共生的理想對待關係。這種陰陽的交感變化、和諧共生的對待關係，落實在卦爻的變化上，即是期盼一種「成既濟定」的理想狀態。

〔註147〕見黎靖德編《朱子語類·性理三》，卷六，北京：中華書局，1999年6月1版北京1刷，頁99。
〔註148〕見《繫辭下傳》文。
〔註149〕見揚雄《太玄·嗌》。引自司馬光《太玄集注》，卷五，頁117。
〔註150〕見揚雄《太玄·逃》。引自司馬光《太玄集注》，卷四，頁102。
〔註151〕見《後漢書·襄楷列傳》，卷三十下，注引《太平經》，頁1084～1085。

　　一卦六爻，初、三、五為陽位，當由陽爻居之，二、四、上為陰位，當由陰爻居之，惠棟根本虞翻之說，重視陰陽之當位，即陰陽氣化之合於正道，對於非當位者，則使之變正而處正道。六十四卦中，惟既濟 ䷾ 一卦六爻均陰陽當位，體現出陰陽氣化的和諧與最佳狀態。《周易述》中雖缺既濟卦，但對於虞翻之說，惠氏當能貫通述用，江藩承惠氏之義，於《周易述補》中引虞氏之言釋既濟卦，指出「六爻得位，各正性命，保合太和，乃利貞」，並進一步解釋云：

> 六爻得位，陰陽氣通，故亨。各正性命，保合太和，乃利貞，乾《彖》也。乾變坤化，乾五之坤，坤二之乾，成既濟定。……各能還其本體，故云保合太和，乃利貞也。〔註152〕

既濟者，為「陰陽之大樞」，〔註153〕六爻均陰陽當位，各得其位，所以有天下既平，萬事既定之象。既濟以六爻得位，為象徵著主宰宇宙萬事萬物的陰陽平衡發展的乾道之具體體現，也象徵著不論是政治或是社會現象上，君臣尊卑有等，萬事萬物各就其序，各當其位，各司其職，國泰民安，天下平和，並進一步達到「保合太和」的理想之境。既濟之成，正是反映出陰陽之氣交感通宜、各安其位的呈現，從形式上來看，既濟之定，是透過乾陽坤陰的變化而來，乾坤二五交感互位，各歸其本位，各顯其本體，以成既濟定。因此，惠棟在述《易》的過程中，特別重視「成既濟定」的概念，也正反映出他對陰陽交感的和諧理想的期盼，也對宇宙化生的最佳狀態的企求。所以，《周易述》中，以此概念為述者，至少出現百次以上。

　　惠棟在釋乾卦時，曾指出「《經》惟既濟一卦，六爻正而得位，故云剛柔正而位當。乾用九，坤用六，成既濟定，《中庸》所謂「致中和，天地位焉，萬物育焉」是也，此聖人作易之事也」。〔註154〕明白地指出六十四卦惟既濟一卦陰陽已然定位，剛柔得正，而乾坤二卦，亦可透過「乾變坤化」，陰陽交感，進而「成既濟定」，到達如《中庸》所說的「天地位焉，萬物育焉」的中和之道。對於不正者，必須藉由「動」而使之正，也就是順應陰陽氣化本然之性，使之得其正位，使之行於正道。這樣的「動」，是一種積極的作為，也是一種

〔註152〕見江藩《周易述補》。引自廣文書局本《惠氏易學》，頁845～846。
〔註153〕劉沅云：「故既濟者，陰陽之大樞也。《序卦》，有過物者必濟，故受之以既濟。謂有餘而後濟耳。」轉引自馬振彪《周易學說》，卷六，廣東：花城出版社，2002年1月1版1刷，頁605。
〔註154〕見《周易述》，卷一，頁3。

理想圓融的追求，下落在卦爻之中，則是爻變的形式運作。例如釋屯䷂卦，云：

> 三動成既濟，故陰陽氣通。虞氏曰：三動反正，故十年乃字，謂成既濟定是也。〔註155〕

三爻陰處陽位而不正，三動反正而成既濟，如此陰陽氣通，於難生之中，「動乎險中」而能「大亨貞」。〔註156〕又，釋履䷉卦上九云：

> 三位不當，故視履皆非禮，上亦失位，兩爻易位，各反于正，故其旋元吉。二、四已正，三、上易位，成既濟，故《傳》曰：大有慶也。〔註157〕

三位不當，以陰爻處陽位，履非其位，竊據眾陽，以陰柔害物，志不可測，剛愎自用，寖成尾大不掉之憂，故此視履而不依禮；而相應之上爻亦失其位，則動而之正，可省災異之禍，也可使眾祥並至，所以「其旋元吉」，「成既濟」而「大有慶也」。又，釋泰䷊卦卦辭云：

> 二、五失位，二升五，五降二，天地交，萬物通，成既濟定，故吉，亨。〔註158〕

泰卦二、五兩爻居中而失位，則循陽升陰降之氣化典範，陽二升五，陰五降二，如此一來，天氣下，而地氣上，陰陽交而萬物通泰，上下交而能同其志，如同君臣之關係，上下志通，此萬民之泰，陰陽各得其所，則天下和平。此亦成既濟之理想境域。又如釋隨䷐卦卦辭，注云：

> 陰隨陽，故名隨。三、四易位，成既濟，故元、亨、利、貞，无咎。

疏云：

> 杜預《釋例》曰：婦人無外，於禮當繫夫之證，以明所屬，皆是婦繫夫之事；故初九、九四、九五，比之「小子」、「丈夫」也。隨家陰隨陽，夫婦之道，故九五「孚于嘉，吉」。《傳》曰：君子以嚮晦入宴息，夫婦之道。而以既濟言者，夫婦者，君臣、父子之本，正家而天下定，故《中庸》曰：君子之道造端乎夫婦，及其至也，察乎天地。是言既濟之事也。

〔註155〕見《周易述》，卷一，頁19。
〔註156〕括弧之文，見屯卦《象傳》。
〔註157〕見《周易述》，卷二，頁51。
〔註158〕見《周易述》，卷二，頁52。

隨卦三、四非正，動而使之正，則能明其婦隨夫之道；夫婦之道以正，則家齊而父子、君臣之道行，天下也得以安定。陰陽正則夫婦之道正，而君子之道亦同，「察乎天地」之變，隨時而動，從宜適變，使循正道而行，則可成既濟、臻於「元、亨、利、貞」的理想。又如釋隨䷐卦上六「王用亨于西山」，云：

> 言太平封禪之事。三、四易位，成既濟定，亦是太平功成，故云既濟，告成之事也。盧植注《禮器》云：封太山，告太平，升中和之氣于天，王者致中和，天地位，萬物育，故升其氣于天，亦是既濟之事也。〔註159〕

同卦三、四兩爻非正其位，此文王爲西山諸侯，拘於羑里，困窮哀思，以待時勢之變，則太平封禪之事定，中和之氣普及天下，所以成既濟定，而能「致中和，天地位，萬物育」。又如釋臨䷒卦卦辭「元亨利貞」，云：

> 二陽升五，臨長羣陰，故曰臨三動成既濟，故元、亨、利、貞。

進一步解釋：

> 陽息稱大，坤虛无君，二當升五，以臨群陰，卦之所以名臨也。二升五，三動成既濟，故云元、亨、利、貞也。

釋六五云：

> 臨之九二有中和美異之行，應于五位，故曰百姓欲其與上爲大君，皆言二升五之義，故云大君謂二也。以乾通坤，故曰知臨二居五位，而施大化，成既濟之功，是大君之宜，故曰吉也。〔註160〕

二、五中位皆不正，則二當升五，又三動之正，使之陰陽正位，陽處五位，以臨群陰，君隨天下，以施大化，此即既濟之功，所以「元、亨、利、貞」。
其它如釋无妄䷘卦卦辭，云：

> 三、上易位，成既濟。乾升爲雲行，坤降爲雨施，品物流形，羣生暢遂，此神農既濟之時也，故曰「元、亨、利、貞」。卦有既濟之道，而名无妄者，以三、上二爻耳。〔註161〕

如釋家人䷤卦九三，云：

> 爻得位者不言變，今三動受上者，《象傳》曰：正家而天下定，謂既

〔註159〕釋隨卦三處引文，見《周易述》，卷三，頁77～78、82。
〔註160〕三處引文，見《周易述》，卷三，頁86、88～89。
〔註161〕見《周易述》，卷四，頁111。

濟也。此卦五爻得位，所較上爻耳。三動受上成既濟，則六爻皆正，
所謂正家而天下定也。〔註162〕

无妄卦，三、上爻位不正，使之陰陽當位，則能雲行雨施，品物流形，行其既
濟之道。家人卦，三爻得位而不言變，此《易》之常例，而三與上相對應，上
非正位，使之正，即「三動受上」，則六爻皆正而成既濟定，此家正而天下定。

　　從前面這些例子可以看出，陰陽交感的終極理想或是最佳狀態，是一種
成既濟定的狀態，也是人們所企盼的宇宙氣化所創造的境域。誠如《禮記·
樂記》所言，「天地訢合，陰陽相得，煦嫗覆育萬物」，陰陽變化有其一定的
規律與定位，順應與掌握這自然的變化規定，終能獲得中和的歸宿。此外，
從前述例子中也可明顯地看到，惠棟特別強調陽升陰陽的爻變而成為既濟定
的模式，又如注《繫上》「而道濟天下，故不過」時，云：

乾為道，乾制坤化，陽升陰降，成既濟定，故道濟天下。六爻皆正，
故不過也。〔註163〕

進一步解釋云：

陽道制命，坤化成物，故乾制坤化。乾二升坤，坤五降乾，陽升陰
降，成既濟定，故道濟天下也。過，過失。六爻皆正，而无過失，
故不過也。〔註164〕

陽升陰降，成既濟定，而能道濟天下。這樣的觀念，就陰陽對待的關係，從
陽升陰降的方式看來，反映出《易傳》以來的陽尊陰卑的的關係，誠如王弼
在《周易略例》中提到「位有尊卑，爻有陰陽。尊者，陽之所處，卑者，陰
之所履也。故以尊為陽位，卑為陰位」，〔註165〕這種尊卑貴賤的觀念，也是陰
陽變化的一種規律與常性。

　　另外，成既濟定的理想境域下，還有一個重要的概念，即是「元、亨、
利、貞」這四德，惠棟在《易例》中，列「元亨利貞大義」之易例，云：

「元、亨、利、貞」，乃二篇之綱領。魏晉已後，註易者皆不得其解。
案革象辭曰：巳日乃孚，元、亨、利、貞，晦亡。虞翻註云：悔亡，
謂四也。四失正，動得位，故悔亡。離為日，孚謂坎，四動體離，

────────────

〔註162〕見《周易述》，卷五，頁157。
〔註163〕見《周易述》，卷十三，頁395。
〔註164〕見《周易述》，卷十三，頁398。
〔註165〕見王弼《周易略例·辯位》。引自樓宇烈校釋《王弼集校釋》，北京：中華書
　　　　局，1999年12月1版北京3刷，頁613。

五在坎中，故巳日乃孚。巳成既濟，乾道變化，各正性命，保合太和，乃利貞，故「元、亨、利、貞，悔亡」；與乾象同義。又乾《文言》曰：時乘六龍，以御天也。雲行雨施，天下平也。荀爽注云：乾升于坤，爲雲行，坤降于乾，爲雨施。乾坤二卦，成兩既濟，陰陽和均，而得其正，故曰「天下平也」。是漢巳前解四德者，皆以既濟爲言，莊三年《穀梁傳》曰：獨陰不生，獨陽不生，獨天不生，三合然後生。《乾鑿度》曰：天地不變，不能通氣。鄭玄注云：否卦是也。又曰：陰陽失位，皆爲不正。注云：初六，陰不正；九二，陽不正。故虞翻注下《繫》云：乾六爻，二、四、上非正，坤六爻，初、三、五非正，蓋乾必交坤，而後亨；爻必得位，而後正。若四德專謂純乾，獨陽不生，不可言亨。二、四、上爻，不可言貞，既非化育之常，又失用九之義。〔註166〕

從這段話，可以看出，惠氏認爲兩漢言「元、亨、利、貞」者，是就成既濟定而言，而要能成此四德者，必須陰陽交感和諧，各得其正，各居其所當位，而能雲行雨施，化育萬物。因爲任何一切的生成，必須陰陽二者共行，交感共生，獨陰或獨陽皆不足以成物，而且，陰陽之交感，必在其處於正位，行其所宜，方可化育天下。惠氏又特別列舉「元亨利貞皆言既濟」這個《易》之常例，並且明白指出「卦具四德者七，乾、坤、屯、隨、无妄、革，皆言既濟」，〔註167〕同時，在釋屯䷂卦時，也提到：

卦二、五得正，而名屯者，以二乘初剛，五弇于上，不能相應，故二有屯如之難，五有屯膏之凶，名之曰屯也。三變則六爻皆正，陰陽氣通，成既濟之世，故云「元、亨、利、貞」。卦具四德者七：乾、坤、屯、隨、臨、无妄、革，皆以既濟言也。〔註168〕

屯卦三爻非正，變而使之正，則陰陽通氣和諧，而成既濟定之世，所以屯卦卦辭云「元、亨、利、貞」。惠氏認爲六十四卦中，卦具此四德者有乾䷀、坤䷁、屯䷂、隨䷐、臨䷒、无妄䷘、革䷰等七卦，也就是說此七卦當然爲既濟定之卦，亦即成既濟定者，必具此四德。例如惠棟在釋乾卦時，詳細地指出：

元，始；亨，通；利，和；貞，正。子夏義也。元，始，《釋詁》

〔註166〕見《易例》，卷上，頁939～941。
〔註167〕見《易例》，卷上，頁1005。
〔註168〕見《周易述》，卷一，頁16。

文。亨者，乾坤交也，乾天坤地，天地交爲泰。《序卦》曰：泰者，
通也，故知亨爲通也。《說文》曰：利，從刀，和然後利，從和省。
《文言》曰：利者，義之和也。又曰：利物足以和義，故知利爲
和也。貞，正也者，師《象傳》文。乾初謂初九也。初，始也，
元亦始也。何休注《公羊》曰：元者，氣也；天地之始，故《傳》
曰：大哉乾元，萬物資始。《說文》曰：元從一，故《春秋》一年
稱元年。《說文》又曰：唯初大始，道立於一，造分天地，化生萬
物。董子《對策》曰：謂一爲元者，視大始而欲正本，是乾初爲
道本，故曰元也。初九注云：大衍之數，虛一不用，謂此爻，故
謂之道本。乾、坤消息之卦，乾息坤消，息至二當升坤五爲天子，
乾坤交通，故亨。經凡言亨者，皆謂乾坤交也。乾六爻，二、四、
上匪正，坤六爻，初、三、五匪正，虞翻義也。二、四、上以陽
居陰，初、三、五以陰居陽，故皆不正，乾變坤化，六爻皆正，
故各正性命。乾爲性，巽爲命也。乾坤合德，六爻和會，故保合
太和。正即貞，和即利，故乃利貞。《傳》曰「利貞，剛柔正而位
當也」者，既濟《象傳》文。六爻皆正，故剛柔正而位當。《經》
凡言「利貞」者，皆爻當位，或變之正，或剛柔相易。《經》惟既
濟一卦，六爻正而得位，故云剛柔正而位當。乾用九，坤用六，
成既濟定，《中庸》所謂「致中和，天地位焉，萬物育焉」是也，
此聖人作易之事也。〔註169〕

乾、坤各有三個爻位不正，以乾變坤化，二氣相交，六爻皆得正位，陰陽之
氣各處當所，各正性命，具備元始、亨通、和順、貞正之德，而能保合太和，
天地位而萬物育。宇宙萬物無不自然而相與爲變化，物質始基於「元」，其
內部包含著陰陽兩種對立而相互消長的變化因素，在天地山澤雷風水火等自
然物功能的動盪下，有雷霆鼓動之，風雨滋潤之，日往月來，一寒一暑，稟
受乾陽之氣，乃生成陽物，稟受坤陰之氣，則生陰物，天乾健，萬物資以始
出，地坤順，萬物資以生成，然後能變化生成所有的萬物。「元、亨、利、
貞」則爲其生成的典範，也是陰陽交感成既濟定所呈現的必然德性。至於四
德之義：

元者，《爾雅·釋詁》作「始也」，董仲舒《春秋繁露》以「元猶原也」，

〔註169〕見《周易述》，卷一，頁1～3。

「隨天地終始」，爲「萬物之本」，〔註170〕《文言》爲「善之長」，《春秋》以元年爲「何君之始年」，〔註171〕即一年稱元年，何休稱爲元氣，乃至《呂氏春秋・名類》作「與元同氣」，《通典》作「一」而爲「氣之初」，《春秋命歷序》、《元命包》、《說題辭》等亦皆作元氣解，〔註172〕這些解釋，都具有本始、本原或本體的意義，所以乾元者，「萬物資始」。

亨者，《子夏傳》作「通」，爲「乾坤交也，乾天坤地，天地交爲泰」，即交泰、亨通，所以《文言》作「嘉之會也」。

利者，《子夏傳》作「和」，《說文》云「和然後利」，《文言》作「義之和」，並云「利物足以和義，故知利爲和也」。所以，「和」可以視爲一種陰陽二氣交融統一的狀態。

貞者，晚近學者普遍認爲作「卜問」更具原始義，而惠氏則採《子夏傳》作「正」解。《文言》指出「貞固足以幹事」，亦有「正」之義。

「元、亨、利、貞」所呈現的是事物的本始、本原之氣，在流通會合中，陰陽適均，交融統一，和諧當位，的理想狀態。《繫辭傳》所謂「天地絪縕，萬物化醇，男女構精，萬物化生」，表述出陰陽二氣的交感，必和於「元、亨、利、貞」之德，萬物方得以化生，方得達「成既濟定」之境。孔穎達《正義》也指出：

> 此言卦之德有純陽之性，自然能以陽氣始生萬物而得元始、亨通，能使物性和諧，各有其利，又能使物堅固貞正得終。……聖人亦當法此卦，而行善道，以長萬物，物得生存而爲「元」也。又當以嘉美之事，會合萬物，令使開通而爲「亨」也。又當以義協和萬物，使物各得其理，而爲「利」也。又當以貞固幹事，使物各得其正，而爲「貞」也。〔註173〕

「元、亨、利、貞」可以視爲透過氣化而萬物生長的四個階段，亦即使萬物生存、通達、具有條理和堅固完善的四種德行，聖人法此陰陽之道，得以長萬、會合萬物、協和萬物、終而物皆能各得其正。總而言之，陰陽二氣，交感變化，以生成萬物，其最佳的理想狀態，是陰陽各正其位，和諧通感，使

〔註170〕見董仲舒《春秋繁露・重政》。引自蘇輿《春秋繁露義證》，卷五，頁147。
〔註171〕見惠棟《易微言》，卷上，頁618。
〔註172〕參見惠棟《易微言》，卷上，頁619～621。
〔註173〕見孔穎達《周易正義》。引自臺北：藝文印書館十三經注疏本《周易注疏》，卷一，頁8。

具「元、亨、利、貞」四德，而致既濟之境域。

　　惠棟的宇宙觀思維，整體而言，並沒有建立一個有條理的嚴密論述系統，所以顯得支離而蕪蔓。惠氏以象數為專，慣以象數釋義，從象數的論述內容中過濾其宇宙觀的哲學思想，仍然無法拭去其象數的本色。惠氏重視考據的論述方式，兼採眾說，為其必然的作為，大抵而言，惠氏所採用的內容，同質性相近，所以在命題的論述上，不致有太多相互扞格的現象；並且，諸說並舉，也可以看出那個時期學術思想的共同傾向以及觀點上的差異情形。不過，這樣的廣摭博引，特別是《易微言》的引述，或許可以作為一個時代的普遍觀點，但不見得能夠完全代表《周易》的實質內涵。

　　中國傳統宇宙觀有太極分陰陽的二分之說，亦有「函三為一」的三分之說，二者在兩漢並行，並且有一家而二說混言者。惠棟引用劉歆《三統歷》「太極元氣，函三為一」的三分之說，事實上是漢儒所極力倡言者，如董仲舒、揚雄與劉歆等人。同時，惠棟也肯定太極生兩儀（陰陽）這個二分之系統，但是，惠棟同劉歆一般，並沒有有條理、系統化而深刻地將二者作聯結，形成蕪雜而蔓生之嫌。

　　以「太極」作為宇宙化生的本原，惠棟強調的是一種「氣」的存有，這是漢代易學家卦氣思想下的一貫主張。「氣」有未分有已分，未分為「一」為「太一」為「太極」，已分則為陰陽為天地；不管是未分或已分，其本質仍是「氣」。惠棟以「道」為「太極」，而「太極」又為「一」、又為「太一」，是一種物質屬性的「氣」的存在。這樣的說法，與兩漢時期普遍的氣化宇宙論之主張相近。又以「太極」即「太一」，其天神之性、北辰之星格，也合於漢儒的一般說法。

　　在太易化生的宇宙觀裡，惠棟揀選《易緯》之說，並對有關主張作了某種程度的改造，並不具有像《乾鑿度》那般強烈地由無而有的化生歷程。「太易」以「未見氣」呈現，仍屬於一種混沌不明的「氣」的狀態，與「太極」所反應出的元氣樣態相同。惠氏肯定宇宙萬物的生成，是由無形而至有形的變化過程，「無形」不是老子道論的純粹的「無」，而是一種無形之「氣」。所以整體的宇宙論思維，是一種氣化過程的宇宙觀。

　　宇宙化生的體系，有形之物皆由無形而生，乾坤主宰有形之物的形成，乾元始動，坤元始生，體現陰陽二氣的「有」的作用。所以乾坤二者，在宇宙觀中佔有舉足輕重的地位，《易傳》如此認為，而《易緯》乃至漢儒《易》

說更是如此，惠氏在這方面的論述，是漢《易》的呈現。

「道」的本然屬性，惠氏概括秦漢以降的重要說法，以陰陽合氣謂之道，並以七八或六九之數來呈現，分爲陰陽二氣，合爲「道」。「道」的概念，在某些意涵上與《老子》之說相近，但並不全合《老子》「道」的本質，反而與秦漢所倡論的黃老學說相近，是一種向「氣」靠攏的道論。

《易》同於「一」，是一種有形之氣，也是一種乾元資天之氣，具有本原的最高義。惠棟特別強調「太極元氣，函三爲一」的主張，不但以天、地、人三才合氣於一元，也將「太初、太始、太素」所表述的宇宙化生體系之氣合爲太極元氣，藉由「函三爲一」作了聯繫。

陰陽二氣作爲宇宙化生的重要元質，下落在卦爻之上，惠氏期盼一種理想的成既濟定之境域，陰陽之氣交感通宜、各安其位的呈現，透過乾陽坤陰的變化而來，企求和諧的宇宙化生的最佳狀態。

第二節 《中庸》與《易》理的融攝

惠棟貫通《中庸》與《周易》之思想，不但在《周易述》中廣引《中庸》的思想申論《易》義，同時著《易大誼》，以闡明《中庸》之大義，所以《易大誼》可以視爲惠氏的《中庸》注。《中庸》的義理，與《周易》哲學的核心思想，多有可以相互呼應之處，而惠棟更高度地運用《周易》的概念去詮釋《中庸》，使二者的關係更爲綿密，《易大誼》可以說是《易》與《中庸》會通的典範。《中庸》與《易》所以能夠建立彼此融攝的親密關係，惠氏認爲《中庸》這個思想體系，「此仲尼微言也，子思傳其家學，著爲此書，非明《易》不能通此書也」，〔註174〕《中庸》承繼聖人之微言大義，然而不通《易》義則不能明此書，則《中庸》有《易》之大義，而《易》之大義又存在於《中庸》之中，所以以易學觀點來理解《中庸》，是最恰當不過了。

《中庸》與《易》融攝的最核心觀念，就是《中庸》的「天命之性」所貫通的道，並推爲中和之道，乃至至誠之道，即《易》的中和理想、太極的本原觀，也是「元、亨、利、貞」、「成既濟定」的理想。以下分別從幾個方面來說明其會通的實質內涵。

〔註174〕見惠棟《易大誼》。引自臺北：新文豐出版公司影印指海叢書本，《叢書集成新編》第十七冊，頁37。後文所引，皆據此本，不再作詳注。

一、道論概念之會通

　　《中庸》言「道」，主要是從其開宗明義上所言「天命之謂性，率性之謂道，修道之謂教。道也者，不可須臾離也，可離非道也。是故君子戒慎乎其所不睹，恐懼乎其所不聞，莫見乎隱，莫顯乎微，故君子慎其獨也」〔註175〕這段話所開展出來，但是惠棟的道論，則未必從此入手，與《中庸》於此所融攝者，也未必合《中庸》本義。

（一）「天命之謂性，率性之謂道，修道之謂教」貫通之「道」

1. 天命之性

　　《中庸》之「道」建立在「天命之謂性，率性之謂道，修道之謂教」的架構上，「道」是不可片刻失離的，所以「道也者，不可須臾離也，可離非道也」。從天命之性觀之，對於「性」的問題，中國思想史上，最早言性者，概推孔子，孔子云「性相近也，習相遠也」，似有認為「性」乃天生而來，但未明人性是善或惡，直至孟子才明白云性善；又有告子言「性無善無不善」，「可以為善為不善」，故「性有善有不善」；乃至後有荀子的性惡之說。

　　「性」為孟荀二聖之代表性話題。孟子對於「性」的解說，其所指之「性」並非指人性的全體，而是指超乎其他動物以外為人類所專有之「性」。其所言君子之「性」，不包括味、色、聲、臭等與動物所共有的特質之性，而是「仁、義、禮、智」等為人的本質屬性，是動物所沒有的，故屬於義理之性、道德屬性。孟子言人的心性能被陷溺，則顯示有不善之處，從性可以為惡之一面來說，人性亦當非純粹至善，故後有荀子主性惡之說。荀子對於性之解說，認為「凡性者，天之就也」，〔註176〕性乃天生即如此的，天生就是這樣的本質就是性；是屬於生理上的性，諸如食、色者，是天生就這樣存在的，而生理上的本質與外來的主觀感應，是天賦的本能，不須經過後生的學習，是能自然存有的，可以稱之為生理上的「性」。荀子之性，不管生理上或心理上的性，是天賦自然的，是動物的本能，是一自然屬性，是物慾之性，不包括人類理智的思辨能力。

　　《中庸》對「性」之闡釋云「天命之謂性」，它綜合了孟、告、荀之性說，超越了性善性惡之紛爭歧異，而又能涵蓋之。以天命言性，性由天出，係以

〔註175〕《中庸》此文，引自《易大誼》，頁37。
〔註176〕見《荀子・性惡》。

直貫的方式，明確地指出性與天的關係。由天言性，其積極之意涵乃性源於天，故性之善由天而來，非屬人為，此否定荀子「其善者偽也」之說，而予孟子性善說以更廣大深厚之基礎。性之善自為真實，不可以虛妄視之。性源於天，故各人所稟於天之性，根本上無大異，此所以「人皆可以為堯舜」(《孟子‧告子》)，「堯舜與人同耳」(《孟子‧離婁》)。人性自有高明之處，不可以卑視之。性源於天，人性與物性亦源於一，則人性與物性當有相通處，所以盡人之性可以盡物之性，人參贊天地萬物之化育，實為可能，所以《中庸》說「唯天下至誠，為能盡其性，能盡其性，則能盡人之性，能盡人之性，則能盡物之性，能盡物之性，則可以贊天下之化育」，意義即在此。《中庸》並指出「性之德也，合外內之道也」，人性自有其廣大處，不可以小視之。《中庸》首章云「天命之謂性，……致中和，天地位焉，萬物育焉」，性為天所命，順循本性就是「道」，修養此道就是「教」。性既為天所命，它存續於人，無有間斷。故率性之道，亦不可有須臾之間斷。如可有間斷，即非率性之道。然人固常常拂性離道，因而須修道，此即為「教」。人之拂性離道，始於「其所不睹」，「其所不聞」之處，修道者極應「戒慎恐懼」之。此不睹不聞之隱微處，即己所獨知之內心深處，天命之性即蘊藏於此。當心之喜怒哀樂未發時，此性存全無所偏倚，故謂之中。此「性」此「中」為天所命，是天下的大本。及喜怒哀樂已發而皆能合於不偏不倚、無過不及之本性，這叫「中節」，這稱為「和」，是天下的達道。「率性」是謂道。所以有「中」的大本，率循無違，自能發而為「和」的達道。因此，修道的工夫，尤其在此己所獨知之內心隱微處，戒慎恐懼，以求無違大本之「中」，使發而皆得中節之「和」。這種工夫叫「慎獨」，又叫「致中和」。修養至此，必能發揮天命之性，成全天下之達道，使天地萬物均得位育。不睹不聞的內心隱微處，名為「獨」，天命之性即蘊藏於此，未有須臾或離。君子特戒慎恐懼，唯恐因喜怒哀樂之發，致背離其天命之性，而不能率性。所以「慎獨」正為「率性」之吃緊工夫。天命之「性」蘊藏於內心，其存全不偏，謂之「中」。所以中庸是「由性見中」。中庸之「中」即天命之「性」。分析地說，有天命之性，始有無過不及之中。實質地說，「性」與「中」同體不二。「性」字說明「中」之根源或本體；「中」字說明「性」之不偏不倚之特色。〔註177〕

〔註177〕徐復觀在《中國人性論史》中云：「中是不偏於一邊的精神狀態，而不是性。」認為「中」不是「性」，但無論就《中庸》首章或全篇來看，皆未必然。

　　《中庸》這種天道觀下的「性」論，惠氏將它視爲《易》道本原觀下的「性」，指出「民受天地之中以生。天地之中，命也；民受之以生，性也」。所以「天命之謂性，中也」。〔註178〕《中庸》以「性」有「不偏不倚」的「中」的特質，於《易》道也是如此，《易》以太極元氣合「中」，位天地之中，於爻爲二、五，因爲能位中，則天地位，萬物育，成其中和之效。此亦《中庸》之道的理想。但是《中庸》是落實在人生修養之中，而惠氏的《易》道觀，則處在元氣本體上來看待。所以，惠氏說「盡性，初也」，〔註179〕即元氣初成之時，也就是元氣的內在含質，也就是乾元，同樣視爲宇宙本體的範疇。至於「性之德也，合外內之道」，惠氏並引鄭氏之說，認爲「外內猶上下。《易》卦以上爲外，下爲內。合外內之道，故可以配天地」。〔註180〕「性」作爲本體的概念，其之爲德者，在於配天地之道，也就是陰陽氣合，各正其位，交感諧和之道，也就是致中和、成既濟、贊化育之道，是一種「元、亨、利、貞」的理想德範。《中庸》的「道」之「性」，儼然成爲一種物化存在的元氣初始之質。至於下落於修養工夫的「獨」的概念，惠氏仍從本體的概念去看待它。這部份移於後面另作說明。

2. 率性之道

　　在《中庸》裡面，理想之道，由「率性」所決定。性既由天所命，則道源出於天，爲天所貫，與天正有其密切之關係。《中庸》之言「道」，道與性合，故遵道而行，不拂其性。道自性來，故「溥博淵泉，而時出之」，道由性定，故修道成聖，吾性自足，簡易自然，不待外求，此所以「人皆可以爲堯舜」。道與天合，故人道與天道合一，人爲不違自然。因此《中庸》認爲「性之德也，合外內之道也」，內外合一、天人合一，同流共化。人道可以達「天德」，而有「肫肫其仁，淵淵其淵，浩浩其天」之盛。人之修道，小可盡性順命，大可參贊天地。並且，道通於天，天大道亦大。故己之道通於人之道，通於物之道，通於天之道，此所以爲天下之「達道」。所以《中庸》指出「君子之道造端乎夫婦，及其至也，察乎天地」；「聖人之道洋洋乎，發育萬物，峻極于天」。此中和之道可以載物、覆物、育物、成物，悠久無疆。由於《中庸》論人之道與天之道有密切關係，所以其論人道之同時，亦多論天道，而

〔註178〕見《易大誼》，頁 37。
〔註179〕見《易大誼》，頁 39。
〔註180〕見《易大誼》，頁 39。

貫通之。唯《中庸》論道，固然貫通於天，此其「極高明」處，而天道可由
人道以見，故「道不遠人」，道實在人生日用彝常之間，此又其「道中庸」處。
道通於天，故道在天地之中，廣大無間，因此說「道也者，不可須臾離也，
可離非道也」。道不離人生日用彝常，其發爲言行，乃「庸德之行，庸言之謹」，
故由道可以見「庸」。道既在日用彝常之間，應是不可須臾離的。但實際上，
人每每在內心不睹不聞處背離了道。此種背離，雖在隱微之間，然終必顯見
於外。君子率性而爲道，初亦在內心隱微處，及發致「天地位，萬物育」之
效，實亦天下莫見莫顯之達道。故中庸狀「道」之體性，既言道之「隱」，又
言道之「顯」或「費」或「微」。諸如講鬼神之德云「夫微之顯，誠之不可揜」，
乃就「誠」言天道之微而顯。天道爲微而顯，人道率天命，亦微而顯，所以
「君子之道費而隱」。道在日用彝常之間，所以爲「顯」，然而道之率性而行，
初在內心不睹不聞處，所以爲「微」。因道之微，故一般人易予忽略，以至差
之毫厘，失之千里，因此「中庸」似易實難。君子中庸之道，可以兼顯微、
合內外、貫天人，所以爲「天下之達道」。其對此達道之特色的形容即：

> 君子之道，本諸身，徵諸庶民，考諸三王而不繆，建諸天地而不悖，
> 質諸鬼神而無疑，百世以俟聖人而不惑。質諸鬼神而無疑，知天也；
> 百世以俟聖人而不惑，知人也。是故君子動而世爲天下道；行而世
> 爲天下法；言而世爲天下則。遠之則有望；近之則不厭。〔註181〕

此段話直將道的普遍性、絕對性、永恆性、一貫性，說得淋漓盡致。而道的
這些特性，又都根源於人的自身，不離於人群，以明「道」不離日用彝常之
「庸」義，正所謂「極高明而道中庸」。

《中庸》以天命下落於人道之中，所以「率性之謂道」。惠氏則指出「率
性之謂道，和也」，〔註182〕站在天道本位的角度來看《中庸》這句話，即天道
「中和」之「和」，是陰陽諧和之義，即太極陰陽居處正位，和諧交感，彼此
相應，這就是「和」，也是惠氏常云「二五爲中，相應爲和」的「和」的概念。
這個「和」，就是《中庸》的「率性之謂道」，但並不只在人倫修養上來看，
而是處在宇宙自然的陰陽之道來看，藉由「中」與「和」，以成既濟定，而致
中和，而化育萬物。《易》道陰陽，惠氏就是用這樣的立場來看待《中庸》，
所以立足在本體的概念下貫通「率性之道」的。

〔註181〕《中庸》本文，引自《易大誼》，頁 39。
〔註182〕見《易大誼》，頁 37。

3. 修道之教

　　《中庸》由天命、性、道，說修道之教，其積極意義乃因率性而爲道，所以修道乃使人不離其性。性既爲天所命，人所固有，故修道之教，使人順循本有之善性，成聖成賢，遂爲可能。教由道立，道由性出，性由天命。人人得天命之性，大本既同；率性之道，亦無二致；故修道之教，豈有異端？所以己立而可立人，己達而可達人，聖賢之推行教化，「以人治人」，遂爲可能。同時，性、道、教之一貫，即人道之修養，可與天命相合。人不必與天地萬物對立，修道之教可由盡其性，以盡人之性，以盡物不性，遂可以參贊天地之化育，而使人與天地參矣。

　　率性之謂道，道固不可須臾離。但實際上，人往往無法率性，常常離了道，所以必須有修道之「教」。喜怒哀樂之未發，天命之性固中正不倚；發而後有中節不中節，中節即率性，不中節即不率性。唯其發而後不中節，無法率其性，此所以率性之道必待修而成。修道之工夫，乃在內心不睹不聞處，戒愼恐懼，以免離道拂性，這工夫叫做「愼獨」。道既然不離日用彝常，所以修道之「教」，亦在「庸德之行，庸言之謹，有所不足，不敢不勉」。道既由性出，性爲天所命於己者，所以修道之方乃在「正己而不求人」，「反求諸其身」。「修道」首在「修身」。

　　《中庸》言修道之「教」，從政論出發，認爲「爲政在人，取人以身，修身以道，修道以仁」，〔註183〕並且有所謂「爲天下國家有九經」，「九經」則以「修身」冠首。所以爲政的基礎，乃在「修身」，「修身」即「修道」之始。在這裡，惠氏始終站在治道乃至本體的高度來看，無意於修身的立論，對《中庸》所說「九經」「所以行之者一也」，會通《易》道，云「一即元也，乾元用九，天下治也」。〔註184〕是陰陽之數極於九六，而其象始著於乾坤。乾元爲陽之精，坤元爲陰之精。乾元用九以交坤，坤元用六以交乾。乾元爲元氣之始，亦是六十四卦三百八十四爻之開端，乾元用九，可以盡天下事物之理。萬類不離陰陽，萬象悉包於天地，而萬事萬物皆統於乾元，此乾卦《象傳》所謂「大哉乾元，萬物資始，乃統天也」的意義所在。以乾元爲用，「元、亨、利、貞」四德備，則自然可以「天下治」。

　　《中庸》具體地言修道之教，先言人有生知安行、學知利行、困知勉行的

〔註183〕《中庸》本文，引自《易大誼》，頁38。
〔註184〕見《易大誼》，頁39。

不同。人生資質固有差異，但學知利行、困知勉行者仍一樣可以「修道」有成。
聖人是生知安行，他「不思而得」即是「明善」；他「不勉而中」、「從容中道」
即是「誠身」。聖人的「明善」「誠身」自然而然，所以是「誠」是「天之道」。
一般人是學知利行、困知勉行，必須好學、力行以修身。一般人是「誠之者」，
必須下「擇善而固執之」的工夫。「擇善」同於「明善」；「固執之」即是「誠身」。
好學近知、擇善明善的具體工夫在「博學、審問、愼思、明辨」；力行近仁、固
執誠身的具體工夫在「篤行」。由明善誠身以修道，必有所成。對於《中庸》在
此修道之教上的三個層次上的不同，惠氏刻意以此所持之《易》道釋之，認爲
「得乾之易者，生而知之者也。得坤之簡者，安而行之者也。九二升五，學而
知之者，六五降二，利而行之者也。復六三，類復困而知之者也；噬嗑初九，
履校滅止，勉彊而行之者也」。﹝註 185﹞惠氏此論，並未掌握《中庸》此修道之
教的懿旨，而僅是附會《易》卦之言，顯明混淆《中庸》之本義。

　　孟子言性善，其「教」是由人固有仁義禮智四端擴而充之，所謂「先立
乎其大者，則其小者不能奪也」（《孟子·告子上》）。孟子教人由盡心以知性
知天；由存心以養性事天，實爲由本心善性開出之直養工夫以立「教」。荀
子言性惡，其「教」是「化性起僞」，「僞起而生禮義」（《荀子·性惡篇》）；
禮義之化，在荀子來說，是對治惡性之作用。所以荀子實由對惡性之克治工
夫以立「教」。《中庸》言「率性」固是孟子的「直養」工夫，但《中庸》言
「愼獨」，實有見於人之可能悖性離道，反其中庸，故其立「教」，一方面重
「反求諸其身」、「內省不疚」，反諸身以「誠」，此固曾子「守約」孟子「反
身而誠」之教。但另一方面，《中庸》言「誠身」必先「明善」，言「篤行」
必先「博學」、「愼思」、「明辨」，以立自明而誠之教。此亦同於荀子「勸學」
以「化性」之旨。所以，中庸之「教」，乃「尊德性而道問學；致廣大而盡
精微；極高明而道中庸；溫故而知新，敦厚以崇禮」；﹝註 186﹞《中庸》修道
之教，秉承孔子，而兼有孟、荀之美，描繪出儒教的全幅精神。對於此修養
工夫之說，惠氏並無過多的著墨，畢竟這並非惠氏之《易》道所側重的部份，
惠氏闡釋或融攝《中庸》，仍著眼於宇宙觀的方向，作爲論述的主要範疇。

4. 道的貫通

　　「道」爲倡明「中庸」之本，求中庸，必先本於道。《中庸》揭示了「天

﹝註 185﹞見《易大誼》，頁 38。
﹝註 186﹞《中庸》之言，引自《易大誼》，頁 39。

命之性」、「率性之道」與「修道之教」，然後扣緊這個「道」，說這個「道」本於「天命之性」，並開出「修道之教」。天道、人道一貫，道是率性而行，所以不可須臾離也。這個「道」，往下就講君子，也就是說，這個「道」，是君子之道，是成德之道。君子之道，就在最隱微的地方顯，所以說「莫見乎隱，莫顯乎微」，這最隱微的地方，就在我們人性人心的深處，人性人心的活動，不容易被看出來，內在的生命涵養，方寸之地的發用，儘管隱微，卻是決定性的。對生命來說是決定性的，所以莫見乎隱，莫顯乎微，它最隱微，也最顯發，因為最能顯發生命莊嚴的，是我們的心性。所以就在這個地方講「慎獨」，是慎守這獨天獨地的心性，修養工夫從此做起。

　　《中庸》言性、道、教。未發時是「性」的「中」，即人性的本身，人性的真實，發而皆中節是「性」的「和」。一發出來就已牽動「情」意的變化，此一情意的發動要合乎「理」，合乎「性」的本然，這叫「和」。以「情」來云「人性」是靠不住的，因為「情」會發動，會搖擺，會起伏，會漲落，由浮動不定的「情」，來表現人「性」，這樣的人「性」表現，就轉成不定的浮動。人性既不定，人生的道路又如何去貞定開展呢？而「率性之謂道」的「道」，也等於無道，「修道之謂教」的「教」也就不能說。再進一層分析，「性」若不定而浮動，根本不可「率」性而行，否則人生的行程終是飄浮無根；且人生既無道，那裏有「道」可修可教呢？《中庸》由「天命」來定「性」，天命是理而有常，人性也因理而有定常，如是，性可率而成道，道可修而立教。此天理所定的人性之常，是「中」，人性所開的修道之教是「和」。工夫在由內的「中」而通於外的「和」，所以，一個是天下的大本，一個是天下的達道。「中」是天下的大本，「人性」的理，是天下的大本，「人情」的和諧，是天下的達道，什麼叫達道呢？大家可以通達的道，就叫達道，你可以走出去，他也可以走出去，大家相互通達的大道，叫達道。父子之間，父親通達，兒子也通達；夫婦之間，先生通達，太太也通達，這樣的話，生命可以通過去，可以交感，可以共鳴，這叫達。因此，《中庸》從第一章始，總是一個「道」字，以貫串全書。「道」之本源於天，而其實體備於己，吾人反觀自省，這一念炯然的明覺，正是自性的呈露，一念復甦，道就在其中。簡而明之，中庸之道的內在主體——誠明的天命之性，就貫注落實於我們現在當的一念靈明；這個當前的一念靈明，必須念念相續，於穆不已的在作用著，主宰著，支配著我們的語默動靜，日用人生以成就中庸之道的淵淵浩浩的廣大世界。

至於惠氏對於《中庸》從「天命之謂性，率性之謂道，修道之謂教」貫通之「道」，爲了附會其《易》道，刻意忽略在修養工夫這些形下的部份，也不能將「天命之性」、「率性之道」與「修道之教」三者，與「道」作合理扣合的論述，而其「道」仍專注在氣化的概念上，對於闡釋《中庸》之大義，仍顯現出強烈的侷限性與濃厚的附會成份，《中庸》原本的哲學思想特性，反而也被割裂和損害了。至於《中庸》的「慎獨」和「隱微」的意義，惠氏也專從元氣的角度出發，所以雖說二者會通，但結果是質性殊異，《中庸》道旨反而隱晦。關於惠氏對「道」的體會，已於前一節次中作了陳述，在這裡就不再重複。

（二）「隱微」與「獨」的意義

《中庸》將形上「道」的至誠之性，下貫於修養工夫中，而有「莫見乎隱，莫顯乎微」，與強調「君子慎其獨」道德修養自律之說，而至惠棟之言，則特別重於轉化回歸於「道」的範疇，於《易》言，則爲一種元氣生發的狀態，即初陽之狀。

1. 隱 微

《中庸》修養工夫推言「隱微」，在明「慎獨」的重要，其義可作：其一，幽暗之中，細微之事，往往潛滋暗長於隱微之中，所以君子當常存戒慎恐懼之心，遏人欲於將萌，此其省察之工夫。其二，隱、微可不必全說暗處細事，因人類所獨得於天賦的性德（或稱作道）是極其隱微的，無不顯著於人生日用間，所以當敬謹接受此與其他生物不同的獨有德性，擴充而爲人類生存之大道，故「必慎其獨也」。這一天賦予人類獨得的德性，既寶貴而微妙，即所謂「道心惟微」者。因此，從二義言「慎獨」，一方面固應在暗處細事加以消極的省察，一方面也當應用積極的方法，君以擴充，使此種人類獨有的德性，得以發揚光大。至於惠氏所解，則偏向於其二之說。他在《易微言》「隱」的命題下引述云：

> 《中庸》曰：莫見乎隱，莫顯乎微，故君子慎其獨也。言隱必見，微
>
> 必顯，誠中形外，故君子慎獨。〔註187〕

即強調君子「慎獨」，以使隱者現，微者顯，誠於中而形於外，以擴充顯揚天道。因此，不論是「隱」或「微」者，皆屬未顯之德，一種亟待顯揚的德性；

〔註187〕見《易微言》，卷上，頁633。

而從天道化生的觀點來看，此隱微者，爲元氣初始待生之狀，等待生化，以期成既濟、致中和而贊化育。

惠氏引諸書以述「隱」之義，如：

（《中庸》）又曰：是故君子不賞而民勸，不怒而民威于鈇鉞。《詩》曰：不顯維德，百辟其刑之。案：不顯謂隱也。

《詩‧烝民》曰：人亦有言，德輶如毛，民鮮克舉之。我儀圖之，維仲山甫舉之，愛莫助之。《毛傳》曰：愛，隱也。案：如毛，猶微也。民鮮克舉，言愼獨者少。毛訓愛爲隱，謂隱微也。隱微之間，非人所能助，故愛莫助之。《荀子》曰：能積微者速成。《詩》曰：德輶如毛，民鮮克舉。此之謂也。荀子，毛公之師也，故其説與荀同，鄭《箋》不識聖人微言，訓愛爲惜，失之遠矣。

《表記》曰：子言之，歸乎君子，隱而顯，不矜而莊，不厲而威，不言而信。案：歸乎君子，讀。歸乎，由成子之義，言人當以君子爲法也。篇名《表記》而先言隱而顯，由内而達外也。君子從事于愼獨之功，誠中形外，故隱而顯。誠則不矜而莊，不厲而威，不言而信也。

《漢書》司馬相如贊曰：司馬遷稱《春秋》推見至隱，推見至隱，故亂臣賊子懼。《易》本隱以之顯。李奇注云：隱猶微也。

初九、初六，從下而生，自微及著，如初潛龍隱也，九二見龍則顯矣，所謂本隱以之顯也。初乾爲積善，積善成德，故初爲龍德而隱，二爲龍德而正中。《中庸》言夫微之顯，又云知微之顯。《繫下》云：知微之彰，皆是義也。

揚子《太元》曰：元者，神之魁也，魁，首也。猶言始。天以不見爲元，地以不形爲元，人以心腹爲元。天奧西北，鬱化精也。地奧黄泉，隱魄榮也。人奧思慮，含至精也。

《荀子‧勸學》曰：昔者瓠巴鼓瑟而流魚出聽，伯牙鼓琴而六馬仰秣。故聲無小而不聞，行無隱而不形，玉在山而草木潤，淵生珠而岸不枯，爲善不積邪，安有不聞者乎？

《説文》云：幽，隱也。从山中丝。丝，微也。

《老子‧德經》曰：道隱無名。注云：道潛隱，使人無能指名也。《文

言》初九曰：不成名。〔註188〕

由惠氏所引，大抵可以看出惠氏所理解的「隱」之義，以不顯爲隱，是一種潛隱的存在，這個存在如同《老子》的「道」一般，「道」潛隱而無法指名其處。惠氏並認爲「隱」猶「微」，二者義近，同樣是表徵「道」那幽微未顯之狀。它既是隱微而未顯，表示它並非是「無」，而是一種「有」的存在，只不過尚未彰顯出來罷了。所以與《易》義相繫，這個潛隱之「道」，即元氣的潛隱初始之狀。例如惠氏引述《易》文：

> 《文言》曰：初九，潛龍勿用，何謂也？子曰：龍德而隱者也。潛陽隱初，故隱者也。
>
> 又曰：潛之爲言也，隱而未見，行而未成，是以君子弗用也。初隱二見，故隱而未見。
>
> 《繫上》曰：《易》无思也，无爲也，寂然不動，感而遂通天下之故，非天下之至神，其孰能與于此？虞注云：寂然不動，謂隱藏坤初，故不動者也。至神謂《易》，隱初入微，知幾其神乎？
>
> 又曰：探賾索隱。虞注云：探，取；賾，初也。初隱未見，故探賾索隱，則幽贊神明而生蓍。〔註189〕

從這些引文，可以看出惠氏所言之「隱」，於《易》道則爲潛陽初隱之乾初元氣，初隱而不見，爲元氣初始未顯，待升而見之狀態。

惠氏同時引諸書以述「隱」之義，如：

> 《繫下》曰：幾者動之微，吉之先見者也。虞注云：陽見初成震，故動之微。復初元吉，吉之先見者也。幾，即一也。一，古文作壹。
>
> 《說文》壹從壺吉，即吉之先見之義。朱子據劉向傳，作吉凶之先見，失其義矣。
>
> 又曰：君子知微知彰。姚信注云：二下交初，故曰知微。上交于三，故曰知彰。
>
> 又曰：子曰：顏氏之子，其殆庶幾乎？虞注云：幾，微也。顏子知微，故殆庶幾。孔子曰：回也其庶幾乎？
>
> 又曰：夫《易》章往而察來，而微顯闡幽。虞注云：神以知來，知

〔註188〕諸引文，見《易微言》，卷上，頁633～635。
〔註189〕諸引文，見《易微言》，卷上，頁632～633。

以藏往。微者顯之，謂從復成乾，是察來也。闔者幽之，謂從姤之坤，是章往也。

又曰：其初難知。侯果注云：初則事微，故難知。

又曰：能說諸心，能研諸侯之慮，定天下之吉凶，成天下之亹亹者。荀注曰：亹亹者，陰陽之微，可成可敗也。王弼曰：亹亹，微妙之意也。

《中庸》曰：莫見乎隱，莫顯乎微，故君子慎其獨也。在《易》，隱微爲乾坤之初爻。

又曰：夫微之顯，誠之不可揜如此夫！誠則形，故不可揜。

又曰：致廣大而盡精微。《荀子·賦篇》曰：精微而無形。

又曰：知微之顯，可與入德矣。夫微之顯，誠者，天之道也。知微之顯，誠之者，人之道也。

又曰：子曰：聲色之於以化民，末也。對本，故言末。《詩》曰：德輶如毛。案：毛猶微也。

《經解》曰：絜靜精微，《易》教也。案：絜靜，坤也。精微，乾也。乾元絜靜，坤元精微，故云《易》教也。

《易乾鑿度》曰：孔子曰：乾坤，陰陽之主也。陽始于亥，形于丑，乾位在西北，陽祖微，據始也。

又云：易氣從下生。鄭注云：易本無形，自微及著，故氣從下生，以下爻爲始也。〔註190〕

《中庸》曰：莫見乎隱，莫顯乎微，故君子慎其獨也。又云：知微之顯，可與入德矣。太史公《史記·贊》曰：《易》本隱以之顯。愚謂隱者，乾初九也，至二則顯矣，故云隱以之顯。《文言》釋九二云：閑邪存其誠。二陽不正，故曰閑邪。存誠，謂慎獨也。《荀子》曰：不誠則不能獨，獨則形隱，猶曲也。《中庸》曰：其次致曲，曲能有誠，誠則形，形則著。《孝經緯》：天道三微而成著，皆是義也。唯天下至誠，謂九五也。其次致曲，謂九二也。唯天下至誠，誠者也。其次致曲，誠之者也。致曲，即孟子思誠。二升坤五，所謂及其成功，一也。乾善九五，坤善六二。乾二中而不正，三正而不中，四不中不正，

〔註190〕諸引文，見《易微言》，卷上，頁 636～638。

> 二養正，三求中，兼之四也。以《中庸》言之，二三學知，利行者
> 也。四困知勉行者也。五生知安行者也。及其知之及其成功，則一
> 也。〔註191〕

從這些引文，大致可以看出，「微」除了與「隱」義近之外，又與「幾」義相
近，與「幾」相繫而言，則更富動態、行動變化的形象，其精微無形，非真
無物，共是存在於一種純粹初始的狀態，一旦修誠而「誠之者」，則「隱必見，
微必顯」，〔註192〕此亦存誠慎獨之功。因此，「微之顯」，即「誠則形，故不可
揜」。《易》道元氣，乾元、坤元，皆元氣初始「絜靜精微」之狀，因為氣從
下升，由微而著，所以相應於卦爻，則為初始之爻，即乾元、坤元。初升二
以上，則由微而顯，至九五則就至誠之位，也是致中和之位。從隱微之中，
進而顯現其形，即一種氣化的過程，也是一種存誠的工夫，也就是慎獨之道；
也就是說，透過慎獨以隱見微顯，達於中和育物之境。

2. 獨

「慎獨」作為一種道德修養工夫，在儒家經典中較早提出者，為《中庸》
與《大學》，惠氏特別引二家之說：

> 《中庸》曰：君子戒慎乎其所不睹，恐懼乎其所不聞，莫見乎隱，
> 莫顯乎微，故君子慎其獨也。

> 《大學》曰：欲正其心者，先誠其意。所謂誠其意者，毋自欺也。
> 如惡惡臭，如好好色，此之謂自謙，故君子必慎其獨也。小人閒居
> 為不善，無所不至，見君子而後厭然。揜其不善而著其善，人之視
> 己，如見其肺肝，然則何益矣，此謂誠于中，形于外，故君子必慎
> 其獨也。曾子曰：十目所視，十手所指，其嚴乎！富潤屋，德潤身，
> 心廣體胖，故君子必誠其意。鄭注云：嚴乎，言可畏敬也。胖，猶大也。三
> 者言實于內，顯見于外。〔註193〕

《中庸》從「天命之性」、「率性之道」、「修道之教」一體的角度講人須臾不
能離道，故君子當以慎獨作為修身之要。人雖片刻不能離道，但是在別人眼
看不到、耳聽不到的獨處之地，人往往產生僥幸心理，做出自欺欺人的行為
來。所以，君子尤為需要在獨處之地處處謹慎，時時懷著戒慎恐懼之心。此

〔註191〕見《易微言》，卷上，頁 652～653。
〔註192〕見惠氏《易大誼》釋《中庸》「天命之謂性」一段之文，頁 37。
〔註193〕見《易微言》，卷上，頁 660。km

之謂「慎獨」。至於《大學》所言之「慎獨」，則特別從誠意處講慎獨。誠意即不自欺，不論在眾人面前，還是在獨處之地，皆須使自己意念純正，一絲不苟，如此方可心安理得。但是，缺乏道德修養的人，往往在個人獨處時，做出不正當的行為，當別人來到面前時，卻又裝出正人君子的樣子。這種自欺欺人的行為，是由於其內心不誠實，表現於外也不自然，所以別人也看得清楚。因此，君子在獨處時，必須使自己心無邪念，誠實無欺。由此不難看出，不論《中庸》或《大學》，所言「慎獨」皆在強調人在獨處時，仍要保持自我警省，在幽隱微暗之地，更當毅謹慎。所以「慎獨」確為一種高度自律自省的道德修養工夫。

惠氏對於《中庸》「獨」的理解，肯定「獨」與「誠」相繫。他認為「戒慎恐懼，誠之者也。隱必見，微必顯，故云莫見乎隱，莫顯乎微，猶言誠于中，形于外也，善惡皆然，故君子慎其獨也」。〔註194〕誠於天地之中，必在「莫見乎隱，莫顯乎微」，因為「隱」、「微」仍屬可見可顯者，非誠實者。倘能貫於天地之中，誠於一，而無隱微顯見者，則為「獨」。這個「獨」，是「誠于中，形于外」者，惠氏似乎不作善惡之別，所以「善惡皆然」。惠氏也特別指出，「誠，實也。獨，中外一也。《大學》曰：此謂誠于中，形于外。《中庸》曰：誠則形，堯舜率天下以仁，而民從之；桀紂率天下以暴，而民從之，皆獨之效也」。〔註195〕堯舜與桀紂為善惡之別，但同得「獨」之效，其義在此。因此，《中庸》的自律修養工夫，在惠棟的理解上，他並不純粹從這個方面來看待，側重於一種初始開端的純粹性來看待，也就是從隱微狀態的情形來看「獨」，所以又是「誠」。這樣的「獨」，有形上本體的傾向。例如惠氏《易微言》中的引述：

　　《禮器》曰：禮之以少為貴者，以其內心也。鄭注：內心，用心于內，其德在內。德產之致也精微，鄭注：致，致密也。盧注：天地之德，所生至精至微也。觀天下之物，無可以稱其德者，如此則得不以少為貴乎？故君子慎其獨也。獨則象天。

　　《韓非子‧揚權》曰：道無雙，故曰一，是故明君貴獨道之容。注云：道以獨為容。案：獨道之容，即獨也。《大戴禮‧武王踐阼》帶之銘云：火滅脩容。劉子《新論》云：顏回不以夜浴改容，所謂獨道之容。

〔註194〕見《易大誼》，頁37。
〔註195〕見《易微言》，卷上，頁661。

《老子・道經》曰：有物混成，先天地生，寂兮寞兮，獨立而不改。
河上公注云：獨立者無匹雙，不改者化有常。案：獨即一也。道獨
行，故君子慎獨。道不改，故不可須臾離。

《淮南・原道》曰：所謂無形者，一之謂也。所謂一者，無匹合于
天下者也。卓然獨立，塊然獨處，上通九天，下貫九野。

《爾雅・釋山》獨者蜀。注云：蜀亦孤獨。《方言》：一，蜀也，南
楚謂之獨。《管子》云：抱蜀不言，而廟堂既修。半農人云：抱蜀，
即《老子》抱一。〔註196〕

這些引述中，有以「天地之德」，「至精至微」，而君子當法天地之精微而「慎
其獨」，所以「獨則象天」。又以「明君貴獨道之容」，道為一，則「獨道之容」
有獨一的概念；所以在引《老子》之言，則明白指出「獨即一也」，道一獨行，
君子法道而不可須臾離。其它引《淮南子》、《方言》之言亦同，「獨」有「卓
然獨立」為一的意義，類似《老子》的抱一。這種將「獨」向本體的方向靠
攏的情形，類氏劉蕺山所謂「獨之外別無本體，慎獨之外別無工夫」〔註197〕
的本體概念。因此，惠氏藉由這種對「獨」的認識，會通於《易》。他指出：

隱微，乾初爻也，初乾為積善，慎獨之誼。不誠則不能獨，故終以
至誠。〔註198〕

初乾積善之說，出於虞翻《易》說，此乾初元氣而為積善者，即慎獨之義，
也是「誠」的概念。此外，惠氏也提出《易》中言「獨」者，如：

《易》履初九素履，素，始也。往无咎。《象》曰：素履之往，獨行願
也。述曰：初微謂之獨。震為行，使四變而已應之，故獨行願。疏
云：初為隱，為微，隱微于人為獨。

觀初六曰：童觀。馬融注云：童猶獨也。

復六四曰：中行獨復。虞注云：中謂初，震為行。初一陽爻，故稱
獨。

〔註196〕見《易微言》，卷上，頁660～665。
〔註197〕見劉蕺山《劉蕺山集・中庸首章説》，卷十一。引自臺北：臺灣商務印書館文
　　　　淵閣四庫全書本，第1294冊，頁18。當然，惠氏的「獨」，雖同劉氏有本體
　　　　傾向，但內容與性質上，仍有極大的差異。由於並非本研究所必要討論者，
　　　　故不作詳述。
〔註198〕見《易大誼》，頁37。

大過《象》曰：君子以獨立不懼。虞注云：君子謂乾初，陽伏巽中，體復。一爻，潛龍之德，故稱獨立不懼。疏云：初爲獨。

晉初六：晉如摧如，貞吉。《象》曰：晉如摧如，獨行正也。虞注云：失位，故摧如。動得位，故貞吉。初動，震爲行，初一稱獨也。《方言》曰：一，蜀也，南楚謂之獨。郭注云：蜀，猶獨也。是獨即一，故云初一稱獨。〔註199〕

聖人以復之初九喻顏子，顏子擇乎中庸，得一善則拳拳服膺，一善即復初也。初不遠復，擇乎中庸之謂也。故謂中爲初，初體震，故震爲行。初微謂之獨，初即一也，一猶獨也，故云初一陽爻稱獨。

四得位應初，故曰中行獨復。《象》曰：以從道也，謂從初。〔註200〕

從這些論述當中，可以看到惠氏以初一陽爻稱「獨」，以初陽始生，爲隱爲微，爲陽德一善，所以「獨」從道初，直指初九一爻，亦陽氣初生之始，其狀隱微而形。因此，在《易》道，「獨」儼然成爲一種元氣的初始而隱微的狀態。這樣的概念，已去《中庸》之「慎獨」遠矣。

二、中和思想的會通

（一）「中」的主體概念之契合

「中」爲《中庸》的一個極爲重要的核心概念，這個以「中」爲軌範的儒學一脈相承的學說思想，由來已早，惠氏引孔子之學，云：

《論語・堯曰》：咨，爾舜，天之歷數在爾躬，允執其中。四海困窮，天祿永終。舜亦以命禹。〔註201〕

孔子在這裡所展現的中道思想，是從「祖述堯舜，憲章文武」的「允執厥中」的基礎所闡發出來的觀念。中道的思想，作爲治國的理念或法門，由來已早，堯、舜、禹三聖以執中所爲立國之道，商湯亦承聖道，有「建中于民」之說，〔註202〕所以惠氏也引《孟子》之說云「湯執中」，〔註203〕說明商湯對中道治

〔註199〕見《易微言》，卷上，頁657～658。
〔註200〕見《周易述》，卷四，頁109。
〔註201〕見《易微言》，卷下，頁743。
〔註202〕見《尚書・商書・仲虺之誥》。孔安國釋云：「欲王自勉，明大德，立大中之道於民」。引自臺北：藝文印書館十三經注疏本《尚書注疏》，卷八，頁112。
〔註203〕見《易微言》，卷下，頁743。惠氏引《孟子》言，出於《孟子・離婁》，云：「湯執中，立賢無方。」

國的堅持是一脈相承的。周武王滅殷後，向殷之舊臣箕子徵詢滅國方略時，箕子呈「洪範九疇」，概說治國九大原則，其中極重要的主張「建用皇極」，是一種具有承上啓下的「建中」且「用中」的中道思想，孔安國釋其義，云「皇，大；極，中也。凡立事當用大中之道」，〔註204〕即王者立政行道，必以大中爲典式，皆當無得過與不及，此「大中」之道，是洪範九疇的核心原則，貫穿於五行、五事、八政、五紀等其它八疇之中，所以孔穎達更爲詳細地指出，「大中之道，大立其有中，欲使人主先自立其大中，乃以大中教民也。凡行不迂僻，則謂之中，《中庸》所謂從容中道。《論語》允執其中，皆謂此也。九疇爲德，皆求大中，是爲善之總，故云謂行九疇之義，言九疇之義皆求得中，非獨此疇求大中也」。〔註205〕以皇極大中治國，必須嚴守一貫的中道，《洪範》並具體的指出，「無偏無陂，遵王之義；無有作好，遵王之道；無有作惡，遵王之路；無偏無黨，王道蕩蕩；無黨無偏，王道平平；無反無側，王道正直。會其有極，歸其有極」，〔註206〕以「中」行之，則天下歸於「中」。這樣的中道思想，本質上是一種「治天下大法」〔註207〕的儒家政治哲學爲出發的範疇。因此，惠棟明白地指出：

> 大舜執其兩端，用其中于民。周公設官分職，以爲民極。極，中也。
> 虞、周皆既濟之世，贊化育之功同也。〔註208〕

從舜帝執兩端以用中的治國之道，到周公設官分職，根本於中道，都創造了既濟之世，以「既濟」言盛世之況，即既濟䷾卦「剛柔正而位當」，〔註209〕三陰三陽，各得其正，爲天下既平，萬事既定之象，同《中庸》所謂「天地位，萬物育」的贊化育之功。因此，三代既濟之世的建立，就是因爲行中道所致。惠氏以「極」釋「中」，依準於漢儒之詁詮，視「極」、「中」爲政治的最高指導原則，也是治道之理想，並且將之與易道之最佳狀態的「成既濟定」相繫，會通《中庸》與《易》理，已非侷限於政治理想的範疇，而函括了本體與人生的終極概念。

〔註204〕見《尚書・周書・洪範》。引自《尚書注疏》，卷十二，頁168。
〔註205〕見《尚書・周書・洪範》孔穎達疏文。引自《尚書注疏》，卷十二，頁172。
〔註206〕見《尚書・周書・洪範》。引自《尚書注疏》，卷十二，頁173。
〔註207〕見宋胡士行《胡氏尚書詳解》，卷七。引自臺北：臺灣商務印書館景印文淵閣四庫全書本，第60冊，頁363。
〔註208〕見《易微言》，卷下，頁740。
〔註209〕見既濟卦《象傳》。

中道的理想無所不包，惠氏指出：

> 復《象》曰：復其見天地之心乎？案：冬至，復加坎，坎爲亟心，
> 亟，古文極，中也。然則天地之心，即天地之中也。董子《繁露》
> 曰：陽之行，始于北方之中，而止于南方之中，陰之行，始于南方
> 之中，而止于北方之中。陰陽之道不同，至于盛而皆止于中，其所
> 起皆必于中。中者，天地之太極也，日月之所至而卻也。長短之隆，
> 不得過中，天地之制也。如董子之言，則天地之心，兼二至也。象
> 至日閉關，兼二至。〔註210〕

「中」者，如天地四時之運行一般，陽始行於北方之極，而止於南方之極，南北象天地，南北之極則象天地之心、天地之中，於時節之運行則爲冬至與夏至，是日月成象於夜晝之至極至中，所以《易》以復卦言「天地之心」。以「心」爲「中」，或以「心」爲「中」，象徵心的不偏不倚，下落於人心之中，則是一種理性精神的顯揚，所以周朝以來的儒家思想，強調「德」的概念，如《酒誥》所謂「爾克永觀省，作稽中德」；「德」字從心從直，《說文解字》又以「直」爲「正見也」，所以「德」之本義爲正見於心，有中正不偏之心的的強烈意涵存在，「中」由宇宙概念出發，發展爲可以視爲一種德性，而非僅牢籠於政治概念的侷限範疇。這種中道觀的多方面的涵攝概念，即是《中庸》的中道精神，也是中道思想由宇宙觀出發，包絡萬有的必然性。至於《易》道，更是具有這種純粹的中道精神，並且可以透過具體的卦爻關係作爲象徵而展現出來。所以，惠氏會通《中庸》與《易》理，可使二家在這方面的思想，具有加乘效果的呈顯出來。

惠氏又述云：

> 《繫上》曰：易簡而天下之理得矣，天下之理得，而易成位乎其中
> 矣。荀爽注云：易謂坎離，陽位成于五，五爲上中，陰位成于二，
> 二爲下中，故易成位乎其中。案：易簡，即天地之中也。〔註211〕

「易作位乎其中」的中道思想，爲天下普遍的法則或道理，亦即《易》道成上坎下離的既濟卦，五陽爲上中，二陰爲下中，各本其位，而立天地之中，此亦「易簡」之意義。惠氏又述云：

> 成十三年《左傳》：劉子曰：吾聞之，民受天地之中以生，所謂命也。

〔註210〕見《易微言》，卷下，頁740～741。
〔註211〕見《易微言》，卷下，頁741。

是以有動作、禮義、威儀之則，以定命也。

明道程子曰：民受天地之中以生，天命之謂性也。荀爽《對策》曰：
昔者聖人建天地之中而制禮。

《中庸》曰：天命之謂性。又曰：喜怒哀樂之未發謂之中。又曰：
中也者，天下之大本也。又曰：立天下之大本。〔註212〕

《左傳》所謂「天地之中」，乃自然之律則，或自然之常、陰陽之和，亦即《易》道的「易簡」之概念，以此自然之律則爲「命」，並下落而定爲人們動作、禮義、威儀等行爲的規範，所以荀爽也提到「聖人建天地之中制禮」，即聖人依此自然之道而制定合宜的禮儀。這種適中的自然之道，即《中庸》所說的「天命之謂性」的自然之性。天命是自然的賦予，而非上帝的使令，從人類的觀點言，自然賦予人類生命，也賦予人類最合宜的德性，爲與其它萬物所不同而爲人類所獨有的，所以爲「天命之謂性」。這種獨有的「性」，本諸天之中道而適中於人，是儒家的中道觀，也是易學中的「易簡」主張，亦是陰陽氣化流行交感的極中之處。惠氏又述云：

《周語》曰：王將鑄無射，問律于伶州鳩。對曰：律所以立，均出度也。古之神瞽，考中聲而量之以制，考，合也，謂合中和之聲而量度之，以制樂也。度律均鍾，百官軌儀，紀之以三，天、地、人。平之以六，六律。成于十二，律呂。天之道也。夫六，中之色也，故名之曰黃鍾，十一月曰黃鍾，乾初九也。六者，天地之中。天有六氣，降生五味。天有六甲，地有五子，十一而天地畢矣。而六爲中，故六律、六呂而成天道。黃鍾初九，六律之首，故以六律正色爲黃鍾之名，重元正始之義也。所以宣養六氣九德也。六氣：陰、陽、風、雨、晦、明也。九德，九功之德：水、火、金、木、土、穀、正德、利用、厚生也。十一月陽伏于下，物始萌，于五聲爲宮，含元處中，所以徧養六氣、九德之本。

《三統曆》曰：四分月法，以其一乘章月，是爲中法。朔不得中，是爲閏月。言陰陽雖交，不得中不生。獨陰不生，獨陽不生，獨天不生。天者，中也。三合然後生，故云不得中不生。〔註213〕

以天之中道而紀之以萬事萬物，則律呂之制，亦本諸「中」，律之所以立，在於均中而出度，以中和之聲而制樂。黃鍾爲律呂之始，同於《易》乾初九，

〔註212〕三段引文，見《易微》，卷下，頁741～742。
〔註213〕二段引文，見《易微言》，卷下，頁742～743。

為氣之始,含元處中。至於歷法亦同,循中道而制。在這裡,惠氏不斷申言「獨陰不生,獨陽不生,獨天不生」,必合而後生;陰陽之交,必以得中而生,也就是《中庸》「天地位焉,萬物育焉」的道理。

(二)中和之道在贊化育之本的會通

對於《中庸》的「中和」意義,惠氏立《易》之例,而舉《中庸》之言,作了明確的解釋,云:

> 《中庸》曰:喜怒哀樂之未發,謂之中。朱子曰:喜怒哀樂,情也;其未發,則性也。發而皆中節,謂之和。不誠則不能獨;獨者,中也。故未發為中,已發為和。張湛《列子註》云:稟性之質,謂之性,得性之極,謂之和。中也者,天下之大本也。和也者,天下之達道也。朱子曰:大本者,天命之性;達道者,循性之謂。致中和,天地位焉,萬物育焉。此至誠之事,所謂贊化育,與天地參者也。中和於易為二五。《繫上》曰:易簡而天下之理得矣,天下之理得而易成位乎其中,故言天地位。〔註214〕

惠氏根據朱子之說,以未發、已發的性情觀來說明,指出喜怒哀樂為人人所具有的情感,這種情感在未發動之前,則稱為性,也就是未發動時,無過與不及的偏倚,所以謂之「中」;朱子並指出「發皆中節,情之正也,無所乖戾,故謂之和」,〔註215〕當情感發動時,能無過與不及的偏倚,如音樂能夠悉中節奏,所以謂之「和」;故稱「未發為中,已發為和」。並且,從「誠」與「獨」的概念言,視之為「中」;關於此二命題,移於後文再述。同時,也以張湛之說,提出稟受天性之本然,稱為「性」,也就是「中」,而能得「性」之「極」,即得「性」之「中」,能不偏不倚,則就是「和」;義與朱子之說相近。《中庸》從本體化的角度出發,明白地提出「中和」的範疇為「中也者,天下之大本也。和也者,天下之達道也」,將「中和」概括為天地萬物存在的「大本」和發展的「達道」。「大本」為最高的本體存在,而「達道」為最高的生成之道。也就是說,「中」是天地萬物得以存在的終極根據,一切事物都依準於中正的關係而存在;至於「和」,則是揭示一切事物的有序發展都只是能依賴於相互間的和諧關係。天地之「大本」與「達道」的中和,通過天命的形式進入了心性的結構,所以惠氏引朱子之言而云「大本者,天命之性;達道者,循性

〔註214〕見《易例》,卷上,頁952~953。
〔註215〕見朱子《四書集註‧中庸》。引自朱熹集注、蔣伯潛廣解《廣解四書‧中庸》,臺北:東華書局,1993年3月22版3刷,頁2。

之謂」，「大本」爲「性」爲「中」，而「達道」爲「情」爲「和」，亦同未發、已發之概念，合爲「中和」。接著，《中庸》認爲達到「中和」之後，則「天地位焉，萬物育焉」，這是「中和」理想或是目標；循中和之道推而極之，則天地皆從其所，萬物皆得其養，可以與天地化育同功。此中和之道即贊化育之本，也是至誠之事。在這裡，惠氏已明白地將其心中《易》道的中和觀，與《中庸》的中和而贊化育相融會，認爲「所謂贊化育，與天地參者也。中和於易爲二五。《繫上》曰：易簡而天下之理得矣，天下之理得而易成位乎其中，故言天地位」；《易》以二、五居中得正，也就是天地居其正位，則天下之理得，天下之事成，即《易》之「中和」，同在贊化育之功。於此，惠氏不但對《中庸》的中和觀作了詳明的解釋，也將之與《易》道相契合。

惠氏同樣於「中和」的《易》之例，指出：

> （《中庸》）又曰：仲尼曰：君子中庸。又曰：仲尼祖述堯舜。仲尼，孔子字，漢安昌侯張禹曰：仲者，中也；尼者，和也。此篇論中和之義，故篇中兩舉仲尼，以至誠屬之，以致中和之事，歸之中和者，既濟也。孔子論定六經，以立中和之本，而贊化育。下篇所云，經緯天下之大經，立天下之大本，知天地之化育是也。孔子無位而當既濟，故子思兩舉表德之字以明之。〔註216〕

《中庸》以仲尼之言，提出「君子中庸，小人反中庸」，是以中庸之德來說明中和之義。成德的君子，有中和的性情，能表現中庸的德行，所以爲「君子中庸」；小人則性情乖戾，不能中和，行爲適與君子相反，所以「小人反中庸」。又引《中庸》云「仲尼祖述堯舜」，即仲尼遠宗堯舜之道，即堯舜之中和之道，已如前述；此中和之道，從堯舜以降，至孔子則述其聖德，發其聖旨，所以仲尼儼然爲「中和」的代言人，此漢安昌侯張禹附會爲「仲者，中也；尼者，和也」，在於強調孔子對「中和」之道的承繼與發揚之功。惠氏並指出孔子論定六經的目的，即在「立中和之本，而贊化育」，亦即「經緯天下之大經，立天下之大本，知天地之化育」。這樣的中和之道，就是《周易》的既濟之道，亦即贊化育之道。

在《易大誼》中，惠氏也對《中庸》之有關文字作了訓解：

> 喜怒哀樂之未發，謂之中。隱微，始也；于道爲極，故未發爲中。發而皆中節，謂之和。發而皆中節，行之和也，故謂之和。未發爲中，已發爲和，合之則一和也，故曰「中庸」。中和即天地之中，在人則爲情性，故《文言》曰：利

〔註216〕見《易例》，卷上，頁953。

貞者，性情也。中也者，天下之大本也。和也者，天下之達道也。致
中和，天地位焉，萬物育焉。致中和，即修道之人。天地位，中也；萬物育，
和也，既濟定也。

仲尼曰：稱仲尼者，安昌侯張禹說曰：仲者，中也；尼者，和也。言孔子有中和
之德，故曰仲尼。此書專論中和，故稱表德之字，見《孝經疏》。君子中庸，庸，
用也，常也；用中為常道，故曰中庸。小人反中庸。並舉君子小人者，陰陽之
誼也。乾為積善，君子中庸也；坤為積惡，小人反中庸也。在爻其初九、六三乎。

又乾五居二，坤二居五，亦為反中庸也。〔註217〕

惠氏同樣以未發為「中」，為宇宙之原始狀態，為「隱微」，為「極」，甚至可
以稱為「太極」；至於發而中節謂之「和」。二者合為則為「一和」，也就是「中
庸」。中和為天地之中，在人為情性；即《易》道的利貞之德，所以《文言》
云「利貞者，性情也」。天地位為「中」，萬物育為「和」，即致中和，也就是
合於「元、亨、利、貞」四德的成既濟定者。《中庸》云「君子中庸，小人反
中庸」，惠氏以「君子」、「小人」並舉，合陰陽之義，也合乾坤二卦的卦象，
所以他說「乾為積善」是「君子中庸」，「坤為積惡」，是「小人反中庸」；從
爻位言，則初九為「君子中庸」，六三為「小人反中庸」；又「乾五居二，坤
二居五」，為陽居陰位或陰居陽位，亦為反中庸，使之乾二居五或坤五降二，
則成既濟定，是君子中庸。在這裡，惠氏同樣以其《易》道中和之思想，融
入《中庸》的中和思想之中。不論是《易》或《中庸》，皆在追求贊化育的中
和理想。因此，惠氏明確提出「中和之本、贊化育之本」的《易》之例，云：

參天兩地而倚數。又曰：兼三才而兩之。虞仲翔註云：謂分天象為三
才，以地兩之，立為六畫之數，故倚數。參天兩地，有坎離之象，此
中和之本也。《說卦》云：幽贊于神明而生蓍，此贊化育之本。〔註218〕

認為參天兩地有成既濟定的坎離之象，即中和之本，也是贊化育之本。合於
《中庸》的原義。他在「中和」的《易》之常例中，特別再一次強調：

《易》二五為中和。坎上離下，為既濟。天地位，萬物育，中和之
效也。《三統曆》曰：陽陰雖交，不得中不生，故易尚中和。二五為
中，相應為和。《說文》曰：咊，相譍也。咊即和也，譍即應也。〔註

〔註217〕二段引文，見《易大誼》，頁37。
〔註218〕見《易例》，卷下，頁1045～1046。
〔註219〕見《易例》，卷上，頁951。

219}

這種以「二五爲中，相應爲和」，成坎上離下的既濟之道，而能天地位，萬物育的贊化育之道的中和觀，本論前諸章節中，已不斷地申述此一主張；這種主張可以視爲《易》與《中庸》會通下的最重要命題。

惠氏在《易例》中，尚引諸文以言「中和」之義，包括：

師九二曰：在師中吉，无咎，王三錫命。《乾鑿度》曰：師者，眾也。言有盛德，行中和，順民心，天下歸往之，莫不美命爲王也。行師以除民害，錫命以長世，德之盛。

《象》曰：能以眾正，可以王矣。荀註云：謂二有中和之德，而據羣陰，上居五位，可以王也。

泰九二曰：朋亡，得尚于中行。荀註云：中謂五，朋謂坤，朋亡而下，則二得上居五，而行中和矣。

臨六五曰：知臨，大君之宜，吉。《乾鑿度》曰：臨者，大也。陽氣在內，中和之盛，應於盛位，浸大之化，行于萬民，故言宜處王位，施大化，爲大君矣，臣民欲被化之詞也。

《文言》曰：利貞者，性情也。《述》曰：易尚中和，故曰和貞者，情性，情和而性中也。聖人體中和，贊化育，以天地萬物爲坎離也。

《周禮·大司徒》：以鄉三物，教萬民而賓興。之一曰六德，知、仁、聖、義、忠、和。鄭註云：忠言以中心；和，不剛不柔。

又論強曰：故君子和而不流，強哉矯。中立而不倚，強哉矯。《周禮》師氏以三德教國子，一曰至德，以爲道本。馬融傳云：德行，內外之稱。在心爲德，施之爲行。至德者，中德也。《中庸》曰：天命之謂性，率性之謂道，失中庸則無以至道，故曰以爲道本。鄭註云：至德，中和之德。覆幬持載，含容者也。

《孟子》曰：中也，養不中。趙岐註云：中者，履中和之氣所生，謂之賢。《禮器》曰：君在阼，夫人在房，大明生於東，月生於西，此陰陽之分，夫婦之位也。鄭註：大明，日也。君西酌犧象，夫人東酌罍尊。鄭註：象日出東方而西行，月出西方而東行也。禮交動乎上，樂交應乎下，和之至也。鄭註云：交乃和。案：禮，中也；樂，和也。禮交動乎上，樂交應乎下，上下相應，故云和之至也。

揚子《太元》曰：五爲中和。又曰：中和莫尚於五。

《法言》曰：立政鼓眾，莫尚於中和。又曰：甄陶天下，其在和乎。龍之潛亢，不獲其中矣。是以過中則惕，不及中則躍，其近於中乎。

惕躍近中，猶忠怒近道。

《莊子・消搖游》曰：若夫乘天地之正，而御六氣之辯。揀補注云：天地之正，猶天地之中。易之九五、六二，即天地之正也。六氣，陰、陽、風、雨、晦、明也。〔註220〕

中和的基本意涵，即卦二、五居中得正，以象其得正於天地之中，而行中和之道與「元、亨、利、貞」四德，贊化育，建立一個和諧共生的最佳場域。其它，在《周易述》中，惠氏每每也以《中庸》「天地位，萬物育」的中和思想，來詮釋卦義，如釋隨卦云「升中和之氣于天，王者致中和，天地位，萬物育，故升其氣於天，亦是既濟之事也」。〔註221〕釋屯卦《象傳》「雲雷，屯。君子以經論」，指出「文王時，受王不率仁義之道，失爲人法矣。已之調和陰陽尚微，故演《易》，使我得卒至於大平，日月之光明如《易》矣。是文王經論大經爲既濟也。九五屯膏，以喻受德，初九建侯，以喻文王。三動反正，爲既濟，是其事矣。中和之本者，中和謂二、五，本謂乾元也。乾元用九，坎上离下，六爻得正，二、五爲中和。聖人致中和，天地位，萬物育，故能贊化育也」。〔註222〕類似這種會通《中庸》的中和思想以闡明《周易》大義的論述，不勝枚舉，不再詳作列舉。因此，中和之道在贊化育之本，不論在《易大誼》中，或是《周易述》、《易例》、《易微言》中，都可以體現《易》與《中庸》在這方面的會通。

三、誠的思想的會通

「誠」的思想，爲儒家所普遍倡論的主張，在《中庸》之外，《孟子》曾提出「是故誠者天之道也，思誠者人之道也。至誠而不動者未之有也，不誠未有能動者也」。〔註223〕戴震《孟子字義疏證》認爲「義之端不可勝數，舉仁

〔註220〕見《易例》，卷上，頁951～955。

〔註221〕見《周易述》，卷三，頁82。

〔註222〕見《周易述・象上傳》，卷十一，頁293。

〔註223〕見《孟子・離婁上》。引自焦循《孟子正義》，卷十五，北京：中華書局，1996年2月1版北京3刷，頁509。

義禮三者而善備矣。德性之美不可勝數，舉智仁勇三者而德備矣。曰善曰德，盡其實之謂誠」。焦循《孟子正義》沿著宋儒的路線，從「性」的概念出發，並根據《中庸》之大旨而發，認為「惟天下至誠，爲能盡其性；能盡其性，則能盡人之性；能盡人之性；則能盡物之性；能盡物之性，則可以贊天地之化育，可以贊天地之化育，則可以與天地參矣」。〔註224〕大體而言，《孟子》之「誠」作爲「動」與「不動」的主要動因，屬倫理範疇的傾向。惠棟引《大學》之言而論：

> 《大學》曰：欲正其心者，先誠其意。又曰：所謂誠其意者，毋自欺也。如惡惡臭，如好好色，此之謂自謙，故君子必愼其獨也。小人閒居，爲不善，無所不至，見君子而後厭然，揜其不善而著其善，人之視己，如見其肺肝，然則何益矣！此謂誠於中，形於外，故君子必愼其獨也。〔註225〕

又引述云：

> 《大學》言誠意，而歸之愼獨，則誠猶獨也。〔註226〕

所謂「欲正其心者，先誠其意」，是就「修己」的功夫而言，也就是「欲修其身者，先正其心」，然後「正心」而「先誠其意」，這是一貫的「修己」功夫，強調「修己」功夫必以「正心」爲主，時時省察自己，不爲情欲所動，也不欺人，更不自欺。爲善去惡，從內心到外在行爲，都能展現「誠實」的一面，即「誠於中，形於外」，也就是「愼其獨」，更明確地說，「誠」可以視爲「獨」。這段話大抵是從功夫論的角度來說的。惠氏同時又引《荀子》之言來論述：

> 《荀子》曰：養心莫善於誠。又曰：不誠則不獨。〔註227〕

此出於《荀子・不苟》。荀子似乎循《孟子・盡心下》「養心莫善於寡欲」的路數，都是循著人我的內心世界來闡釋「誠」義，以「誠」爲德性的基礎，致誠則眾德自備。惟誠然後能使人化，使人變。所以，天地之能化萬物，以誠；聖人之能化萬民，亦以誠。這樣的「誠」，與孟子之說相近，也是屬於論理或修養的範疇。至於《中庸》論「誠」，則內容更爲豐富，也更具形上義，也就是以「誠」作爲宇宙的根本開始來涵攝一切道理。

〔註224〕見焦循《孟子正義・離婁上》，卷十五，北京：中華書局，1996 年 2 月 1 版北京 3 刷，頁 511。
〔註225〕見《易微言》，卷下，頁 733。
〔註226〕見《易微言》，卷下，頁 735。
〔註227〕見《易微言》，卷下，頁 735。

惠氏列舉《中庸》的本文，作為概括「誠」的意義者，首先引述：

　　《中庸》曰：子曰：鬼神之為德，其盛矣乎！視之而不見，聽之而
　　不聞，體物而不可遺。使天下之人，齊明盛服，以承祭祀，洋洋乎
　　如在其上，如在其左右。《詩》曰：神之格思，不可度思，矧可射思。
　　夫微之顯，誠之不可揜如此夫！〔註228〕

在惠棟的認識裡，對於「誠」形象，似乎認為與「鬼神之為德」同，是一種
「視之而不見，聽之而不聞，體物而不可遺」的狀態，也就是視聽都不著其
體，卻是實質存在而「不可遺」者；它雖微而顯，隱微而顯揚於萬物之中，
所以是一種「不可揜」，也無法揜的形象，而與《老子》的「道」有某種程度
的相近，具有高度的形上義。惠氏又引：

　　又曰：誠者，天之道也。誠之者，人之道也。誠者，不勉而中，不
　　思而得，從容中道，聖人也。誠之者，擇善而固執之者也。〔註229〕

《中庸》將天道與人道並論，也就是將外在的天道與內在的人道合言，形成
一種天人合一的主張，希望藉由天道以獲得人生之道，這樣的天道或人道，
即是「誠」，也就是透過「誠」來界定天道與人生之道的本質，理解宇宙萬物
之道與人生之理。天的根本性徵為「誠」，因為天是真實無妄的，天之所以為
天即在於「誠」。在於天，誠的境界，是與道合一，不待思勉而無不合道；在
於人，求誠則須思勉，擇善固執，終致於合道。又引云：

　　又曰：自誠明，謂之性；自明誠，謂之教。誠則明矣，明則誠矣。

　　又曰：唯天下至誠，為能盡其性；能盡其性，則能盡人之性；能盡
　　人之性，則能盡物之性；能盡物之性，則可以贊天地之化育；可以
　　贊天地之化育，則可以與天地參矣。〔註230〕

《中庸》又以自天道的「至誠」而高明，是天道的自然之「性」，這個「性」，
是真實無妄，與道為一，而能明其理者。又云「自明誠，謂之教」，即修明天
道這一自然的「誠」，經由修道而達到至誠的境界，是教化的結果；這樣的方
式，是先明其理，而後得以同天道之真實無妄，與道為一，這是教化的功能。
從天道觀導入人生的修養工夫，這是「誠」所涵攝的廣度。《中庸》又言「至
誠」，此至極真實不妄者，即能天道自性，是一個圓融的「自誠」者，所以「能

〔註228〕見《易微言》，卷下，頁733。
〔註229〕見《易微言》，卷下，頁734。
〔註230〕二引文，見《易微言》，卷下，頁734。

盡其性，則能盡人之性」，能盡知天之「至誠」之性，則能盡人之性，進一步「能盡人之性，則能盡物之性」。此人性得自誠體，物性也得自誠體；能盡其誠體之性，則對人人物物之本性皆無所不悉，無所不盡。能夠如此，就可以贊天地自然之化育，人便可以與天地並立於宇宙之間。於此，惠氏特別表明，「自盡性以至贊化育，皆既濟之事」，將盡天道自然之性，乃至可以贊天地之化育，與《易》道所謂「成既濟定」之事相契合。並且對於《中庸》所謂「可以贊天地之化育，則可以與天地參矣」，作了進一步地解釋：

> 此《易》所以有三才：太極含三爲一，三才備太極之之初。盡性，
> 初也，元也。至贊化育，則四德備矣。《易》者三才，故至誠與天地
> 參。贊化育，則既濟也。〔註231〕

《中庸》「與天地參」，即《易》道以人合天地爲三才之道。惠氏從「誠」的最高性觀之，認爲《中庸》於此「可以贊天地之化育，則可以與天地參」的境界，即《易》道「太極含三爲一，三才備太極之之初」者，此太極元氣之初，爲萬化之始，所以《中庸》的「盡性」階段，就是太極之初，也就是元氣初始所在。然後《中庸》的「贊天地之化育」，則爲《易》道「元、亨、利、貞」四德兼備的境界，也是成既濟、致中和的理想境域，故云「贊化育，則既濟也」。在這裡，惠氏特別站在宇宙本體化生的高度來看待《中庸》這段話，將二者的思想作了彼此相融的對待關係。

惠氏又引述云：

> 又曰：故至誠無息，不息則久，久則徵，徵則悠遠，悠遠則博厚，
> 博厚則高明。〔註232〕

此一天地的至誠之道，作爲產生萬物的本源，它無息、能徵、悠長久遠、博厚而高明的功能與現象，表現出誠道的超越時空的特性，永遠存在而永不止息。

> 又曰：唯天下至誠，爲能經綸天下之大經，立天下之大本，知天地
> 之化育。夫焉有所倚，肫肫其仁，淵淵其淵，浩浩其天。〔註233〕

此《中庸》至誠之功。惠氏並從「中和」的觀點作解釋，指出「大本謂中，化育謂和」，〔註234〕此《中庸》「立天下之大本，知天地之化育」即是中和的

〔註231〕見《易大誼》，頁39。
〔註232〕見《易微言》，卷下，頁734。
〔註233〕見《易微言》，卷下，頁734。
〔註234〕見《易大誼》，頁40。

理想與功能，亦是《易》「成既濟定」之道，所以惠氏進一步云：

> 變屯難爲既濟。《易》屯「元、亨、利、貞」，謂既濟也。《象》曰「雲雷屯，君子以經綸」，所謂經綸天下之大經也。〔註235〕

又於釋屯卦《象傳》「雲雷，屯。君子以經論」時，注云：

> 三陽爲君子，謂文王也。經論大經，以立中和之本，而贊化育也。《中庸》曰：唯天下至誠，爲能經論天下之大經，立天下之大本，知天地之化育。三之正，成既濟，是其事矣。〔註236〕

由此可見，在惠氏看來，《中庸》的誠道，在於贊化育之功，等同於《易》道的「成既濟定」、成「元、亨、利、貞」四德之境。「淵淵其淵，浩浩其天」，即「與天地合德也」，〔註237〕天道之誠，合於人道之誠，從誠體出發，即同於陰陽合德的概念，陰陽變化合德，則陰陽之位定，和諧之境成，四德備，既濟之功就。類似屯卦這般會通《中庸》誠道於《易》卦卦義之中者，《周易述》中屢次可見，在這裡不再贅引。

《中庸》中最關鍵與最核心的思想爲「中和」與「誠」，而這兩個思想概念，彼此又有其內在的一致性與可貫通之處。這種一致性或可貫通者，在惠氏的《易》道中展現的最爲具體；在惠氏的論述中，將「中和」、「誠」與「成既濟定」，以及成「元、亨、利、貞」四德者，彼此有共生或相應的關係，它們作爲宇宙的本體，終致天地位而萬物育，以成贊化育之功的共同理想。

四、其　它

《易大誼》中，惠氏刻意或試圖以《易》之思想貫通於《中庸》文義之中，其相涉的主要思想內涵，已如前述。欲將《易》理全盤置入《中庸》全書的每一文句中，則爲一種高難度的任務，若強作會合，則牽強附會的現象，必定是不可避免的；所以錢熙祚在《易大誼跋》中，特別指出「列《中庸》全文，而以《易》義解之，固不免支離傅會之失」。〔註238〕

以《易》理會通《中庸》本文，在支節瑣碎的部份，如：

《中庸》「君子中庸，小人反中庸」一文，惠氏釋云：

〔註235〕見《易大誼》，頁40。
〔註236〕見《周易述·象上傳》，卷十一，頁292。
〔註237〕見《易大誼》，頁40。
〔註238〕錢熙祚《易大誼跋》，見《易大誼》，頁40。

並舉君子、小人者，陰陽之誼也。乾爲積善，君子中庸也。坤爲積
惡，小人反中庸也。在爻其初九、六三乎。又乾五居二，坤二居五，
亦反中庸也。〔註239〕

以陰陽之義，乃至乾坤積善積惡之說，貫通於《中庸》此文。並且從爻位言，
初九爲君子，六三爲小人；乾五居二、坤二居五，陰陽皆居中而不正，所以
是反中庸，相反地，乾陽居五、坤陰居二，則居中得正，是爲合中庸之道。

《中庸》「而好察邇言，隱惡而揚善」一文，惠氏釋云：

察，辨也。言出乎身，從近始。乾初爲善，坤初爲惡；隱惡揚善，
辨之早也。坤初爲隱惡，乾初爲揚善。〔註240〕

以乾初與坤初附合「隱惡」與「揚善」。乾初爲揚善，而坤初爲隱惡，善惡之
辨，必在於初，以全防惡立善之功。陰陽對應爲善惡之義，揚善去惡從初始
入手，所以以乾初坤初而言。

《中庸》「驅而納諸罟擭陷阱之中，而莫之知辟也。人皆曰予知，擇乎中
庸而不能期月守也」一文，惠氏釋「驅而納諸罟擭陷阱之中」，云「未濟六爻
失位，故所遇皆罟擭陷阱也」。釋「皆曰予知」，云「不察邇言」。釋「擇乎中
庸而不能期月守也」，云「尟能久」。全文釋云：

罟擭，離也；陷阱，坎也。離上坎下，爲未濟。罟擭，陷阱也。坎
上離下，爲既濟，中庸也。中庸言擇者，初乾、初坤也。不能期月
守，以小善爲無益，而弗爲，不能積善者也。〔註241〕

惠氏以「罟擭陷阱」象六爻皆失位的未濟☲☵卦，而合中庸之道者，則爲六爻
皆正位的既濟卦。擇善而固執，但此處「不能期月守」，則是不以小善而爲之，
是不能積善以成德。

《中庸》「南方之彊與？北方之彊與」一文，惠氏釋云：

南方，離也；北方，坎也。離二居五，南方之彊也；坎五居二，北
方之彊也。此未濟也。

又《中庸》「故君子和而不流，彊哉矯。中立而不倚，彊哉矯。國有道，不變
塞焉，彊哉矯。國無道，至死不變，彊哉矯。」一文，惠氏釋云：

此自彊合于中和，謂既濟也。不變，貞也。貞固足以幹事，故不變

〔註239〕見《易大誼》，頁37。
〔註240〕見《易大誼》，頁37。
〔註241〕《中庸》「驅而納諸罟擭陷阱之中」一段，惠氏諸釋文，見《易大誼》，頁37。

塞焉。獨立不懼，遯世無悶，故至死不變。〔註242〕

《中庸》透過子路問「強」之義，以表現中庸之道，並不在血氣之勇上。孔子反問是「南方之彊與？北方之彊與」，事實上，孔子之意並不在此南方或北方之彊，孔子所強調的是一種本著中和之性所展現的中庸之勇，這種勇，就是「和而不流」，「中立而不倚」，「國有道，不變塞焉」，「國無道，至死不變」的精神。因此，不論是南方之強，或是什麼北方之強，都是不對的，也就是都不是「強」之所在。惠氏藉以視為未濟之義，以未濟視為不合「強」義。至於合於「強」的真正意涵，則以既濟卦象之，合於中和之道，中和貞正，不懼不變，具有「富貴不能淫，貧賤不能移，威武不能屈」的勇氣。

《中庸》「鬼神之為德，其盛矣乎！視之而弗見，聽之而弗聞，體物而不可遺」一文，惠氏釋云：

> 乾神坤鬼。鬼神之德，自微而顯，故盛。因鬼神而制禮樂，大舜、文、武、周公是也。禮樂天地之中，猶《易》之二五。鄭氏云：「體，猶生也。可，猶所也。不有所遺，言萬物無不以鬼神之氣生也。」鄭氏精于《禮》，疏于《易》，無不以鬼神之氣生也，神可言生，鬼不可言生，此說不通于《易》。若以乾坤言鬼神，亦可云生。坤廣生是也。〔註243〕

《中庸》以鬼神之作用，鑒之在上，質之在旁，一般人普遍存在對它們有著恭敬惶恐的心理；萬事萬物，無不在鑒上質旁之內，所以「體物而不可遺」。鬼神無形無聲，但它的性情功效，似乎隨處可以表現，使人皆信仰它，敬畏它，遺忘不了，視之為有形體的事物一般。惠氏以《易》理涉論，乾神坤鬼，乾坤氣化之狀，是有微而顯，所以鬼神之德盛大充滿。因鬼神而禮樂制，德顯於天地之中，猶《易》二、五中位。鬼神之所以能生氣，是就鬼神為乾坤之象而言，乾坤陰陽的變化本為生生之道，而就卦象而言，坤又為廣生，亦有「生」之義。

《中庸》「子曰：愚而好自用，賤而好自專。生乎今之世，反古之道。如此者，裁及其身者也。非天子，不議禮，不制度，不考文。今天下車同軌，書同文，行同倫。雖有其位，苟無其德，不敢作禮樂焉；雖有其德，苟無其位，亦不敢作禮樂焉」一文，惠氏釋「愚而好自用」為初六，「賤而好自專」為九二。二句並進一步作說明，云「初六，陰不正；九二，易不正，皆愚賤

〔註242〕二段注文，見《易大誼》，頁37。
〔註243〕見《易大誼》，頁38。

之類」。並且針對全文，釋云：

> 鄭氏云：「言作禮樂者，必聖人在天子之位。」六居五，是有位而無
> 德也。九居二，是有德而無位也。乾二居坤五，是聖人在天子之位
> 也。故《文言》曰：「龍德而正中者也。」有聖人之德，然後居天子
> 之位，故五帝官天下。〔註244〕

《中庸》以無德為愚，無位為賤，有位無德而作禮樂，所謂愚而好自用；有
德無位而作禮樂，所謂賤而好自專。愚而自用，賤而自專，反背古道，各自
為政，弄得互相爭戰，災害及身，是春秋戰國時期常見的現象。因此，非有
德有位的聖賢天子，是不能隨便「議禮」、「制度」和「考文」，這是治國的重
要原則。惠氏以「愚而好自用」與「賤而好自專」者，猶《易》之初六、九
二爻位，二者陰居陽位，陽居陰位，位不當而為愚賤之類。禮樂制度，為極
其慎重之事，非有德有位者不能為之，惟乾二居坤五之位，為聖人之德居天
子之位，德位兼備，方可統制天下之宜。由是可見九五之位尊與德顯，在爻
位上最為重要。

從以上的論述，大致可以看出，惠氏以《易》理會通《中庸》，有可與《中
庸》大義相得益彰者，亦有附會曲解《中庸》本義者。詮釋是否成功，是否
合理恰當，卻是惠氏易學中會通二家之說的典範論著，也表現出惠氏對經典
經義互通上的看法。

《易大誼》為惠氏以漢《易》的思想內容，來詮解儒家經典中具有高度
哲理思想的《中庸》。其會通的重點，表現在道論、中和與誠的重要命題上，
透過具體的陳述，以呈顯出《易》與《中庸》思想的同質性與其可貫通之處。
《中庸》言道、言天命為性、言誠體發用，以及言中和，可以然於儒學根
脈的宇宙觀、性善論，乃至道德的實踐與理想價值；《中庸》客觀地超越地
說，從天道下貫人性，從宇宙本體的概念出發，而入於人，並著重在道德實
踐的工夫上。這著本諸天道而下入人事的理論體系，在傳統儒家思想中，以
《中庸》表現的較先較具體。然而，同為儒家體系下的《周易》，卻也提供
了更為完整的宇宙觀之材料與方向，可足供《中庸》在天道觀上建立基礎。
惠氏也點明二家思想的最高價值，在於創構一個天地位焉，萬物育焉的理想
世界。的確，二家思想多有可以互通之處，而惠氏也試圖構築出二說的致中
和、成既濟的共同遠景，並提供我們思想會通在本質上與論述上的一種參照。

〔註244〕《中庸》該文下，諸惠氏注文，見《易大誼》，頁39。

第三節　《易》與禮與史的會通

　　本節探述惠氏釋《易》的重要內涵：第一部份，主要針對惠氏《周易述》中，以禮述《易》的部份作詳細的說明與檢討，例如觀卦「盥而不觀薦」，惠棟作禘祭解，是否適當；從貢士之禮、地方諸侯祭天選才之禮來思考，是否更爲恰當。惠棟的《禘說》，是「明堂」的進一步擴大，是對祭禮與古史文化的另一推明，並運用於釋《易》之中；這也是第一部份的重要內容。第二部份，置重於古史與《易》的會通。惠棟提到「《易》與《春秋》，天人之道也」，〔註245〕《春秋》紀事，效法於《易》，歷代以紀「元」開始，即效法《易》以太極爲首。《易》爲天道，《春秋》爲人事，天道與人事結合，也就古史與《易》的會通。這種史事與《易》相涉的具體表現，惠氏則主要表現在對聖王的釐清。第三部份，特別將明堂之法個別討論，主要參照《周易述》與《明堂大道論》中的論述。「明堂」爲古代君王宣明政教之地，其制度卻於六朝以後湮沒不聞，惠氏著力考實，以示明堂之本眞。惠氏特別以易理說明堂，述明堂大道，以呈顯周秦文化的歷史事實的。

一、以禮釋《易》

　　惠氏根本漢儒之說，主要依據虞翻乃至鄭玄之用禮，惠氏擷取所要而爲己說，以下列舉一些重要例子作說明。

（一）婚　禮

1. 男先於女

　　按照中國古禮的規範，男女雙方的結婚，都是由男方採取主動，也就是由男方求於女方，《禮記・昏禮》明言凡「納采、問名、納吉、納徵、請期、親迎」諸禮，皆當「男先於女」。〔註246〕〈郊特牲〉也指出男先於女的大義，云「男子親迎，男先於女，剛柔之義也。天先乎地，君先乎臣，其義一也」。〔註247〕男剛而女柔，剛之德主進，而柔之德主退，此天地之道，男女之義如此，君臣之義也是如此。從昏聘到迎取，皆由男方先於女方，此種昏禮的形

〔註245〕見《易例》，上卷，「太極生次」條目下，頁 928。
〔註246〕見《禮記・昏義》。引自孫希旦《禮記集解》，卷五十八，臺北：文史哲出版
　　　　社，1990 年 8 月文一版，頁 1417。
〔註247〕見《禮記・郊特牲》。引自孫希旦《禮記集解》，卷二十六，頁 708。

式，從天子至庶民皆是一致遵守的禮制。所以咸䷞卦卦辭「亨。利貞，取女吉」，惠氏云：

> 坤三之上成女，乾上之三成男，乾坤氣交以相與，止而說，男下女，故通，利貞，取女，吉。〔註248〕

又釋咸卦《彖傳》「止而說，男下女，是以亨利貞，取女吉也」，云「止艮說兌，艮男兌女，男先於女，故男下女」，並進一步解釋云：

> 艮少男，兌少女，故云艮男兌。案《士昏禮》壻御婦車授綏，御輪三周，先候於門外，皆男下女事。《郊特牲》曰「男子親迎，男先於女，剛柔之義也」。天先乎地，君先乎臣，卦例下為先，上為後，比九五失前禽，前禽謂初，是下為先也。卦辭云「後夫凶」，「後夫」謂上，是上為後也。《易》氣從下生，故以下為先，上為後。今艮男在下，兌女在上，男先於女，故曰男下女也。〔註249〕

根據虞翻的說法，咸卦自否卦來，坤三之上成兌女，乾上之三成艮男。三上易位，所以為「乾坤氣交以相與」。王肅提到「男女以禮感，男而下女，初婚之所以為禮。通義正，取女之所為吉也」。〔註250〕艮男在下，兌女在上，是為「男下女」。合於男下女之婚誼之道，則能亨通、利貞與吉祥。這種以昏義論《易》，會以先秦、兩漢對於婚禮的規定。因此，《荀子·大略》也提到「《易》之咸見夫婦，夫婦之道不可不正也。君臣、父子之本也。咸，感也。以高下下，以男下女，柔上而剛下，聘士之義，親迎之道，重始也」。〔註251〕咸卦的男下女婚義之說，早在《荀子》時已作了最佳的詮釋。婚事以男為先，此合婚儀。

2. 主內有德而娶

惠棟於遘䷫卦卦辭「勿用取女」下注云：

> 一陰承五陽，一女當五男，苟相遇耳，故勿用取女，婦人以婉娩為其德也。

此取鄭玄之義。惠棟疏解云：

> 卦唯一陰在下，故一陰承五陽。初六巽為女，九二、九五坎爻，坎為中男，九三、上九艮爻，艮為少男，九四震爻，震為長男，故一

〔註248〕見《周易述》，卷五，頁135。
〔註249〕見《周易述·象下傳》，卷十，頁260。
〔註250〕見李鼎祚《周易集解》，卷七，頁160。
〔註251〕見《荀子·大略》，卷十九，北京：中華書局《諸子集成》本，頁326～327。

－914－

女當五男。桓八年《穀梁傳》曰「不期而會曰遇」，《傳》曰「遘，遇也」，故苟相遇耳，不以義交，乃淫女也，故勿用取女。《內則》曰：「女子十年不出，姆教婉、娩、聽從。」鄭彼注云：「婉謂言語也，娩之言媚也，媚謂容貌。」又鄭注《周禮・九嬪》「四德」「婦容」云「婦容謂婉娩」，故「婦人以婉娩爲其德也」。〔註252〕

遘卦爲陰消陽之卦，一陰在內爲主，陽反爲客，且一陰在下而進，五陽在上而退，進則勢盛，終必消陽，所以女壯。又一陰承五陽，亦非女之道，此女德不貞，爲淫女；縱使不期而遇，亦不能與之長久，所以「勿用取女」。《曲禮》所謂「諸侯未及期相見曰遇」，而《穀梁傳》亦云「不期而會曰遇」，是姤女以不期而會男，則謂之「遇」。女既壯則爲性淫極盛，則非家室之所宜，故「勿用取女」。古夏桀之惑妹喜，周幽王之惑褒姒，高宗之立武后，皆遇而未知防杜，不明其理，不循婦德。惠棟特別取用鄭玄之義，強調娶女必求「婦人以婉娩爲其德」，並引《禮記》、《周禮》與鄭注爲訓。女子居內而十年不出，「婉、娩、聽從」皆由姆教之。根據《周禮・九嬪》所言，「九嬪掌婦學之法」，教女御以「婦德、婦言、婦容、婦功」。〔註253〕「婦德」即「聽從」，爲婦順；「婦言」爲「婉」，即言語辭令；「婦容」爲「娩」，爲容貌；「婦功」爲執麻枲、治絲繭、織紝組紃等女工之事。〔註254〕而惠氏引鄭文以「婉娩」爲婦之四德，爲概括之義，「婉娩」即充「婦德、婦言、婦容、婦功」四者。娶女當娶其有德，從其禮教，不以一時相遇，而爲淫色所誘。因此，從此卦的論述，說明男女的婚姻，男下於女，由男方主動示出，不期之遇，亦不合於禮；且，女當順於男，女必以婦德，女德不貞，不可爲妻。

3. 昏禮用壺器

惠氏釋睽 ䷥ 卦上九「先張之弧，後說之壺」，云：

> 謂五巳變，乾爲先，應在三，坎爲弓，离爲矢，張弧之象也，故先張之弧。四動震爲後，說猶置也。兌爲口，离爲大腹，坤爲器，大腹有口，坎酒在中，壺之象也，故後說之壺。

進一步疏云：

〔註252〕二段引文，見《周易述》，卷六，頁189。
〔註253〕見《周禮・九嬪》，卷七。引自藝文印書館《十三經注疏本》，頁116。
〔註254〕鄭玄注「婦德、婦言、婦容、婦功」云：「婦德謂貞順，婦言謂辭令，婦容謂婉娩，婦功謂絲枲。」備參。（見《周禮・九嬪》，卷七。引自藝文印書館《十三經注疏本》，頁116）

《釋詁》曰：說，舍也。郭注云：舍，放置。說、舍同義，故云說猶置也。壺俗作弧，今從古。阮諶《三禮圖》曰：方壺受一斛，腹圓，足口方。圓壺受一斛，腹方，足口圓。若然，壺有口有腹，故云兌爲口，离爲大腹。昏禮設尊，是爲壺尊。揚子《太元》曰：家无壺，婦承之姑，《測》曰：家无壺，无以相承也。若然，說壺者，婦承姑之禮與。壺器大腹有口，盛坎酒于中，故後說之壺也。〔註255〕

惠氏以虞說謂五變體乾，陽主倡，所以乾爲先。下應三，三互，坎爲弓輪，所以爲弧。离爲戈兵，所以爲矢。此張弓之象，所以「先張之弧」。四動體震，震《象傳》云「後有則」，故爲後。依《釋詁》與郭注之言，「說」猶「置」之義。《說卦》指出兌爲口，離爲大腹，而坤形下爲器，大腹有口，坎水爲酒而在其中，所以爲壺之象。依阮諶所載壺之形狀，猶兌口離大腹之象。惠氏並特別指出，昏禮設尊，是爲壺尊。以《太玄》等籍所載，「說壺」爲婦承姑之禮，家無壺則無以相承。上之三，二者易位，坎象不見，壺空置而爲「後說之壺」。對此，惠士奇《禮說》中也有詳明，「秋嘗夆烝，饋獻用壺尊。饋獻者，饋食之獻，當薦熟時，於是后薦豆籩，而獻以壺焉」；「婦承之姑者，婦饋食於姑，猶后薦豆籩於廟，而獻以壺尊，故其測曰：家無壺，無以相承也」。「離上與兌三，陰陽相應而家道睽乖，故先疑後釋。張弧者，拒之如外寇；設壺者，禮之若內賓。壺誤爲弧，失其義矣。壺者，家之禮法，故家無壺，婦無以承姑，妻無以事夫。上九、六三婚媾之象，始以爲寇也，故先張之弧，非寇乃婚媾也，故後設之壺。古《易》皆作壺，壺，尊也。昏禮設尊於室爲內尊，又尊于房戶東爲外尊，此之謂設壺」。〔註256〕惠士奇明白地指出設壺的目的，在於婚禮之用，既然婚禮已行，所以有婦姑的饋食之禮。至於壺作爲盛酒之器，其形與缶近，而貴賤之別，則壺爲貴，而缶爲賤。〔註257〕惠氏引《三禮圖》指出有方壺與圓壺之分；腹方口圓曰圓壺，反之曰方壺。《儀禮‧燕禮》有言，「司宮尊于東楹之西，兩方壺」，「尊士旅食于門西，兩圓壺」，通行於周代，尤盛於東周。一般而言，「燕禮皆用壺，卿大夫方而士圓焉。古者貴賤不嫌同名，饋獻之壺，其最貴者乎」。〔註258〕至於惠氏此處訓壺之用者，

〔註255〕見《周易述》，卷五，頁160～163。
〔註256〕見惠士奇《禮說‧春官一》，卷六。引自臺北：臺灣商務印書館景印文淵閣四庫全書本，第101冊，頁512。
〔註257〕壺缶之別，後文亦有說明。
〔註258〕同前注。見惠士奇《禮說‧春官一》，卷六。

並不在官方之燕禮，而爲婚禮所用之酒器。

4. 昏娶以時

泰☷☰卦六五「帝乙歸妹，以祉元，吉」，惠氏釋云：

> 帝出乎震，故震爲帝。坤納乙，故坤爲乙。隱二年《公羊傳》曰：
> 婦人謂嫁曰歸，故云歸，嫁也。……六陰爻，五貴位，陰之貴者莫
> 如帝妹，貴而當降者，亦莫如帝妹。坤，妻道也，臣道也，故六居
> 五必降。……五下嫁二，二上升五，以陰承陽，故云上承乾福，與
> 坤「黃裳，元吉」同義也。帝乙，虞氏據《左傳》以爲紂父，秦漢
> 先儒皆以爲湯，故《乾鑿度》曰：泰，正月之卦也，陽氣始通，陰
> 道執順，故因此見湯之嫁妹，能順天地之道，敬戒之義。……湯以
> 乙生，嫁妹，本天地，正夫婦，夫婦正則王教興矣。……泰、歸妹
> 二卦皆言歸妹者，歸妹九月卦，泰正月卦，《荀子》曰：霜降逆女，
> 冰泮殺內。《家語》曰：霜降而婦功成，嫁娶者行焉。冰泮而農事起，
> 婚禮殺於此。自秋至春，辛壬癸甲皆嫁娶之時，故《易》獨舉泰、
> 婦妹二卦，以明之也。〔註259〕

惠氏以互震爲帝，上坤爲乙，故爲「帝乙」。「帝乙」爲成湯。「歸」爲「嫁」
義，「歸妹」即嫁妹。故爲成湯嫁妹。上坤爲妻道，而六五處尊位，當下降至
二位，而二升五位，則以陰承陽，乃承乾福。惠氏並舉《乾鑿度》云泰卦爲
正月卦，並指明「自秋至春，辛壬癸甲皆嫁娶之時」，泰爲正月之時，亦合婚
禮之時。然而，依鄭玄爻辰的說法，「五爻辰在卯，春爲陽中，萬物以生。生
育者，嫁娶之貴。仲春之月，嫁娶男女之禮，福祿大吉」。〔註260〕六五爻值卯
辰，爲二月陽中，此嫁娶之時。《周禮·地官》提到「中春之月，令會男女」，
鄭玄注云，「中春，陰陽交，以成昏禮，順天時也」。〔註261〕以二月作爲嫁娶
之良時。《白虎通》詳細指出：

> 嫁娶必以春何？春者，天地交通，萬物始生，陰陽交接之時也。《詩》
> 云：「士如歸妻，迨冰未泮。」《周官》曰：「仲春之月，令會男女，
> 令男三十娶，女二十嫁。」《夏小正》曰「二月，冠子娶婦之時」也。

〔註259〕見《周易述》，卷二，頁56～57。
〔註260〕見鄭玄《周禮·媒氏》疏。引自惠棟《新本鄭氏周易》，卷上，頁153。
〔註261〕見《周禮·地官司徒》。引自孫詒讓《周禮正義·地官司徒·媒氏》，卷二十
六，北京：中華書局，2000年3月1版北京2刷，頁1040。

〔註262〕

雖然《周官》、《夏小正》指明二月爲娶婦之時,但《白虎通》則通言春時,以春天時節爲天地交通,陰陽交接,萬物始生之時。此外《管子・時令》亦云「春以會男女」,〔註263〕仍寬以春季而言。此外,《孔子家語・本命解》則云「霜降而婦功成,嫁娶者行焉。冰泮而農業起,昏禮殺于此」。又云「冬合男女,秋班爵位」。〔註264〕孫詒讓《周禮正義》,詳考其時,並指出「其士以上,無農事之限,則昏娶卜吉,通於四時,既非限於中春,亦不必在秋冬」;〔註265〕孫氏之說,尤爲彈性,以士階層之上,四時昏娶,無所拘限。惠氏言娶之時,自秋至春皆宜,實本諸惠士奇《禮說》所言,〔註266〕但是否眞如所言之時,則未必作爲定說,而知言春季時最爲普遍。

(二)祭　禮

1. 以禘祭言「觀盥而不觀薦」

觀☰卦卦辭「觀盥而不觀薦」,惠氏注云:

觀,反臨也。以五陽觀示坤民,故稱觀。盥,沃盥;薦,羞牲也。坎爲水,坤爲器,艮手臨坤,坎水沃之,盥之象也,故觀盥而不觀薦。馬氏謂盥者,進爵灌地以降神也。祭祀之盛,莫過于初盥,及神降薦牲,其禮簡略不足觀也。故孔子曰:禘自既灌而往者,吾不

〔註262〕見《白虎通・嫁娶》。引自陳立《白虎疏證》,卷十,北京:中華書局,1997年10月1版北京2刷,頁466。

〔註263〕《管子・時令》文,轉引自陳立《白虎疏證》,卷十,頁467。

〔註264〕《孔子家語・本命解》文,轉引自陳立《白虎疏證》,卷十,頁467。

〔註265〕見孫詒讓《周禮正義・地官司徒・媒氏》,卷二十六,頁1044。

〔註266〕惠士奇《禮說》云:「《管子》:春三卯,十二始卯,十二中卯,十二小卯,而始卯合男女。秋三卯,十二始卯,十二中卯,十二小卯,而始卯合男女。冬夏兩至後九十二日,謂之春秋兩至。春至十日之內,室無處女。蓋始卯合男女者,白露下,收聚之初,始卯之辰。《荀子》所謂霜降逆女。《家語》所謂霜降而婦功成,嫁娶者行焉是也。始卯合男女者,清明後,出耕之日,始卯之辰,媒氏職所謂中春之月,令會男女是也。春至即春分,十日之內,三卯之中,中春之月,會男女之時。于是時也,奔者不禁,故曰室無處女,謂女盡行。……過此則非昏姻之時,不用令者罰之。荀卿子所謂冰泮殺止,《家語》所謂冰泮而農事起。昏禮殺於此,眾說皆同。康成獨異,而《管子》尤合《周官》。……《夏小正》二月綏多士女,《太元》內婦始秋分,自秋至春,辛壬癸甲,皆嫁娶之時。」(見惠士奇《禮說・地官二》,卷四,臺北:臺灣商務印書館景印文淵閣四庫全書本,第101冊,頁468~469。)惠士奇考述甚詳,惠棟所本,雖未說明,但亦有根據。

欲觀之矣。

疏云：

《雜卦》曰：否泰反其類也。卦有反類，故復《彖傳》曰剛反動。虞彼注云：剛從艮入，坤從反震，是艮爲反震也。觀六二「闚觀，利女貞」，虞注云：臨兌爲女，兌女反成巽，是兌爲反巽也。又虞注明夷曰：反晉也。注益曰：反損也。注漸曰：反歸妹也。一說復亨剛反，復爲反剝，與此《經》觀反臨，皆卦之反也。若荀氏之義，其注《繫上》「鼓之舞之以盡神」云：鼓者，動也；舞者，行也。謂三百八十四爻動行相反，其卦所以盡《易》之蘊。此謂六十四卦動行相反，乃乾、坤、屯、蒙之類，非僅反類之謂。又否、泰之反類，則兼旁通。唯觀反臨，明夷反晉，益反損，漸反歸妹，復反剝，艮反震，兌反巽，乃反卦，非旁通也。又虞注《上繫》同人九五爻辭云：同人反師，又以旁通爲反卦，所未詳也。《彖傳》曰：中正以觀天下。中正謂五，坤爲民，故以五陽觀示坤民，名爲觀也。鄭氏謂艮爲鬼門，又爲宮闕，地上有木而爲鬼門宮闕者，天子宗廟之象，此取觀象而言。《釋宮》曰：觀謂之闕。虞義或當然也。《祭統》曰：獻之屬莫重于祼，字亦作灌，義取于坤地之觀。《周禮》：鬱人掌祼器，凡祼事沃盥。故云盥，沃盥。《郊特牲》曰：既灌然後迎牲，迎牲而後獻薦。是薦在灌後，故云薦，羞牲也。上之三，五體坎，故坎爲水形。而下謂之器，故坤爲器，謂沃盥器也。以艮于臨坤器，而以坎水沃之，故云盥之象也。鬱人祼事沃盥，故盥與灌通。觀灌而不觀薦，乃禘禮配天之祭，故馬氏謂盥者，進爵灌地以降神也。配天之禘，灌禮最盛，古文作祼。周監二代而制禮，大宗伯以肆獻祼，享先王典瑞，祼圭有瓚，以肆先王，以祼賓客。則祼一事有三節：肆者實而陳之，祼者將而行之，獻者奉而進之，實以彝祼之陳，將以瓚祼之行，獻以爵祼之成。故曰肆祼獻，祭天無灌，而禘有灌者。宣三年《公羊傳》說配天之義云：王者曷爲必以其祖配，自內出者無匹不行，自外至者無主不止。自內出者無匹不行，南郊配天也；自外至者無主不止，明堂配天也。明堂之配天帝，異饌亦異其禮，故天無灌而祖有灌，以灌禮降神，推人道以接天，所謂自外至者無主不止，故云祭祀之盛，莫過于初盥也。禘行于春夏，物未成

馺，薦禮獨略，故云神降薦牲，其禮簡略不足觀也。引孔子語者，《論
語》文。《穀梁傳》曰：常視曰視，非常曰觀。灌禮非常，薦爲常禮，
故曰觀盥而不觀薦。吾不欲觀，非不欲觀也，所以明灌禮之特盛，
與此經觀盥而不觀薦同義，故虞氏、王弼亦皆引以爲證。孔安國謂
魯禘亂昭穆，聖人不欲觀，失其義矣。〔註267〕

惠氏此一釋文，涉及諸多祭禮的內容，其中最重要的焦點是，惠氏認爲「觀
盥而不觀薦」爲禘祭。禘祭一般是專指喪畢三年之祭名，〔註268〕顧炎武在《左
傳杜注補正》，針對《左傳・昭公十五年》「十五年，將禘於武公」，釋云：

按此乃時禘。《記》〔註269〕所謂「春禘秋嘗」之禘，而非五年大祭
追遠之禘也。二十五年「將禘於襄公」，定八年「禘於僖公」並同。
惟是閔二年「吉禘於莊公」解云：三年喪畢，致新死者之主於廟，
廟之遠主當遷入祧。因是大祭以審昭穆謂之禘〔註270〕

顧氏所云極是。《春秋》所見，以下舉例略作說明：

《春秋・閔公二年》云「夏五月乙酉，吉禘於莊公」，《左傳》云「夏，
吉禘於莊公，速也」。《禮記・王制》孔穎達疏引鄭玄《答趙商》云「閔公心
懼於難，務自尊大以厭其禍。凡二十二月而除，又不禫，於禮少六月」。按此
爲新死之莊公行禘禮。顧氏以爲閔公二年「吉禘於莊公」是大祭，以審昭穆
之祭，甚確。在莊公的廟行禘禮，即爲新死者行禘禮，一方面是確定新死者
的昭穆之位；另一方面爲確定繼承人的合法身份。因爲只有繼承人才得主持
舉行禘禮。閔公懼內亂，故急於通過主持舉行禘禮，以確定自己的繼承人合
法身份。這就是《左傳》所的「速也」。吉禘即禘，以別於三年喪中之祭，故
稱「吉禘」。「吉禘於莊公」，則於莊公之廟行禘禮，據此則禘禮既可行於太祖
廟，亦可行於新死者自己的廟。

〔註267〕以上觀卦引文，見《周易述》，卷三，頁89～91。
〔註268〕鄭玄根據《春秋》所載之祭事，撰《魯禮禘祫志》，主張「三年一祫，五年一
禘」，祫祭是否存在，是否如鄭氏之說，歷來爭論不休，莫衷一是。根據孫詒
讓的統計，在唐以前持異說者，其中主要者就有二十一家，而唐以後異說更
多。但是清代以來，重要的禮學家，如黃以周、孫詒讓等人，均信奉鄭氏之
說，似乎已無爭論。然而，鄭氏之說，確仍有諸多探討商榷的地方。不在本
論文討論的範圍，故不作進一步論述。
〔註269〕《記》，指《禮記・祭義》。
〔註270〕見顧炎武《左傳杜注補正》，卷下。引自臺北：臺灣商務印書館景印文淵閣四
庫全書本，第174冊，頁329。

《春秋·僖公八年》云「秋七月禘於大廟，用致夫人」，《左傳》則云「秋，禘而致哀姜焉。非禮也。凡夫人不薨於寢，不殯於廟，不赴於同，不祔於姑，則弗致也」。這是爲了將哀姜的神主置於莊公之廟而祭。哀姜於僖公元年被齊人所殺；不死於寢，依禮其主不得置於廟。僖公到八年特在太廟舉行大祭，使哀姜入莊公廟，得到合法身份。因此，此大祭並不是爲喪畢而行的禘祭，故凡宗廟的大祭祀都可稱爲「禘」。

《春秋·文公二年》云「八月丁卯，大事於大廟，躋僖公」，《左傳》則云「秋八月丁卯，大事於大廟，逆祀也」。魯僖公原是閔公之庶兄，閔公死，僖公繼位，依宗法，僖公爲閔公之後，「爲人後者爲之子」，則僖公後爲子。閔公爲昭，僖公爲穆。但僖公死後，其子文公卻將僖公排在閔公之上，故當時稱爲「躋僖公」，亦稱「逆祀」。文公這種「逆祀」的作法，是違背當時的宗法制度；雖然後來定公作了糾正，所謂「順祀」，仍有人反對。〔註271〕然而，文公所行禘祭，是喪畢於太廟所行之禘祭。

《春秋·宣公八年》云「辛巳，有事於大廟，仲遂卒於垂。壬午，猶繹，萬入去籥」；《左傳》則云「有事於大廟，襄仲卒而繹，非禮也」。而《公羊傳》何休解詁云「禮，大夫死，爲廢一時之祭；有事於廟而聞之者，去樂卒事」。此有事於太廟，指時祭之夏礿祭；鄭玄《魯禮禘祫志》以爲「八年禘」，非是。又《春秋·昭公十五年》「二月癸酉」之禘，以及〈昭二十五年〉「將禘於襄公」者，亦屬四時祭。〔註272〕

《左傳·襄公十六年》云「冬，穆叔如晉聘，且言齊故。晉人曰：以寡君之未禘祀，與民之未息，不然不敢忘」。杜預注云「禘祀，三年喪畢之吉祭」。是晉悼公卒於襄公十五年冬十一月，至十六年冬僅一年，喪未畢，故云「未禘祀」。這是春秋時期國君於三年喪畢行禘禮之最確切的證據，同時也說明春秋時期諸侯於三年喪畢行禘禮者不僅魯國，諸國皆行。

禘禮於春秋時期之用，天子、諸侯三年喪畢，確實施行一次禘禮。然而，

〔註271〕參見《公羊傳·定公八年》云：「從祀先公。從祀者何？順祀也。文公逆祀，去者三人。定公順祀，叛者五人。」文公逆祀時，三人反對而去職，而定公順祀，也有五人反對。

〔註272〕《春秋·昭公十五年》云「二月癸酉，有事於武宮。籥入，叔弓卒，去樂卒事」；《左傳》云「二月癸酉，禘。叔弓涖事，籥入而卒。去樂卒事，禮也」。此與〈宣八年〉「有事於大廟」同，皆是時祭。顧炎武《左傳杜注補正》云「此爲時祭」，甚確。同樣地，《左傳·昭公二十五年》云「將禘於襄公，萬者二人，其眾萬於季氏」。顧氏《補正》亦以爲時祭，亦確然。

典籍所錄，言「禘」者，亦非全然爲三年喪畢之祭，亦有作爲四時祭者；也就是說，「禘」有作爲四時祭者，前述《左傳・昭公二十五年》云「將禘於襄公」即是。與四時祭近者，則爲「薦新」，以時鮮食物薦於宗廟，這是較早的宗廟之祭，或云「嘗」，或云「烝」者。〔註273〕薦新禮相對爲不定時、無一定次數、禮節也較爲簡單，而四時祭或在薦新禮的基礎上發展出來，爲每年四次的定時而禮節隆重的祭禮。四時祭沿用薦新禮「嘗」、「烝」作爲秋、冬兩季的祭名，而春、夏二季之名，春爲「礿」、爲「祠」，夏稱「禘」、爲「禴」。〔註274〕所以，在四時祭中，「禘」有作爲夏季之祭的名稱。〔註275〕「禘」除了作爲三年喪畢之祭，以及四時祭之外，也作爲有所祈禱而祭所用之名，例如《左傳・定公八年》云「冬十月，順祀先公而祈焉。辛卯，禘於僖公」，此「禘」爲有所祈禱而祭。

「禘」既然可以作爲前此不同的宗廟祭名，那惠氏以「觀盥而不觀薦」所言作爲禘祭者，是指那一種禘祭呢？惠氏並無明言，但是惠氏明白地指出「配天之禘，灌禮最盛，古文作祼」，「祭天無灌，而禘有灌者」，即「天無灌而祖有灌」；配天祭祖，其「灌」特用於祭於祖廟。依惠氏所述，灌儀最爲莊重，但並不否定其它薦儀的存在。在禘祭中，特別是天子、諸侯的四時祭，可以說是宗廟祭祀中爲隆盛的祭祀，包括祼、薦血腥、薦熟與饋食等祭儀。這些祭儀當中，惠氏特別肯定「祼」，也就是灌儀的階段，作爲禘祭中最重要者。

惠氏以禘祭釋觀卦「觀盥而不觀薦」，也就是主張視之爲禘祭。歷來學者多有引《論語》中孔子之言「禘自既灌而往者，吾不欲觀之矣」作爲禘祭，惠氏亦然。但是，惠氏之後，張惠言持有異議而不認同惠氏的說法，云：

　　虞及馬融、王弼，皆引《論語》之文，惠徵士據以爲禘祭，其實非

〔註273〕例如《周書・嘗麥解》：「維四年孟夏，王初祈禱於宗廟，乃嘗麥於太祖。」又如《國語・魯語上》：「古者大寒降，土蟄發，水虞於是乎講眾罶，取名魚，登川禽，而嘗之寢廟。」又如《禮記・月令》於「仲春之月」云「天子乃鮮（獻）羔開冰，先薦寢廟」。於孟夏「天子乃以彘嘗麥，先薦寢廟」。於仲夏「天子乃以雛嘗黍，羞以含桃，先薦寢廟」。於孟秋「農乃登穀，天子嘗新，先薦寢廟」。於仲秋「以犬嘗麻，先薦寢廟」。於季秋「天子乃以犬嘗稻，先薦寢廟」。於季冬「天子親往，乃嘗魚，先薦寢廟」。是皆天子、諸侯於宗廟之薦新之禮。

〔註274〕關於禴祭的問題，將於後文再述。

〔註275〕孫詒讓《周禮正義》中，提到《郊特牲》、《祭義》又有「春禘秋嘗」，注以「禘」爲「禴」之誤，以爲夏殷之禮。（參見孫詒讓《周禮正義・春官・大宗伯》，卷三十三，頁1332。）知三代之名，各有互異。

也。鄭氏注震「不喪匕鬯」云：人君于祭之禮，匕牲體，薦鬯而已，

其餘不親爲也。升牢于俎，君匕之，臣載之，盥而不薦。義當用此。

蓋人君之祭，盥以匕牲，盥以酌獻，薦牲則卿大夫爲之，故曰：下

觀而化也。〔註276〕

張氏駁惠氏之非，主要立據於鄭玄言「不喪匕鬯」者，說明人君於祭禮中，

有親爲者，有不親爲者，而非專指天子之禘祭，〔註277〕他認爲「鄭氏注以爲

貢士之禮」，〔註278〕也就是似乎特重於認爲是貢士之禮。但是，非專指禘祭，

張氏也未否定爲禘祭，故不能從而否定惠氏爲禘祭之說。

　　惠氏探述禘說，認爲《周易》與明堂和禘說是一脈相承的關係。惠氏著《禘

說》二卷，詳明其由，而在《周易述》中也多次以禘祭釋義，對禘祭的考據不

遺餘力，而歸納與建立了一套有系統的論述內容。惠氏在《禘說》中云：

> 禘有三：大禘，有吉禘，有時禘。大禘者，圜丘之禘也。吉禘者，
>
> 終王之禘也。時禘者，春夏之禘也。吉禘、時禘皆在明堂，獨大禘
>
> 在圜丘，與南郊就陽位同，而亦謂之禘者，以圜丘爲明堂六天之祭
>
> 故也。禘者，禘其祖之所自出，皆天子配天之典。……自明堂之灋
>
> 不明，後人止據《春秋》之禘謂禘在大廟；又據緯書之言，以禘止
>
> 審禘侶穆，非配天之祭，而禘誼晦矣。〔註279〕

認爲「禘」爲「禘其祖之所自出，皆天子配天之典」，也就是「禘」的最重要

內涵，是先祖之所出在天，「禘」即天子配天的祭典。將上古禘祭分爲三大類：

一爲大禘，爲圜丘之禘；一爲吉禘，即已故帝王之禘；一爲時禘，爲春夏實

〔註276〕見張惠言《虞氏易禮》，卷上。引自趙蘊如編次，新文豐出版公司印行《大易類聚初集》第十九輯，引印自學海堂《皇清經解》本，頁446。

〔註277〕張氏從觀卦卦象觀之，顯其非專於禘祭，云：「以象言之，巽爲鬱草，上之三，坎爲酒，艮手持之，灌獻象也。坎棘爲匕，艮手持棘，坤牛在下，匕牲象也。坎木爲俎，坤生在下，未升俎，故不薦象。《象》曰『四時不忒』，明宗廟之祭，總具此義，不專于禘矣。」（見張惠言《虞氏易禮》，卷上，頁 446。）以卦象言之，觀卦下體爲坤，上體爲巽，上三失位變正，則二三四互體爲坎，取象爲酒，三四五互體爲艮，取象爲手，總爲「艮手持酒」，有進獻爵酒之灌獻祭象。下體爲坤，取象爲牛，坎取象爲俎，若三上反變正，則象未升俎，故無法薦祭，與「盥而不薦」之卦辭相符。故張氏以「盥而不薦」，「四時不忒」，強調君王能以忠信肅敬對神，則民亦受其化，此非專指禘祭而言。

〔註278〕見張惠言《虞氏易禮》，卷上，頁446。

〔註279〕見惠棟《禘說》，卷上。引自臺北：新文豐出版公司《叢書集成新編》第三十五輯，影印經訓堂叢書本，1985年元月初版，頁404。

施的四時之禘。吉禘與時禘的進行都在明堂，而大禘在圜丘，與天子在南郊就陽位行郊祭同，惠氏也把它稱爲禘祭，主要是以圜丘爲明堂六天帝之祭的緣故，六天帝中，涉及五帝是爲天帝或人帝、人神的概念，惠氏考索有關典籍，否定鄭玄作人帝或人神的主張，而認爲五帝亦屬天帝，〔註280〕這樣的說法，基本上是符合漢人的普遍共識。但是，將圜丘之禘視爲禘祭，只能備爲一說，不能視爲定然，與其當爲禘祭，還不如作郊祭較爲確當。吉禘爲天子薨，當致新主入廟，舊主依次遞升，與群主合食於明堂；天爲祖之所出，合數十世之祖，行配天之祭而爲吉禘。〔註281〕至於時禘爲四時祭中的春夏二季之祭，前已論及，不再贅述。惠氏肯定禘祭爲上古天子主祭的最高祭儀，不離配天之祭，但是後世不明明堂之法，降至諸侯之祫、太廟之祭、審諦昭穆，未必配天行祭，也未必以天子主祭，以致明堂之法越發不明。惠氏釐清禘祭，並藉此可以更能認識明堂之法，也可以具體地應用於《周易》的釋義內容中。

2. 禴祭以薄

惠氏釋萃 ䷬ 卦六二「孚乃利用禴」，注云：

> 孚謂五。禴，夏祭也。體觀象，离爲夏，故利用禴。二孚于五，得用薄祭，以祀其先，不用大牲，降于天子也。

並疏云：

> 五坎中，故孚謂五。《爾雅・祭名》曰：夏祭曰礿。故云禴，夏祭也。上至初體觀象，觀，祭祀之卦。四之三體离，离於四正爲夏，故利用禴。二正應五，故孚于五。既濟九五曰「東鄰殺牛，不如西鄰之禴祭」。

〔註280〕六天帝說，緯書主要指蒼帝、赤帝、黃帝、白帝、黑帝，加上天皇大帝。清代秦蕙田《五禮通考》卷二十八，指出六天帝，是五帝加上天帝，此天帝有稱昊天上帝或太一者。歷來對於明堂所祭者，說法紛歧，有說只祭五帝而不祭上帝者，又有說兼祭上帝者，秦氏則認爲「明堂兼祭上帝、五帝，自漢元封五年始。祀明堂即祀太一、五帝。太一在漢爲天神最尊者，即上帝矣。」也就是明堂祭六帝者，始於漢代元封年間。鄭玄認爲五帝即太皥、炎帝、黃帝、少皥、顓頊爲五人帝，惠氏則反駁鄭氏之說，以五帝亦爲天帝，加上原有的天帝，所以稱爲六天帝。詳細內容參閱惠氏《明堂大道錄》，卷四，頁 682。引自臺北：新文豐出版公司《叢書集成新編》第三十四輯，影印經訓堂叢書本，1985 年元月初版。後文引《明堂大道錄》文，皆本於此，不再作詳注。

〔註281〕參見《禘說》云：「祭莫大于喪畢之吉禘。一王終，嗣天子即吉，奉新陟之王升合食于明堂，上自郊宗石室，旁及毀廟，下逮功臣，無不與食。而天者又祖之所自出，合數十世之祖，行配天之禮，故謂之大禘。」(是書，卷上，頁406。)

故知禴爲薄祭。二爲大夫，故不用大牲，降于天子也。〔註282〕

二應五，五坎中，所以「孚謂五」。上至初體觀有祭祀之象。引《爾雅》云「夏祭曰礿」，視「禴」爲夏祭，意味著「礿」即「禴」。關於這個問題，移後文再述。禴爲夏祭，以四之三體離，離爲夏，故爲夏祭；又，二五應，既濟九五云「東鄰殺牛，不如西鄰之禴祭」，故知不用大牲而「利用禴」。天子「用大牲」，所以「順天命」，今二孚用禴以薄祭，臣下所以通乎上，通乎上，在於心之萃，而非在物之厚薄；並且，大夫不用大牲，又有自降於天子之義。至於禴祭爲薄祭，惠氏特別引既濟九五爲說，九五爲坎中，坎爲豕，所以禴祭不以大牲，而以豕而已，不奢盈於禮，而能「實受其福」。〔註283〕以豕爲祭，所以禴爲薄祭。

惠氏又釋升䷭卦九二「孚乃利用禴，无咎」，注云：

禴，夏祭也。孚謂二，之五成坎爲孚，离爲夏，故乃利用禴。二升五得位，故无咎也。

並疏云：

陽在二、五稱孚，故孚謂二，之五成坎爲孚，坎陽在二、五也。离直夏，夏祭曰禴，故孚乃利用禴。二失位，宜有咎，升五得位，故无咎也。〔註284〕

二之五成坎爲孚。互離爲夏。所以此「禴」爲夏祭。二失位，本來有咎，升五得位而相應，故「无咎」。

先秦古籍中，記四時祭之名，或有不同者，如《詩·小雅·天保》云「禴祠烝嘗，于公先王」，《毛傳》云「春曰祠，夏曰禴，秋曰嘗，冬曰烝，公事也」。《禮記·明堂位》云「夏礿、秋嘗、冬烝」，鄭玄注云「不言春祠，魯在東方，王東巡守以春，或闕之」。《周禮·春官·大宗伯》云「以祠春享先王，以禴夏享先王，以嘗秋享先王，以烝冬享先王」，所以明代蔡清《易經蒙引》亦引〈大宗伯〉之言云「以祠春享先王，春物生未有以享故曰祠；以禴夏享先王，夏陽盛以樂爲主故曰禴；以嘗秋享先王，秋物成可嘗故曰嘗；以烝冬享先王，冬庶物盛多故曰烝。」《爾雅·釋天》云「春祭曰祠，夏祭曰礿，秋祭曰嘗，冬祭曰蒸」。《公羊傳·桓公八年》云「春曰祠，夏曰礿，秋曰嘗，

〔註282〕見《周易述》，卷六，頁194、196。
〔註283〕「實受其福」，爲既濟九五爻辭。
〔註284〕見《周易述》，卷六，頁198～199。

多日烝」。《左傳・昭公十五年》云「十五年春，將禘於武公」；又〈昭公二十五年〉云「將禘於襄公」；此「禘」均爲四時祭。《禮記・郊特牲》云「饗禘有樂，而食嘗無樂」，「此春禘而秋嘗」。《禮記・祭統》云「祭有四時：春祭曰礿，夏祭曰禘，秋祭曰嘗，冬祭曰烝」。《禮記・祭義》云「怠則忘，是故君子合諸天道，春禘秋嘗」。《禮記・王制》云「天子諸侯宗廟之祭，春曰礿，夏曰禘，秋曰嘗，冬曰烝」。由所舉例子可知，秋、冬作「嘗」、「烝」，而春則有作「祠」、「礿」者，夏則有作「礿」、「禴」、「禘」者。此皆四時祭之名。名稱之所以不同，蓋因夏、商、周三代用制之不同所致。夏季之祭爲「禴」，且「礿」同於「禴」，惠氏所言無誤。「礿」與「禴」同，《爾雅》「夏祭曰礿」，郭注云「礿，新菜可汋」。《說文》亦云「礿，夏祭也」。又，《公羊傳》云「夏曰礿」，何注云「礿，麥始熟可汋，故曰礿」。知「礿」或者「禴」，或以菜麥爲薦，而少用大牲。是不用大牲，正合於禮；此亦惠氏所以稱「薄祭」者。

3. 夏商之王以郊祀

惠氏釋益 ䷩ 卦六二「王用亨于帝，吉」，注云：

> 震稱帝，王謂五，否乾爲王，體觀，象祭祀。益正月卦，王用以郊天，故亨于帝。得位，故吉。

疏云：

> 帝出乎震，故震稱帝。否乾爲王，故王謂五。乾以君之，故爲王也。觀，禘祭天神之卦，二至上有觀象，故體觀象祭祀。此上虞義也。孟喜《卦圖》，益，正月之卦。《易乾鑿度》曰：孔子曰：益者，正月之卦也。天氣下施，萬物皆盛，言王者法天地，施政教，而天下被陽德，蒙王化，如美寶莫能違害，永貞其道，咸受吉化，德施四海，能繼天道也。王用亨于帝者，言祭天也。三王之郊，一用夏正，天氣三微而成一著，三著而成一體，方此之時，天地交，萬物通，故泰、益之卦皆夏之正也。此四時之正，不易之道也。若然王用亨于帝，乃郊天之祭。故蔡邕《明堂月令論》曰：《易》正月之卦曰泰，其《經》曰「王用亨于帝，吉」，孟春令曰：乃擇元日，祈穀于上帝，是郊天享帝之事也。爻辭文王所作，所云王者乃夏商之王，三王郊用夏正故也。後儒據此，謂文王郊天事，此誤以周公作爻辭，而附會其說也。案虞溥《江表傳》曰：嘉禾元年冬，羣臣奏議，宜修郊祀。權曰：郊祀當於土中，今非其所，於何施此。重奏曰：王者以

天下爲家，昔周文王郊於酆鎬，非必土中。權曰：武王伐紂，即阼于鎬京而郊其所也。文王未爲天子，立郊於酆，見何經典。復奏曰：伏見《漢書‧郊祀志》匡衡奏：從甘泉河東郊於酆。權曰：文王性謙讓，處諸侯之位，明未郊也。經傳無明文，匡衡俗儒意說，非典籍正義，不可用也。是言無文王郊天之事。而此經王用亨于帝，爲夏商之王明矣。得位故吉，亦虞義也。享帝而稱吉者，不敢以其私褻事上帝之義也。〔註285〕

帝出乎震，震爲帝。否乾爲王，五上二爻爲半象乾爲王，王爲五爻天子之位。二至上體觀，爲禘祭天神之卦，泛指祭祀之義，而這裡特別指明王用以「郊天享帝之事」。惠氏引《乾鑿度》指出益卦爲正月之卦，此行郊天之祭即在正月。至於所言之「王」，惠氏認爲爻辭爲文王所作，所以文王云「王」，非就自己云郊天之事，當夏商之王以夏正一月行祭天者，後儒謂文王郊天事，在於誤以周公作爻辭所致。且從史籍所載，並無文王郊天之事，故惠氏以此「王用亨于帝」，是言夏商之王。五日爲一微，十五日爲一著，故五日有一候，十五日成一氣。冬至陽始生，積十五日至小寒爲一著，至大寒爲二著，至立春爲三著，凡此四十五日而成一節，此即《乾鑿度》所說的「三著而成一體」。正月天地交而萬物通，爲泰卦用事，益卦同，所以泰、益二卦皆夏之正。

　　至於此卦作祭天解，當對祭天之義有所認識。古代對祭天神、地祇比宗廟祭人鬼更爲重視。祭天爲君主特有的權利，是一種個人權威的展現。郊天之事，即祭天神；根據《周禮‧春官‧大宗伯》所載：

　　以禋祀祀天上帝，以實柴祀日、月、星、辰，以槱燎祀司中、司命、飄師、雨師。

鄭玄注云：

　　禋之言煙，周人尚臭，煙，氣之臭聞者。槱，積也。《詩》曰：「芃芃棫樸，薪之槱之。」三祀皆積柴實牲體焉，或有玉帛，燔燎而升煙，所以報陽也。……玄謂昊天上帝，冬至於圜丘所祀天皇大帝。〔註286〕

《大宗伯》總言天神及所屬中祀、小祀。〔註287〕鄭玄將「昊天上帝」視爲「冬

〔註285〕見《周易述》，卷六，頁178～182。
〔註286〕《周禮‧春官‧大宗伯》與鄭注，見孫詒讓《周禮正義》，卷三十三，頁1296。
〔註287〕《周禮‧春官‧肆師》云：「立大祀用玉帛牲牷；立次祀，用牲幣；立小祀，

至於圜丘所祀天皇大帝」，視圜丘所祀之天神，合昊天與上帝爲一。但後之學者，多有以二者爲不同之二神。如清代金榜《禮箋》則認爲「昊天與上帝殊」，「冬至禘者爲昊天，啓蟄郊者爲上帝」。孫詒讓肯定金氏的說法，以「昊天爲圜丘所祭之天，天之總神也。上帝爲南郊所祭受命帝，五帝之蒼帝也」；認爲《大宗伯》的「上帝」即鄭玄所說的受命帝，所以不論是《周禮》或《禮記》單云「上帝」者，即爲受命帝。〔註288〕概而言之，《周禮》所云「昊天」者，爲圜丘所祭之天。而「上帝」雖未述其涵義，但後之學者以爲五色帝中之受命帝。至於五帝，爲與五行相配之五色帝。「天」或「昊天」，先民常言，指爲自然之體；至於稱「上帝」者，則以天神而人格化，天具有神性與本體的概念，如人間之帝王，能夠主宰一切。《詩》、《書》等先秦典籍，多用「天」、「昊天」或「上帝」，其內涵往往無太大的區別。至於五帝，乃戰國後期之說，受命帝的說法又更在其後。秦亡之時，僅有四色帝，未及五色帝，〔註289〕《周禮》及《呂氏春秋》或依秦制而設想，增成五色帝之制，絕非當時已既定實行的禮制。有五色帝，才有受命之帝，並始於戰國時期鄒衍之說。〔註290〕因此，《周禮》中的天神圜丘

用牲。」鄭玄注云：「大祀，天、地。次祀，日、月、星辰。小祀，司命已下。玄謂大祀又有宗廟，次祀又有社稷、五祀、五嶽，小祀又有司中、風師、雨師、山川、百物。」（見孫詒讓《周禮正義》，卷三十七，頁1465。）是天神地祇之祀，有大、中、小之分。

〔註288〕金、孫二氏之說，見孫詒讓《周禮正義・春官・大宗伯》，卷三十三，頁1309。《周禮・大司樂》鄭玄注云：「王者又各以夏正月祀其所受命之帝於南郊，尊之也。」即夏正月祀於南郊者爲受命之帝，孫氏認爲《大宗伯》的「上帝」即此受命之帝。

〔註289〕《左傳・昭二十九年》：「晉大史蔡墨言：有五行之官。……木正曰句芒，火正曰祝融，金正曰蓐收，水正曰玄冥，土正曰后土。」《左傳》有祀五行之官，但未與天神相配。祀五色帝，始於秦國，據《史記・封禪書》所言，秦襄公祠白帝，宣公祠青帝，靈公祠黃帝、炎帝。〈封禪書〉並云：「（高祖）二年，東擊項籍，而還入關。問：故秦時上帝祠何帝也？對曰：四帝，有白、青、黃、赤帝之祠。高祖曰：吾聞天有五帝，而有四，何也？莫知其說。於是高祖曰：吾知之矣，乃待我而具五也。乃立黑帝祠。」是至秦亡之時，只有四色帝，未及五色帝。

〔註290〕受命帝之說，始於鄒衍，但其《五德終始》已佚，漢人引其文，亦僅取其一二。《淮南子・齊俗訓》高誘注云：「鄒子曰：五德之次，從所不勝，故虞土，夏木，殷金，周火。」言虞舜以土德王，其受命帝爲黃帝；夏以木德克土而王，其受命帝爲蒼帝；殷以金德克木而王，其受命帝爲白帝；周以火德克金而王，其受命帝是赤帝。另據《史記・封禪書》所云，「自齊威、宣之時，鄒子之徒，論著終始五德之運。及秦帝，而齊人奏之，故始皇采用之。」但至秦亡，仍未立秦的受命帝黑帝祠，只有四色帝。因此，《周禮》五色帝，或許

（昊天）、上帝、五帝等不同的天帝之祭，在周代或未有此細分，而統以郊祭爲稱，〔註291〕祀天或稱天、昊天、上帝者，所祀即《左傳》、《禮記》中所述之郊祭。郊祭之時，自古有二說，一爲在冬至，謂歲收之後謝天之祭；〔註292〕一爲啓蟄後行郊祭，以祈農事。周行郊祭，本在冬至，常以事拖延至下年夏正一月舉行，至魯國則改在夏正一月「啓蟄而郊」，也就是說，啓蟄而郊，可以視爲魯國郊祭之制。有關的郊祀之說，《春秋》記載頗多，如宣公三年、成公七年、定公十五年、哀公元年等等，也就是說，郊天之事，在春秋時期是極爲普遍的。惠氏釋此爻義，以郊祭之禮言之，特別指出「祈穀于上帝，是郊天享帝之事」，也就是說，所行郊天之祭，在於祈求農事的豐順。並且，針對《周易》爻辭的作者視爲文王所作，所以文王所云「王」者必不在己，乃夏商之王。同時，又指出「三王郊用夏正」，郊祀之時用夏正。惠氏清楚地掌握郊祭之禮的內涵，但專言「夏商之王」，實無必要，亦無絕對實證可明。

4. 殺牲享祀

　　惠棟釋萃☷☷卦，採虞說認爲該卦由觀☷☷卦而變。注「王假有廟」，云「觀上之四也。觀乾爲王。假，至也。艮爲廟，體觀享祀。上之四，『故假有廟，致孝享』也」。惠氏並指出「觀者乾世，故觀乾爲王」，觀卦爲乾宮四世卦，故「爲王」。更引禮爲述，云：

> 鄭氏謂艮爲鬼門，又爲宮闕。鬼門、宮闕，天子宗廟之象，故爲廟。
> 五至初體觀象。「觀盥而不薦」，乃明堂配天之禘，故體觀享祀。上

只是因五行說而虛構者，在周時並無落實在祭禮之中。

〔註291〕《周禮》在敘述祀天，有分圜丘、昊天、上帝、五帝者，而不用「郊」。全書只有兩處用「郊」，即《周禮・春官・小祝》云：「有寇戎之事，則保郊、祀于社。」鄭玄注：「保、祀互文，郊、社皆守而祀之，彌災兵。」又，《周禮・夏官・節服氏》云：「郊祀裘冕，二人執戈，送逆尸從車。」此二處用「郊」，或因輯錄前人史料而漏改者。

〔註292〕例如《禮記・郊特牲》云：「郊之祭也，迎長日之至也，大報天而主日也。兆于南郊，就陽位也。……於郊，故謂之郊。」又云：「郊之用，辛也，周之始，郊日以至。」此周行郊祀，「郊日以至」，爲冬至行郊禮，與魯於啓蟄後行郊禮不同。《左傳・桓五年》云：「凡祀，啓蟄而郊，龍而雩。」啓蟄即驚蟄，漢避景帝諱改。啓蟄原爲夏曆正月立春後之節氣，漢行太初曆改在雨水後，爲夏曆二月節氣。又《左傳・襄七年》提到「夏四月，三卜郊，不從，乃免牲」。「今既耕而卜郊，宜其不從也」。四月卜郊，時太遲，不合郊祀之宜，所以不從。又《禮記・月令》於孟春，「是月也，天子乃以元日祈穀于上帝」。鄭玄注云：「謂以上辛郊祭天也。」又《禮記・明堂位》云：「魯君孟春乘大路，載弧韣旂，十有二旒，日月之章，祀帝于郊。」此亦就夏曆正月郊祀。

之四，四體艮，故「假有廟」。

言宗廟之禮與明堂配天之禘，皆屬禮說。同時釋「用大牲吉，利有攸往」，同引虞說云「坤爲牛，故曰大牲。四之三折坤得正，故「用大牲吉」。三往之四，故「利有攸往，順天命也」。進一步說明云：

> 下體坤爲牛，《說文》曰「牛，大牲也」。四之三坤體壞，离爲折，故折坤得正。坤爲用，故用大牲吉。三往之四，自外曰往，故利有攸往。〔註293〕

內體爲坤爲大牲，以牛爲用，必在嘉會殺牛而盟；四之三離成而坤毀，離爲折，三四得正，故云「折坤得正」。《曲禮》云「涖牲曰盟」，配天之禘必有盟，殺牲歃血，以誓於神，所以殺牛享祀，以見其敬慎；《周禮‧春官疏》云「盟者，盟將來」，此殺牛爲祀盟之將來，是「利有攸往」。〔註294〕用大牲者，爲祭祀之重典，特別是用於會盟，則嘉會足以幹事，備物致敬，聚合人心，所以爲吉象。按鄭氏云用大牲以牛，在於大人有嘉會，殺牛而盟，而虞氏則以大牲重在「致孝享」之事；〔註295〕惠氏所述，似乎採用虞說，也就是在於配天享祀的方面，與會盟諸侯，發禁命事不同。然而觀經文，「用大牲」在「利見大人」之下，用鄭說尤當。

5. 祭器內約以誠

惠氏釋坎䷜卦六四「尊酒簋貳用缶，內約自牖，終无咎」，注云：

> 震主祭器，故有尊簋。坎爲酒貳，副也。禮有副尊，坤爲缶，故貳用缶。內，入也。坎信爲約，艮爲牖，薦信于鬼神，奠于牖下，故內約自牖。得位承五，故无咎。

〔註293〕見《周易述》，卷六，頁 192～193。

〔註294〕孫希旦《禮記集解》引孔氏云：「盟者，殺牲歃血，誓於神也。天下太平之時，則諸侯不得擅相與盟。惟天子巡守至方岳之下，會畢，然後乃與諸侯相盟，同好惡，獎王室，以昭事神、訓民、事君。凡國有疑，則盟詛其不言者。後至於五霸之道卑於三王，有事而會，不協而盟。盟之爲法：先鑿地爲方坎，殺牲於坎上，割牲左耳，盛以珠槃，又取血盛以玉敦，用血爲盟。書成，乃歃血而讀書。知坎血加書者，案僖二十五年《左傳》云『坎血加書』，又襄二十六年《左傳》云『歃用牲加書』是也。」（見孫希旦《禮記集解‧曲禮下第二之二》，卷六，頁 140。）可見會盟之禮，殺牲歃血，並誓於神。所用之牲爲牛，割牛左耳，而後歃血爲盟。

〔註295〕關於鄭玄與虞翻二家之說，詳見李鼎祚《周易集解》萃卦所引；見《集解》，卷九，頁 221。

疏云：

> 《序卦》曰「主器者莫若長子」，謂主祭器，故震主祭器；尊、簋、
> 缶，皆祭器也。祭尚玄水，坎水爲酒。貳，副也。注酒于尊中曰副。
> 《周禮·酒正》云：「大祭三貳，中祭再貳，小祭壹貳。」鄭彼注云：
> 貳，副益之也。《弟子職》曰「周旋而貳」，故云「禮有副尊」。坤器
> 爲缶，義見比卦。坎爲入，入內同物，故云「內，入也」。坎爲信約
> 者，約，信也，故坎信爲約。虞以四陰小，故約，非其義，故易之
> 也。隱三年《春秋傳》曰：苟有明信，澗谿沼沚之毛，蘋蘩蘊藻之
> 菜，可薦于鬼神。是薦信于鬼神之事，坤爲鬼，乾爲神也。《詩·采
> 蘋》曰：于以奠之，宗室牖下。《毛傳》云奠于牖下，是內約自牖之
> 義也。四得位，上承九五，故有是象而无咎也。〔註296〕

惠氏以《序卦》之言而云「震主祭器」，事實上，震卦卦辭亦云「不喪匕鬯」，「匕」爲勺匙之類盛食物的器具，而「鬯」爲祭祀所用的酒，皆是祭器之屬，更合「震主祭器」之義。至於祭器，則謂「尊、簋、缶」。尊爲盛酒之器，「尊彝」連文，爲禮器之共名。〔註297〕至於簋，屬於盛飯之器；飯器有簋、敦、簠等類，盛黍稷常用簋或敦，盛稻粱常用簠。〔註298〕至於缶，亦屬盛酒之器；與缶相近者爲壺，《禮記·禮器》提到「門外缶，門內壺」，「壺缶皆飲諸臣，貴者以壺，賤者以缶」，即缶與壺或有貴賤之別。〔註299〕惠氏並引《周禮·天

〔註296〕見《周易述》，卷四，頁 127～129。

〔註297〕尊爲僅次於鼎的重要禮器，尊的形狀很多，《周禮·春官·小宗伯》提到「辨六尊之名物，以待祭祀賓客」，其六尊包括：獻尊、象尊、著尊、壺尊、大尊與山尊。鄭玄注云：「獻讀爲犧，犧尊飾以翡翠。象尊以象鳳皇，或曰以象骨飾尊。……著尊者，著略尊也，或曰著尊著地無足。……壺者，以壺爲尊。……大尊，太古之瓦尊。山尊，山罍也。」因此，尊的種類繁多，特別是出土的獸尊，並不僅限於大象之形，尚有犀、牛、羊、虎、豕、狗、怪獸、鶩、鳧等形，商周時期皆有用之。

〔註298〕《儀禮·聘禮》云「堂上八簋，盛黍稷」；《儀禮·公食大夫禮》云「正饌設黍稷八簋」；《儀禮·少牢饋食禮》云「設敦黍、敦稷」。是簋、敦爲黍稷之盛器。又《儀禮·聘禮》、〈公食大夫禮〉提到梁、稻均盛於簠。故《周禮·秋官·掌客》鄭玄注云「簠，稻粱器也」；「簋，黍稷器也」。然而，《詩·秦風·權輿》云：「於我乎，每食四簋。」《毛傳》云：「四簋，黍、稷、稻、粱。」又《禮記·玉藻》云：「朔月，少牢五俎，四簋。」鄭玄注云：「朔月四簋，則日食梁稻各一簋而已。」故據《毛傳》、鄭注，則簋亦得盛稻粱。

〔註299〕見惠士奇《禮說·春官一》，卷六。引自臺北：臺灣商務印書館景印文淵閣四庫全書本，第 101 冊，頁 512。孔穎達《正義》釋「尊酒簋，貳用缶」云：「缶，

官・酒正》，指出「大祭三貳，中祭再貳，小祭壹貳」，鄭司農認爲「大祭天地，中祭宗廟，小祭五祀」，〔註300〕以祭典大小有別，所以副貳之數則異。大祭禮盛，所以爲三貳，而「中祭小祭禮殺，獻酬數校少，故正酌之外，止再度壹度益之也」。〔註301〕副貳之數的多寡，全因祭禮隆盛的程度而定。惠氏指出「禮有副尊」，「坤器爲缶」，則副尊用缶，也就是說「用缶」，即以缶爲尊，以缶爲簋。坎爲入爲內，所以「內」即「入」。虞氏以四陰爲小，小故「約」，但惠氏認爲非其義，以坎信爲約才合正義。艮爲門闕，故爲牖。坤爲闔戶、爲戶，艮爲小石、爲小光照戶，皆爲「牖」之象。所以惠氏引《詩・采蘋》「于以奠之，宗室牖下」，而《毛傳》注云「奠于牖下」，故爲「內約自牖」之義。又四得位，上承九五，所以能夠「无咎」。惠氏以酒器之別，以述明爻義；以缶爲用，副貳雖薄，用器雖樸，也可以達到誠敬而行燕享之禮。祭祀之品，不在於豐，而在於誠，不在於華，而在於樸，「苟有明信」，雖「澗谿沼沚之毛，蘋蘩薀藻之菜」，亦可羞可薦於鬼神。牖所以通明，在於約以達己之誠；《詩》尚言牖下之奠於平時，何況面臨險交之際，仍在內約至誠。

坎卦「尊酒簋貳用缶」一文，古今《易》家不論在斷句有詁訓上，乃至引禮爲釋，呈現眾說紛紜的情形，張惠言提出對惠氏之異議云：

> 惠徵士說虞義以爲此祭禮也，副尊謂《周官》云：大祭三貳，中祭
> 再貳，小祭一貳，于以奠之宗室牖下，故內約自牖。其說不然。《象》
> 曰：尊酒簋，剛柔際也。坎坤際乾，四上承五，若四奉酒簋于五，
> 是以乾象鬼，以坤象人，斯不可矣。〔註302〕

張氏駁斥惠氏之說。二至四互震象祭器，二爻失正而變，則二至四互體爲坤。祭禮應是人奉酒於鬼神，然此卦卻成爲坤，取義爲鬼，鬼奉酒於人，不合祭義，也違「乾爲人象，坤爲鬼象」之理，所以認爲惠氏取虞義爲祭禮，非是。張氏之說，亦不無道理，然惠說固亦不失其理，不必如張說之強言。

關於缶、簋與簋的實物爲何，特別引用明代劉績《三禮圖》所示，卑供參照。

尊名也。列尊之法，缶盛酒在門外。」也就是祭典上，一般用缶，是盛酒於
門外者。
〔註300〕見孫詒讓《周禮正義・天官・酒正》，卷九，頁 354。
〔註301〕見孫詒讓《周禮正義・天官・酒正》，卷九，頁 355。
〔註302〕見張惠言《虞氏易禮》，卷下，頁 455。

圖表 7-3-1　缶、籩與簠實物圖

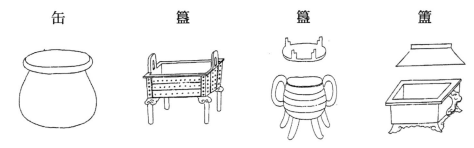

缶　　　　　　　籩　　　　　　　簋　　　　　　　簠

6. 饋祭為婦職

惠氏釋家人 ䷤ 卦六二「无攸遂，在中饋，貞吉」，注云：

> 遂讀如大夫無遂事之遂。婦道无成，故无攸遂。饋，饋祭也。二在
> 下中，故在中饋，正應五，故貞吉。

並進一步疏云：

> 大夫無遂事，讀從桓八年《公羊傳》文。彼文云：遂者何，生事也。
> 何休注云：生，猶造也，專事之辭。夫子制義，婦道无成，故无攸
> 遂。古文《論語》曰：詠而饋，舊注云：詠，歌；饋，祭也。《周禮‧
> 籩人》有饋食，《儀禮》有特牲、少牢、饋食之禮，皆謂薦孰，故云
> 饋，饋祭也。二居下中，而有婦道；昏禮云：昏者將合二姓之好，
> 上以事宗廟，是饋祭為婦職。二居下體之中，故在中饋，執中含和
> 正應九五，故貞吉也。〔註303〕

唐代李賢注《後漢書》引《易》文「无攸遂，在中饋」時，引鄭玄之注文，
指出「二為陰爻，得正於內；五，陽爻也，得正於外。猶婦人自脩正於內，
丈夫脩正於外。無攸遂，言婦人無敢自遂也。爻體離，又互體坎，火位在下，
水在上，餁之象也。饋，食也，故云在中饋也」。〔註304〕夫子制義，倡婦道以
无成，此荀爽所謂「坤道順從，故无所得遂」。〔註305〕二與二相應，為妻夫之
象。饋食，為婦人之常業，二處內卦之中，婦正饋職，為「中饋」，與五正應，
所以「貞吉」。惠氏於此表明婦主於內，以无成為婦德，以饋祭為婦職，相應
於夫，此合於夫婦之道。

〔註303〕見《周易述》，卷五，頁 156～157。
〔註304〕見李賢《後漢書‧楊震列傳》注。引自《後漢書‧楊震列傳》，卷五十四，頁
　　　　1762。
〔註305〕見李鼎祚《周易集解》，卷八，頁 185。

7. 二簋之用在損以誠

惠氏釋損䷨卦卦辭「曷之用，二簋可用享」，注云：

> 坤爲用，二體震，震爲木，乾爲圓，木器而圓，簋象也。震主祭器，
> 故爲簋。二簋者，黍與稷也。五离爻，离爲火，火數二，故二簋。
> 上爲宗廟，謂二升五爲益。耒耜之利既成，用二簋盛稻粱，以享于
> 上，上右五益三，而成既濟，故云二簋可用享也。

疏云：

> 坤爲用，虞義也。二體震，震春爲木。《說卦》曰：乾爲圓。木器而
> 圓，簋象，鄭義也。《三禮圖》曰：簋受斗二升，足高一寸，中圓外
> 圓，挫其四角，漆赤中，其飾如簠蓋。簋以木爲之，內外皆圓，故
> 知木器而圓，簋象也。荀氏曰：簋者，宗廟之器，震長子，主祭器，
> 故爲簋。《明堂位》曰：周之八簋。《祭義》曰：八簋之實。鄭注云：
> 天子之祭八簋。簋有八而稱二者，《三禮圖》：簠盛稻粱，簋盛黍稷。
> 故知二簋者，舉黍與稷也。五离爻，故又取象火數以釋二簋。上爲
> 宗廟，二升五成益。益者神農，蓋取以興耒耜之利，而成既濟者也。
> 故云耒耜之利既成，用二簋盛稻與粱，以享于上。五，《象傳》曰：
> 六五元吉，自上右也。五爲一卦之主，上之三成既濟，則五之功成，
> 故知上右五益三，而成既濟也。〔註306〕

三至五互坤，坤爲用。二至四體震，震春爲木，乾爲圓，本器而圓，爲簋象。
爻位上爲宗廟，又艮爲門闕，有宗廟之象。坤鬼居之，亦有祖宗之象。互震
爲長子主祭器，艮手執之，爲享祭之象。惠氏並舉《三禮圖》以說明簋象爲
中圓外圓，其飾如簠蓋；簠、簋同爲盛器，主要的差別在於所盛之穀物不同，
簠盛稻粱，而簋盛黍稷。《周禮·地官·舍人》云「凡祭祀共簠、簋，實之陳
之」，鄭玄注爲「方曰簠，圓曰簋」，但《說文·竹部》卻說「簠，黍稷之器
也」，「簋，黍稷圓器也」，兩說相反；然而，從出土青銅器可以看出簋爲圓形，
而簠爲方形，鄭說無誤。青銅器有簋、簠，則簋、簠有以銅製者。《考工記》
提到「瓬人爲簋」，則簠、簋又有以陶製。簠、簋字從竹部，則或有以竹製者；
《說文》云「簋，重文作朹」，偏旁爲「木」，則有以木製，木製亦不限於竹
製之器。惠氏引《祭義》云「八簋之實」，而鄭注「天子之祭八簋」，事實上
《儀禮·聘禮》亦云「堂上八簋，盛黍稷」，〈公食大夫禮〉亦云「正饌設黍

稷八簋」，也就是說不論是天子之祭，或是大夫之禮，皆有作「八簋」者。但是，損卦卻言「二簋」，惠氏的解釋為用二簋主要是「舉黍與稷」二者而言，盛稻與粱；又，五離爻，取象火數為二以釋二簋。惠氏並指出二升五成益 ䷩ 卦，「益者神農」「取以興耒耜之利」。上為宗廟，而五為一卦之主，有上爻可以祐之，而成既濟者，所以卦辭云「有孚，元吉无咎，可貞，利有攸往」，即既濟之道。二簋雖至薄，亦可用享，《老子》所謂去甚、去奢、儉故能廣，即卦辭所謂「利有攸往」之義。因此，事神以誠，而取民以孚；祀神雖薄而能誠，則於理不悖，損民之節而能孚信，於法不違，儉損而能中於禮法，也能與時偕行，乃可有益。欲望生於不知足，不知足生於不知禮，二簋用享，以其時損則損，時益則益，損益中於禮，於此之損，在於能夠去忿欲，即《象傳》所說「君子以懲忿窒欲」，倘能如此，則二簋已足。惠氏藉禮器以明此卦義。

（三）喪禮──凶事用圭

惠氏釋益 ䷩ 卦六三「益之用凶事，无咎」，注云：

> 坤為事，三多凶，上來益三，得正，故益用凶事，无咎。

疏云：

> 坤致役，故為事。三多凶，《下繫》文。彼文又云：其柔危，其剛勝邪。上來益三，得正，是以剛稱其位，故益用凶事，无咎。凶事謂喪事，喪事有進無退，而云益者，以喪禮哀死亡，是益之之義也。

坤為事而三多凶，故云「凶事」。上來益三，使三變正。《釋詁》云「凶，咎也」，凶則有咎，三爻之正，則雖用凶事而无咎。上來益三，有拯凶之責。李道平指出「三變坎難，凡水旱札瘥兵甲之發，皆凶事也」。〔註307〕災事致凶，必有喪，所以惠氏特別指為「喪事」，喪亡既成，喪祭必行，所以「喪事有進無退」，敬慎以哀死亡，此所以「益之」「凶事」而「无咎」者。惠氏並進一步釋「有孚中行，告公用圭」，注云：

> 公謂三，三動體坎，故有孚。震為行，初至四體復，故曰中行。震為告，坤為用，乾為圭，上之三，故告公用圭。禮含者執璧將命，贈者執圭將命，皆西面坐委之，宰舉璧與圭，此凶事用圭之禮。

疏云：

> 《乾鑿度》曰：三為三公，故知公為三。坎為孚，三動體坎，故有

孚。震爲作足，故爲行。復「中行獨復」，中行謂初，初至四體復，故曰中行。震善鳴，故爲告。乾爲玉，故爲圭。三爲公，上之三，故告公用圭。此上虞義也。禮含者執璧將命，賵者執圭將命，皆西面坐委之，宰舉璧與圭者，皆《雜記》文。此諸侯相含且賵，經云凶事，此凶事用圭之禮，故引以爲證也。〔註308〕

三爻爲三公，三之正，體坎爲有孚。震爲行，初至四體復，復六五「中行獨復」，故云「中行」。震善鳴爲告，三本公位，故「告公」。乾爲玉爲圭。上乾之三，故「告公用圭」。此凶事用圭之禮，特別用於喪禮之中。惠氏特別引《雜記》中有關喪禮的有關內涵，提到「含者執璧將命，賵者執圭將命」，〔註309〕「含」、「賵」皆爲喪禮中的一部份。隱元年《公羊傳》云「車馬曰賵，貨財曰賻，衣被曰禭」；《穀梁》則云「乘馬曰賵，衣衾曰禭，貝玉曰含，錢財曰賻」。〔註310〕不論是賵、禭、含、賻，皆屬施於喪者。「賵在含、禭之後者，賵物以助葬，先含、次禭、次賵，以喪事之先後爲次」。至於賻，「賻是加厚，非常故」，「其間加恩厚則有賻」，〔註311〕並不是每一喪儀皆有。「含者執璧」，「賵者執圭」，璧、圭有別；《周禮》言六瑞，包括圭、璧、璋、琮、琥、璜六者，每種玉瑞的名目繁多，單就圭在《周禮》中就有十幾種名稱，如琬圭、琰圭、大圭、裸圭等，多屬方形。至於璧，也是行禮中最常用的玉瑞，璧正圓形，中孔謂「好」，好之外稱「肉」，與璧相類者，又有瑗、環。〔註312〕在喪祭之中，含禮以玉璧，而賵禮以圭。圭尊於璧，所以孫希旦認爲「坐委於

〔註308〕益卦六三爻辭之注疏文，見《周易述》，卷六，頁179～182。

〔註309〕參見《禮記・雜記》原文云：「含者執璧將命，曰：『寡君使某含。』相者入告，出曰：『孤某須矣。』含者入，升堂致命，子拜稽顙。含者坐委於殯東南，有葦席，既葬蒲席。降，出反位。宰夫朝服，即喪屨，升自西階，西面坐取璧，降自西階，以東。」又云：「上介賵，執圭將命，曰『寡君使某賵』。相者入告，反命曰：『孤某須矣』。陳乘黃、大路於中庭，北輈，執圭將命。客使自下由路西，子拜稽顙，坐委于殯東南隅，宰舉以東。」（見孫希旦《禮記集解》，卷四十，頁1074、1076。）

〔註310〕轉引自孫希旦《禮記集解》，卷四十，頁1077。

〔註311〕括弧諸文，轉引自孫希旦《禮記集解》，卷四十，頁1077。

〔註312〕《爾雅・釋器》云：「肉倍好，謂之璧；好倍肉，謂之瑗；肉好若一，謂之環。」過去學者認爲璧的兩邊肉的直徑加起來與好的直徑比例爲二比一，晚近也有另一種說法，即璧的一邊的肉之直徑與好的直徑爲二比一，兩邊加起來與好的比例爲四比一。瑗、環的說法亦彩。然而從出土的文物觀之，不論璧、瑗、環的肉與好的比例，皆未盡符合《釋器》之說。

殯東南隅者，圭尊於璧，委於席上，而在璧之南也」。〔註313〕故圭、璧仍有貴賤之別。此處爻卦云「告公用圭」，可顯其尊貴敬愼。至於云「西面而坐委之，宰舉璧與圭」者，〔註314〕西方爲死者而設於鬼神之位，西面而坐委之，除了表達敬穆之外，也避其子之拜。〔註315〕圭璧皆重，故由小宰舉之，故「宰舉璧與圭」。凡此凶事，皆愼重其事。故惠氏以「凶事」作「喪事」言，而不作災難之發，藉由誠於喪而重於災，保社稷而拯災救民。

（四）賓客與酒食朱紱之禮

1. 天子賓客之禮

惠棟釋晉 ䷢ 卦卦辭「康侯用錫馬蕃庶，晝日三接」，云：

> 康讀如《祭統》「康周公」之「康」，鄭氏註《禮》引此爲證，故讀從之。又鄭註康侯云：康，廣也。謂襃廣其車服之賜也。坤廣生，故曰廣。爻例四爲諸侯，觀之六四「利用賓于王」，故觀四賓王。四之五而皆失位，五之正以四，錫初謂初四易位也，初動體屯，謂初至五體屯也。屯下體震，震爲侯，卦辭曰利建侯。四爲諸侯，以四錫初，初震亦爲侯，康侯之象也。坎爲馬美脊，坤爲用，故用錫馬。錫讀納錫錫貢之錫。侯享王之禮，覲禮匹馬卓。上九馬隨之。是，其事也；蕃，多也；庶，眾也。艮爲多，坤爲眾，故蕃庶。《雜卦》曰：晉，晝也。离日在地上，故晝日。坤三陰在下，故三接。《周禮·大行人》曰：上公之禮，廟中將幣三享，出入三問三勞，諸侯三享再問再勞，諸子三享壹問壹勞。是天子三接諸侯之禮也。此兼虞鄭義。一説，三接王接諸侯之禮。覲禮延升，一也；覲畢，致享，升，致命，二也；享畢，王勞之，升，成拜，三也。〔註316〕

襃廣車服之賜於諸侯，以震爲侯爲馬，而坎爲馬美脊，坤爲用，所以爲「用錫馬」。艮爲多，坤爲眾，故稱「蕃庶」，爲眾多之義。以离日在地之上，而

〔註313〕見孫希旦《禮記集解》，卷四十，頁1077。

〔註314〕此亦《禮記·雜記》文，云：「凡將命，鄉殯將命，子拜稽顙，西面而坐委之。宰舉璧與圭，宰夫舉襚，升自西階，西面坐取之，降自西階。」（見孫希旦《禮記集解》，卷四十，頁1079。）

〔註315〕參見孫希旦釋《禮記·雜記》「子拜稽顙，西面而坐委之」，云：「言於子拜稽顙之時，而西面委之，亦若避子之拜然也。」（見孫希旦《禮記集解》，卷四十，頁1079。）

〔註316〕見《周易述》，卷五，頁147。

坤陰三爻在下，所以爲「晝日三接」。「三接」以禮釋之，有二義：其一爲天子三接諸侯之禮，即三等之接，爲三享。此一說法，爲侯果所言，指出：

> 四爲諸侯，五爲天子，坤爲眾，坎爲馬。天子至明于上，公侯謙順于下，美其治物有功，故蕃錫車馬，一晝三覯也。《采菽》刺幽王侮諸侯，《詩》曰「雖無與之，路車乘馬」。《大行人職》曰「諸公三饗三問三勞，諸侯三饗再問再勞，子男三饗一問一勞」，即天子三接諸侯之禮也。〔註317〕

由侯氏之言，大抵可以看出惠氏所述，蓋本諸侯氏。「天子至明于上」，即離爲明；「公侯謙順于下」，即坤爲順。君明臣順，此治道有功；君王賞諸侯之功，故「蕃錫車馬，一晝三覯」。侯氏並指出《詩·小雅·采菽》所言，在於刺周幽王之侮諸侯；《詩序》說明，「刺幽王也。侮慢諸侯，諸侯來朝，不能錫命以禮，數徵會之，而无信義。君子見微而思古焉」。並以《詩云》「君子來朝，何錫予？雖無予之，路車乘馬」來論證康侯錫馬之義。又，此「三接」之義，出於《周禮·秋官·大行人》，事實上，〈大行人〉原文，並無如侯氏乃至惠氏之言，此侯氏斷取之文。〔註318〕的確，按周朝天子待其賓客以邦國之禮，於上公則三獻饗設盛禮以飲，〔註319〕三問無恙，〔註320〕三勞於道；〔註321〕於諸侯則二問二

〔註317〕 見李鼎祚《周易集解》，卷七，頁 174。

〔註318〕 《周禮·秋官·大行人》云：「上公之禮，執桓圭九寸，繅藉九寸，冕服九章，建常九斿，樊纓九就，貳車九乘，介九人，禮九牢，其朝位賓主之間九十步，立當車軹，擯者五人，廟中將幣三享，王禮再祼而酢，饗禮九獻，食禮九舉，出入五積，三問三勞。諸侯之禮，執信圭七寸，繅藉七寸，冕服七章，建常七斿，樊纓七就，貳車七乘，介七人，禮七牢，朝位賓主之間七十步，立當前疾，擯者四人，廟中將幣三享，王禮壹祼而酢，饗禮七獻，食禮七舉，出入四積，再問再勞。諸伯執躬圭，其他皆如諸侯之禮。諸子執穀璧五寸，繅藉五寸，冕服五章，建常五斿，樊纓五就，貳車五乘，介五人，禮五牢，朝位賓主之間五十步，立當車衡，擯者三人，廟中將幣三享，王禮壹祼不酢，饗禮五獻，食禮五舉，出入三積，壹問壹勞。諸男執蒲璧，其他皆如諸子之禮。」（引文見孫詒讓《周禮正義·秋官·大行人》，卷七十一，頁 2952～2953。）

〔註319〕 飲食之禮有三，曰饗，曰食，曰燕。其中饗最隆盛，《大司樂》、《仲尼燕居》及《坊記》並謂之「大饗」。《國語·魯語》云「饗養上賓」；《詩·小雅·彤弓》箋云「大飲賓曰饗」。孔疏云：「饗者，烹大牢以飲賓，是禮之大者，故曰大飲賓曰饗，謂以大禮飲賓，獻如命數，設牲俎豆，盛於食燕。《周語》曰：『王饗有體薦，燕有折俎。』公當饗，卿當燕，是其禮盛也。」所以「饗」、「食」、「燕」三飲食之禮有別，尤其是「饗」，嚴格來說，並不通用於各個階級，只上公適用。至於《大行人》所言，以上公、諸侯、子男皆同用「饗」，此當同賞眾臣的共同場合，故以「饗」言。

勞，子男則一問一勞。其二即就覲禮釋之，亦即王接諸侯之禮，覲禮延升，一接；覲畢，致享，致命，二接；享畢，王勞之，升，成拜，三接。因此，此以天子賓客之禮儀以釋義。

2. 酒食與朱紱的禮制意義

惠氏釋困☷☶卦九二「困于酒食，朱紱方來」，注云：

> 坎爲酒食，二爲大夫，坤爲采地，上之二，坤爲坎，故爲酒食。初變坎體壞，故困于酒食，以喻采地薄，不足已用也。乾爲朱，坤爲紱，朱紱謂五，二變應五，故朱紱方來。

疏云：

> 需九五「需于酒食」，謂坎也，故坎爲酒食。二爲大夫，爻例也。坤田爲采地，二之上，坤變爲坎，故爲酒食。古者分田制祿，采地祿所入，故《乾鑿度》曰：困于酒食者，困于祿也。鄭彼注云：因其祿薄，故无以爲酒食。云初變坎體壞，故困于酒食，以喻采地薄，不足已用也者，此兼用鄭義。鄭說本《乾鑿度》，唯釋酒食以初辰在未，未上值天廚，酒食象，此據爻辰二十八宿所值而言，今不用也。乾爲大赤，故爲朱，坤爲紱，皆虞義也。《九家說卦》曰：坤爲帛，故爲紱。《乾鑿度》曰：天子、三公、九卿朱紱，故朱紱謂五。二、五敵應，二變則與五相應，故朱紱方來。自外曰來也。

家人☲☴卦六二云「在中饋」，所以二本陰位，爲中饋之職。需☲☵卦九五「需于酒食」，就上坎而言，所以坎爲酒食。坤田爲采地，二之上，使坤變爲坎而爲酒食，上爲宗廟，有酒食入宗廟之象。然而，坤二采地祿薄，無以爲酒食，

〔註320〕 顏師古《匡謬正俗》引《風俗通》云：「無恙，俗說恙，病也。凡人相見及通書皆曰無恙。謹案：《易傳》上古之世，艸居露宿，恙，噬人蟲也，善噬人心，故俗相勞問者云無恙，非爲病也。」（轉引自孫詒讓《周禮正義・秋官・大行人》，卷七十一，頁2964。）是天子於朝賓來時，在道有問禮，其去時則無。

〔註321〕 《覲禮》賈疏云：「案《小行人》云：『凡諸侯入，王則逆勞于畿。』不辨尊卑，則五等同有畿勞。其子男唯有此一勞而已，侯伯又加遠郊勞，上公又加近勞。若然，聘禮使臣聘而云近郊勞者，臣禮異於君禮，君禮宜先遠，臣禮宜先近故也。」《左傳・隱十年》孔疏云：「《大行人》云『上公三勞』，近郊勞一也，遠郊勞二也，竟首勞三也。侯伯再勞，去竟首。子男一勞，去遠郊。」是近郊之勞，五等諸侯皆有之，侯伯加以遠郊勞，上公加以畿勞。爵尊者有勞遠，爵卑者其勞近，此禮宜然。

所以「困于酒食」。朱紱爲宗廟祭祀之服，否乾爲朱，而坤爲紱，五位爲天子之位，以朱紱主祀，五自外來與二相應，所以爲朱紱方來。釋「利用享祀，征凶，无咎」，注云：

> 二變體觀享祀，故利用享祀。二失位无應，故征凶。變之正，與五應，故无咎。《象》曰：中有慶也。荀氏謂二升在廟，五親奉之，故利用享祀。

疏云：

> 二變有觀象，觀，享祀之卦，故利用享祀。二失位无應，故征行則凶。變之正，與五應，則五有慶，二受福，故无咎也。荀氏據卦自否來，六二升上，上爲宗廟，故二升在廟，五以上爲宗廟，故親奉之，若然利用享祀謂五也。〔註322〕

二變則初至五有觀䷓卦之象，觀爲享祀之卦，故「利用享祀」。二失位无應，所以征行則凶。二變之正，與五相應，則五位有慶，五有慶則二受其福，故「无咎」。惠氏並指出荀爽以卦自否來的卦變方式，六二升上，而上爲宗廟，亦爲酒食入廟之象，而否卦上九降居於二，自外而來，亦「朱紱方來」。五以上爲宗廟，五近承上，所以「五親奉之」，故「利用享祀」指五位。二陰動至上，內失二中，上陽下陷於坎中，爲二陰所掩，所以二上易位皆凶，故「征凶」。然而，上陽來二，位雖不位，但得中而實有，且陰二往上而當位，皆免於咎，所以「无咎」。

　　周代百官的俸祿有三等，一曰采邑，發給采邑以爲祿；一邑三十六家，田三千六百畝。收取地租，並有治理各邑居民之權，此亦稱食邑。采邑爲世襲，故亦稱世祿。凡貴族及公卿大夫可得采邑。二曰祿田，發給若干邑认以爲祿，收取地租，但無治理居民之權，並此田地亦不世襲。凡較疏遠之貴族及新進的士大夫，可得祿田。三曰稍食，凡無爵位的官吏，每月發給粟米，以爲月俸。〔註323〕《孟子·萬章下》云：

〔註322〕困卦四注疏引文，見《周易述》，卷七，頁205～207。
〔註323〕有關記載，《周禮》有詳細論述，如《周禮·地官·載師》、《周禮·天官·宮正》皆是。孫詒讓釋《周禮·天官·大宰》時云：「家邑大小都三等采地，皆頒田邑以爲祿也。凡公卿大夫貴戚有功德得世祿者，皆頒邑以爲祿，是謂采邑。唯疏族新進未得世祿者，則賦田斂粟以頒祿，是謂祿田。賈《喪服》疏引《鄭志》云：『天子之卿，其地見賜乃有。』是采地皆特賜也。其在王子弟無官者，雖無祿，而得以恩澤食邑。采邑、食邑，食其田並主其邑，治以家宰私臣，又子孫得世守之。祿田不世守，且僅食其田之租稅，而不得主其邑，

北宮錡問曰：周室班爵祿也，如之何？……天子之制，地方千里，
公、侯皆方百里，伯七十里，子、男五十里，凡四等。不能五十里，
不達於天子，附於諸侯，曰附庸。天子之卿受地視侯，大夫受地視
伯，元士受地視子、男。大國地方百里，君十卿祿，卿祿四大夫，
大夫倍上士，上士倍中士，中士倍下士，下士與庶人在官者同祿，
祿足以代其耕也。次國地方七十里，君十卿祿，卿祿三大夫，大夫
倍上士，上士倍中士，中士倍下士，下士與庶人在官者同祿，祿足
以代其耕也。小國地方五十里，君十卿祿，卿祿二大夫，大夫倍上
士，上士倍中士，中士倍下士，下士與庶人在官者同祿，祿足以代
其耕也。耕者之所獲，一夫百畝，百畝之糞，上農夫食九人，上次
食八人，中食七人，中次食六人，下食五人。庶人在官者，其祿以
是爲差。〔註324〕

對於各個階級的祿田都有詳細的規定，但各級官吏俸祿實得之數，則無明文記
載，但從《孟子》及至《王制》述及各級官吏俸祿相互比較，後來學者則有依
此推算各級官吏實得之田數。田祿封地之多寡，都制度化的規定，而農田的產
量，也因地畝的大小、歲之豐歉，以及人之勤惰而有所不同。而困卦九二「困
于酒食」，惠氏也根據漢儒如鄭玄之說、《乾鑿度》之說，述及田祿的概念，藉
以「喻采地薄，不足已用」而闡明卦爻之義。《乾鑿度》云「困之九二」，「困于
酒食者，困于祿也」。鄭玄注云，「因其薄祿，故無以爲酒食」；「文王雖紂三公，
而爲小人所困，且進不得伸其職事也，故遂同於大夫」。〔註325〕文王本爲商紂

各就近屬鄉遂或公邑王官治之，若《司勳》賞地附屬六鄉之比，此其異也。
凡命士有功德者，或功臣之後，亦閒有采地，《祭法》注云『置都立邑，爲卿
大夫采地及賜士有功者之地』是也。然士有采地者甚少，且里數亦大減，其
餘則唯頒祿田而已，故《國語‧晉語》云『大夫食邑，士食田』，明恒制士不
得有采邑。鄭釋三等采地，止於大夫，《王制》畿縣內三等國，亦云『其餘以
祿士』是也。其不命之士及庶人在官者，則又無祿，而唯有稍食。以祿與命
相將，不命則亦無祿也。通言之，祿田或亦謂之采，采地及稍食或亦謂之祿，
散文不別也。」（見孫詒讓《周禮正義》，卷二，頁 69。）

〔註324〕《孟子‧萬章下》之言，《禮記‧王制》亦有類似之記載，如云：「天子之田方
千里，公侯田方百里，伯七十里，子男五十里。不能五十里者，不合於天子，
附於諸侯，曰附庸。天子之三公之田視公侯，天子之卿視伯，天子之大夫視子
男，天子之元士視附庸。」（見《禮記‧王制》。引自孫希旦《禮記集解》，卷
十二，頁 310～311。）《王制》當爲後出之書，而或緣自《孟子》之說。

〔註325〕《乾鑿度》與鄭玄之注文，見《易緯乾鑿度》，卷上，頁 486。

之上等公侯，封地自然較大夫爲多，但文王被囚，而二於爻位又爲大夫，所以其采地僅若大夫一般，也就是原當百里而僅爲七十，此采地薄而不足以己用，故「困於酒食」。

關於「朱紱」的認識，《禮記·明堂位》云「有虞氏服韍，夏后氏山，殷火周龍章」，鄭玄注云：

> 韍，冕服之韠也。舜始作之，以尊祭服，禹、湯至周，增以畫文，後王彌飾也。山，取其仁可仰也。火，取其明也。龍，取其變化也。
> 天子備焉，諸侯火而下，卿大夫山，士韍韋而已。韍或作黻。〔註 326〕

「紱」同於「韍」。鄭玄以「韍」作爲冕服之「韠」，始生於舜，作爲祭服以爲尊崇，其紋因身份之不同而有別。又，《禮記·玉藻》提到「韠」，孔氏云「他服稱韠，祭服稱韍」，分別「韠」與「韍」之用。至於顏色，《毛傳》指出「天子純朱，諸侯黃朱」，〔註 327〕黃朱色淺，卿大夫赤韍，色又更淺。此此，《儀禮·士冠禮》云「韎韐」，鄭注作「此與君祭之服」，「韎韐，縕韍也」。賈疏爲「士無飾則不得單名韍，一名韎韐，一名縕紱而已」。士陪君王祭祀時，所著祭服無過多的飾文，故不能以有飾文的紱稱之，但作爲一種祭服，則稱爲「韎韐」或「縕紱」。天子與諸侯、卿、大夫等身份殊異，所以祭服仍有別，雖同爲朱色，但深淺不同。困卦九二「朱紱方來」，此朱紱是祭服，雖然「困于酒食」，卻能「朱紱方來」；九二雖爲大夫之位，而相應於天子五爻之位，能夠來賜朱紱。因此，詳於禮制，尤其對於田祿與服制的理解，更能述明此一爻義。義可申爲：困君子之身，窮君子之祿，固不能喪君子之志，朱紱之來，有其德器，而能有慶。

（五）刑　罰

有關刑罰思想用於述義者，如惠氏釋坎 ䷜ 卦上六「繫用徽纆，寘于叢棘，三歲不得，凶」，注云：

> 繫，拘也。巽爲繩，坤爲黑，故爲徽纆。寘，示也。坎爲叢棘，艮爲門闕，門闕之內有叢木，是天子外朝，左右九棘之象也。應在三，三體比，匪人，故縛以徽纆，示于叢棘，而使公卿以下議之。害人者加明刑，任之以事，上罪三年而舍，中罪二年而舍，下罪一年而

〔註 326〕見《禮記·明堂位》。引自孫希旦《禮記集解》，卷三十一，頁 856。
〔註 327〕孔氏與《毛傳》之言，見孫希旦《禮記集解·玉藻第十三之二》，卷三十，頁 813。孔氏之言，《儀禮·士冠禮》賈公彥疏亦同。

舍，不得者謂不能改，而不得出獄。艮止坎獄，乾爲歲，歷三爻，
故三歲不得，凶。

疏云：

> 隨上六曰「拘繫之」，故云繫，拘也。巽爲繩，觀巽也。坤爲黑，《説
> 卦》文。虞云：徽纆，黑索也。巽繩坤黑，故云徽纆。示，寘也者，
> 《詩・鹿鳴》曰「示我周行」，鄭箋云「示當爲寘」。《禮記・中庸》
> 曰「治國其如示諸掌乎」，鄭注云「示讀如寘之河之干之寘」。是
> 「示」、「寘」、「置」三字同物。故劉表、張璠或作「示」，或作「置」
> 也。坎爲叢棘，《九家説卦》文。艮爲門闕，《説卦》文。《周禮・
> 秋官・朝士》「掌建邦外朝之法，左九棘，孤卿大夫位焉；右九棘，
> 公侯伯子男位焉」。外朝在皐門之内，故云門闕之内有叢木，是天
> 子外朝左右九棘之象也。《朝士》又云「左嘉石，平罷民焉；右肺
> 石，達窮民焉」。鄭氏謂「罷民，邪惡之民也」。上應在三，二動三
> 體比，「匪人」，有邪惡之罪，故縛以徽纆，示于叢棘。鄭氏謂外朝
> 者，所以詢事之處，故使公卿以下議之。劉表亦云眾議于九棘之下
> 也。「害人者加明刑」已下至「下罪一年而舍」，皆《秋官・司圜》
> 文也。鄭彼注云：明刑，書其罪惡于大方版，著其背。任之以事，
> 若今時罰作。舍，釋之也。《司圜》又云：其不能改而出圜土者殺，
> 故不得者，謂不能改而不得出獄。艮止，坎獄，言止于獄也。乾爲
> 天，天數十二歲，有十二月，故乾爲歲。二之上歷三爻，爲三歲，
> 三歲不改，則不得出獄，出獄則殺，故凶也。〔註328〕

「拘繫」連詞，故「繫」即「拘也」。卦自觀來，觀上爲巽，巽爲繩；坤爲
黑。所以爲黑繩，即「徽纆」。惠氏並引諸説，以詁訓「示」、「置」、「寘」
三字同義。坎爲叢棘，有刑禁之義。《左傳・哀八年》云「邾子又無道，吳
子使大宰子餘討之，囚諸樓臺，栫之以棘」。〔註329〕棘，赤心有刺，〔註330〕
此以棘爲籬以圍之，是以棘禁人之始。又《春秋元命包》云「樹棘槐，聽訟
于其下。棘赤心有刺，言治人者，原其心不失赤，事所以刺人其情，令各歸

〔註328〕見《周易述》，卷四，頁128、130。

〔註329〕見《左傳・哀九年》。引自楊伯峻編著《春秋左傳注》，頁1650。

〔註330〕鄭玄釋《周禮・秋官・朝士》云：「樹棘以爲位者，取其赤心而外刺，象以赤
心三刺也。」《説文・束部》云「棘，小棗叢生者。」《詩・小雅・大東》毛
傳云：「棘，赤心也。」是棘爲赤心而以有刺聞名者。

實」。﹝註331﹞知棘除了有禁人之義外，亦有導人以正，歸人以實之內涵。所以「棘」作爲刑制之象徵。惠氏引《周禮‧秋官‧朝士》云「掌建邦外朝之法」，其「左九棘，孤卿大夫位焉；右九棘，公侯伯子男位焉」，亦天子外朝之朝位，天子以外朝作爲詢事刑禁之處，並使司寇公卿議獄於下。鄭玄指出「周天子、諸侯皆有三朝，外朝一，內朝二。內朝之在路門內者，或謂之燕朝」；賈疏云「天子外朝一者，即朝士所掌者是也。內朝二者，司士所掌正朝，大僕所掌路寢朝，是二也」；﹝註332﹞指出周有三朝，外朝主在朝務，而內朝主在路寢，或稱爲燕朝。另外，《國語‧魯語》也提到「天子及諸侯合民事於外朝，合神事於內朝」，韋昭並云「言與百官考合民事於外朝也。神事，祭祀也。內朝，在路門內也」；﹝註333﹞認爲與百官考合民事於外朝，而神事祭祀於內朝。內朝與外朝是相對爲內外庭而言，外朝掌國政之事，刑禁亦在其職。至於稱「左九棘」、「右九棘」之左右者，左指外朝之東，右爲外朝之西，就左右朝位而言。惠氏並指出「外朝在皋門之內」，其門闕之內有叢木，爲天子外朝左右九棘之象。言「皋門」者，即涉及明堂位的問題，鄭司農指出「王有五門，外曰皋門，二曰雉門，三曰庫門，四曰應門，五曰路門，路門一曰畢門」；鄭玄也提到，「言門如天子之制也。天子五門，皋、庫、雉、應、路。魯有庫、雉、路，則諸侯三門與」？﹝註334﹞似乎認爲天子之制五門，而諸侯三門。至於諸侯三門，所指爲何，歷來眾說紛紜，依鄭氏之說，諸侯三門有皋、應、路，而無庫、雉。孫詒讓考諸家之說，指出「魯雖亦三門，而以周公之故，得立庫門、雉門，然但以二門兼皋門、應門之制，仍不得別立皋應二門、備五門之數也」。並且指出《毛傳》「則諸侯不得有皋門、應門」；認爲當從諸侯無皋門與應門爲是。﹝註335﹞倘若如孫氏所言，則惠氏所說「外朝在皋門之內」，是指天子所在外朝，不含諸侯朝位，又實是天子「詢事之處，故使公卿以下議之」者。

　　惠氏引《朝士》「左嘉石，平罷民焉；右肺石，達窮民焉」，即外朝左有

﹝註331﹞《春秋元命包》文，引自中村璋八、安居香山輯《緯書集成》，頁618。

﹝註332﹞見《周禮‧秋官‧朝士》鄭注、賈疏。引自孫詒讓《周禮正義》，卷六十八，頁2817、2822。

﹝註333﹞見《國語‧魯語下》，臺北：漢京文化事業有限公司，1983年12月，頁204。

﹝註334﹞括弧引文，見孫詒讓《周禮正義‧秋官‧朝士》，卷六十八，頁2819、2820。

﹝註335﹞有關此天子五門、諸侯三門之說，詳見孫詒讓《周禮正義‧秋官‧朝士》，卷六十八，頁2820～2821。

嘉石，在於平刑惡之民，右有肺石，在於達窮民之志。惠氏又引《周禮·秋官·司圜》之說，所引並不完整，《周禮》原文當云：

> 凡害人者，弗使冠飾而加明刑焉，任之以事而收教之。能改者，上罪三年而舍，中罪二年而舍，下罪一年而舍。其不能改而出圜土者，殺。〔註336〕

惠氏引鄭氏之說，以言「明刑」之義，即在罪者著衣之背書明罪狀與姓名，以示於人。至於「弗使冠飾」者，即不使冠飾，而罰以任事，並著墨幪等刑服。《孝經緯》提到「上罪墨幪、赭衣、雜屨，中罪赭衣、雜屨，下罪雜屨而已」。另外，《公羊傳·襄二十九年》徐疏，以及《御覽·刑法部》引《尚書大傳·唐傳》云「上刑赭衣不純，中刑雜屨，下刑墨幪，以居州里，而民恥之」。〔註337〕從衣著之不同，可知刑罰之異。惠氏並且指出：上罪者三年而釋之，中罪者二年而釋之，下罪者一年而釋之；不能改者，則不得出獄。惠氏以三爻言三歲，即就上罪而言；倘三年仍不能改，則不能出獄，出獄則殺，所以為「凶」。透過此一爻辭之釋義，可以看明顯看出惠氏引用刑政規定以闡明爻義，必對三代以降之刑政有所瞭解才能達其理。

二、以史釋《易》

惠氏以史釋《易》，並不太過強調史實背後的實質意義，而是重視其文字訓詁的內涵，以下列舉數例為釋。

（一）乾卦九五為庖犧之象

乾☰卦六爻，皆為純陽之爻，氣從下升，六陽自微至，歷來易學家多用以象聖王者，對於九五，惠氏則引虞說，以五爻象庖犧。九五「飛龍在天，利見大人」，惠氏注云：

> 五體离，离為飛，五在天，故曰飛龍在天。二變應之，故利見大人。虞氏謂文王書《經》，繫庖犧于乾五，造作八卦，備物致用，以利天下，天下之所利見是也。〔註338〕

乾象龍，諸爻皆有龍象。离為雉為朱雀，有飛鳥之象，所以為飛。五於三才為天道，為天位，所以飛龍在天。關於五爻象庖犧，惠氏取虞氏注《繫傳》

〔註336〕引自孫詒讓《周禮正義·秋官·司圜》，卷六十九，頁2869。
〔註337〕轉引自孫詒讓《周禮正義·秋官·司圜》，卷六十九，頁2870。
〔註338〕見《周易述》，卷一，頁4。

云「文王書《經》，繫庖犧于乾五」，又取虞注本爻云「造作八卦，備物致用，以利天下，天下之所利見是也」。〔註339〕對於乾卦諸爻之王象，虞氏以三爻象文王，爲得民心而尚未正位之君主；以五爻象庖犧，爲帝位確立的君主。虞氏這種論述的視野，是從歷史傳承的觀點言之。另外，干寶則從文王、武王受命登位的觀點言乾卦諸爻之象，九五則云「此武王克紂正位之爻也。聖功既就，萬物既覩，故曰利見大人矣」。〔註340〕二家取聖王之象的觀點明顯不同。惠氏同意虞說，並作進一步地闡釋，云：

> 虞氏以卦辭、爻辭皆文王所作，庖犧德合乾五，故繫於九五。冠《禮記》曰：天下无生而貴者。《天問》曰：登立爲帝，孰道尚之？王逸注云：言伏羲始作八卦，修行道德，萬民登以爲帝，誰開道而尚之，是伏羲，亦自下升也。《象》曰：大人造也。《文言》曰：聖人作而萬物覩。聖人作是造作八卦也，萬物覩是利見大人也。〔註341〕

惠氏肯定虞氏作庖犧，所持之看法，主要認爲卦爻辭皆爲文王所作，文王既自作卦爻辭，固不致以五爻自尊。同時認爲庖犧之德合於九五，他始作八卦，修行道德，從民登而爲帝，此自下而上升之象。另外《象傳》云「大人造也」，《文言》也提到「聖人作而萬物覩」，即伏犧這位聖人作是「造作八卦」，覩萬物而能造作八卦，所以「萬物覩」者，是利見大人。史籍記載，庖犧即太皞，《孔子家語・五帝德》云「太皞配木」，而《左傳・昭十七年》云「太皞氏以龍紀，故爲龍師而龍名」；庖犧以木德王，以龍紀官，並爲五帝之首。庖犧既有龍象，故取象自乾卦，則合其宜，又專取九五，更顯其尊。

卦爻辭爲文王所作，惠氏釋《文言傳》，云：

> 《文言》，乾坤卦爻辭也。文王所制，故謂之文言。孔子爲之傳。

並進一步解釋云：

> 《文言》一篇，皆夫子所釋乾坤二卦卦爻辭之義，故云卦爻辭也。
> 梁武帝云：《文言》是文王所制。案：「元者，善之長也」一節，魯穆姜引之，在孔子前，故以爲文王所制。然則初九以下，著答問而

〔註339〕乾卦九五，虞氏注云：「謂四已變，則五體離。離爲飛，五在天，故飛龍在天，利見大人也。謂若庖犧觀象於天，造作八卦，備物致用，以利天下。故曰飛龍在天。天下之所利見也。」（見李鼎祚《周易集解》・卷一，頁 3。）惠氏斷取其中。
〔註340〕見李鼎祚《周易集解》・卷一，頁 3。
〔註341〕見《周易述》，卷一，頁 7。

稱「子曰」，豈亦文王所制耶？是知《文言》者，指卦爻辭也，以卦
爻辭爲文王制，故謂之《文言》。孔子爲之傳，故謂之《文言傳》，
乃十翼之一也。〔註342〕

惠氏指出「文言」，爲文王所制乾坤二卦卦爻辭，而孔子爲二卦卦爻辭所作之
傳，稱爲《文言傳》。以文中有「子曰」之言，知是孔子之說。

《文言傳》中，「九五曰：飛龍在天，利見大人，何謂也？子曰：同聲相
應，同氣相求」，惠氏指出：

庖犧觀變於陰陽，而立八卦，震雷巽風，相薄而不相悖，故同聲相
應。艮山兌澤，高下氣通，故同氣相求。

此八卦「震雷、巽風、艮山、兌澤」等象，同聲相應，同氣相求，皆是庖犧
觀陰陽之變而立者。又「聖人作而萬物覩」，惠氏也認爲「聖人謂庖犧，合德
乾五，造作八卦，故聖人作」，並且進一步解釋云：

聖人即大人也。文王書辭，系庖犧於九五，故聖人謂庖犧也。庖犧
全，體中和，故合德乾五。始作八卦，是聖人作。〔註343〕

「聖人」、「大人」皆指庖犧，九五即謂聖人庖犧，所以「合德乾五」，即致中
和之德者。

（二）以春秋戰事明師律與輿尸之義

惠氏釋師䷆卦初六「初六師出以律，否臧凶」，指出：

初爲出師之始，故云出。坎爲律，《九家說卦》文。律者，同律也。
《周禮·太師》曰「大師執同律，以聽軍聲，而詔吉凶」。……《兵
書》曰：王者行師，出軍之日，太師吹律合音。商則戰勝，軍士強；
角則軍擾多變，失士心；宮則軍和士卒同心；徵則將急數怒，軍士
勞；羽則兵弱，少威明。《史記·律書》曰：王者制事立法，壹稟于
六律。六律爲萬事根本，其於兵械尤重。是師出以律之事也。……
宣十二年《春秋傳》晉知莊子說此爻曰：執事順成爲臧，逆爲否。初
失位，故不臧凶也。〔註344〕

惠氏云此「律」爲「同律」，即樂律。以《周禮·行師》之言，可知古者出師，
皆執樂律以從。並以《兵書》之言，知不同的樂音，可明軍士實況。所以音

〔註342〕見《周易述·文言傳》，卷十九，頁545。
〔註343〕見《周易述·文言傳》，卷十九，頁554～555。
〔註344〕見《周易述》，卷二，頁36、37。

律爲萬事根本，師事尤多賴以爲用，所以《吳越春秋》載大夫皋如之言云「審聲則可以戰」。惠氏並引《左傳・宣十二年》知莊子評論邲之戰的必然結果，彘子不從帥令，不以律從，則執事順成而爲臧，反之爲否；此爻失位，故不臧凶。「師出以律」，必全體一致順從，而彘子之不從，爲敗亡種下必然的結果。且，就爻位言，初爻失位，所以「不臧凶」。又，六三「師或輿尸，凶」，指出「尸，主也，坤、坎皆有輿象，師以輿爲主也」，並解釋云：

> 《戰國策》曰「寧爲雞尸」，故知「尸，主也」。《說卦》坤爲大輿，
> 坎其於輿也爲多眚，故坤、坎皆有輿象。舉、輿古今字。師以輿爲
> 主者，師之進退以輿爲主，凡帥師謂之帥，賦輿故曰輿尸。楚令尹
> 南轅反旆，王用伍參之言，改轅而北，則師之進退在輿也。〔註345〕

惠氏以《戰國策》云「寧爲雞尸」，而訓「尸」爲「主」義，〔註346〕並且認爲師以輿爲主。師既以輿爲主，則師之進退亦以輿爲主，主帥指揮軍隊，必乘輿以行令，所以爲「輿尸」。惠棟此一說法，有源於家學，惠士奇釋此爻辭，亦引《戰國策》言以「尸」爲「主」，並指出：

> 尸者，九二也；一陽爲尸，羣陰爲從，三體柔而志剛，不爲從，而
> 亦欲爲尸，故凶。《春秋》宣公十有二年，晉楚戰于邲，是時晉荀林
> 父將中軍，中軍者軍之元帥，所謂尸也。林父欲還不欲戰，其佐彘
> 子不從，故荀首曰：此師殆哉。有帥而不從，彘子尸之，必有大咎。……
> 輿尸者，師之進退以輿爲主，凡帥師者，謂之帥，賦輿故曰輿尸。
> 楚令尹南轅反旆，王用伍參之言，改轅而北，則師之進退在輿明矣。
>
> 〔註347〕

師卦以九二爲卦主，亦爲主帥，而六三陰爻不從陽主，亦欲爲尸，如同邲之戰，彘子不從主帥荀林父之指揮，且欲自爲主，所以大凶。又，師之進退行止，以輿爲主，指揮兵車之所至，即主帥所至；主帥所至，即大軍所至。行軍以旆爲先，而主帥在其後，今改轅而反旆，則知師之進退，故大軍進退，

〔註345〕見《周易述》，卷二，頁36、38。

〔註346〕劉向原本《戰國策》作「寧爲鷄口，無爲牛後」。姚宏續注本指出《顏氏家訓》引作「寧爲雞尸，不爲牛從」。鮑彪在新注本中則補曰：「《正義》云：雞口雖小，乃進食；牛後雖大，乃出糞。《大事記》取。正曰：《索隱》引延篤云：寧爲雞尸，不爲牛從。尸，雞中主；從，牛子也。」（見劉向集錄《戰國策・韓一》，卷二十六，臺北：里仁書局，1990年9月，頁933。）以「尸」訓「主」。

〔註347〕見惠士奇《惠氏易說》。引自臺北：藝文印書館《皇清經解易類彙編》，卷二百零八，頁337。

由興之方向可知。因此，此爻舉春秋之事而明其義。

（三）崩來而復歸其道

惠氏釋復卦「崩來无咎，反復其道」，指出「自上下者爲崩，剝艮反初得正，故无咎。反復其道，有崩道也。虞氏作朋來，云兌爲朋。在內稱來，五陰從初，初陽正，息而成兌，故朋來无咎。乾成坤，反于震，陽爲道，故復其道」，並進一步解釋云：

> 自上下者爲崩，京房義也。京剝《傳》曰：小人剝廬，厥妖山崩。
> 復《傳》曰：崩來无咎，自上下者爲崩，厥應大山之石，顛而下。
> 陽極于艮，艮爲石，爲山，剝之上九消艮入坤，山崩之象。《春秋·
> 僖十四年》「沙鹿崩」。《穀梁傳》曰「高曰崩」，故知崩自上而下
> 也。自上而下者，非爻自上反初，乃消艮入坤出震耳。……正陽
> 在下爲聖人，故云剝艮反初得正。《穀梁傳》曰「沙鹿崩，無崩道
> 而崩，故志之」，復卦，乾息坤，乾爲道，故云反復其道，有崩道
> 也。〔註348〕

惠氏訓「崩」，自上而下爲崩，並引《春秋》云「沙鹿崩」，《穀梁傳》以「高」爲「崩」，同時《穀梁傳》也提到僖公十四年秋八月沙鹿的崩塌，本無崩塌的道理卻崩了，所以將此一變異的現象給記載下來。事實上，並非眞無崩道，乃「反復其道」所致。群陰剝陽至於幾盡，而有崩象，然而物極必反，此陽氣復反而得以交通，所以雖崩而无咎。《春秋》載此「沙鹿崩」異象，在於群陰剝陽，倘能止其剝而復反其正，則誠如「少康德成，然後討澆；光武即位，收河北，然後征赤眉」。〔註349〕爲君者，當體察反復之道，撥亂反正，修身下仁，改過從善，則可化凶咎爲吉慶。

（四）弒君父而八月有凶

惠棟釋臨卦「至于八月有凶」云：

> 臨卦斗建丑而用事，殷之正月也。當文王之時，紂爲无道，故于是
> 卦爲殷家著興衰之戒，以見周改殷正之數云。臨自周二月用事，訖
> 其七月，至八月而遯卦受之。是其義也。若然，周後受命而建子，

〔註348〕見《周易述》，卷四，頁104～106。
〔註349〕見張惠言《虞氏易事》，引自趙輯如編次，新文豐出版公司印行《大易類聚初
　　　集》第十九輯，引印自南菁書院《皇清經解》本，頁478。

其法于此乎，陰消至遯，艮子弒父，至三成否，坤臣弒君，故云遯
弒君父。遯于周爲八月，故至于八月有凶也。〔註350〕

臨䷒與遯䷠旁通，遯於十二消息爲六月，屬夏曆所建之月，於周則爲八月。
遯下卦爲艮，艮子弒父，遯消至三成否，坤臣弒君，所以「遯弒君父」，乃至
「八月有凶」。臨卦二陽在下，陽氣始盛，萬物皆長，猶王者盛大之德，威臨
萬方，有臨治萬民之象，倘違正道，則轉變成遯，君道消殞，亡國滅身，桀、
紂皆如是。

《史記・歷書》提到「昔者易姓受命，必愼始初，改正朔」；「夏正以正
月，殷正以十二月，周正以十一月」。「天下道，則不失紀序；無道，則正朔
不行於諸侯」。王朝代興，必行「改正朔」之制，惠氏於釋革卦時指出，「王
者受命，改正朔，易服色，亦謂之革」。〔註351〕此一述說，爲根據鄭玄之文。
新立王朝，王者代天行事，改行正朔，建立本朝新的歷法，夏、商、周用歷
的重要不同，在於歲首的建月不同；夏曆以建寅爲歲首，商曆以建丑爲歲首，
周曆以建子爲歲首，世稱「三正」。〔註352〕臨卦斗建丑，爲夏曆十二月，即殷
之正月，周之二月。漢儒中類似鄭玄等人，以文王作卦爻辭，其所謂「至於
八月有凶」，應該是就周曆而言。臨卦於十二消息爲十二月，就爻而言，復卦
初九主十一月，臨卦九二主十二月，於周於二月。陽長而爲泰、大壯、夬、
乾，然後陰始長於姤，至於遯，即周之八月。此八月之時，陰盛而陽衰，如
同桀、紂之無道，終必消亡，所以「有凶」。

（五）成湯歸妹

惠氏釋泰䷊卦六五「帝乙歸妹，以祉元，吉」，以帝乙爲成湯，其論述云：

帝出乎震，故震爲帝。坤納乙，故坤爲乙。隱二年《公羊傳》曰：
婦人謂嫁曰歸，故云歸，嫁也。……六陰爻，五貴位，陰之貴者莫
如帝妹，貴而當降者，亦莫如帝妹。坤，妻道也，臣道也，故六居

〔註350〕見《周易述》，卷三，頁86～87。
〔註351〕見《周易述》，卷七，頁214。
〔註352〕清代吳鼐詳考「三正」之說，於《三正考》中也明白指出：「黃帝始造甲子而建
子，至顓頊始建寅，而唐、虞、夏因之。逮於商復建丑，周復建子。月既爲正，
而時亦隨之，以爲春然，商周之春，天施地化之義也。」（見《三正考》，卷一，
引自臺北：臺灣商務印書館四庫全書本，第181冊，頁331。）從黃帝始建子
月，顓頊、唐、虞、夏則建寅，商建丑，周又復建子。月正則時亦因之，四時
之變，即天地之施化。各個不同的時期，皆有其不同的建月，皆在正天地之變。

五必降。……五下嫁二，二上升五，以陰承陽，故云上承乾福，與坤「黃裳，元吉」同義也。帝乙，虞氏據《左傳》以爲紂父，秦漢先儒皆以爲湯，故《乾鑿度》曰：泰，正月之卦也，陽氣始通，陰道執順，故因此見湯之嫁妹，能順天地之道，敬戒之義。……湯以乙生，嫁妹，本天地，正夫婦，夫婦正則王教興矣。故曰《易》之帝乙爲成湯。《書》之帝乙六世王，同名不害以明功，疏猶所也。晉賀循議曰：案《殷紀》，成湯已下至於帝乙，父子兄弟相繼爲君，合十二世，而正世唯六。故《乾鑿度》曰：殷帝乙六世王，不數兄弟爲正世也。子夏、京房、荀爽皆同《易》說。《世本》湯名天乙，故稱帝乙，則先儒之說不爲無據。古人通經有家法，《左氏傳春秋》不如《易》家之審也。泰、歸妹二卦皆言歸妹者，歸妹九月卦，泰正月卦，《荀子》曰：霜降逆女，冰泮殺內。《家語》曰：霜降而婦功成，嫁娶者行焉。冰泮而農事起，婚禮殺於此。自秋至春，辛壬癸甲皆嫁娶之時，故《易》獨舉泰、婦妹二卦，以明之也。〔註353〕

震帝坤乙而爲「帝乙」。以《公羊傳》訓婦嫁爲「歸」。五爲天子之位，陰處五陰有帝妹之象。「帝乙」爲何，歷來主要說法有二，一稱紂父者，一稱成湯者。惠氏指出虞翻作「紂父」，主要根據《左傳》而來；《尚書·多士》云「自成湯至于帝乙」，而《左傳·哀九年》則載晉趙鞅筮得此爻，其言云「微子，帝乙之元子也」，則帝乙爲紂父。《子夏傳》云「帝乙歸妹，湯之嫁妹也」，《世本》云「湯名天乙」，故稱「帝乙」。京房《章句》記載湯嫁妹之辭云「無以天子之尊而乘諸侯，無以天子之貴而驕諸侯。陰之從陽，女之順夫，本天地之義也。往事爾夫，必以禮義」；亦以帝乙爲成湯。《後漢書·荀爽列傳》言「湯有娶禮，歸其妹于諸侯也」；亦云歸妹者爲成湯。是漢儒大都以帝乙爲成湯。惠氏特別強調古人通經皆有家法，而《易》之家法較《左傳》尤爲精審。至於婚娶的最當時節，惠氏引《荀子》與《孔子家語》，認爲是自秋至春，即辛壬癸甲之時，泰卦與歸妹二卦言嫁娶是在此時。

（六）變通之道

其它如釋《繫傳》「神農氏沒，黃帝、堯、舜氏作，通其變，使民不倦」，注云：

〔註353〕見《周易述》，卷二，頁56～57。

乾爲變，坤爲民。聖人南面而治天下，改正朔，易服色，與民變革，
故通其變，使民不倦。〔註354〕

疏云：

乾變坤化，故乾爲變。聖人南面而治天下，改正朔，易服色，與民
變革者，《禮記大傳》文。《漢書》元朔元年詔曰：朕聞天地不變，
不成施化；陰陽不變，物不暢茂。引此傳通其變使民不倦爲證，是
其義也。〔註355〕

引《禮記大傳》與《漢書》之言，說明先秦以至兩漢，南面而王、改正朔與
易服色的政治思想，並且強調天地變則施化成，陰陽變則物暢茂的通宜權變
之治道。

惠氏進一步釋《繫傳》「《易》窮則變，變則通，通則久。是以自天右之，
吉无不利」，注云：

化而裁之存乎變，故窮則變。推而行之存乎通，故變則通。與天終
始則可久，故通則久。王者通三統，立三正，若循連環，周則復始，
窮則反本，是其義也。黃帝、堯、舜，亦位乾五。五動之大有，故
自天右之，吉无不利。〔註356〕

疏云：

與天終始，則可久，此陸績義也。王者通三統，立三正，若循連
環，周則復始，窮則反本者，《書傳略說》文。黃帝、堯、舜，繼
伏羲、神農有天下者，故亦位乾五。五動之坤，成大有，有天地
日月之象。古之聰明睿知神武，反復而不衰者，故自天右之，吉
无不利也。〔註357〕

變通之道，與天終始，則可久。依陸績之說，庖犧教民取禽獸，民眾獸少，
其道易窮；神農教民播殖，以養其生。血食窮則變而食穀糧，此即窮變之法。
〔註358〕不論伏羲、神農，乃至黃帝、堯、舜，皆位乾五，五動之坤而爲大有

〔註354〕見《周易述》，卷十七，頁482。
〔註355〕見《周易述》，卷十七，頁484。
〔註356〕見《周易述》，卷十七，頁482～483。
〔註357〕見《周易述‧繫辭下傳》，卷十七，頁484。
〔註358〕參見陸績注此《繫辭》云：「陰窮則變爲陽，陽窮則變爲陰，天之道也。庖犧
作网罟，教民取禽獸，以充民食。民眾獸少其道窮，則神農教播殖以變之。
此窮變之大要也。」（見李鼎祚《周易集解》，卷十五，頁365。）

䷛，故云「自天右之，吉无不利」。惠氏透過堯舜之前的生活樣態，與帝王的治道，以明《周易》的變通之道。

（七）建萬國親諸侯者為夏先王

惠棟釋比䷇卦《象傳》「先王以建萬國，親諸侯」，疏云：

> 先王，謂夏先王也。五爲天子，故先王謂五。初變之正，體震。震爲
> 建侯，初剛難拔，故云「建」。震爲諸侯，義見屯卦。坤爲地，地有
> 九州，夏時九州有萬國，故坤爲萬國。……《古文尚書・皋陶謨》曰：
> 邍成五服，至於五千，州有十二師，外薄四海，咸建五長。鄭彼注云：
> 敷土旣畢，廣輔五服而成之，面方各五千里。四面相距爲方萬里。師，
> 長也。九州，州立十二人爲諸侯，師以佐其牧。外則五國立長，使各
> 守其職。堯初制五服，服各五百里。要服之內，方四千里，曰「九州」。
> 其外荒服，曰「四海」。此禹所受《地記書》，崑崙山東南，地方五千
> 里，名曰神州者，禹邍五服之殘數，亦每服者合五百里，故有萬里之
> 界，萬國之封。《春秋傳》曰：禹朝羣臣於會稽，執玉帛者萬國。言
> 執玉帛者，則九州之內諸侯也。其制特置牧，以諸侯賢者爲之師。葢
> 百國一師，州十有二師，則州千二百國也。八州凡九千六百國，其餘
> 四百國在圻內。此禹時建萬國之事也。四月以建萬國者，《明堂月令》
> 曰：立夏之日，天子親帥三公、九卿、大夫，以迎夏於南郊，還反，
> 賞封諸侯。葢夏、殷法也。《白虎通》曰：封諸侯以夏何？陽氣盛養，
> 故封諸侯，盛養賢也。襄廿六年《春秋傳》曰：賞以春夏，刑以秋冬。
> 是慶賞封建，皆以夏也。王肅《聖證論》亦同此説。禹邍成五服，「邍」
> 與「比」同。《説文》曰「邍，輔信也」。輔成五服，此建萬國之象。
> 比，比也，《序卦》文。九五孚信之德，盈滿中國，四海會同，遠人
> 實服，此親諸侯之象也。〔註359〕

惠氏明白指出「先王」爲「夏先王」。五爲天子，震長子主器爲諸侯。坤地九州，夏時九州有萬國，所以坤爲萬國。惠氏並引《尚書》與鄭注，指出九州立十二長爲諸侯；九州之外，又有五國，各立其長，各守其職。堯時九州方四千里，其外堯制五服，各五百里。引《地記書》云神州五千里，禹邍五服，每服亦五百里。禹建萬國，一州十二諸侯爲十二師，一師百國，則一州一千

〔註359〕見《周易述・象上傳》，卷十一，頁303～304。

二百國，八州合九千六百國，餘四百國在天子城內。此即禹建萬國之事。惠氏同時指出，立夏爲建萬國與封諸侯之時，此夏、商相襲之法。從《明堂月令》、《白虎通》、《春秋傳》與王肅之言，可以證實先秦封官獎賞大都在夏時，乃陽氣盛養之時，所以盛養賢臣。從卦爻象言，九五下臨坤地，爲建萬國之象。一陽下撫群陰，爲親諸侯之象。天子立孚信之德，盈滿天下，四海一家，遠近賓服，所以爲諸侯者。惠氏定「先王」爲夏禹，立論九州諸侯與萬國的天下架構，並陳述王天下的美好政治圖式，或許是一種夏代信史的還原，或許是一種政治典範的建立與理想的期盼。

（八）衣裳之制取諸乾坤之義

惠氏釋《繫下》「黃帝堯舜，垂衣裳而天下治，蓋取諸乾坤」，注云：

> 乾爲衣，坤爲裳。取乾坤用九、用六之義，以治天下，而君臣上下各得其正，故天下治。《世本・作》曰：黃帝臣伯余作衣裳。蓋法始于伏戲，而成于堯、舜。舜曰：予欲觀古人之象，日月星辰、山龍華蟲，作會。宗彝、藻、火、粉米、黼、黻、絺繡，以五采章施于五色，作服，女明。衣用會，裳用繡，凡十二章，是取象乾坤之事。《易》者象也，古人之象，謂《易》象也。《春秋傳》曰：見《易》象。

疏云：

> 乾爲衣，坤爲裳，《九家說卦》文。《文言傳》曰「乾元用九，天下治」也。乾用九，坤用六，成兩既濟，故君臣上下各得其正，而天下治也。《世本》十五篇，其一曰《作篇》，言制作之事，彼文云「伯余作衣裳」，宋衷注云：黃帝臣也。揚子《法言》曰：「法始于伏義，而成于堯。黃帝作衣裳，衣裳之制，取諸乾坤。」故云「法始于伏義，而成于堯舜」。堯舜之治天下，與伏義同，禹、湯、文、武皆然，故《荀子》曰：文武之道，同伏義也。「舜曰」已下至「女明」，《尚書・皐陶謨》文。鄭彼注云：「會」讀爲「繪」。宗彝，宗廟之鬱鬯尊也；虞夏以上，蓋取虎彝、蜼彝而已。粉米，白米也。絺，讀爲黹；黹，紩也。凡畫者爲繪，刺者爲繡，此繡與繪各六，衣用繪，裳用繡。性曰采，施曰色，此十二章爲五服，天子備有焉，以飾祭服。乾爲衣，坤爲裳，乾坤各六畫，繡與繪亦各六；乾坤十二爻，衣裳亦十二章。是取象乾坤之事，八卦成列，象在其中，故曰：《易》者象也，謂今之《易》，古之象也。伏義作八卦而名象，故五帝之書

皆蒙象名。《堯典》歷象日月星辰，此歷書也。又曰象以典刑，《皋
陶謨》曰：方施象刑，惟明此刑書也。古人之象此《易》書也。聖
人因天，故治天下之書皆名象。《周禮》六官稱六象，縣于象魏。故
哀三年《春秋傳》曰：命藏象魏，曰舊章不可亡也。是古名書為象
之事。《春秋傳》曰：見《易》象，昭二年《傳》文。引之以驗，彼
時猶襲古名，稱為《易》象也。〔註360〕

關於惠氏之引述，「舜曰」一段，云出自《尚書・皋陶謨》文，實當出自《尚
書・益稷》，此惠氏之失。惠引《世本》論證黃帝之臣伯余有作衣裳之實。黃
帝之作衣裳，又取法於伏羲，而成於堯舜。因為伏羲作八卦而名象，物皆以
象為台，衣裳亦然。衣裳取乾坤之象，乾為衣，坤為裳，乾坤各六畫，衣裳
之工分繡與繪亦各六；乾坤十二爻，衣裳亦十二章；是取象乾坤之事。堯舜
根本伏羲，而禹、湯、文、武亦皆一脈相承之治道。「黃帝堯舜，垂衣裳而天
下治，蓋取諸乾坤」，是取乾坤用九用六之道，成兩既濟，故君臣上下能夠各
得其正，化育萬物而天下治。惠氏引《尚書・益稷》文，以說明取法自然之
象而繪繡於衣裳之上；用日、月、星辰、山、龍、華蟲六種圖形繪在上衣上，
而用虎（或蜼）、水草、火、白米、黑白相間的斧形花紋、黑青相間的相背兩
「己」字的花紋繡在下裳上，並以五種不同的顏料作成五種色彩不同的衣服，
以分別成五種不同等級的服裝，此即鄭玄所謂的「此十二章為五服，天子備
有焉，公自山龍而下，侯伯自華蟲而下，子男自藻火而下，卿大夫自粉米而
下」。〔註361〕衣裳取象，即同乾坤十二爻；萬物之象，萬物之理，皆合《易》
象，亦合《易》之理。因此，此《繫傳》文，透過歷史文化的背景、服飾制
作的規定，來闡明其義。

惠氏以史述《易》，主要著重在文字的詁訓意義上，從義理陳述的觀點言
之，仍屬於消極的態度。他運用的史實，主要為歷史人物，特別是三皇五帝
與商周時的人物，以及運用有關的歷史制度，其運用之目的，大都僅在解釋
文字的意涵，或是澄清文字的實質意義，並不在運用史實而擴大論述以闡明
經傳大義。除了前面諸例的論述外，其它如：

其一、《象傳》「明入地中，明夷。內文明而外柔順，以蒙大難，文王以

〔註360〕見《周易述・繫辭下傳》，卷十七，頁482～485。
〔註361〕見《尚書注疏・益稷》，卷五，孔穎達《疏》引鄭氏之文，頁69。（藝文印書
館《十三經注疏》本。）

之」，惠氏注云：

> 文明，离也。柔順，坤也。三喻文王，大難謂坤。三幽坎中，故蒙
> 大難，似文王之拘羑里。〔註362〕

以明夷䷣九三喻文王，九三爲上下坎陰所包，故以「蒙大難」言，如同文王爲紂所囚，拘於羑里一般。

其二、《象傳》「利艱貞，晦其明也。內難而能正其志，箕子以之」，惠氏注云：

> 坤爲晦，离爲明，應在坤而在內卦，故云內難。坎爲志，三得正體
> 坎，故能正其志，似箕子爲奴。〔註363〕

以明夷䷣卦九三陽居三得正體坎，故能正其志，似箕子仁人，而爲紂所奴，所以云「箕子以之」。同時，惠氏並且否定虞氏之說，認爲「虞氏從俗說，謂箕子爲五，臣居天位，失其義矣」。〔註364〕

其三、惠氏釋革卦卦義時，取義有四，其中有作「王者受命，改正朔，易服色」者，亦作「湯武革命」爲解者，〔註365〕此二義皆涉史事。

其四、《繫傳》「聖人設卦」，注云「聖人謂庖犧」，以庖犧作八卦，所以聖人指的是庖犧氏。又「是故君子所居而安者，易之象也」，注云「君子謂文王」；引《帝王世紀》指出「文王在羑里演六十四卦，著七、八、九、六之爻，謂之《周易》」，所以說君子爲文王。〔註366〕

其五、《繫上》「聖人有以見天下之賾」，釋云「乾稱聖人，謂庖犧也」；也就是說，「乾五爲聖人，文王書《經》，繫庖犧于九五，故謂庖犧也」。以乾爲聖人，而庖犧特指九五爻位。又「聖人有以見天下之動」，釋云「聖人謂文王也」，即見天下之動者，也就是知六爻之動者，即是文王；惠氏指出「庖犧畫卦，文王書經傳，兩稱聖人，故知庖犧及文王也」。〔註367〕《繫下》「聖人以通天下之志」，以及「聖人以此先心」，所言「聖人」，皆謂庖犧氏。〔註368〕

有關的論述極爲頻繁，惠氏重在考實與文字對象的確認，並不具有太多

〔註362〕見《周易述・象下傳》，卷十，頁265。
〔註363〕見《周易述・象下傳》，卷十，頁265。
〔註364〕見《周易述・象下傳》，卷十，頁266。
〔註365〕見《周易述》，卷七，頁214。
〔註366〕參見《周易述・繫辭上傳》，卷十五，頁388～389。
〔註367〕參見《周易述・繫辭上傳》，卷十五，頁409～411。
〔註368〕參見《周易述・繫辭下傳》，卷十六，頁443～444。

義理性的內涵存在。

三、明堂說

惠氏曾說他「因學《易》而得明堂之灋，因明堂而知禘之說」，明堂之法是由學《易》而考證得到的，而「禘」之說則又因明堂而進一步所得到的主張，也就是說，不論是明堂或是禘明，皆與其治《易》有密切的相關。惠氏研《易》則對明堂之義愈明，所以專著《明堂大道錄》八卷，本於兩漢以降諸說，驗於緒經，詳述明堂建制的歷史沿革與作用，博贍而有徵，提供學者研究這方面的議題時的完備的重要參考。《周易述》中提及「明堂」或「明堂位」，乃至「明堂月令」者，計有一百三十六次，特別是詁訓《說卦》時，對於明堂之法，作了極為詳細的論述，可以看出惠氏對明堂與《易》的聯繫關係之側重，並且透過《易》來闡釋明堂，或以明堂來發揮《易》義。

（一）明堂的功能與架構

明堂為古代帝王宣明政教的重要地位，聖人法「四時之序，五德相次」，「以立明堂，為治天下之大法」。〔註369〕所以惠氏引諸典籍之言云：

> 《孝經》曰：周公宗祀文王於明堂以配上帝。周以木德，謂配木德之帝，是五德之帝皆稱上帝也。上帝五帝，在太微之中，迭生子孫。更王天下者，此何休義也。劉歆《七略》曰：王者師天地，體天而行。是以明堂之制內有太室象紫微，南出明堂象太微。《援神契》亦謂五精之神，實在太微，故知五帝在太微之中。乾《彖傳》曰：大哉乾元，萬物資始，乃統天。《郊特牲》曰：萬物本乎天，聖人而為天子，尤天所篤生者。故云迭生子孫，更王天下，如下所云五德相次是也。四時之序，木、火、土、金、水，五行之德用事者，王所生相，故王廢勝，王囚，王所勝死，故云五德相次。《家語》孔子曰：天有五行，木、火、金、水、土，分時化育，以成萬物，其神謂之五帝。又曰：五行用事，先起於木，木東方，萬物之初皆出焉。是故王者則之，而首以木德王天下。其次則以所生之行轉相承也。《大戴禮·盛德》云：明堂天法，故聖人法之以立明堂。〔註370〕

〔註369〕見《周易述·說卦》，卷二十，頁586。
〔註370〕見《周易述·說卦》，卷二十，頁590。

明堂之中，用以配上帝，其「上帝」者，即「五帝」；如周以文王配祀爲木德之帝。五帝在太微之中，即用以師於天地，體天體之運行，而以明堂象徵太微之中。天德五行，木、火、金、水、土，相次而行，分時化育，而成萬物以生息不已，此五行之所，駐於天體太微中，所以乾卦《象傳》云「大哉乾元，萬物資始，乃統」，其理即同於此。王者法此天道，以立明堂之法。明堂依朝代的更迭而有不同的名稱，「神農曰天府，黃帝曰合宮，唐曰五府，虞曰總章，夏曰世室，殷曰重屋，周曰明堂」。〔註371〕

惠氏進一步指出明堂的主要活動或功能，以及其基本的組成結構，云：

> 明堂爲天子大廟，禘祭、宗祀、朝覲、耕籍、養老、尊賢、饗射、獻俘治、望氣、告朔、行政，皆行于其中，故爲大教之宮。其中有五寢五廟、左右个、前堂後室。室以祭天，堂以布政。上有靈臺，東有大學，外有四門，四門之外有辟廱，有四郊及四郊迎气之兆，中爲方澤，左有圜丘，主四門者有四嶽，外薄四海，有四極。〔註372〕

明堂爲天子的太廟，不論是祭天祭祖的禘祭、宗祀、朝覲、帝王親耕之禮、養老、尊賢、宴饗賓客並行之射禮、獻俘治、望氣占卜、告朔與行政作爲，都行於明堂之中。明堂的大概佈置結構，有五寢五廟，以及左个、右个、前堂與後堂。即明堂主要有五室四堂，室用以祭天，而堂以布政。上又有靈臺，東方有太學，外四門，四門外又有辟廱，並有四郊、方澤、圜丘、四嶽，外接四海，有四極。惠氏《明堂大道錄》又云：

> 三代以前，其灋大備，詳於《周禮》之〈冬官〉，〈冬官〉亾而明堂之灋遂不可攷，略見于六經而不得聞其詳。說經者異同閒出，惟前漢之戴德、戴聖、韓嬰、孔牢、馬宮、劉歆，後漢之賈逵、許慎、服虔、盧植、潁容、蔡邕、高誘諸儒，猶能識其制度，惜爲孔安國、鄭康成、王肅、袁準四人所亂。安國以禘止爲審諦召穆，故漢四百季無禘礼。康成以文王廟如明堂制，謂國外別有明堂。王肅又以禘嚳爲后稷之所自出，非配天之祭。及袁準作《正論》，謂明堂大廟，大學各有所爲，排詆先儒，并及六經，于是明堂之灋，後人無有述而明之者矣。〔註373〕

〔註371〕見《周易述‧說卦》，卷二十，頁586。
〔註372〕見惠棟《明堂大道錄‧明堂總論》，卷一，頁665。
〔註373〕見惠棟《明堂大道錄‧明堂總論》，卷一，頁665。

並於《周易述》中也論云：

> 尋明堂之制，備於《冬官》，《冬官》亡，故《黃圖月令論》所稱不
> 盡與古合，爲袁準所駁。然其取法於《易》則同也。又先儒戴德、
> 戴聖、韓嬰、孔牢、馬宮、劉歆、賈逵、許愼、服虔、盧植、穎容、
> 蔡邕、高誘諸人，皆以明堂上有靈臺，下有辟雍，四門有太學。故
> 蔡氏論云：謹承天順時之令，昭令德宗祀之禮，明前功百辟之勞，
> 起養老敬長之義，順教幼誨稚之學，明諸侯選造士於其中，以明制
> 度。生者乘其能而至，死者論其功而祭，故爲大教之宮。《周書‧大
> 匡》曰：明堂所以明道，明道惟法。是言治天下之大法也。《大戴禮‧
> 盛德》曰：明堂者，古有之也。盧辯注云：案《淮南子》言神農之
> 世祀於明堂，明堂有蓋，四方蓋始於此。《尸子》曰：黃帝曰合宮，
> 有虞曰總章，周人曰明堂，皆所以明休其善。又曰：欲觀黃帝之行
> 於合宮，觀堯舜之行於總章，故知黃帝曰合宮，虞曰總章。《尚書帝
> 命驗》曰：帝者承天，立五府，以尊天重象。注云：象五精之神也。
> 天有五帝，集居太微，降精以生聖人，故帝者承天，立五帝之府，
> 是爲天府。桓譚《新論》曰：明堂，堯謂之五府。府，聚也。言五
> 帝之神聚於此。《古文尚書‧堯典》曰：正月上日，受終於文祖。鄭
> 彼注云：文祖，五府之大名，如周之明堂。故知唐曰五府，皆明堂
> 異名也。《考工記》曰：夏后氏世室，殷人重屋，周人明堂，是三代
> 明堂亦異名也。〔註374〕

明堂之制，這個代表歷史文化與政治範疇的制度、建築，以及反映和代表某
種時代的思想內涵，曾顯著於一時，卻隨著時光洪流的消逝，由詳知而簡略，
不明其全，主要的問題就是文獻之不足徵。明堂備於詳於《周禮‧冬官》，但
〈冬官〉亡而明堂之法便不可考，雖略見諸經之中，卻不得聞其詳。說經者
異同互見，莫衷一是，其中兩漢戴德、戴聖、韓嬰、孔牢、馬宮、劉歆、賈
逵、許愼、服虔、盧植、穎容、蔡邕、高誘諸儒，猶能識其制度，以明堂爲
天子太廟，所以宗祀其祖，以配上帝，恭敬而行其孝道。又爲聖帝明王南面
而聽政的布政之堂，並含有順天時，施行法、講學、養老、朝諸侯、選士、
備禮、辨物的教化之所。明堂與清廟、太廟、辟廱、靈臺、大學異名而同實，
所以惠氏云「取其宗祀之類，則曰清廟；取其正室之貌，則曰大廟；取其堂

〔註374〕見《周易述‧說卦傳》，卷二十，頁 590～591。

則曰明堂；取其四門之學，則曰大學；取其周水圜如璧，則曰辟廱。異名同事，其實一也」。諸家之說，以蔡邕《明堂月令論》所言最為詳要。〔註 375〕但是，諸儒所傳之說，卻又為孔安國、鄭康成、王肅、袁準四人所亂。孔安國以禘僅僅為審諦昭穆，故漢代四百年无真正的禘禮存在；鄭玄則以文王廟如明堂制度，認為國都之外又另有別堂；王肅則以禘嚳（高辛氏）是從后稷開始的，為非配天之禘祭；晉代袁準提出明堂太廟、太學各有所為，否定漢儒及六經中的有關說法。惠氏直指四人為惑亂明堂之制的主要禍首，也造學後學對明堂之法，不能得其真正內涵。明堂的名稱各個時期或雖不同，但是它功能是一樣的；明堂的重要意義，在於「謹承天順時之令，昭令德宗祀之禮，明前功百辟之勞，起養老敬長之義，順教幼誨稚之學」；「明堂所以明道，明道惟法。是言治天下之大法也」。治天下之大法，即是中庸的至誠與中和之理想境界，也是《周易》化育萬物、成既濟定的最佳歸宿。

惠氏《周易述》中又引諸家之說，以述明明堂之制的有關重要之內涵，云：

> 室以祭天，堂以布政者，後魏封軌《明堂議》文。軌又云：依行而祭，故室不過五，依時布政，故堂不踰四是也。王者承天統物，各於其方以聽事者，《禮記・明堂陰陽錄》文。彼文云：明堂之制，周旋以水。水左旋以象天，內有太室，象紫垣。南出明堂，象太微。西出總章，象五潢。北出元堂，象營室。東出青陽，象天市。上帝四時，各治其室，故王者法之也。統物，統萬物也。蔡氏《章句》曰：月令，所以順陰陽，奉四時，效氣物，行王政也。成法具備，各從時月，藏之明堂，所以示承祖考神明，明不敢泄瀆之義，故以明堂冠月令。虞、夏、商、周四代行之，故《禮記・明堂位》兼陳四代之服器，其文在《周書》五十三。《大戴》采以為《明堂月令》，馬氏附《月令》於《小戴》而刪明堂字，故止謂之《月令》也。《中庸》言：唯天下至聖，為能聰明睿知，足以有臨也。下云：凡有血氣者，莫不尊親，故曰配天，是生有配天之業也。《古文尚書・伊訓篇》曰：惟太甲元年，十有二月乙丑朔，伊尹祀於先王，誕資有牧方明。劉歆釋之曰：言太甲雖有成湯、太丁、外丙之服，以冬至越弗，祀先王於方明，以配上帝。方明者，放明堂之制，太甲行吉禘

之禮，宗祀成湯於明堂，以配上帝，是沒有配天之祭也。夏少康中興，伍員亦云祀夏配天。三代受命中興之主，及繼世有德之君沒，皆行配天之祭。禹、湯、文、武，受命之主也。夏之少康、周之宣王，中興之主也。殷之三宗、周之成康，繼世有德之君也。云太皞以下，歷代所禘者，《禮運》云：大道之行也，天下爲公。鄭注《祭法》云：有虞氏以上，尚德禘郊祖宗，配用有德者而已。自夏巳下，稍用其姓氏代之。《禮運》所謂大道既隱，天下爲家。禹、湯、文、武、成王、周公，由此其選。言禹、湯以下，雖用明堂之法，而大道稍隱也。若然，太皞、炎帝當亦黃帝以下所禘。其黃帝以下，乃四代所禘，見於《魯語》及《祭法》也。蔡氏《獨斷》曰：《易》曰：帝出乎震，震者，木也。言宓犧氏始以木德王天下也。木生火，故宓犧氏沒，神農氏又以火德繼之。火生土，故神農氏沒，黃帝以土德繼之。土生金，故黃帝氏沒，少昊氏以金德繼之。金生水，故少昊氏沒，顓頊氏以水德繼之。是言五德相次，自太皞以下也。《獨斷》又云：水生木，故顓頊氏没，帝嚳以木德繼之。木生火，故帝嚳氏沒，帝堯以火德繼之。火生土，故帝舜氏以土德繼之。土生金，故夏禹氏以金德繼之。金生水，故殷湯氏以水德繼之。亦皆五德相次，故帝嚳雖不列五帝，商周以下禘之，堯、舜、禹、湯、文、武，咸列祖宗之祭也。《若明堂月令》以太皞相次者，蓋唐虞巳前之制，其實歷代皆有損益也。《禮器》曰：大饗其王事，與三牲魚腊、四海九州之美味也。籩豆之薦，四時之和氣也。內金，示和也。束帛加璧，尊德也。龜爲前列，先知也。金次之，見情也。丹漆、絲纊、竹箭，與眾共財也。其餘無常貨，各以其國之所有則致遠物也。《禮器》云：大饗其王事。大饗者，明堂之大禘也。王者行大饗之禮於明堂，謂之禘、祖、宗。禘者，圓丘之大禘，與春夏之時禘，及喪畢之吉禘也。祖者，如周之祖文王也。宗者，如周之宗武王也。皆配天之祭，又皆蒙禘之名，謂禘其祖之所自出故也。后稷之祀在南郊，《郊特牲》曰：兆於南郊，就陽位也。又云：於郊，故謂之郊，故云唯郊行之於南郊。其三大祭皆在明堂也。《爾雅》祭名曰禘，大祭也。禘、郊、祖、宗，四大祭，而總謂之禘者，《楚語》：禘郊，郊也。鄭注《大傳》不王不禘，及《詩·長發》大禘《箋》皆云郊祀天。是郊稱禘

也。《周頌・雝・序》云：禘，大祖也。鄭《箋》云：大祖謂文王，
是祖稱禘也。劉歆云：大禘則終王，是宗稱禘也。禘者，禘其祖之
所自出。董子曰：天地者，先祖之所出也。故四大祭皆蒙禘之名也。
《般庚》曰：茲予大享於先王，爾祖其從與享之。故云一帝配天，
功臣從祀。禘禮上遡遠祖者，謂如周始祖之上，又有遠祖譽。虞喜
曰：終禘及郊，宗石室是也。旁及毀廟者，謂四廟二祧之外，又及
毀廟，皆升合食序昭穆，故《韓詩內傳》曰：禘取毀廟之主，皆升
合食於太祖是也。下逮功臣者，謂功臣從祀。《周書・大匡》曰：勇
如害上，不登於明堂。高堂隆釋之云：謂有勇而無義，死不登堂而
配食。故蔡氏據《禮記太學志》曰：善人祭於明堂，其無位者祭於
太學。是言禘祭下逮功臣之事也。聖人居天子之位，謂如《文言》
所云：飛龍在天，乃位乎天德，有天德而居天位者也。《說文》曰：
董仲舒云：古之造文者，三畫而連其中謂之王。三者，天、地、人
也。而參通之者，王也。孔子曰：一貫三爲王，故云。以一德貫三
才，行配天之祭者，謂上四大祭也。天道遠，故推人道以接天，禘
禮之灌是也。以孫格祖，以祖格天，故天神降，地示出，人鬼格。
即《大司樂》所云：若樂六變則天神皆降八變則地示皆出，九變則
人鬼可得而禮是也。〔註376〕

祭天之室，布政之堂，各不踰五、四。明堂四周圍繞以水，水左旋以象天體
之行。室、堂又象天體各布天體，行於天中，如同五帝以四時各治其室，而
王者法之以布政。所以月令在「順陰陽，奉四時，效氣物，行王政」，從而「明
堂」冠「月令」。行於三代之前及三代，後儒載籍，有云「明堂月令」，或簡
作「月令」者。諸王配天行道，受命爲主，是西漢五行觀與天人交感思想的
重要基礎，或可以說是這一系思想範疇的承繼。惠氏並引典籍說明明堂行禘、
祖、宗、郊等祭，並對「禘」義作了一番引述，這部份前面已有簡要論及，
不再說明。

（二）明堂與易學的重要相繫關係

惠棟指出明堂「權輿于伏羲之《易》，刱始于神農之制，自黃帝、虞舜、
夏、商、周，皆遵而行之。而行之者，天下之至誠，毌三才之道，施之春烋

〔註376〕見《周易述・說卦傳》，卷二十，頁 592～594。

多夏，是爲七始。始於盡性，終於盡人性，盡物性；贊化育而成既濟定者也」。所以說，「其道本乎乎《易》而制寓于明堂」。〔註377〕明堂與《易》理有密切的相關，根本於伏羲的制《易》，而從黃帝以降皆尊而行之。循至誠之道，貫通於天、地、人三才，施之於四時而不墜，此亦合《易》道之質。其始於盡性，即盡天命之性，也就是一種自然的道性，既是《中庸》的概念，也是《易》道的概念；其終於盡人性與萬物之性，也就是秉其萬物宜善之性，終能致中和而天地位與萬物育，而達於既濟定與「元亨利貞」之道。

從明堂的結構形體言，惠氏指出：

> 宇文愷據《黃圖》曰：堂方百四十四尺，法坤之筴也。方象地，屋圓楣，徑二百一十六尺，法乾之筴也。圓象天，室九宮，法九州。太室方六丈，法陰之變也。十二堂，法十二月。三十六戶，法極陰之變數。七十二牖，法五行所行。日數八達，象八風，法八卦。通天臺，徑九尺，法乾以九覆六。高八十一尺，法黃鍾九九之數。二十八柱，象二十八宿。堂高三尺，土階三等，法三統。堂四向五色，法四時五行。水四周於外，象四海圓，法陽也。水闊二十四丈，象二十四氣。水內徑三丈，應覲《禮經》。是言所法之事。蔡氏《明堂月令論》，其說略同。〔註378〕

根據《黃圖》與蔡邕《明堂月令論》之說，明堂堂方一百四十四尺，徑長二百一十六尺，是法《周易》六十四卦乾坤之策數而制。可見創制明堂的思考上，對《周易》的功能與實質的地位，是十分看重的。同時，對於明堂所涉之數字，亦有所依循，如明堂九室，法九州之數；太室方六丈，法陰之變數；通天之臺，徑九尺，法陽九之數；其它有法十二月之數、八卦之數、二十四氣數、二十八宿數等等者。這些數都與漢代易學的用數有密切的相關。

惠氏於《明堂大道錄・明堂權輿》中引《繫上》之言：

> 《繫上》曰：大衍之數五十，其用四十有九，分而爲二以象兩，掛一以象三，揲之以四以象四時，歸奇于扐以象閏，五歲再閏，故再扐而後掛。是故四營而成易，十有八變而成卦，八卦而小成，引而信之，觸類而長之，天下之能事畢矣。

並進一步論述云：

〔註377〕見惠棟《明堂大道錄・明堂總論》，卷一，頁 665。
〔註378〕見《周易述・說卦傳》，卷二十，頁 590～591。

《繫下》曰：易有太極，是生兩儀，兩儀生四象，四象生八卦。伏羲用蓍而作八卦，所以贊化育之本也。天地之數五十有五，而五為虛，故大衍之數五十。三才，五行之數也；其一大極，故用四十有九，取其圓而神也。大極生兩儀，兩儀，乾坤也，故分而為二，以象兩。大衍之數有三才。乾道成男，坤道成女，故掛一以象三。大衍之數有五行，播五行于四時，故揲之以四以象四時，……四營而成易，易變而為一，謂成一變大初之氣，寒溫始生，故不云變，而云易也。……六爻三變，故十有八變而成卦，六子三索而，成故八卦而小成，所謂四象生八卦也。引信三才，觸類而長之，以成六十四卦，聖人成能，故天下之事畢矣。明堂者，王者毋三才之道以施于春烋冬夏，即大衍之數也。《孟子》曰：夫明堂者，王者之堂也。一毋三為王，王者順時行令，兼三王之道，以施于春烋冬夏，所以贊化育也。明堂以聽朔為先，本大衍歸奇再扐之濃。〔註379〕

在這裡，惠氏將占筮大衍之法與伏羲太極化生八卦之法，作了詳細的說明，並且指出明堂之法即此《易》之法，所以贊化育之道。此外，惠氏又進一步說：

震，東匸也者，青陽大廟也。巽，東南也者，東青陽个，南明堂个也。離，南方之卦也者，明堂大廟也。負斧依南面而立，故南面而聽天下。聽，聽朔也。天子當陽，故鄉明而治，蓋取諸此也者；言明堂之濃，取諸此也。蔡氏謂人君之位，莫正于此，故雖有五名，而主以明堂也。坤也者，地也者。坤位未而王四季，故用事于西南而尻中央。西總章个，南明堂个，中央大廟大室也。兌主西，故正烋，總章大廟也。乾西北之卦也者，西總章个，北（元）堂个也。坎，正北匸之卦也者，（元）堂之大廟也。艮，東北之卦也，萬物之所成終而成始也者。東青陽个，故曰成始；北（元）堂个，故曰成終。〔註380〕

依五德終始之說，伏羲為五帝之始，以木德為主，木於五行方位又屬東；此合於《說卦》所云「帝出乎震」、「萬物出乎震」的概念。震屬青陽太廟。巽屬東青陽个與南明堂个。離為明堂大堂，君主位此當陽而明，南面而王；明

〔註379〕見《明堂大道論‧明堂權輿》，卷二，頁 669。
〔註380〕見《明堂大道錄‧明堂權輿》，卷二，頁 669。

堂之法，取自於此，人君之位，即此明堂之位。坤用事於西南而坐中央，屬西總章个、南明堂个，與中央太廟太室。乾位西北，屬西總章个與北元堂个。坎爲正北之卦，屬元堂太廟。艮東北爲萬物之所成終而成始，成始於東青陽个，成終於北元堂个。八卦各有所屬，此明堂之位，合八卦方位之說。

惠氏認爲明堂有五室四堂，其二、九、四，七、五、三，六、一、八，四正四維，皆合於十五。其室用以祭天，而堂則用以布政。同時認爲「王者承天統物，各於其方以聽事，謂之明堂月令。虞、夏、商、周四代行之，今所傳《月令》是也」。〔註381〕並且進一步指出：

> 五室，謂中太室，東青陽，南明堂，西總章，北元堂。四堂各有室，
> 兼中央爲五，故有五室四堂也。二、九、四，七、五、三，六、一、
> 八者，《大戴禮‧盛德》文。坤二、离九、巽四、故云二、九、四。
> 兌七、中央五、震三、故云七、五、三。乾六、坎一、艮八，故云
> 六、一、八。凡九謂之九宮，一、二、三、四，得五爲六、七、八、
> 九，故《乾鑿度》曰：太一取其數以行九宮，四正四維，皆合於十
> 五。鄭彼注云：太一，主氣之神，四正四維，以八卦神所居，故亦
> 名之曰宮。太一下行，猶天子出巡狩省方岳之事，每率則復。太一
> 下行八卦之宮，每四乃還於中央。中央者，北辰之所居，故因謂之
> 九宮。始坎，次坤，次震，次巽，次中央，次乾，次兌，次艮，次
> 离。行則周矣，乃反於紫宮，出從中男，入從中女，亦因陰陽、男
> 女之偶爲終始云。坎、离、震、兌爲四正，乾、坤、艮、巽爲四維。
> 一、九，六、四，二、八，七、三，乘五皆爲十五，故云皆合於十
> 五。〔註382〕

明堂九堂之數，合於八卦之數，太一下行於八卦之宮，四維四正，皆合於十五，《乾鑿度》與鄭玄皆如是說。出從中男，入從中女，因陰陽男女之偶而爲終始，也就是以陰陽爲萬化之終始，合於《易》之陰陽之道。此種禮制之法，源於伏羲，而爲漢代《易》說的普遍認識。從漢儒《易》說的角度觀之，漢初的明堂九室說，原本尚未配八卦而合說，配八卦則是孟喜、京房的卦氣說和明堂九室相結合的產物，其結合的契機仍然在大衍法之中。在揲蓍求卦的筮法，九、六爲可變之老陽、老陰，而七、八爲不變之少陽、少陰，筮以三

〔註381〕見《周易述‧說卦傳》，卷二十，頁586。
〔註382〕見《周易述‧說卦傳》，卷二十，頁591～592。

十六策爲老陽，三十二策爲少陰，二十八策爲少陽，二十四策爲老陰，四策一揲，以四除之，則得九、八、七、六四數；四數奇偶相加各得十五，適合九宮縱橫之數。九宮十五數，合於大衍陰陽之數，如此則八卦卦氣之說，可以與明堂之法合理的結合在一起。這種觀念，在《易緯》與鄭說中，也可以得到相同的主張。

　　惠氏以明堂上溯伏羲制《易》，並以八卦、九宮卦氣來解釋明堂，爲漢代易學思想的反映。其考證明堂之說，提供我們對周秦歷史文化的重要參考資料，也讓我理解陰陽五行、天文歷法與帝制、建築等有關的聯結關係。這些有機的組合，一方面可以視爲惠氏考據學的主張，也可以視爲惠氏將《易》有關元素會通的思想。

　　惠氏考索明堂九室，特根據其所論，而製作明堂九室圖備作參照。

圖表 7-3-2　惠棟考索明堂九室圖

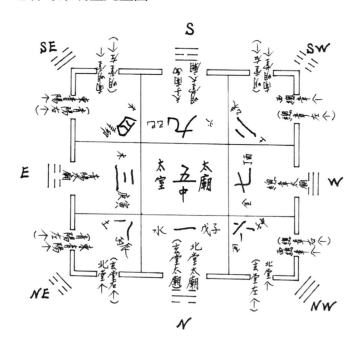

第四節　惠氏義理觀餘說

　　惠氏易學在哲學思想上的表現，被「當棄之糟粕」的《易微言》，成爲重要的來源，惠氏羅列了六十五個標目，這些標目都是易學上的重要觀念。惠

氏廣引諸子百家之說，內容十分豐富，但並無提出個人的看法，致使諸多的文獻資料，內容與性質本多有相左之處，讀者只能從中建立其文獻的連繫關係，但詮釋的結果，也未必能夠成為惠氏的主要看法，這是詮釋者面對這些資料上的主要困境。關於這些標目，除了前面三節的討論內容引述之外，以下尚舉「有無」、「虛」與「日月為易」三個命題作為本章之餘論。

一、有　無

先秦諸子將「有」、「無」作為探討宇宙的本源問題，可以說是《老子》所代表的道家思想的專利，而在儒家思想體系中，這種本源概念下的「有」、「無」，特別是以「無」作為「道」的基本質性，是不存在的。這樣的概念，惠棟深刻的體會到了，所以他指出：

> 六經無有以「无」言道者，唯《中庸》引《詩》「上天之載，無聲無臭」，及《孔子閒居》論「三無」，此以「无」言道也。《說文》无字下引王育說曰：天闕西北為无。乾，西北之卦。西北，乾元也。天不足西北，故言无。又引《古文奇字》曰：无通于元者。若然，則无與元同義也。《繫上》曰：《易》有太極。《北史》梁武帝問李業興云：《易》有太極，極是「有」「無」？業興對曰：所傳太極是「有」，愚謂太極即乾之初九，又謂之元，故不可言无。无通于元，故元為道之本。《三統歷》曰：道據其一，一即元也。知元之為道本。則後世先天無極之說，皆可不用也。〔註383〕

惠氏指出儒家經典從來沒有以「無」論道，唯一例外的是《中庸》與《孔子閒居》中勉強涉及道論中的「無」的概念；但是其「無」並無本體的概念，更難以從本體的概念，去檢視「無」的實質內涵。〔註384〕同時，惠氏以《說

〔註383〕見惠棟《易微言》，卷上，頁627～628。

〔註384〕《易微言》中列舉儒家典籍中涉論「無」者，為《中庸》引《詩》與《孔子閒居》。引述《中庸》之文云：「子曰：聲色之於以化民，末也。聲色，德之顯者，故曰末也。《詩》曰：德輶如毛，德輶如毛，德之微者，故《詩》云民鮮克舉。毛猶有倫。上天之載，無聲無臭。至矣。」引述《孔子閒居》云：孔子曰：以致五至而行三無。子夏曰：敢問何謂三無？孔子曰：無聲之樂，無體之禮，無服之喪，此之謂三無。子夏曰：三無既得略而聞之矣，敢問何詩近之？孔子曰：夙夜其命，宥密無聲之樂也。威儀逮逮，不可選也。無體之禮也。凡民有喪，匍匐救之，無服之喪也。」（見《易微言》，卷上，頁894。）所云之「無」，並無本體的概念，更難以從本體的概念，去檢視「無」的實質內涵。

文》引王育之說，指出「天闕西北爲无」，因爲乾卦位處西北，爲天之開端，爲元氣之初始，是紮紮實實的「有」，而「天不足西北，故言无」。至於《繫傳》言「太極」，太極的本質是「有」還是「無」？惠氏以李業興之言，明白的指出太極爲「有」，這個「有」，具體的說，就是乾之初九，也就是元，是一種氣化的物質傾向。「无通于元」，「元」爲「一」，爲道之本，也就是「有」爲一切的根據，涵攝了一切的存在，當然也包括「無」。惠氏強調，從「有」「無」來看，宇宙化生的根本在於「有」，而從「道」的範疇來看，這個「道」也是一個實有的存在，它可視爲「一」，更具體的是「元」，是「乾元」，也就是《易傳》所說的「太極」。「太極」爲道本，爲一切現象界存有的根本，是有的存在，而不能強作「無」，所以「後世先天無極之說，皆可不用」，也就是說，宋儒的「无極而太極」之說，是一種荒謬的說法，扭曲了儒家經典與儒家思想的本義，不是傳統儒家的本色。

　　《易傳》提到由「太極」而生「兩儀」的化生體系，這個「太極」，在惠氏看來是初始之氣，也就是乾初，或稱元氣，可以視之爲「一」，是一種絕對化的物質元氣的存在，這樣的說法，在於駁斥宋儒之失。「太極」與「陰陽」的關係，周敦頤於《太極圖說》提到：

　　　　無極而太極，太極動而生陽，動極而靜，靜而生陰。靜極復動，一

　　　　動一靜，互爲其根，分陰分陽，兩儀立焉。

周子於「太極」前立「無極」一說，本於先「太極」後「陰陽」的易學傳統，陰陽由太極所生，且「太極」似乎可以解釋爲介乎氣與非氣之間的宇宙萬物生成的原始狀態，也可以說是物質由無形狀態到有形狀態的聯結點，它是「無極」的「子體」（無極而太極），也是「陰陽」的「母體」，即太極「動而陽，靜而陰」的實狀。「太極」本身定位的模糊，所以當加入「理」與「氣」的觀念時，則形成「太極生陰陽，理生氣也」〔註385〕的主張，這樣的主張，一直成爲朱熹理論上的重要根據。朱子視「無極而太極，只是說無形而有理」，且「太極只是箇極好至善底道理」，〔註386〕這是朱子因其說與自己理學主張相近而採取的改造利用之方法。程朱理學標榜著以「理」作爲宇宙之最高本體，肯定與視「理」爲存在的一種實體，這種實體的存在，卻又不純粹物質實體

〔註385〕見《周子全書・集說》，卷一。

〔註386〕見黎靖德編《朱子語類》，卷九十四，北京：中華書局，1999 年 6 月北京 1
　　　　版 4 刷，頁 2371。

的存在觀念，所以又將「氣」作為「理」的作用或物質表現，因此，「理」作為宇宙的最高主宰者，與《老子》的「道」及其「無」的質性相近，轉諸於個別事物時，事物的規律就是「理」，是一種絕對觀念的表現，它雖散於萬物之中，通過事物表現出他的主體，但歸根究柢仍是先於事物而存在，在事物之上支配與主宰著事物的；這樣的主張，定位在體用的觀點上，則理是體，氣是用，且理在先，而氣在後。以「有」與「無」來分辨，即是「無」在先，而「有」在後。但是，這種理學的主張，惠氏認為它根本悖離了儒家原始經典的本然大義，也悖離了《周易》的宇宙觀主張，在《周易》看來，宇宙的本體在於元氣，在於陰陽的變化之道，是一種實有的存在，絕對不是「無」，「無」絕無本體觀上的優先性，同樣地，「理」也是一樣，也不能在「氣」之先；惠氏既言「无通于元，故元為道之本」，若從「理」、「氣」的關係言，則「理」通於「氣」，「氣」為「理」之本。

惠氏強調宇宙的本有之性，強調這個「有」就是元氣，就是一，所以他引用了諸多典籍上的說法，如：

> 隱元年《公羊傳》曰：元年者何？君之始年也。何休注云：變一為元，元者氣也。無形以起，有形以分，造起天地，天地之始也。疏云：《春秋》說云：元者，端也。氣泉无形以起，有形以分，窺之不見，聽之不聞。宋氏云：元為氣之始，如水之有泉。泉流之，原无形以起，在天成象；有形以分，在地成形也。然則有形與無形，皆生乎元氣而來，故言造起天地，天地之始也。〔註387〕

元氣肇端於無形，這種「無形」，並不是本體的「無形」，只是元氣起源的一種「窺之不見，聽之不聞」的狀態，然而元氣有形以分，而生成萬物，成就其具體的形象。從「天」與「地」來作化生的區別，元氣是先在天而後在地，也就是先「无形以起，在天成象」，後「有形以分，在地成形」，這樣的有形與無形，或有與無，其本體仍在「一」，也就是「太極」，也就是「元氣」。

另外，惠氏又引述，云：

> 劉巘《周易義》曰：自無出有曰生。《文選》六。
> 老子《道經》曰：視之不見名曰夷，聽之不聞名曰希。王弼注云：無象，無聲，無響，無所不通，無所不往。又曰：搏之不得名曰微。
> 《河上公注》云：無色曰夷，無聲曰希，無形曰微。又曰：此三者

〔註387〕見惠棟《易微言》，卷上，頁628。

不可致詰，故混而爲一。《河上注》云：混，合也。故合于三，名之
而爲一。

《德經》曰：天下萬物生于有，有生于無。《河上注》云：萬物皆從
天地生。天地有形位，故言生於有也。天地神明，蜎飛蠕動，皆從
道生。道無形，故言生於無。〔註388〕

從這些引文中，可以看出惠氏並不否定「自無出有」，但這「自無出有」只不過
是從「一」而生的歷程，「一」仍是實有的物質存在，它是「太極」是「元氣」。
因此，它也採用了《老子》的由「無」而「有」的概念，根本仍在「一」。這樣
的由「無」而「有」的「有」、「無」，只不過是一種形象上的「有」、「無」，非
「本體」的內涵。然而，惠氏在這裡似乎刻意曲解或忽略《老子》「有」與「無」
的實質意義，乃至「無」作爲絕對的本體上的意義。我們都知道，《老子》第一
章開宗明義指出「無，名天地之始；有，名萬物之母」，以「無」、「有」作爲「道」
的代稱，是天地萬物的本始與根源，是述明「道」由無形質落實向有形質的活
動過程。《老子》以「天下萬物生於有，有生於無」，天地萬物由「道」而生，「道」
由無形之狀而轉化爲有形的萬物，所以「有生於無」，在有無相生的狀態下，產
生萬物；這個「無」是「道」的先位，是「道」萬物創生時的活動歷程。此一
實存的「道」，與現實事物不同，它「不可名」，不具有具體形象；也由於它的
「不可名」，所以具有無限性。它「夷」、「希」、「微」，非感官知覺所能予以形
象的把握，所以「視之不見」、「聽之不聞」、「搏之不得」，看不見，聽不到，也
摸不著。它非普通物的存在，是沒有形狀的形狀，不見物體的形象，所以名爲
「惚恍」，也就是說，它是一個超驗的混沌的存在體，存在於事物的本身，存在
於一切。《老子》的「道」，深遠暗昧，似有似無，在幽隱混沌之中，確實「有
象」、「有物」、「有精」、「有信」。所以「道」的眞實存在性是絕對肯定的，也正
由於其眞實的存在，而能成爲萬物的本源。惠氏肯定萬物生成的過程中，是一
種由「無」而「有」的歷程，但是惠氏並不在意於《老子》的「道」所涵攝的
精細內容，而直接將它視爲「太極」視爲「一」，也就是視爲「元氣」，也就是
肯定其本源上的物質化存有。一切都在他所堅持下的易學立場，至於《老子》
道論之實質意義，則非他所在詮釋清楚或是關注的。同樣的，他引述《淮南子》、
王弼等說，立場也是如此。〔註389〕

〔註388〕見惠棟《易微言》，卷上，頁 628～629。
〔註389〕其它有關引述《淮南子》、王弼、《世說新語》等說，參見《易微言》，卷上，

二、虛

　　「虛」的概念，先秦兩漢諸子之說，每有述及，從道家系統出發，則濫觴於《老子》，並為戰國以來至兩漢時期黃老學說所普遍涉論之命題。在儒家的系統裡，最有名的就是《荀子》所言之「虛壹而靜」。惠氏《易微言》特別立「虛」之範疇，並引諸家用「虛」之說；探述惠氏所引，面對較大的困境，即是惠氏並未參入個人的意見或詮釋的內容，而且廣引諸說，思想內容與所反映的意義亦不盡相同，所以只能試圖折衷諸說，或作個別的說明。

　　首先，惠氏引《周易》之說：

　　　咸《象傳》曰：山上有澤，咸，君子以虛受人。〔註390〕

該文事實上，並非為咸䷞卦《象傳》之辭，而是《象傳》之辭，此惠氏之誤。惠氏以「坤為虛，上之三，是虛三受上，故以虛受人」，〔註391〕意即君子當效法下山上澤之象，空虛其懷，不自有實，虛懷若谷，以容納和感化眾人。這樣的「虛」的意涵，與道家的「虛」不同，亦與荀子之「虛」相異。

　　《老子》言「虛」，強調「致虛守靜」。《漢志》對於道家的界說，認為「清虛以自守」為道家思想的重要所長，〔註392〕強調致虛守靜的功夫。「道」體原是虛靜之狀，人體「道」而行，當守虛靜之道。《老子》第十六章云「致虛極，守靜篤」，「虛」、「靜」皆為「道」的特性，而「致虛」與「守靜」則為求「道」的功夫，也是心靈活動的境界追求，使內心保持安靜狀態，以能夠認識事物的真象。道家言「虛」，同樣地，黃老學說思想也言虛；惠氏引《管子·心術》乃至賈誼之說，皆可以視為黃老學說或其學說傾向的說法，惠氏述云：

　　　《管子·心術篇》曰：虛無無形謂之道。又曰：虛之與人也無閒，
　　　唯聖人得虛道。注云：虛能貫穿人形，故曰無閒。又曰：天之道虛，
　　　地之道靜，虛則不屈，靜則不變。又曰：虛者，萬物之始也。注云：
　　　有形生于无形也。

　　　賈子《新書·道術》曰：道者所從接物也，其本者謂之虛，其末者
　　　謂之術。虛者，言其精微也，平素而無設施也。術也者，所從制萬

　　　　　頁 629～630。
〔註390〕見《易微言》，卷上，頁 655。
〔註391〕見《周易述·象下傳》，卷十三，頁 347。
〔註392〕見《漢書·藝文志·諸子略》云：「清虛以自守，卑弱以自持，此其所長也。」

－971－

物也，動靜之數也。凡此皆道也。〔註393〕

《管子‧心術》掌握《老子》致虛守靜的主張，發展出「虛」、「靜」與「一」的內在修養的方法，因此，《管子》的「虛」，重在治心的工夫。〈心術〉藉由道體虛無無形的原始質性，轉諸於人生修爲之中，以「虛」爲「萬物之始」，即「道」處「無形」之狀，透過這樣無形的道體，才能產生有形的萬物。「虛無無形之謂道」，其「虛」一方面指道體的形態，一方面則作爲治道的綱領。「聖人得虛道」，〔註394〕即「聖人裁物，不爲物使」〔註395〕的修爲，是一種虛靜治心的修養狀態，即「虛其欲，神將入舍；掃除不絜，神乃留處」，〔註396〕透過消除欲念，洗滌心靈雜質，讓心能夠存有澄明清潔的空間，這就是「虛」。以天地之道貫於虛靜的工夫之中，則「天之道虛，地之道靜」，虛則不雜，不存主見，至於「靜」則是歸於平和無牽擾狀況。至於賈誼的思想，身爲儒生，而處於思想匯聚而黃老抬頭的年代，在其論著中，不免可以看到諸多「站在儒家的立上傳播了黃老之學」〔註397〕的主張。惠氏所引其言「虛」一文，爲其道術或是治術的重要思想。「道」不僅是宇宙萬物的本體，同時也是君王制臣的依據。君主欲執術以治臣下，必須與「道」同體，保持心靈上的虛靜，超然於權力控制系統之外，而能更冷靜地觀察與考驗臣下的行動，辨明民心好惡，把握事情發展趨向。在「虛」的基礎上，然後循名責實，制萬物，能夠更有效地掌握一切的脈動。

惠氏又引云：

> 《韓非子‧外儲說》鄭長者有言曰：夫虛靜無爲而無見也。〈太史公
> 自序〉曰：虛者道之常也。〔註398〕

《韓非子》與史遷之說，也同樣反映出道體的狀態，以及作爲無爲的治術。這樣的概念，某種程度也是從《老子》的思想而來。史遷於《史記》韓非之本傳中，指出「韓非之學歸本於黃老」，也就是韓非與黃老有難以釐析的糾葛。《韓非子》中，提到諸多的道論，尤其對於「道」的本體主張，以及其規律性和種種性徵的表現，可以說是對《老子》與黃老學說的承繼和開展，並著

〔註393〕見《易微言》，卷上，頁 656。
〔註394〕見《管子‧心術上》。引自黎翔鳳《管子校注》，卷十三，北京：中華書局，2004 年 6 月北京 1 版 1 刷，頁 767。
〔註395〕見《管子‧心術下》。引自黎翔鳳《管子校注》，卷十三，頁 780。
〔註396〕見《管子‧心術上》。引自黎翔鳳《管子校注》，卷十三，頁 759。
〔註397〕見丁原明《黃老學論綱》，山東：山東大學出版社，1997 年 12 月 1 版 1 刷，頁 248。
〔註398〕見《易微言》，卷上，頁 656。

力落實於政治的層面，使能於急世變局中，建立一套君王治國的政治哲學。因此，在道論下的虛靜無爲概念，也是《老子》思想的積極呈現。〔註399〕

此外，惠氏引《荀子》之說：

《荀子‧解蔽篇》曰：人何以知道？曰：心。心何以知？曰：虛壹而靜。心未嘗不臧也，臧讀爲藏。然而有所謂虛，心未嘗不滿也，滿讀爲兩。然而有所謂一；心未嘗不動也，然而有所謂靜。人生而有知，知而有志。志也者，臧藏。也；然而有所謂虛，不以所已臧害所將受，謂之虛。心生而有知，知而有異，異也者，同時兼知之；同時兼知之，兩也；然而有所謂一，夫不以一害此一謂之壹。心，臥則夢，偷則自行，使之則謀。故心未嘗不動也，然而有所謂靜，不以夢劇亂知謂之靜。未得道而求道者，謂之虛壹而靜。知道察，知道行，體道者也。虛壹而靜，謂之大清明。〔註400〕

此段文字即荀子「虛壹而靜」的重要主張。荀子認爲天下思想混亂、是非不清的局面，主要是由於人們思想認識存在嚴重弊端與缺陷。「凡人之患，蔽於一曲，而闇於大理」，「蔽於一曲而失正求」（《荀子‧解蔽》），一般人對事物的認識，僅見其局部而不識其全體，所以「有見於此，無見於彼」（〈天論〉），造成「黑白在前而目不見，雷鼓在側而耳不聞」的蔽塞現象。荀子探討諸子百家的思想，批判各家學說皆僅偏蔽於一隅，即「觀於道之一隅而未之能識」（〈解蔽〉）。以「道」作爲全面、週延而正確的認識，也是認識的最高追求，〔註401〕而必須透過從「心」來下功夫，具體的方法就是要做到「虛壹而靜」，即惠氏上引之言所述。根據《荀子》之說，明白地將「虛」、「壹」、「靜」作了定論。每個人心中皆不能不存有一定的知識與記憶，這是心的基本功能與

〔註399〕有關韓非與道家或黃老的關係，參見拙著《韓非之學歸本於黃老析探》，臺北：國立政治大學中國文學系碩士論文，2000年6月。

〔註400〕見《易微言》，卷上，頁656～657。

〔註401〕《荀子‧解蔽》云：「故心不可以不知道，心不知道，則不可道而可非道。人孰欲得恣而守其所不可以禁其所可？以其不可道之心取人，則必合於不道人而不合於道人。以其不可道之心與不道人論道人，亂之本也。夫何以知！心知道然後可道。可道然後能守道以禁非道，以其可道之心取人，則合於道人而不合於不道之人矣。以其可道之心與道人論非道，治之要也。何患不知？故治之要在於知道。」以「道」爲認識的最高依準，否定道之心與不守道不識道，將無法選用合於道之人，並且會造成社會之混亂，只有肯定道的心和守道的人去評判不守道的人，社會國家才能獲得治理。

作用，因而「心未嘗不藏」；但是已有的知識往常成爲獲得新知的障礙，或即先入爲主的觀念（主觀意識）蒙蔽與妨礙了新知識的獲得，如何避免此種現象，而能得到知眞，則有賴於「虛」，虛其心以使「已藏」與「將受」得到統一。〔註402〕這種概念，黃老學說有突出的論述；《經法‧道法》提到「見知之道，唯虛無有」，以「無執」、「無處」、「無爲」、「無私」四者爲主體認識的狀態，也就是藉由「虛無有」體察與認識死生成敗產生的原因，然而黃老帛書更將「虛無有」與「形名」作了連結，〔註403〕這一方面，荀子並無進一步的說明。至於《管子》，強調主體「心」的修治，將「心」處於「虛」的狀態，以獲得最佳積聚精氣的修治作爲。認爲「虛者，無藏也」（〈心術上〉），藏其所當藏，而去其所不藏，以排斥主觀的成見與種種情感障礙，讓所當藏之精氣積聚益盛。此一「無藏」的概念與荀子「心未嘗不藏」同調。「壹」者，「心未嘗不滿（兩）也」，心莫不同時兼知他物，同時認識不同的事物，故心中之知莫不有異，調合異知，使之相互不干擾妨礙，則有賴於「壹」，也就是心要能專一，要能專心一致。「靜」者，「心未嘗不動也」，夢中亦思亦謀，故心無時不在動，惟有思緒集中，歸於靜，才能深刻的認識事物，而此一「靜」，是一種動態的靜，可以說是「動」與「靜」的協調統一。《管子‧內業》所謂「靜則得之，躁則失之」，「靜」「躁」並舉對應，其「靜」並非寂然未動，而是一種穩定與調合而勿使之躁動的作爲，它仍然具有「動」的內在本質，所以不毛躁、不妄動的進一層意義，即是黃老思想所強調的「靜因之道」，它也是同於荀子「不以夢劇亂知」的調合性之「靜」。荀子認爲只要能夠做到「虛壹而靜」，必能在認識上登至幽微透澈、毫無偏蔽的境界，所以「虛壹而靜，謂之大清明」。「虛壹而靜」並歸於「大清明」，是表述認識的境界，也就修養的境界，更是政治的境界。

因此，惠氏所引「虛」義諸文，除了咸卦《象傳》外，其餘諸說，雖然論述的立場或有不同，但仍可共構出相近之處，特別是從道家或黃老的路線出發，

〔註402〕依其「虛」的概念，「虛」並無是心中空無一物，而是一種特定的心理狀態，一種消弭主觀意識的心理狀態。

〔註403〕參見《經法‧道法》云：「見知之道，唯虛無有。虛無有，秋毫成之，必有刑（形）名，刑（形）名立，則黑白之分已。故執道者之觀於天下醫（也）。無執醫（也），無處醫（也），無爲醫（也），無私醫（也）。是故天下有事，無不自爲刑（形）名聲號矣。刑（形）名已立，聲號已建，則無所逃跡匿正矣。」主體認識一旦達到「虛無有」的境界，就會發現任何細微事物之出現，皆必然要伴隨著「形」與「名」。

那種道體的「虛」，下落到修養工夫或是政治作爲上，是明顯而普遍的存在。

三、理

　　對於「理」的理解，惠棟指出「宋人說理與道同，而謂道爲路只見得一偏」。〔註404〕「道」在傳統儒家的思想裡，其意義並不一致，大抵概括爲一種政治主張或理想，以及學術思想體系，如《論語‧里仁》云「朝聞道‧夕死可也」，即是。至於「理」，從《說文》所言爲玉石的條紋，引申爲事物的規律與條理。宋代理學稱著，程朱一系將「道」與「理」視爲同一的概念，並且成爲純然的形上意涵。惠氏反對將二者混爲一解，特別以《韓非子‧解老》之說云「道者，萬物之所以然也，萬理之所稽也。理者，成物之文也；道者，萬物之所以成也。故曰道理之者也」。「道」是作爲萬物遵循的普遍規律和原理，它所呈現的各個具體事物的特殊規律或個別原理才是所謂「理」。《韓非子》「道、理二字，說得分明」，〔註405〕也就是對「道」與「理」的認識，最爲恰當。因此他將《韓非子》之說與易學的理解相結合，認爲「《易》陰陽、剛柔爲性命之理，兼三才而兩之，故《易》六位而成章，所謂成物之文也」。〔註406〕這樣的易學理解，即從《韓非子》所謂「凡道之情，不制不形，柔弱隨時，與理想應」〔註407〕的論「道」所得的結論。揭示了普遍性規律的「道」與特殊性規律的「理」之相互關係。這種相互的關係，並不意味著可以將「道」與「理」二者合爲一談；在惠氏看來，「道者，萬物之所以成也，萬物各異理。萬物各異理，而道盡稽萬物之理，故不得不化。不得不化，故無常操。無常操，是以死生氣稟焉，萬智斟酌焉，萬物興廢焉」。〔註408〕惠氏透過《韓非子》的理解，批判宋儒「道」與「理」合一的錯誤。「理」是由「道」所分出的，它是「道」化生於萬事萬物中的各別質性。也就是說，「道」是宇宙一切的總源，而「理」則是此總源呈顯於宇宙間各萬事萬物中的具體律則或殊性，所以稱之爲「成物之文」。「理」與「道」的重要不同點，在於「常」與「無常」；「道」總萬物，超越物理，超越時空之限制，而永恆存在，它本身並無恆質性，所以它「無常操」；然而，「理」卻是成萬物之文，是存在於各萬事萬物身上的異理，它各附於物之中，呈顯物性，

〔註404〕見《易微言》，卷下，頁790。
〔註405〕見《易微言》，卷下，頁790。
〔註406〕見《易微言》，卷下，頁789～790。
〔註407〕見《易微言》，卷下，頁790。
〔註408〕同前注。

有其固定常性，因此「萬物各異理」。惠氏依準於《韓非子》之說，也無法對儒家的君臣之義無法釋懷，所以引《管子・君臣》將「道」與「理」作君臣關係的論述，指出「別交正分之謂理，順理而不失之謂道」，即「別上下之交，正君臣之分」。〔註409〕合乎君臣名分的「理」，即遵循封建禮法規定所應盡的職責與享有的權利，即爲名正言順的「道」。這種「理」分別於「道」，又與「道」相繫的說法，即是惠氏的理解。

　　又，對「天理」與「人欲」的理解，惠氏反對將二者從對立的角度來看待，也就是將天理與人欲紀對地對立起來，是一種謬論。惠氏這樣的說法，事實上是針對宋明理學而發，反對理學的主張。天理與人欲的對立，一直是宋明理學家的根本認識。〔註410〕理學家的這種說法，惠氏認爲是一種錯誤，所以說「後人以天人、理欲爲對待，且曰天即理也，尤謬」。〔註411〕惠氏從易學的角度推衍「理」字之義，云：

> 理字之義，兼兩之謂也。人之性稟，于天性必兼兩。在天曰陰與陽，在地曰柔與剛，在人曰仁與義。兼三才而兩之，故曰性命之理。〔註412〕

從三才之說來論「理」義，是《周易》本有的概念。〔註413〕同時，惠氏也企圖從《禮記・樂記》中去理解「天理」的意義，指出「《禮記・樂記》言天理，謂好與惡也；好近仁，惡近義，好惡得其正，謂之天理；好惡失其正，謂之滅天理」。〔註414〕這種認識，即其所引《樂記》之言：

> 人生而靜，天之性也。感于物而動，性之欲也。物至如知之，知然後好惡形焉。好惡無節于內，知誘于外，不能反躬，天理滅矣。夫物之感人無窮，而人之好惡無節，則是物至而人化物也。人化物也

〔註409〕見《易微言》，卷下，頁791。前段括弧引文爲惠氏引自《管子・君臣》之言，後段括弧引文則爲注文。

〔註410〕例如朱熹強調「學者須是革盡人欲，復盡天理，方始是學」。（見《朱子語錄》，卷十三。）明白地將「天理」與「人欲」判爲立對的一面，欲求得「天理」，必須去除「人欲」，「天理」與「人欲」不可能共存。

〔註411〕見《易微言》，卷下，頁787。

〔註412〕見《易微言》，卷下，頁786～787。

〔註413〕從三才之說論「理」，爲《周易》本有的思想，三才之說，淵源於《繫辭傳》「有天道焉，有人道焉，有地道焉」的說法，而《說卦傳》又云「立天之道曰陰與陽，立地之道曰柔與剛，立人之道曰仁與義」。它囊括宇宙演化、物質結構與人生理想等意涵。

〔註414〕見《易微言》，卷下，頁787。

者，滅天理而窮人欲者也。〔註415〕

《樂記》對天理與人欲的理解，似乎某種程度仍認爲人欲會影響天理，天理隱滅，直受人欲的影響。這樣的理解，正是宋明理學家倡論天理與人欲對立的最佳材料。而這裡，惠氏期望能從這原理儒家的思想主張中，去尋找反對宋明理學家的這種對立的說法，惠氏所採取的理解是從這段話中的「理」去解釋，認爲「謂之天理，理，分也，猶節也」，「康成、子雍以天理爲天性，非是。理屬地，不屬天；一闔一闢，一靜一動，謂之天理」。〔註416〕「理」爲「地」，才是「理」的原始義，既爲「地」，則不以「天性」言，所以鄭康成與王肅之說爲誤。惠氏進一步指出《繫傳》云「仰以觀于天文，俯以察于地」，《說卦傳》云「窮理盡以至于命」，虞翻注云「乾爲性」。〔註417〕天與地相對而言，同於乾與坤，也同於性與理，也就是乾天爲性，坤地爲理，理從屬於地而不爲天，既不爲天，所以不能以「天理」作「天性」解。以朱子爲首的理學家，強調性即理，將「性」與「理」同視爲先天的稟賦。但是，惠氏卻以「性」不等同於「理」，也就是將理學家理解的「盡性」與「窮理」分開，否定理學家對「天理」無所不在、貫通天人、萬古不變的本體意義，也直接否定理學家「存天理，滅人欲」的理論基礎。

四、日月爲易

大凡自然四時之推移，晝夜之循環，乃至現象界諸多事物之轉變，與日月之運行都有直接的關係，因此，當人們探究宇宙的奧妙時，日月常成爲被關注的對象。《易傳》闡明《易經》之大義，對於日月所扮演的角色功能，也有一番陳述，例如《繫辭上傳》提到「日月運行，一寒一暑」，「陰陽之義配日月」，「是故法象莫大乎天地，變通莫大乎四時，縣象著明莫大乎日月」。《繫辭下傳》也有這麼說，「天地之道，貞觀者也。日月之道，貞明者也。天下之動，貞夫一者也」。又「日往則月來，月往則日來，日月相推而明生焉；寒往則暑來，暑往則寒來，寒暑相推而歲成焉」。陰陽、寒暑、天地、四時，皆與日月相涉，並以日月言「貞」，且「貞夫一」，即日月直接與太極相貫，可以視爲陰陽；隨著日月的運行，象徵陰陽二氣的交感、消長，形成四時之交替

〔註415〕見《易微言》，卷下，頁788。
〔註416〕見《易微言》，卷下，頁789。
〔註417〕見《易微言》，卷下，頁755。

與寒暑之往來，所以，中國的歷法，直言「陽歷」與「陰歷」，就是因「日」因「月」之不同而異稱，日月與陰陽可以作爲彼此相互的代名詞。

兩漢時期，以日月詮釋《周易》象義，或是推衍爲義理之說，尤爲頻繁，如《易緯乾坤鑿度》云「易名有四義，本日月相銜」，鄭玄則說明爲「日往月來，古日下有月爲易」，〔註418〕肯定「日月爲易」爲古有之說。這樣的說法，許愼《說文解字》也有明確地提到，一直到了魏伯陽的《周易參同契》與虞翻的易學，更擴大將「日月爲易」的觀念，融入在其易學主張中，特別是虞氏的月體納甲說，具體地彰顯「日月爲易」的實質內涵。前面第三章已有論及，這裡就不再重複。「日月爲易」之說，確實是兩漢釋「易」義的重要說法。

惠氏以復原漢《易》爲首要，直接繼承《說文》與虞氏等漢人作「日月爲易」之說，《九經古義》中指出：

> 《說文》曰：《秘書》說日月爲易，象陰陽也。虞仲翔《易》注引《參同契》亦云：字从日下月。《參同契》曰：易謂坎離。又曰：日月爲易。〔註419〕

《易漢學》中也提到：

> 坎戊月精，離巳日光，日月爲易。《繫辭下》云：易者，象也。仲翔云《易》謂日月懸象著明，莫大日月也。〔註420〕

惠氏肯定日月爲「易」的著明之象，八卦是由日月之象而來，也就是說，萬物之象是由日月所造作。惠氏在其《周易述》中不斷陳述此義，並且廣采虞氏的月體納甲之說，如《繫傳》「在天成象」，惠氏引虞氏之說云：

> 日月在天成八卦象，震象出庚，兌象見丁，乾象盈甲，巽象伏辛，
>
> 艮象消丙，坤象喪乙，坎象流戊，離象就己，故在天成象也。〔註421〕

八卦之象，乃至八卦的方位，皆因日月而成，此即日月「在天成象」，然後化生八卦之象，並衍爲萬事萬物。以日月爲易，創生萬物，所以「易」與「日月」具有本體的意義，「易」與「日月」的關係，就像「太極」與「陰陽（兩儀）」的關係一樣，則「日月」即「陰陽」。因此，以「日月爲易」，不斷不失易道陰陽的大旨，也正可以彰明「易」之大義。

〔註418〕見《易緯乾坤鑿度》，卷上，頁469。
〔註419〕見《九經古義·周易古義》，卷一，362（臺灣商務印書館《文淵閣四庫全書》本第191冊）。
〔註420〕見《易漢學·虞仲翔易》，卷三，頁1117。
〔註421〕見《周易述·繫辭上傳》，卷十五，頁384。

陽盈而陰闕，乃自然之象，非作意而爲之者。天地陰陽之氣，一盈一闕，同日月之象。日生陽，月生陰，陰陽相替，如畫日而夜月一般。所以宋代馮椅《厚齋易學》提到「日月爲易，陰陽相代之義」。〔註 422〕以「易」爲名，取三義之說，不論爲易簡、不易或變易，皆可以屬爲日月運行之象義。如從「變易」的的概念云，《繫傳》強調「變動不居，周流六虛，上下無常，剛柔相易」，「惟變所適」，「剛柔相推，變在其中矣」。「易」涵攝著天地相爲變通而未嘗有所止窮，所以宋李過《西谿易說》云「日月爲易，亦取往來不窮之意」。〔註 423〕此外，鄭厚《易圖》提到「易從日從月，天下之理，一奇一偶盡矣」；「故易設一長畫，一短畫，以總括之，所謂一陰一陽之謂道者」。而陸秉也指出「易字篆文日下從月，取日月交配而成，是日往月來，迭相爲易之義」。〔註 424〕日月並而爲易之象，並且可以象徵陰陽之義。「易」與日月的糾結關係，一直是歷來易學家所關注的重要焦點。

　　「日月爲易」，在《周易》本文中，或可見其端倪。《說卦》以「乾爲天」，「離爲日，爲乾卦」；故乾有爲天爲日之象。《禮記・郊特牲》云「郊之祭，迎長日之至也，大報天而主日」。鄭玄注作「天之神，日爲尊」，「以日爲百神之王」。孔穎達疏則云「天之諸神，唯日爲尊，故此祭者，日爲諸神之主，故云主日也」；「天之諸神，莫大於日，祭諸神之時，日居群神之首，故云日爲尊也」。〔註 425〕古人似乎以天與日是同一回事，將日視爲天的實質內容。《漢書・魏相傳》云「天地變化，必繇陰陽，陰陽之分，以日爲紀」，〔註 426〕太陽主宰著整個天道規律的變化，萬物隨其變化而變化，故《彖傳》云「大哉乾元，萬物資始，乃統天。雲行雨施，品物流行。大明終始，六位時成，時乘六龍以御天」。「大明」即與日相涉，甚至可以視爲日月之行。徐堅《初學記》引《廣雅》，指出「日名耀靈，一名朱明，一名東君，一名大明」，〔註 427〕以

〔註 422〕見馮椅《厚齋易學》，卷五。引自臺北：新文豐出版公司《大易類聚初集》第四輯，1983 年 10 月初版，頁 93。

〔註 423〕見李過《西谿易說・原序》。引自臺北：新文豐出版公司《大易類聚初集》第5 輯，1983 年 10 月初版，頁 121。

〔註 424〕二家之說，轉引元胡一桂《周易啓蒙翼傳・天地自然之易》，上篇，臺北：臺灣商務印書館《四庫全書》本，第 22 冊，頁 201。

〔註 425〕見《禮記・郊特牲》，卷二十六。引自臺北：藝文印書館十三經注疏本，頁497。

〔註 426〕見《漢書・魏相傳》，卷七十四，頁 3139。

〔註 427〕見唐徐堅《初學記・天部》，卷一。引臺北：臺灣商務印書館《四庫全書》本，

「大明」爲日。惠氏《周易述》則稱「乾爲大明，坤二五之乾成离，离爲日，坎爲月，日月之道，陰陽之經，所以終始萬物，故曰大明終始」；〔註428〕乾元爲萬化之始，而成日月之道，以終始萬物。另外，就月象而言，《說卦》以坤爲地爲馬。《春秋考異郵》云「地主月精，月精爲馬」；〔註429〕《春秋感精符》云「月者陰之精，地之理」。〔註430〕知兩漢時期，對坤陰的理解，即有月象的傾向，也就是坤爲月。坤之古字有作「巛」者，〔註431〕而馬王堆帛書《周易》則作「川」，不論是「巛」或「川」，皆指「坤」字，而有「水」之義。〔註432〕又《淮南子》云「月者，陰之宗也」，「積陰之寒氣爲水，水氣之精者爲月」。〔註433〕坤爲水，水爲月，月爲陰，因此坤亦爲月。《說卦》以坎爲月爲水，坎爲坤之次女，所以坤亦有月、水之象。月與水同類相通，月爲影響水潮起落之主因，所以以「月」表示「水」。乾爲日，坤爲月，乾坤合日月之象，故「日月爲易」。乾坤周流六虛，即日月之周期循環運動之道。日月爲易，即「生生之謂易」，如同《序卦》所言「有天地然後萬物生焉，盈天地之間者唯萬物」，乾坤象天地，又象日月，乾坤日月合德，具創生化育萬物之功，亦爲宇宙化生的主要元質，因此「日月爲易」。

這種以乾坤象日月而爲「易」之說，在惠氏的說法上，有某些不同的說法，主要是惠氏承繼虞翻之說，引月體納甲的主張，其「日月」主要是就「坎離」而言，提升了坎離二卦在易卦中的重要地位。但是，在惠氏的易學思想裡，日月並不眞的惟坎離所獨居，因爲坎離出於乾坤，且在成既濟的理想規律中，乾坤二五變而爲坎離，坎離始終爲乾坤所附加而成的，因此，乾坤爲「日月」仍有其優先性與合法性。總之，「日月爲易」之說，代表著惠氏對「易」的理解，也代表著惠氏對「日月」在宇宙觀上的高度定位，「日月爲易」更是

第 890 冊，頁 18。

〔註428〕見《周易述·彖上傳》，卷九，頁 219。惠氏此說，蓋源於《易緯乾鑿度》之說而來。

〔註429〕見中村璋八、安居香山《緯書集成·春秋考異郵》，頁 785～786。

〔註430〕見中村璋八、安居香山《緯書集成·春秋感精符》，頁 738。

〔註431〕例如《大戴禮·保傅》云「易之乾巛」。又《後漢書·輿服志》云「黃帝、堯、舜垂衣裳而天下治，蓋取諸乾巛」。以「巛」爲「坤」之古字。

〔註432〕《玉篇·川部》云：「巛讀爲川，古坤字。」是「巛」與「川」相通，「巛」爲「坤」；甲骨文「川」爲「水」，則「坤」亦爲「水」，所以尚秉和《周易尚氏學》中，亦稱坤爲水。

〔註433〕見《淮南子·天文訓》。引自劉文典《淮南鴻烈集解·天文訓》，卷三，頁 80～81。

惠氏易學主張的重要理論基礎與原則依據。

　　在《易微言》中，惠氏所云「元」、「一」、「始」、「初」、「本」、「極」、「無」、「潛」、「隱」、「微」、「幾」、「虛」等諸命題，皆有本體的觀念，也就是作為宇宙最高本源，其中「元」、「一」、「始」、「初」、「本」、「極」等，尤有元氣初始之狀的概念，這個初始之狀，又特別指乾陽之氣而言，乾為萬物之本，萬物之始，萬物之初，萬物之極。至於「無」、「潛」、「隱」、「微」、「幾」、「虛」等諸說，則表現出乾為太初之氣的樣態，或是狀態與性質。另外，「道」、「誠」、「中」等概念，又為二者之綜合概念。也就是說，惠氏所述命題，大都圍繞在這個作為化育萬物的最高本體的元氣概念的範疇上。對這些哲學概念的側重，體現出惠氏的元氣觀的宇宙本源主張，是大多數漢儒的普遍共識，也是漢儒卦氣說的再現，並對「太極」作為「元氣」，下了最為明確的注解。

第八章　惠棟易學的檢討與反省

　　論著的最後，主要從三個方面作檢討與反省：首先總結惠棟易學的主要內涵，包括考索漢代諸說、述《易》特色、義理思想、校勘輯佚之得失與文獻運用上的問題。其次針對惠棟易學的評價與影響作簡要說明，從純粹漢學的歷史意義與從惠棟的學術背景的立場兩方面予以說明；並舉張惠言與李道平二家《易》說，說明惠氏易學的影響。最後從象數思維的定位與詮釋學思潮反省惠氏易學。

第一節　總結惠棟治《易》之主要內涵

一、考索漢代諸家《易》說之重要內涵

（一）孟、京《易》說之重要內涵

1. 確立孟、京卦氣說為易學史上的開創性主張

　　秦漢以降，陰陽五行學說高度成熟發展，並與天文、曆法、醫藥、卜筮之說結合運用，特別又將諸說納入易學系統中，形成漢代特有的象數易學。《易》卦卦象符號與陰陽五行思想本質上具有先天的親和力，所以陰陽觀念得以有一個可以以符號化表徵的形式系統，陰陽五行之說與易學通過這樣的形式系統的建構而更為緊密的結合在一起，這樣的現象為漢《易》的特色。孟、京《易》說的卦氣理論成就和影響，可以說是西漢時期最為突出者，在那個時期，可以視為一種開創性的主張。漢《易》的重要成就，正是形成了一個以卦氣說為核心的哲學體系和象數結構圖式。惠氏重拾漢《易》的原貌，

試圖重構一個完整的漢代象數《易》的學說，並且透過對漢《易》的考索，
可以引發人們對漢《易》的理解與認識。

　　孟、京之說，統稱爲卦氣說，主要的特點就是融合天文歷法、陰陽五行、
人事災異的占測爲一體，形成一個易學、占候之術與宇宙圖式相合爲用的共
同名稱。陰陽消長與四時寒暑變化的聯繫，漢代在天文歷法中已有極爲周密
的體現，天文歷法也儼然成爲論述宇宙生成之道的知識系統，而在一個以陰
陽五行爲宇宙圖式基本架構的學術環境，天文歷法的知識系統，也必須得到
陰陽五行的詮釋。卦氣之說，主要是融入天文歷法與陰陽五行而成爲一種新
的象數理論形態，將「彌綸天地之道」的《易》道從觀念上的凌空虛蹈落實
在周期性天地運行過程的結構圖式之中，這種運用《易》卦符號而有系統地
圖解天地及其運行的規律並形成相應的理論，成爲漢《易》的主要特色與貢
獻，更爲漢代象數之學的主要內涵。從孟喜到京房，可以說是這套卦氣說理
論的發展至成熟的階段。

2. 《易緯》爲漢《易》的典範

　　卦氣說以及由此衍生出的卦序、爻辰、納甲，乃至占筮之說，都是《易》
道的結構陰陽五行化，所以朱伯崑先生指出，「從哲學史上看，孟京易學，特
別是京房易學，通過其卦氣說，建立起一個以陰陽五行爲世界間架的哲學體
系。這個體系是漢代陰陽五行學說的發展。京房將八卦和六十四卦看成是世
界的模式，認爲《周易》既是自然界又是人類社會的縮影，作爲世界變易的
基本法則即陰陽二氣的運行和五行之氣的生克，即表現在八卦和六十四卦及
三百八十四爻之中。這樣，便將西漢以來的自然哲學更加系統化了。儘管他
將《周易》中的筮法，引向占候之術，宣揚了天人感應的迷信，但他提出的
世界圖式對後來的哲學家們探討世界的普遍聯繫，很有啓發的意義。特別是，
他以陰陽二氣解釋《周易》的原理，借助於當時天文學的知識和理論，闡述
《周易》經傳中關於事物變化的學說，這是對先秦易學的一大發展」。〔註1〕
孟、京的象數理論，並在《易緯》的思想中進一步地開展。因此，在討論孟、
京學說，引《易緯》作爲輔訓，可使有關主張之闡釋更爲詳盡。惠棟深刻體
察這樣的學術脈絡關係，也能夠有效的掌握有關的學說內容，所以對於孟、
京之說能夠提出其最具代表性的主張，而《易緯》也成爲其考索二家之說的

〔註1〕　見朱伯崑《易學哲學史》，北京：華夏出版社，1995 年 1 月 1 版北京 1 刷，頁
　　　　155。

重要輔訓對象；儘管惠棟並未將《易緯》另立一家來談，但也直接表達出《易緯》的思想內容，也呈顯出《易緯》在漢代易學發展中的重要地位。東漢以後，雖然鄭玄、荀爽、虞翻等人在象數易學發展上佔有主導的地位，但整體的主張理路仍有《易緯》框架的影子，《易緯》確實爲兩漢易學發展中的典範，爲兩漢易學的主要代表，研究漢代易學，捨《易緯》則無以見其全豹。惠氏以《易緯》詮解兩漢《易》說，是有識者的至當作法。

3. 孟喜《易》說之重要內涵

（1）惠氏述明孟喜之重要易學主張，特別包括六日七分法、四正卦說、十二消息卦說、七十二候與六十卦用事之月等內容。

（2）對於四正卦說，肯定《說卦傳》所云坎、離、震、兌四正方位之卦，爲西漢《易》家共同的準據，孟喜四正之說，亦本自於此。

（3）孟喜以筮法九、六、七八的卦數，以表徵四正卦的陰陽消長，配合節氣之說，作爲《周易》與歷法重要之架構橋樑。

（4）在十二消息說中，惠氏強調日月的盈虛，即陰陽消長變化對天地之影響，宇宙萬物的變化即根源於此日月之盈虛，與其「日月爲易」之基本主張相呼應。六十四卦皆乾坤之交易，而十二卦也爲乾坤之消息。

（5）十二消息卦配月、配四時、十二支與方位，乃至與乾坤十二爻辰和呂律相配，背後本身即是一種天文歷法知識之結合，並盛行於兩漢時期。這種多元配次，並貫之以災異符瑞，爲兩漢天人相應之學的另一側面。

（6）六十四卦配七十二候，重列卦序，雖涉神學色彩，卻不乏創構思維，掌握歷法之科學性與陰陽盈虛之理，推於萬化而制爲新的易學理論。同時可從六十卦用事月之卦序系統中，於爻數的變化上透露出陰陽變化之普遍規律，具體地表現出象數的邏輯思維，有其結構化的意義。消息以復爲首，而卦氣卻又起中孚，以中孚而後復卦，值卦序初始，直接展現了《易》道的精神。惠棟考索其卦候，舉論去其災異徵驗，大致選以歷法實徵，重組孟喜之學，大有其功。

（7）惠棟考索孟喜之學，並未著墨於徵驗之說，堅守其考據實學的科學立場，排拒災異，重視務實，這一點是可以被肯定的，後學強力批評其引《易緯》陰陽災異爲說，不知理據何在，惠氏不應蒙受此一厚誣。但是，從另外的角度言，雖然災異徵驗之說，脫離學術現實，而其背後的歷史文化與學術背景的義涵，則仍值得關注。

4. 京房《易》說之重要內涵

（1）惠氏述明京房之重要易學主張，主要包括八卦六位說、八宮卦次說、占筮說、建月建候與積算說、卦爻飛伏與貴賤說等內容。

（2）惠棟制定「八卦六位圖」，以五行配八卦、卦中各爻，充份反映出京房《易》的特點，並揭示京房《易》的象數占星術的內在邏輯本質。

（3）認識到京房納甲之說，是《說卦傳》乾坤父母配以十天干說和律曆月建之說相結合的產物；納甲深深包含著十一月月建在子的夏曆歷法，也就是京房《易》八卦六位（五行六位）包含著夏曆歷法。

（4）惠棟揭示魏晉時期諸儒，慣以納甲之說論卦，包括從虞翻、宋衷、陸績，乃至干寶一系，因此，京房作為此說的完整奠基者，影響至為深遠，三國時代仍普遍見其論緒。

（5）京房乃至其後學，以納甲諸法論卦，並不專主於闡發微言大義，而是重在占筮與解說陰陽災異的方面，這也是干、支、五行配卦的主要目的。但是這樣的一套主張，與傳統的律歷有密切的關係，同時也表現出陰陽變化的週期循環與宇宙生息的規律性，使《周易》的思想，可以透過這樣的象數之學，呈顯的更為具體。

（6）京房以八卦與五行相配而建構出八卦休王之說，開闢出易學的新的象數思想，使釋《易》之法，益加複雜而帶有更強烈的占筮氣味，這是兩漢的學術環境所營造出的產物，也是陰陽災異學說的另一種典型代表。

（7）京房論制八宮卦次圖，卦序為：乾、震、坎、艮；坤、巽、離、兌；乾、坤父母帶三男三女卦，形成六十四卦的卦次，這種有條理有次序的卦序主張，與帛書《周易》一系的八卦卦序系統在西漢是已經同時存在的。

（8）惠棟體察京房八宮卦序所呈現的陰陽轉化的宇宙圖式之意義，與其堅持的「日月為易」之說法相呼應。日月陰陽的變易為宇宙生成的最根本之原理，以具體的《易》卦生成來表述，則皆是乾坤之作用結果。

（9）惠棟考索京房風雨寒溫之說，明白指出是從日月天象的變化而來。同時指出太初之氣是始生之氣，寒溫由此而生，寒溫即氣，是氣化流行的本質。由自然風雨寒溫之兆，轉為人事之應的占驗主張，為兩漢天文時變相應於人事的普遍思想。同樣地，蒙氣占說也是如此，為陰陽相盪消長所呈顯的現象。不論是風雨寒溫或蒙氣之說，皆建基於卦氣系統之下，惠氏肯定漢儒皆用此卦氣為占驗，此皆為兩漢時期天人感應說的另一種側面。

（10）惠棟肯定納甲錢卜之法，始於京房，而宋代所傳《火珠林》以錢代蓍之法，亦以京說為效。

（11）京房世卦起月例，以世爻之陰陽屬性而定，非就陰卦或陽卦而言，亦非指八宮卦屬陰或屬陽而論，後世學者多有不明而誤說。對於這方面，惠氏深知其要，而能作正確的論述。

（12）八宮卦及各屬卦間的關係，可以從各爻間的感應得到說明。天地之氣的交互運動，反映在爻位對應上，由此可見彼，由此變也可影響到彼變，這是宇宙變化的常性，並相繫於社會階層地位上。以爻位言吉凶，以主爻位說世卦，感應於人事萬物，此即世應之說。

（13）惠棟考索京房「飛伏」之說，認為其源來自於《說卦》對「巽」的解釋。同時惠棟注意到飛伏之說對解釋《易》理的作用，並注意到諸家《易》說的飛伏主張。將飛伏之說視為漢儒解釋《易》理的普遍性論述。

（二）虞、荀《易》說之重要內涵

1. 虞翻《易》說之重要內涵

（1）虞翻集兩漢易學之大成，建立一套體系龐大之象數主張，強調與創新《易》例，廣用卦象，並提出月體納甲之說作為用象之理論基礎，並藉由互體、升降、旁通、卦變、爻變等方法取象。惠棟考索虞氏之學，試圖重新建構與修補這被長期冷落與殘闕的光榮歷史，重返漢學的榮耀，以考證的方法出發，尋找較具科學性的意義，如論其逸象，以虞氏皆有所本，非妄自造作，並以兩漢天文曆法知識作為相驗的對象，並同時糾正後人的誤解，特別是宋代朱震等人對虞氏五行生數與成數運用上的錯誤解讀，乃至暗指河圖、洛書之說的造次。

（2）惠氏考索虞翻月體納甲說，認為虞翻原本於京、魏而作。魏氏月相納甲之說，以京氏納甲之十干納卦為準據，進一步建立一套更嚴密而詳盡之理論，其目的在於為丹道服務。虞翻則歸本京、魏，闡釋其以論卦為主的八卦納甲之說。

（3）虞氏月體納甲之說，透過陰陽五行與天文曆法之知識背景，配合易學之基本內涵，以闡明「易道陰陽消息」合於日月之運動規律，使月體的循環往復、盈虛變化，與八卦之陰陽消息能夠合理的相契，確立其八卦「在天成象」的「科學」原則。惠棟揭示虞氏從科學務實角度建立納甲體系的企圖，體現其時代易學所展現之科學知識與易學知識密切相容的特色與特殊意義，

期盼建立一個可驗證性的理論與實證價值。

（4）虞氏之說雖根源於《參同契》，但與《參同契》仍有差異存在。《參同契》只言「乾坤括終始」，並未明言坎離會壬癸。虞氏坎離生冬之說，又與魏伯陽之義相異。魏氏之學重於丹道養生，虞氏重在詮釋《易》卦。虞氏是一種承繼後的改造與創新。

（5）惠氏以「月幾望」之「幾」作「既」訓，認為孟喜亦用月相納甲之說，也就是說以月相納甲具體反映在釋《易》上者，孟喜之時已然使用，如此一來，月相納甲未必以魏氏而專。這裡點出了易學學術史的議題，值得後學關注與參考。

（6）月體納甲之說，推闡陰陽消長之義。自震而兌而乾，是一陽息陰消的過程，也是月相自晦而明乃至盈滿之象；自巽而艮而坤，是一陰息陽消的過程，也是月相自盈滿而消退乃至全然隱晦之象。此種主張，是陰陽消息說的另一種詮釋，也是一種以月相架構的宇宙論。同時藉由納甲說證立其「日月為易說」的合理性與正當性。

（7）惠棟「虞氏逸象」的輯成與解釋，對後學研究逸象功不可沒。虞氏大量運用逸象，這些逸象本身大都符合《周易》經傳的實質意涵。以「象」釋《易》，亦可視為是一種根源於經傳而新建立的開創性的詮釋典範。逸象作為某種符號或名象來運用於萬化之道的詮釋上，必然有其基本的邏輯理路。藉由具象思維的體驗，享受另類的哲學情境。

（8）從經典中搜尋虞氏佚文，擇選其逸象，本是一繁瑣之功夫，惠氏始創，自是難能可貴，雖有小失，仍不掩其功。

2. 荀爽《易》說之重要內涵

（1）惠棟認為《九家易》的作者是六朝時期的人，而這個人專宗荀爽之學；這種說法即《釋文》的延伸，是一種極為合理的推論。《九家易》與荀爽易學相互表裡，大旨亦同。

（2）京房的升降說，直接影響荀爽的易學主張，荀爽的升降說，有承於京房之學。然而二家不論在目的上或是內涵上，仍有其差異存在。京房側重於陰陽災異的闡發，而荀爽則重於解說經義。京房的升降，只要能符合其形式操作的合理運用原則，乃至符合其建構的合理性即可，無須過度受到《周易》本來的卦爻精神的制約，所以八宮卦次之法，陰陽皆可升降。但是，荀爽的升降主張，則必須受限於經傳的陽尊陰卑的基本精神之影響，使其升降

說的重點，仍然置重於陽升陰降的方面，而不敢放開的去多元論述。

（3）「時中」作爲《易》道的核心思想，在惠棟高度肯定荀爽的易學思想，可以眞正勾勒出與彰顯出此一《易》道思想，特別乾升坤降的主張，正是「時中」思想的最直接表述。

（4）歷來批評惠氏之學，認爲惠氏惟漢是好，對於宋人之說，皆一概不取，但惠氏考述《九家易》逸象，多以朱、項之說爲主，故認爲惠氏刻意不取宋人之說、刻意排拒宋學，並非全然客觀。惠氏以復原漢學爲志，而漢學不論在方法或內容上，與宋人之說多有迥異之處，自然取捨，宋學必多不用。惠氏並不眞的刻意迴避宋學。

（三）鄭玄《易》說之重要內涵

1. 鄭玄以爻辰解說經傳，爲其易學之重要特色。鄭氏承接與運用西漢《易》家的爻辰說，鎔新鑄舊的整合與再造，建構一個嶄新而有系統的爻辰學說，作爲工具或方法引進《周易》的詮釋中，從對思想發展或詮釋建構的歷史向度來看，也是一個重要的積極進路。惠棟考索鄭《易》，駁斥王輔嗣解《易》不用爻辰，而孔穎達《正義》黜鄭存王的偏狹不當作法，就鄭玄而言，是極不公平的對待。

2. 鄭玄以爻辰說解釋《周易》經傳文字，而其爻辰法，惠棟認爲主要根源於《易緯》，特別是《乾鑿度》的貞辰之說而另爲創制；肯定鄭氏之說是《乾鑿度》貞辰思想的解讀與擴伸，二者關係密不可分。

3. 鄭玄爻辰說與京氏《易》與《乾鑿度》或有承繼或密切聯繫的關係，但三者並不能混爲一談。三者互異，而鄭氏創爲新說，建立其在象數易學史上的獨樹特色和重要貢獻。鄭氏爻辰說特重於乾坤二卦，以乾坤爲一切創生之源，亦是《易》卦之首，將乾坤十二爻辰作爲《易》卦爻辰說之本，亦即乾坤外之六十二卦，同本於乾坤十二爻辰。六十四卦三百八十四爻，凡陽爻者取乾卦相應爻位所值之支辰，凡陰爻則取坤卦相應爻位所值之支辰。京房納支之法，以八純卦爻辰作爲整個爻辰說之基礎，間接體現《易傳》所謂「八卦相重」而生六十四卦的思想，也就是八純卦爲主，而餘諸卦爻辰則從之而生。《乾鑿度》的貞爻法，視六十四卦爲一大系統，而六十四卦之每一卦皆各自獨立爲子系統，卦與卦並列平等，無從屬的關係；將六十四卦分三十二對，每對二卦十二爻配十二辰主一年十二月，六十四卦合三十二年爲一大周期。這樣的方式，與鄭氏、京氏之說皆不同。

4. 在乾坤十二爻主十二辰的次序方面，朱震對鄭玄爻辰的理解，於乾起於子而終於戌，與鄭氏之義相符而無異議，然坤起於未而終於酉，則與鄭義相違。惠棟透過十二律相生之說，以正朱震之誤。

5. 透過惠棟的考索，得以深刻瞭解鄭玄的爻辰說涉及四方、五行、十二肖、二十八宿等內容，由此爻辰說揭示卦象與卦辭間、爻象與爻辭間的聯繫，豐富與擴展了象數《易》的應用內容。惠氏擬出的鄭玄爻辰說之「鄭氏十二月爻辰圖」與「爻辰所值二十八宿圖」，以爻辰納支與律呂、星宿共構成天人交感下的宇宙圖式，使《周易》的思想，通向實際的人事吉凶成敗，建立普遍性的規範。惠棟在這方面的成就，雖大多是資料的檢索與彙集，以及宋明以來一些見解的釐清，某種程度上也賦予鄭氏思想的再現或再造。

6. 惠棟對鄭玄爻辰說佚文資料之彙集，提供我們對鄭氏爻辰說的內涵有較能夠進快速而全面性瞭解的直接材料，有助於對鄭氏有關思想之認識與研究。

（四）考索諸家《易》說之商榷與缺失

1. 《易緯》方位說最為詳備，可與孟說相呼應，可惜惠氏在這方面卻未加引述。四正四門之說，為《乾坤鑿度》之重要主張，亦為西漢論述四正說之較為完善者。闡述四正，未納《易緯》為說，不足以強烈表達四正說在漢《易》主張的普遍性認識。這樣的缺引，蓋惠氏之不明。

2. 引文論述或有失察：如孟喜的四正卦說，引「多至，日在坎」一文為出自《是類謀》，實當《稽覽圖》者，〔註 2〕此惠氏之小失。在考述孟喜用事月的議題上，依卦氣之說，每卦直六日七分，月得五卦，六十卦分屬十二月；但在主歲卦每爻直一月，歲得兩卦之說，又與六十卦直日之說為不同的系統，但惠氏將六十卦直日之說，與六日七分法混為一談，此蒐羅雖富，但異說共理，又不詳為說明，難免疑惑後生。

3. 京房以二十八宿卦配立說，為其占筮與解說陰陽災異的重要部份，但惠棟考索京房易學，不見二十八宿之說，似乎刻意避而不談，動機所在，引人疑竇。揣其原因，蓋以京房附會二十八入配六十四卦，不符合一般起月之模式。又京房目的在占筮，其配宿之法，不符一般常道。若惠棟以其不符歷法與科學之精神而予不言，倘真如此，則有失京氏《易》之全真。

4. 惠棟以甲子起卦之納甲錢卜之法，始於京房，這種說法，或稍過武斷；

〔註 2〕見《易漢學》，頁 1063。

《火珠林》納甲術或「源於」《京氏易傳》的納甲法，但不能證明是「始於」《京氏易傳》。「源於」即以之爲思想資料之意，而「始於」則意味著自《京氏易傳》已存在納甲法了。

5. 惠棟論述京房世應之說，似乎接受了一個觀點，那就是人間貴賤等級，實爲世應已定。世應以立貴賤，將貴賤之別的現實原因加以邏輯化，而成爲爻位世卦的邏輯系統之合理解釋；但《易》理是未必能、或者本來就完全不能揭示貴賤之別的眞正原因的，當愼戒於陷入迷信的窠臼之中。

6. 惠棟畢生窮研漢《易》，對京房積算之學，應無未聞或不通之理，其刻意忽略而不細言，當有其學術論述之立場，只不過惠棟未明其由，蓋不符其考驗與實學的堅持。

7. 惠氏引宋本《參同契》「五位相得而各有合」圖，認爲該圖式「當是仲翔所作」，不知惠氏是因虞文而爲臆測，或另有所據，實不得而知。

8. 惠氏引虞翻以月相納甲之方位訓解《說卦》的方位說，知二者在八卦納方位上之差異極大，迥然不同爲二系統。《說卦》以太陽爲相應物，而虞說以月亮爲相應物，一種是一年四時之變，一種是一月三十日的月相變化，論述的本質彼此不合，所以結果當然不同。若有相合者，則不是巧合，就是適可強作附合。月體納甲的方位決定，依據月相的位置而來，各卦之方位，當取其共同的時間點來決定其位置，然而虞氏似乎並非如此，所以與實質月體運行的位置相印證，並不相符，失去了科學的實質意涵，難以成爲一個合理而具有實證價值的學說。

9. 惠棟訓解虞氏逸象，用考據之態度，折衷採納，少立己意，廣引諸說爲言。然而，所釋過於簡要，或未盡其全意，部份象義，無法獲得較爲詳實的認識。且少數引用他說爲釋者，亦未必符合虞翻本意。同時，惠氏對部份逸象的內涵用較狹隘的解釋認定，使逸象的運用和論述上，失去了較多的彈性空間，也使運用逸象在論述上造成扞格齟齬的情形，反而失去了用象應具的嚴整性與合理性，也未能全然符合虞翻的意志，而落入了自家之言的窘境。

10. 荀爽執守於經義，尤其重視「陽升陰降」的規律，但並不全然意味著荀爽的思想完全貫徹在「陽升陰降」的規律下。惠棟既在陳述荀爽的升降說，應作全面性的思考與論述，而只採荀爽「陽升陰降」的主體內涵部份，扼殺了可能有的「陽降陰升」之陰陽運動變化的另一種方式，這是值得商榷的。

11. 惠棟肯定荀爽與虞翻二者升降說的高度的一致性，但事實上仍有很大

的差異存在。惠棟非但沒有作釐清，反而混同二者，例如將虞翻的諸卦既濟之主張，引為荀爽也同有正既濟之義，為最明顯的例子。

12. 惠棟詮釋「時中」的意涵，並概括指出「時」為一卦整體取義而言，而「中」則是一爻在其卦中所處之適應位置而言。這樣概括性的分別，是否恰當，仍有商榷的必要。因為這種概括性的定義，消弱了「時中」本該可以更具豐富與廣度的哲學思想，同時也可能僵化了「時中」呈顯的多維意義與彈性思維。

13. 惠氏認為荀爽的中和主張，必也在於五陽而二陰的居中得正又相應的嚴格規範下，才能臻於理想。但是，就《周易》的本質或精神，則不必是單就二、五爻而言。以二、五爻強化中和之道，卻也減殺《易》道的變通之道，這也是值得商榷的。

14. 爻辰說在乾坤左右行的理解上，惠棟認為《乾鑿度》乾貞於子，左行子、寅、辰、午、申、戌，坤貞於未，右行未、酉、亥、丑、卯、巳，與鄭注《周禮·春官·太師》十二律相生圖合，以鄭氏爻辰說同於《乾鑿度》。惠氏未能細察而誤解了《乾鑿度》的說法，其乾坤俱為左行，與《乾鑿度》之「乾左行，坤右行」的基本法則不符。惠棟不能詳審《乾鑿度》的實質內涵，不能認識《乾鑿度》與鄭玄之說有其基本上的差異。所以對鄭玄之說與《乾鑿度》同的認識，是一種誤舛。

15. 惠棟考訂諸家《易》說，並綜采諸家之說而論述《周易》本義，其兼綜合流，卻又以虞說為主體，這種兼綜又有主體的方式，使兼綜雜匯而不合，主體失正而未盡通，所以張惠言批評其失，指出「清之有天下百年，元和徵士惠棟始考古義孟、京、荀、鄭、虞氏，作《易漢學》，又自為解釋，曰《周易述》。然掇拾於亡廢之後，左右采獲，十无二三。其所述大氏宗禰虞氏，而未能盡通，則旁徵他說以合之」。〔註3〕將不同之思想體系彙合而言，確實可能面對扞格齟齬的現象。

二、總結惠氏述易之主要特色

（一）文字訓詁之法

1. 根柢於漢學，探尋於古義，依據古訓以通經知義，經之義存乎訓，為

〔註3〕 見張惠言《周易虞氏易·序》，引自臺北：新文豐出版公司《大易類聚初集》，第十九冊，1983年10月初版，頁289。

惠氏治《易》的根本之法。

2. 以字書作爲文字訓詁的主要根據，特別以《說文》與《爾雅》等字書爲據，辨證文字，詳釋文義，合於漢儒之法。字書表現出詁訓《周易》文義上的神聖性與權威性，以此尋得《周易》本義的最佳詮解。此種訓解來源，是一種合宜的至當方式。

3. 文獻的運用廣博宏富，理據周恰，雖大都是象數之熔鑄，但仍能展現出高度的邏輯性與合理性。

4. 考據有信，不以常說而爲必然，其見識專就文獻訓典的足作論據者而言，所以每每有不同於常說之論，言之有物，理據恰當。堅持探尋古義的職志與考據之精神而作爲說法，不求語出驚人，但持樸素篤實之論。

5. 《周易》文簡而意廣，特別反映在卦義上，表義深遠，如百川所納，所以在釋卦義上，惠氏多有數義並陳者，使釋卦取義，詳明而多可參佐。

6. 詁解文義，不單重於個別字義的訓解，每每采漢儒《易》說，以明其卦爻之義；運用漢《易》諸法，純熟周恰，言之合理，儼然爲漢儒《易》說之綜合體。

（二）群籍眾說之文獻運用

1. 以漢學爲尊，廣蒐博考，探賾漢儒的經說古義，文獻以古爲要，以古訓解《易》，以漢儒解經之法爲典式，故博引群籍眾說爲必要的方法。

2. 以虞翻、荀爽爲主，參以鄭玄、宋衷、干寶、子夏、京房、劉歆、許慎、馬融、王肅、董遇、九家、姚信、翟元、王弼等漢魏諸家之說，融會貫串，綜合其義，信而有徵。羅列史料而考證務實，卻又未見其能夠大力於理性之分析或創爲新說，誠爲「述而不作」。

3. 雖以恢復漢《易》爲職志，采蒐漢魏諸家之要，作爲論述之主要材料和內容，仍以虞翻易學爲核心，以申述虞義爲主，在引述虞文上，也是最爲普遍，某種程度上，可以視爲虞氏易學的再現。

4. 惠氏以傳解經，並不在引傳文而能立即透析經義，而是以漢儒象數《易》說爲主體，將《易傳》原有的義理內涵給直接淡化掉了。所以，惠棟引傳文釋經，除了將義理化的傳文給象數化之外，也廣引本身具有純粹象數性質的傳文作爲釋經之對象，以《說卦傳》作爲運用的主要材料。惠棟採取《易傳》作爲釋經之材料，重在背後的漢儒象數意義，割裂《易傳》中的義理之學的重要元質，斲殺了《易傳》既有的本色。

5. 漢儒視經典為恆久之至道，群經同源，大義互通；發明經義，宏揚大旨，必多以群經互證，為漢代經學家的普遍共識。惠氏以漢學為志，於治《易》上，亦承繼漢儒說經之法。引經述《易》的主要目的取向，大抵多用於文字訓詁之用，或者是辨證異文，至於諸經中的豐富思想內涵，作為哲理性的論述，則少運用，主要仍重在象數之用，所以經典中高度思想性的部份，受到冷落與擱置是必然的情形。

6. 引述先秦漢魏時期的子書與諸家注說上，數量可觀。但在原始道家子書的引述上，相對較少，原因是這些思想性極高的語言，非並象數材料的必要。對於道家傾向的揚雄與劉安思想之引述，則較為頻繁；引言表述，合於其時代性的實質現況，可以合理的達到輔訓或考證上的需要。又以董子和劉向父子之說為訓，表徵出漢代儒學中的代表性地位，並取用作為象數易學之闡釋與文字訓義上的需要，最合漢代古義。

7. 採用具有神道色彩的典籍以釋《釋》，其中包括《參同契》、《靈寶經》、《陰符經》、《玄珠密語》、《抱朴子》等等，並以《參同契》為主。所用內容直接或間接地反映出漢代的天文歷法之科學知識，以及漢代《易》家的易學主張，並無不妥。歷來學者批評於此之用，似乎過當與不公。

8. 惠棟引書述義，見其學殖深厚，而能廣蒐群籍、巧為運用，綜取諸說而成新的見解。在文義的考證上，惠棟用功頗深，引據有典，符合科學實證的精神。至於神道讖緯之書的引用，惠氏都能排除災異神怪的部份，而純取文義詁訓的內容與兩漢象數之說的材料，所以大無缺失。

（三）《易緯》的重要地位

1. 惠氏引《易緯》為釋，主要用以輔翼虞翻、荀爽、鄭玄等諸家之說。在論述兩漢主流的象數思想，《易緯》佔有極為重要的地位。

2. 慣取《易緯》中論述卦象、爻象之文，且多取自《乾鑿度》之說。特別強調爻位的貴賤等別，但用來詮釋某一家所述之卦爻義，不但弱化了卦爻義詮釋上的彈性，未必合於該家之說。

3. 《易傳》作為釋經的產物，開展了一套有系統的宇宙生成理論，成為易學思想中的重要代表。引《易緯》詮釋《易傳》，大體合理恰當，並且提供我們對這兩個系統的對照認識。

4. 從《易緯》中可以窺得漢代易學的重要面貌，也可以反映出漢代的學術文化意識，一種科學與神學的雙重韻味。惠氏採用的大都是那些較具科學

性的或是那個年代易學家普遍的共同主張或是認識。

（四）經文之改易

1. 《周易》版本於漢代已呈紛亂叢出之象，歷經時空之流轉，傳述文字亦多有更易，所以研究《周易》本義，必當先行校勘本字，使不致穿鑿附會，扭曲古義。惠氏以王弼之學興則漢學亡，王氏多用俗字，多有非原始之經字，勘正本字成為必然之途。

2. 從文獻的取用上，惠氏引漢儒《易》文作為改易經文的主要依據，這些文字都較王弼為早，也就是可信度較王弼為高。並且，隨著時空的改變，文字語言也會隨著鈔錄傳述的過程中而改變，惠棟認定王弼多采俗字，事實上，以漢魏文字改變急遽變化下，這是可能存在的。不過，一切仍需回歸實證的推求，而惠棟對王氏的批評，也非全然偏見或無的放矢。

（五）之卦訓義之法

1. 《周易》透過陰陽的變化、卦爻象和卦爻象的變化，來揭示和反映宇宙事物的發展規律與存在的意義。惠棟延續虞翻的卦變說，有系統地普遍運用於釋卦當中，建構出一套頗具規模的易學理論，強化探究變化之道的新的論述視野。

2. 乾坤為眾卦之首，象徵天地、陰陽等宇宙生成變化的最重要元質，並為產生諸卦之根本。陰陽相摩而生六子之法，重申「乾以二五摩坤成坎，而互震、艮」為三男；「坤以二五摩乾成離，而互巽、兌」為三女。乾坤生六子，為宇宙萬化之道，亦陰陽剛柔變化之道。

3. 乾坤相交而生坎離二子，坎離以出入二五而生，具有高度的重要性與主導性意義，與乾坤互為體用，在求既濟定之中和的終極理想。

4. 十二消息卦由乾坤所衍，並且由十二消息卦再衍生出其餘五十二卦，惠棟統以「之卦」為言，視為「之卦」之範疇。惠氏此說主要參照虞氏之學，並綜之以互體、逸象、旁通等法，儼然為虞氏思想的延續。但部份引據他說，支離虞說之完整性。

5. 惠棟的卦變主張，大體根本於虞翻，但或因對虞說的某些誤解，而有屬於自己的說法。震、坎、艮、巽、離、兌六子與十二消息卦皆自乾坤出。雜卦出於辟卦者，則包括：二陽四陰之卦，出自消息卦臨、觀二卦者；四陽二陰之卦，出自消息卦大壯、遯二卦者；三陽三陰之卦，出自消息卦泰、否

二卦者。又，卦無一陽一陰之例，亦即無出自消息卦中的剝、復、夬、姤之例，師、同人、大有、謙、小畜、履、豫等七卦，皆自乾坤來；有因反復不衰者，不從四陰二陽自臨、觀之例者，有頤、大過、小過、中孚等四卦；有據傳爲說，而爲變例者，比、豐、旅、屯、蒙；睽、蹇二卦，因《繫辭》、《象傳》而出。

（六）卦爻象釋義之法

1. 惠棟《周易述》，根本漢《易》，宗主虞說，掌握了用象的特色，處處可見象，可以說是漢儒用象之集大成者。對於八卦用象有精詳的認識，解釋諸象之由來或是卦象的實質意義，都能引據文獻加以佐證說明。

2. 惠氏廣取卦象釋《易》，主要本於《說卦》的象說、虞氏逸象，以及《九家說卦》的逸象。所用之象由來有據，大體並無乖違漢儒之說而另創新象；由用象可見其治漢《易》之功力，能爲其時代之翹楚，並非浪得虛名。

3. 惠氏指出《說卦》以訓詁的行文方式呈現，用於訓解《象傳》、《繫傳》等諸傳中八卦之德，爲其七十子之徒所爲。所以八卦用象之說，非孔子所作，此涉及到《十翼》的作者問題，惠氏肯定《象傳》、《繫傳》等諸傳爲孔子所作，但《說卦》非是。

4. 惠氏的取象釋義，有直接取象者，即直引《說卦》或虞翻等漢儒所用之象，進一步說明卦爻義；而間接取象者，則他在用象的過程中，常會對所用之象，作簡要而清楚的解釋。

5. 惠氏大量的以卦象作舖陳，藉由卦象的有機組合，以具體的呈現卦爻義。用象之繁，似乎存在著強烈的機械化套用的韻味，但這種機械式的「組合」，仍須存在著靈活運用的思維，一種能夠集合成有意義的內容之邏輯組合，才能運用於萬化之道的詮釋上，必然有其基本的邏輯理路，考慮到組合後的合理性，是否能應合於經傳文字內容，以及表達其意義。惠棟大體成功地建構出這麼一套藉由用象的論述系統，誠其不易。

（七）互體取象之法

1. 惠棟在釋《易》的過程中，不斷地從經文中舖陳或開展卦爻象，而透過互體的方法，獲得新的卦，以呈現新的卦象，成爲必要的手段。以繁富的卦象釋《易》之法，必須仰賴互體而來，所以以互體所反映出的卦爻象，可使《易》義之詮釋更爲便利與合理。

2. 惠棟在互體的運用上，主要根本於虞翻等漢儒之說。互體的方式有三爻互體爲純卦，以及四爻互體與五爻互體爲重卦之說。

3. 惠棟對於本卦的上下二體，與其它二至四爻與三至五爻互體所增成的純卦，並無細作不同的名稱以加以區別，往往同稱爲「體」。

4. 三爻互體爲惠氏互體之法運用最爲龐富者。所取之方式或論述方式，包括本卦直取三爻互體者、取爻變後三爻互體者、直取上體或下體爲互體者未明互體而實爲互體者。

5. 惠棟互體取象，除了本卦之互體外，大多採用非本卦之互卦方式，即經卦爻變後以取互體，這樣的方式最爲普遍，又特別是本卦中某爻不正而使之正，再作互體者最多。互體的目的皆在於取得「有效」之卦象作爲釋《易》之材料。互體取爻的彈性，提高了有效的用象機會。

（八）爻位述義之法

1. 惠氏的爻位觀，認爲《易》於爻位，最重視的是「當位」的問題，然後是「應」。惠氏在論述當位與否，除了著眼於本卦現實存在的爻象，也特別重視透過爻變闡明由本卦轉變後的新爻位之當位情形。當位與否的爻位關係，除了是一種已成的靜態呈現，也是一種動態的爻位關係。因此，惠氏打破《易傳》普遍陳述的當位正例，是一種動態性的意義陳述。

2. 惠氏認爲「貞」字的出現，在爻位上有兩種狀態，一種是該卦之某爻已爲「貞」，也就是已是一種當位居正的狀態，所以毋需再變；一種是該卦之某爻現在處於不當位的狀態，應該透過爻變而使之正。

3. 在相應說上，惠氏陳述的重要內容，主要爲：採用爻變的方法尋求相應、重視當位的相應、重視當位的相應與伏應等方面。

4. 惠棟根據漢儒《易》說，以爻位相承的關係闡釋卦爻義，其論述的形式，有從實際爻位間的相承，以及藉由爻變的方式或是升降的方式來談相承的關係，尚有以隔位相承、陽承陽，以及以爻承卦作爲論述上的特例。

5. 惠氏綜采諸家之說，言「乘」之方式亦夥，但大體仍以傳統的正例爲主，尚有以爻變而言、隔爻相乘、以爻乘卦，以及以卦乘卦者。其中隔爻相乘與以爻乘卦之說，主要的對象是多陰或多陽之卦。

6. 惠氏不斷強調中位的重要性，以乾升坤降作爲中位思想的開展與具體呈現，推崇九二升五與六五降二的原則，並且採用爻變的方式，將不當位的中爻，使之正而當位。二、五兩爻代表著宇宙天地在變動不居、周流不停的

狀態下的最佳處所。陰二陽五、二五當位、二五相應，既中且和，是中位之最佳典式，是成濟既定的主要架構，是六十四卦爻位的最佳歸宿。

7. 爻位貴賤雖定，但仍必須綜合當位、相應、承乘等等實際的爻位關係，才能確定其最後的吉凶。這樣的爻位關係，並不是一種僵化既成的關係，當中仍有動態、具體的呈現，透過爻變與有關的方式展現出來，才決定其最後的吉凶。

（九）其它象數主張

1. 惠棟使用「半象」為釋《易》常例，大抵嚴謹，合乎邏輯的合理使用，並無漫加濫用或非無端造作。半象的符號意義，表現出一種活動性與變化性的內涵。

2. 惠棟提出某兩卦有兩象易的關係，對於其關係背後的實質意義為何，並未作任何交待；使用兩象易的主張，喪失了實質的目的與用意。

3. 反象之卦，可以看出卦爻的變化所反映出的動態意義。透過反象之說，體現對立又統一的關係。藉由此反對之象，表現事物的果因關係和良窳之面向，予人們一種積極性的參照。

4. 惠氏言旁通者甚夥，提供人們對《易》卦結構與象義上的另一個思考面向，特別是陰陽間相互涵攝和交易變化的關聯性，以及所呈顯的卦象和卦義上意義，擴展了《易》象探索的空間。

5. 惠氏根本虞說，多取震巽特變之法以訓解經義。不只在一次由震變巽或由巽變震之後來釋其義，還從一爻一爻的變動過程所涵攝的意義而論。震巽特變並無爻變上的正面積極意義，不在求吉象，而在訓義的必要。

三、總結義理觀的主要內涵

（一）宇宙觀

1. 惠棟以「太極」為「一」、「太一」，又為「道」。「太極」視為「元氣」，是一種未發未分之氣，此氣尚微而未顯，所以「一尚微」，直至太一判分陰陽兩儀時，才真正的顯發。「太一」主氣，以虛來實，也就是由虛中未分至顯發為陰陽，並以陰陽二氣之往來變化，進而生成萬物。以「太極」即「太一」，其天神之性、北辰之星格，合於漢儒的一般說法。

2. 惠棟揀選《易緯》由「太易」而「太初」而「太始」而「太素」這套

化分天地與衍生出具有形質的萬物的有系統的宇宙觀，並對有關主張作了改造，以呈現其宇宙觀本體意向。惠氏的看法，並無像《乾鑿度》具有強烈地由無而有的歷程，惠氏的「無物」，仍然是一種元氣的存在，也可以說是「有」。「太易」之「未見氣」，即氣呈現出一種混沌不明的狀態，這樣的狀態，與「太極」所反應出的元氣樣態相同；這種說法也是對《易緯》的改造。惠氏肯定宇宙萬物的生成，是由無形而至有形的變化過程，也就是一種氣化的過程。

3. 強調太極下貫乾坤兩儀，而乾坤相並俱生，合爲一元，立於天地之中以生萬物，所以天地之中爲乾坤之元。乾與坤雖造化萬有，但存在著貴賤與先後之差別；一切皆由乾而起，不論在天地判別之前，或是天地既分之後，陽升陰降、陽尊陰卑的關係都是不會改變的，所以「升降之理，坤之所以順承天」。

4. 惠棟論「道」爲本原說，「道」的概念，在某些意涵上與《老子》之說相近，但並不全合《老子》「道」的本質，而與秦漢所倡論的黃老學說相近，這個「道」，向漢儒普遍談到的「氣」靠攏。

5. 「一」在易學思想的體系中，它代表「太極」，是一種氣化之「有」的物質存在，爲宇宙的根源、萬有之本。在一卦六爻爻位上，「一」是卦爻之初始。「一」至極至善，獨一無二，純然而不蕪雜。「一」善則一以貫之，拳拳服膺，不變其善，不雜其二，所以「一」爲「獨」爲「至誠」之義。

6. 「太極」同於「元氣」，同於「一」。「函三」爲含天、地、人三者，即太極元氣在未分化以前，包含著天、地、人生成的元素而渾然一體，所以說「太極元氣，函三爲一；三才合于一元」。同時惠氏也將「太初、太始、太素」所表述的宇宙化生體系之氣合爲太極元氣，藉由「函三爲一」作了聯繫。

7. 陰陽二氣作爲宇宙化生的重要元質，下落在卦爻之上，惠氏期盼一種理想的成既濟定之境域，陰陽之氣交感通宜、各安其位的呈現，透過乾陽坤陰的變化而來，企求和諧的宇宙化生的最佳狀態。

（二）《中庸》與《易》理融攝

1. 惠棟針對《中庸》「天命之謂性，率性之謂道，修道之謂教」所貫通之「道」，爲了附會其《易》道，刻意忽略在修養工夫的範疇，也不能使之與「道」作合理的扣合。惠氏之「道」仍專注在氣化的本體意義上，對於闡釋《中庸》之大義，仍有其侷限性與濃厚的附會成份，《中庸》原本的哲學思想特性，強烈的割裂與戕損。《中庸》的「慎獨」和「隱微」的意義，惠氏也專從元氣的

角度出發，雖說二者會通，但結果是質性殊異，《中庸》道旨反而隱晦。

2. 「隱」「微」的主體意義，是元氣潛隱初始之狀。《易》道元氣，乾元、坤元，皆初始「絜靜精微」之狀。氣從下升，相應於卦爻，初始之爻以乾元、坤元；初升二以上，由微而顯，至九五則就至誠之位，也是致中和之位。從隱微之中，進而顯現其形，即是一種氣化的過程，也是一種存誠的工夫、慎獨之道。透過慎獨以隱見微顯，達於中和育物之境。

3. 惠氏以初一陽爻稱「獨」，以初陽始生，爲隱爲微，爲陽德一善，所以「獨」從道初，直指初九一爻，亦陽氣初生之始，其狀隱微而形。「獨」儼然成爲一種元氣的初始而隱微的狀態。這樣的概念，已去《中庸》之「慎獨」遠矣。

4. 惠棟以其《易》道中和思想，融入《中庸》的中和思想之中。不論是《易》或《中庸》，皆在追求贊化育的中和理想。「中和」即卦二、五居中得正，以象其得正於天地之中，而行中和之道與「元、亨、利、貞」四德，贊化育，建立一個和諧共生的最佳場域。

5. 惠棟對於「誠」形象，似乎認爲與「鬼神之爲德」同，是一種「視之而不見，聽之而不聞，體物而不可遺」的狀態，也就是視聽都不著其體，卻是實質存在而「不可遺」者；它雖微而顯，隱微而顯揚於萬物之中，是一種「不可掩」、也無法掩的形象。《中庸》的誠道，在於贊化育之功，等同於《易》道的「成既濟定」、成「元、亨、利、貞」四德之境。天道之誠，合於人道之誠，從誠體出發，即同於陰陽合德的概念，陰陽變化合德，則陰陽之位定，和諧之境成，四德備，既濟之功就。

（三）《易》與禮、史會通

1. 惠棟釋卦多引婚禮之說，如釋咸卦述明男下女之婚誼之道。釋遘卦強調男女的婚姻，男下於女，由男方主動示出，不期之遇，亦不合於禮；且，女當順於男，女必以婦德，女德不貞，不可爲妻。釋睽卦說明壺之用者，並不在官方之燕禮，而爲婚禮所用之酒器。釋泰卦以自秋至春，爲嫁娶之宜時。對於婚禮之制，學殖淳厚。

2. 在祭禮方面，以禘祭言「觀盥而不觀薦」，以「灌」特用於祭於祖廟，灌儀最爲莊重，作爲禘祭中最重要者。惠氏釐清禘祭，並藉以更能認識明堂之法，而具體地應用於《周易》的釋義內容中。惠氏述明禴祭爲薄祭，引既濟九五爲說，九五爲坎中，坎爲豕，禴祭以豕而已，不奢盈於禮，而能「實

受其福」。明確掌握郊祭之禮的內涵，但於益卦專言「夏商之王」，則實無必要。其它釋坎卦言內約以誠；釋家人卦言饋祭爲婦職；釋損卦言二簋之用在損以誠等等，惠氏詳以祭禮釋義。

3. 惠棟釋益卦特以凶事用圭之喪禮爲訓，藉由誠於喪而重於災，保社稷而拯災救民。釋晉卦說明天子賓客之禮。釋困卦以說明酒食與朱紱的禮制意義；強調困君子之身，窮君子之祿，固不能喪君子之志，朱紱之來，有其德器，而能有慶。釋坎卦以明刑罰之制，此詳識三代以降之刑政而能達其理。

4. 惠棟以史述《易》，主要著重在文字的詁訓意義上，從義理陳述的觀點言之，仍屬於消極的態度。他運用的史實，主要爲歷史人物，特別是三皇五帝與商周時的人物，以及運用有關的歷史制度，其運用之目的，大都僅在解釋文字的意涵，或是澄清文字的實質意義，並不在運用史實而擴大論述以闡明經傳大義。

5. 惠棟「因學《易》而得明堂之濫，因明堂而知禘之說」，明堂之法是由學《易》而考證得到的，而「禘」之說則又因明堂而進一步所得到的主張；不論是明堂或是禘明，皆與其治《易》有密切的相關。明堂的重要意義，在於「謹承天順時之令，昭令德宗祀之禮，明前功百辟之勞，起養老敬長之義，順教幼誨稚之學」；「明堂所以明道，明道惟法。是言治天下之大法也」。治天下之大法，即是中庸的至誠與中和之理想境界，也是《周易》化育萬物、成既濟定的最佳歸宿。以明堂上溯伏羲制《易》，並以八卦、九宮卦氣來解釋明堂，爲漢代易學思想的反映。其考證明堂之說，提供我們對周秦歷史文化的重要參考資料，也讓我理解陰陽五行、天文歷法與帝制、建築等有關的聯結關係。這些有機的組合，一方面可以視爲惠氏考據學的主張，也可以視爲惠氏將《易》有關元素會通的思想。

（四）其它

1. 有無的概念：惠氏強調宇宙的本有之性，這個「有」就是元氣，就是一。元氣肇端於無形，這種「無形」，並不是本體的「無形」，只是元氣起源的一種「窺之不見，聽之不聞」的狀態。有形與無形，或有與無，其本體仍在「一」，也就是「太極」，也就是「元氣」。惠氏肯定萬物生成的過程中，是一種由「無」而「有」的歷程，但是惠氏並不在意於《老子》的「道」所涵攝的精細內容，而直接將它視爲「太極」視爲「一」，也就是視爲「元氣」，也就是肯定其本源上的物質化存有。

2. 虛：惠氏《易微言》特別立「虛」之範疇，並引諸家用「虛」之說；惠氏並未參入個人的意見或詮釋的內容，而且廣引諸說，思想內容與所反映的意義亦不盡相同，造成「虛」義龐雜。

3. 宋代理學家將「道」與「理」視爲同一的概念，惠氏反對將二者混爲一解，認爲「道」是作爲萬物遵循的普遍規律和原理，它所呈現的各個具體事物的特殊規律或個別原理才是所謂「理」。不可將「道」與「理」二者合爲一談。又，惠氏反對宋明理學家將「天理」與「人欲」從對立的角度來談，認爲是一種謬論。同時認爲乾天爲性，坤地爲理，理從屬於地而不爲天，不能以「天理」作「天性」解。「性」不等同於「理」，也就是將理學家理解的「盡性」與「窮理」分開，直接否定理學家「存天理，滅人欲」的理論基礎。

4. 日月爲易：在惠氏的易學思想裡，日月並不眞的惟坎離所獨居，因爲坎離出於乾坤，且在成既濟的理想規律中，乾坤二五變而爲坎離，坎離始終爲乾坤所附加而成的，因此，乾坤爲「日月」仍有其優先性與合法性。「日月爲易」之說，爲惠氏易學主張的重要理論基礎與原則依據。

5. 在《易微言》中，惠氏所云「元」、「一」、「始」、「初」、「本」、「極」、「無」、「潛」、「隱」、「微」、「幾」、「虛」等諸命題，皆有本體的觀念，也就是作爲宇宙最高本源，其中「元」、「一」、「始」、「初」、「本」、「極」等，尤有元氣初始之狀的概念，這個初始之狀，又特別指乾陽之氣而言，乾爲萬物之本，萬物之始，萬物之初，萬物之極。至於「無」、「潛」、「隱」、「微」、「幾」、「虛」等諸說，則表現出乾爲太初之氣的樣態，或是狀態與性質。惠氏所述命題，大都圍繞在這個作爲化育萬物的最高本體的元氣概念的範疇上。

四、校勘與輯佚之檢討

總結前面章節所述，要點分列如下：

（一）在經文校勘改易方面

1. 經文改易之情形

（1）惠棟文字之校勘，十之八九以上皆作改字。改字大抵本諸漢儒舊說，以及《說文》、《釋文》等典籍所載爲依據，評斷異文，而作改易。改易說明，有詳有略；有考正周全，合理恰當，亦有一己之偏，強作定說。

（2）惠氏亦有作刪字者，所本亦非全然合理可徵。

（3）少數作增字者。

（4）校定句讀者。惠氏所斷，大抵通恰，而特作標讀，主要在體現於此方為漢儒之正宗，也表明其復原漢《易》之心跡。

2. 校勘改字之主要缺失

（1）好用古字，往往直接改用而未明其由視之為當然，則未必適切。

（2）改字未予統一。

（3）校勘改字之說明簡略，不盡周詳，不合校勘應有的嚴謹態度。

（4）部份校勘改字未作深察，以致誤說。

（5）考校異文，過於武斷。

3. 惠氏擅改經文之反思

（1）歷來批評者認為惠棟不宜將行年久遠的經典擅作改易。事實上，這是一種認知與動機上不同，惠棟並不以王弼本或是某一本視為不可移改的聖人原始傳本，他所認定的是距古愈近，且又可徵驗者，即是最為恰當的，至於類似王弼本所示者，往往錯用古字，曲解古義，非為至當之本，不必循之不變。惠氏於正文改易經字，又於注疏中予以詳細述明改易之理據，作了明確的交待，而非直用而不作任何交待。

（2）惠棟改易經文，與宋儒大家之改易，差別迥異；惠棟本諸實證有據的校勘態度，也鑒於宋儒的惑亂經義，所以惠棟的改易是可以理解的。

（3）惠棟畢生致力於漢學，探尋《周易》古義，深知原本古義，也必當還原古字，以原始的本字，才能得經義之真。以王弼篇次紊亂，又多俗字，漢學殞落，而《周易》的本來面貌也從此扭曲。惠氏憂心於此，考索經文，端正本字。改易經文未必代表挑戰經典的崇高地位，對於使用長久延續的錯誤文本，才是有違聖人之意。

（4）惠氏所易，給予研《易》者於校勘考證上寶貴而重要的文獻資料。對於執守王、韓或孔氏之本，乃至程朱一系之說，給予一種反思與參校的機會。惠氏並不在於打破傳統，更不在顛覆傳統，其核心價值在期盼最實在的傳統的本真，惠棟試圖以科學的文獻考證態度，去揀選最佳的原來。不同於長期建立在一般人心目中的「經典化」版本的另類說法，仍有值得去參照的地方，或許它能夠導正那「經典化」一家之言的長期錯誤；未必一定要刻意去糾正這「長期錯誤」，但瞭解這「長期錯誤」，也是身為一個研究者應該有的知識與態度。

（二）在鄭《易》的增補輯佚方面

1. 貢獻方面

惠棟易學上的增補輯佚工作，主要表現在於對鄭學易學方面，在王應麟的基礎上而後有功。主要為：

（1）王氏無而惠氏新增之佚文，約計八十七條。

（2）繼王氏之後，精覈詳審，可以作為研究鄭氏易學思想之重要輯本。輯本內容材料，有助於呈現鄭氏易學的重要思想，包括「易含三義」的「易」義定義、爻辰說、五行說、互體說與爻體說的直接資料之運用。

（3）王應麟所著之佚文，全未標明出處，惠棟針對書中所輯，一一詳加考求原本，注明出處。

（4）王氏所輯篇次凌亂，與經傳多有不相應者，一卦之內，六爻先後，亦紊其自然之序，特別是《繫辭傳》所輯，益加雜亂。惠氏依經文前後，詳覈釐定其次，使之井然有序。

（5）詳核補正王氏之誤字。

（6）更置王氏引文，以及將王氏附於卷末〈易論〉之文，考正後入於注文序列中。

（7）注明不同之二說，並增補音訓。

（8）對於王本所引不足或奪字者，皆予以增補。

2. 在缺失方面

（1）部份條文未能考明出處，不夠精詳，造成缺誤者。

（2）部份佚文王氏本誤而惠氏未予以改正，而仍沿用之。

（3）逕改經文或原出處之文，出於己意，不合文獻本然。

（4）部份佚文有誤刪或缺引奪字者。

惠氏之失，首在改易作者原文，改易原文，必以明據，不可因嗜古求古而為之；其次為出處未能考明，而轉作「王氏」之言，且引鄭注《乾鑿度》作為鄭氏《易》注，此不察之失；其它誤字或奪字，則為其小疵。雖見其多有所失，仍瑕不掩瑜，無毀其功，對鄭學之保殘完缺，多有貢獻。除了多增佚文與增補出處外，在文字的審辨上，尤可見其細心取捨之一面，博蒐詳稽，並可引發後學對鄭氏《易》本之關注。

五、述《易》上的文獻運用缺失

惠棟釋《易》之特色重在述古，廣引群籍，以說明古義，具有訓詁與考證上的務實之風。既是如此，必須重視資料來源的嚴整性，也就是引文必求精審，來源出處應作詳實說明，但在這方面，惠氏仍有甚多缺失。

（一）未原本原說而斷作剪裁

惠棟援引諸說釋《易》的過程中，往往有未根本原說而斷作剪裁者。如夬☰卦卦辭「夬，揚于王庭」，惠棟述明本諸虞翻和鄭玄之說，云：

> 陽決陰，息卦也。剛決柔，與剝旁通。揚，越也。乾爲王，剝艮爲庭，陰爻越其上，故「揚于王庭」矣。〔註4〕

惠棟此文，乃綜采虞翻與鄭玄之說斷湊而成。虞翻原文云：

> 陽決陰，息卦也。剛決柔，與剝旁通。乾爲揚爲王，剝艮爲庭，故揚于王庭矣。

鄭玄原文云：

> 夬，決也。陽氣浸長，至於五，五，尊位也，而陰先之，是猶聖人積德說天下，以漸消去小人，至於受命爲天子，故謂之決。揚，越也。五互體乾，乾爲君，又居尊位，王庭之象也。陰爻越其上，小人乘君子，罪惡上聞於聖人之朝，故曰夬，揚于王庭也。〔註5〕

割裂諸家之言，綴取其要，以成其釋義之所需；既混用他說而採其原文，應更爲嚴謹地說明各原文之出處才是，僅概括指出是某人與某人之義，並不恰當。

又如夬☰卦卦辭「告自邑，不利即戎」，惠棟注云：

> 陽息動復，剛長成夬。夬從復升，坤逆在上，民眾消滅。震爲告，坤爲自邑，故告自邑。二變离爲戎，故不利即戎，所尚乃窮也。〔註6〕

惠棟述明「此虞義也」，事實上，惠棟並未原本虞說，斷取其文句而另作舖陳；虞說原文爲：

> 陽息動復，剛長成夬。震爲告，坤爲自邑。夬從復升，坤逆在上，民眾消滅。二變時，離爲戎，故不利即戎，所尚乃窮也。〔註7〕

錯置虞文，並作增刪，未能忠實原說。

〔註4〕　見惠棟《周易述》，卷六，頁184。
〔註5〕　見李鼎祚《周易集解》，卷九，頁211。
〔註6〕　見惠棟《周易述》，卷六，頁184。
〔註7〕　見李鼎祚《周易集解》，卷九，頁211。

又於姤▇卦卦辭「勿用取女」下注云：

> 一陰承五陽，一女當五男，苟相遇耳，故勿用取女，婦人以婉娩爲
> 其德也。

取鄭玄之義，未原本鄭文而斷取之。〔註8〕

惠棟釋乾▇卦《彖傳》「大哉乾元」，引《說文》云「道立于一，化生萬物」。〔註9〕《說文》原文爲「惟初大始，道立于一，造分天地，化成萬物」，惠棟斷取其中作訓解。

類似這種情形，在《周易述》中每每可見，惠棟斷取某家之說而自爲剪裁，失去了引文應有的嚴整態度。

（二）轉引古說而未明出處

惠棟在文獻引用上的另一重大缺失，則爲轉引古說而未明出處者。如釋晉▇卦卦辭「康侯用錫馬蕃庶，晝日三接」文，指出：

> 《周禮·大行人》曰：上公之禮，廟中將幣三享，出入三問三勞，
> 諸侯三享再問再勞，諸子三享壹問壹勞。是天子三接諸侯之禮也。

〔註10〕

此言當轉用侯果之說，侯氏注晉卦《彖傳》「晝日三接也」，云：

> 《大行人職》曰：諸公三饗三問三勞，諸侯三饗再問再勞，子男三
> 饗一問一勞。即天子三接諸侯之禮也。〔註11〕

所言與侯說義同，但未予說明以示負責。

《繫辭上傳》「居其室，出其言不善，則千里之外違之，況其邇者乎」，惠棟云：

> 坤初爲不善，消二成遯，弑父弑君，故千里之外違之，況其邇者乎。

〔註12〕

其文義當據虞翻而來，虞注此《繫》辭云：

〔註8〕 惠棟之引文，見《周易述》，卷六，頁189。鄭玄原本之文爲：「姤，遇也。一陰承五陽，一女當五男，苟相遇耳，非禮之正，故謂之姤。女壯如是，壯健以淫，故不可娶，婦人以婉娩爲其德也。」（見李鼎祚《周易集解》，卷九，頁217。）

〔註9〕 見惠棟《周易述·彖上傳》，卷九，頁220。

〔註10〕 見惠棟《周易述》，卷五，頁147。

〔註11〕 見李鼎祚《周易集解》，卷七，頁174。

〔註12〕 見惠棟《周易述》，卷十四，頁413。

謂初陽動，入陰成坤，坤爲不善也。

又云：

謂初變體剝，弒父弒君，二陽肥遯，則坤違之，而承於五，故千里
之外違之，況其邇者乎。〔註13〕

且，虞氏注坤䷁卦《文言》「積不善之家，必有餘殃」云：

坤積不善，以臣弒君，以乾通坤，極姤生巽，爲餘殃也。〔註14〕

因此，可以看出惠棟之說，本諸虞文，而未予以注明出於虞義。

　　乾䷀卦爲例，如乾卦「元、亨、利、貞」，惠注「元，始；亨，通；利，
和；貞，正也」，〔註15〕實出於《子夏傳》之言。〔註16〕注云「息至二升坤五，
乾坤交，故亨」，〔註17〕乃取荀爽升降說之義。惠注又云「乾道變化，各正性
命，保合大和，乃利貞」，〔註18〕此出於《彖傳》，惠棟並未注明。

　　惠棟注屯䷂卦六四「困蒙，吝」，云「遠於陽」，出自於王弼之言，〔註19〕
惠棟引而未注明出處。又釋屯卦九五，訓「膏」字，以「坎雨稱膏」，轉取虞
氏引《詩》云「陰雨膏之」。〔註20〕並指出「膏者膏潤。雨以潤之，故稱膏也」；
〔註21〕其「雨以潤之」，語取《說卦》文，惠棟未述明出處。

　　其它如疏解離䷝卦卦辭，云「重明以麗乎正，乃化成天下」，〔註22〕此
爲離卦《彖傳》之辭，爲以傳解經之例；並無注明出處。解釋困䷮卦時云「剛
爲陰弇，故困」；「上九之二，二五之剛爲陰所弇，故困」。〔註23〕其義蓋出於
荀爽所言「謂二五爲陰所弇也」；〔註24〕惠棟並無指出取自荀義。《繫辭上傳》

〔註13〕虞氏二注文，見李鼎祚《周易集解》，卷十三，頁327。

〔註14〕見李鼎祚《周易集解》，卷二，頁33。

〔註15〕見惠棟《周易述》，卷一，頁1。

〔註16〕見《子夏傳》云：「元，始也；亨、通也；利，和也；貞正也。」（見李鼎祚
《周易集解》，卷一，頁1。）惠棟短少三「也」字。

〔註17〕見惠棟《周易述》，卷一，頁1。

〔註18〕見惠棟《周易述》，卷一，頁1。

〔註19〕王弼釋蒙卦六四云：「陽稱實也。獨遠於陽，處兩陰之中，闇莫之發，故曰困
蒙也。困於蒙昧，不能比賢以發其志，亦鄙矣，故曰吝。」（見李鼎祚《周易
集解》，卷二，頁46。）

〔註20〕此爲《詩・曹風》文。

〔註21〕見惠棟《周易述》，卷一，頁20。

〔註22〕見惠棟《周易述》，卷四，頁131。

〔註23〕見惠棟《周易述》，卷七，頁203～204。

〔註24〕見李鼎祚《周易集解》，卷九，頁229。

「通其變，遂成天地之文」，惠棟云「化而裁之謂之變，推而行之謂之通。通其變，謂變而之通也」。〔註25〕此「化而裁之謂之變，推而行之謂之通」文，出於《繫辭上傳》，惠棟慣用而未明出處。

類似缺失之眾，不勝枚舉，實非小疵。

（三）所明出處錯誤或有瑕疵

惠棟於文獻引用上述明出處，往往亦多有錯誤或欠當者，如《繫辭上傳》「往來不窮謂之通」，注云「十二消息，陰陽往來无窮已，推而行之故謂之通也」；並且指出「此虞義也」。〔註26〕惠棟之言，實非虞義，而是出於荀爽之說，荀爽於此辭下注云：

> 謂一冬一夏，陰陽相變易也。十二消息，陰陽往來无窮已，故通也。
>
> 〔註27〕

其「十二消息，陰陽往來无窮已」文，原本於荀文。惠棟於文獻引用上雖述明出處，往往亦有錯誤或欠妥當者。如：

釋離䷝卦卦辭「离，利貞亨，畜牝牛吉」，注云：

> 坤二五之乾，與坎旁通。于爻，遯初之五。四五上失正，利出离爲坎，故利貞亨。畜，養也，坤爲牝牛。乾二五之坤成坎，體頤養，故畜牝牛吉。

惠棟並指出「此虞荀義也」，實出於虞翻之言，並無眞正引用荀文，故不能視爲「虞荀義」。〔註28〕

釋豫䷏卦卦辭「利建侯行師」，云「復初之四，與小畜旁通。豫，樂也。震爲諸侯，初至五體比象，四利復初，故利建侯。三至上體師象，故行師」。並於疏文中指出「此虞鄭義也」，然對比虞、鄭二家之注，以虞氏爲準，鄭氏所涉甚微，〔註29〕故稱虞義爲恰。

〔註25〕見惠棟《周易述・繫辭上傳》，卷十四，頁441。
〔註26〕見惠棟《周易述》，卷十四，頁445～446、448。
〔註27〕見李鼎祚《周易集解》，卷十四，頁348。
〔註28〕括弧引文，見惠棟《周易述》，卷四，頁131。
〔註29〕惠棟注文，見《周易述》，卷三，頁74。豫卦卦辭，鄭注：「坤，順也。震，動也。順其性而動者，莫不得其所，故謂之豫。豫，喜佚說樂之貌也。震又爲雷，諸侯之象。坤又爲眾，師役之象。故利建侯行師矣。」虞注：「復初之四，與小畜旁通。坤爲邦國，震爲諸侯。初至五體比象，四利復初，故利建侯。三至上體師象，故行師。」（見李鼎祚《周易集解》，卷四，頁96。）二家相較於惠棟之注，則惠棟當本於虞文。

釋復䷗卦《象傳》引《易緯是類謀》曰「冬至日在坎，春分日在震，夏至日在離，秋分日在兌」。〔註30〕惠棟所引實非是文，當出於《易緯稽覽圖》，此惠棟之誤。

釋泰䷊卦六五，引《乾鑿度》云「殷帝乙六世王，不數兄弟爲正世也」。《乾鑿度》原文並非如此，原文爲「《易》之帝乙，爲《湯書》之帝乙。六世王名同，不害以明功」。惠棟以己意爲《乾鑿度》文，實不當之誤。

釋无妄䷘卦《象傳》，云：

> 《易緯》曰：「陽无德則旱」。郎顗曰：「陽无德者，人君恩澤不施於
> 人也。」上動體屯，膏澤不下，坎爲多眚，爲災，上爲窮，故云窮
> 之災。

「陽无德則旱」並非出於《易緯》，而是郎顗論說「四事」引《京氏易傳》之說，認爲「陽無德則旱，陰僭陽亦旱」，「陽無德者，人君恩澤不施於人也；陰僭陽者，祿去公室臣下專權也」。〔註31〕此惠棟引文之誤。

釋比䷇卦上六，詮解「陽爲首」之義云：

> 《春秋保乾圖》曰：「咮謂鳥陽，七星爲頸。」宋均注云：「陽猶首
> 也。柳謂之咮。咮，鳥首也。」故知陽爲首也。〔註32〕

惠棟所引緯書之言，非《春秋保乾圖》，而當爲《春秋文耀鈎》。此爲誤彼文爲此文之失。

這種引文上的錯誤，作爲考據學家，應該特別要避免的，尤其這種錯誤極爲頻繁，可以說是一種不該存在的大瑕疵。

（四）引用內文改易或闕字

文獻引用，不宜隨意改變原典的既定文字，這個方面也可以視爲惠棟的重要缺失。如論述蠱䷑卦「先甲三日，後甲三日」，引虞翻之說爲釋，云：

> 虞氏謂初變成乾，乾爲甲。至三成離，離爲日。謂乾三爻在前，故
> 先甲三日，賁時也。變三至四體離，至五成乾。乾三爻在後，故後
> 甲三日，无妄時也。」〔註33〕

〔註30〕見惠棟《周易述·象上傳》，卷九，頁249～250。
〔註31〕見《後漢書·郎顗列傳》，卷三十下，北京：中華書局，1997年11月1版，頁1074。
〔註32〕見惠棟《周易述》，卷二，頁43。
〔註33〕見惠棟《周易述》，卷三，頁83。

惠棟所引，「至三成離」爲非，虞氏本文作「至二成離」，〔註34〕離中虛，乾至二而變，成爲離，當然不是「至三成離」。惠棟於此，並未詳察虞義而致誤。

釋屯䷂卦九五爻辭，引閔元年《春秋傳》曰：

> 初，畢萬筮仕於晉，遇屯之比。辛廖占之，曰：屯固、比入，吉孰大焉？〔註35〕

此一引文缺字，《左傳》於「屯固」前有「吉。」句。此惠棟引文不確。

釋屯䷂卦《彖傳》「剛柔始交而難生，動乎險中」，引《春秋說題辭》云：

> 《易》者氣之節，〈上經〉象天，〈下經〉計歷，《文言》立符，《彖》出期節，《象》言變化，《繫》設類跡。〔註36〕

於「易者氣之節」句後缺「含五精宣律歷」句。

釋屯䷂卦《象傳》「雲雷屯。君子以經論」，惠棟疏論引《白虎通》云：

> 文王所以演易何也，文王時受王不率仁義之道，失爲人法矣。己之調和陰陽尚微，故演《易》，使我得辛至於大平，日月之光明，如《易》矣。〔註37〕

《白虎通》原文，「文王所以演易何也」句，並無「也」字，「文王時受王不率仁義之道」句，亦無「時」字，「如《易》矣」句，則於「如」字前缺「則」字，即當爲「則如《易》矣」。〔註38〕短短一段小文，即有三處小失，既是指明引用典籍之文，當原本呈現，不宜斷改。引文不夠精審。

以困䷮卦爲例，卦辭「困，亨」下，惠棟疏解「兌爲暗昧，日所入者」，引《古文尚書·堯典》曰「分命和叔，宅西，曰昧谷」，以及鄭注云「西者，隴西之西，今人謂之兌山」。說明兌爲西方卦，所以云日所入。〔註39〕然其引《堯典》「分命和叔」文，原文當爲「分命和仲」，惠棟不宜斷改。〔註40〕又於釋困䷮卦時云「剛爲陰弇，故困」；「上九之二，二五之剛爲陰所弇，故困」。

〔註34〕見李鼎祚《周易集解》，卷五，頁106。

〔註35〕見惠棟《周易述》，卷一，頁20。

〔註36〕見惠棟《周易述·彖下傳》，卷九，頁224。

〔註37〕惠棟此一引文見《周易述·彖上傳》，卷十一，頁293。

〔註38〕《白虎通》原文，見清陳立《白虎通疏證·五經》，卷九，北京：中華書局，1997年10月北京1版2刷，頁446。

〔註39〕見惠棟《周易述》，卷七，頁203～204。

〔註40〕惠棟引《尚書》作「分命和叔」，原文當作「分命和仲」。見孫星衍《尚書今古文注疏·堯典第一上》，北京：中華書局，2004年2月2版，頁19。

〔註41〕其義蓋出於荀爽所言「謂二五爲陰所弇也」。〔註42〕惠棟改易荀文。

惠棟於乾☰卦九六爻辭疏解引《乾鑿度》云：

> 三畫已下爲地，四畫已上爲天。物感以動，類相應也。動於地之中，
> 則應於天之中；動於地之上，則應於天之上。初以四，二以五，三
> 以上，此之謂應。〔註43〕

《乾鑿度》原文當爲：

> 三畫已下爲地，四畫已上爲天。物感以動，類相應也。易氣從下生，
> 動於地之下，則應於天之下；動於地之中，則應於天之中；動於地
> 之上，則應於天之上。初以四，二以五，三以上，此之謂應。

惠棟缺引「易氣從下生，動於地之下，則應於天之下」文。又引乾卦《文言》
作：

> 九四曰：「或躍在淵，无咎。」何謂也？子曰：「上下无常，非爲邪
> 也。進退无恆，非離羣也。君子進德修業，及時故无咎」。〔註44〕

其「及時故无咎」句，今本作「欲及時也，故无咎」。此惠棟之誤。

又釋隨卦上六「拘係之，乃從維之」，引《乾鑿度》注云：

> 二月之時，隨德施行，藩決難解，萬物隨陽而出，故上六欲待九五，
> 拘繫之，維持之，明被陽化而陰欲隨之。〔註45〕

原《乾鑿度》文，「二月之時」當爲「二月之卦」，而末句「明被陽化而陰欲
隨之」當有「也」字，惠氏誤缺。

類似之情形，可以視爲惠氏文獻運用上的普遍存在之缺失。

（五）改易所引原文為古字

惠棟好用古字，於文獻引用，也每每可見。改易原文爲古，已然失去原
文之本眞。以《繫辭下傳》「既有典常，苟非其人，道不虛行」爲例，惠棟注
引「《曲禮》曰『假尒泰龜，有常。假尒泰筮，有常』。《今文尚書》曰『假尒
元龜，网敢知吉』」。易「爾」字爲「尒」字。又云「《今文尚書》者，伏生《尚
書》，〈西伯戠（戡）黎〉文」，改「戡」字爲「戜」字。〔註46〕此皆不當。

〔註41〕見惠棟《周易述》，卷七，頁203～204。
〔註42〕見李鼎祚《周易集解》，卷九，頁229。
〔註43〕見惠棟《周易述》，卷一，頁7。
〔註44〕見惠棟《周易述·文言傳》，卷十九，頁553。
〔註45〕見《周易述》，卷三，頁79。
〔註46〕見惠棟《周易述·繫辭下傳》，卷十八，頁527～530。

又如《繫辭上傳》「通其變，遂成天地之文」，惠棟引虞文爲釋，虞文原作「物相雜，故曰文」，〔註47〕「雜」字惠棟改爲「襍」字。

惠棟除了在引用文獻上改易原字爲自己所認定的古字外，對於《周易》經傳原文，也多以其所認定的字爲古而採用，刪改王弼以來久沿的傳本，這是《周易述》的重要特色，也是歷來評論者直指的缺失所在。如乾䷀卦上九「亢龍有悔」，作「忼龍有悔」，易「亢」爲「忼」。屯䷂卦六二「屯如邅如」作「屯如亶如」，易「邅」爲「亶」。蒙䷃卦六三「勿用取女」作「勿用娶女」，易「取」爲「娶」。訟䷅卦上九「或錫之鞶帶」作「或錫之槃帶」，易「鞶」爲「槃」。比䷇卦九五，今本作「王用三驅」，惠棟則作「王用三敺」，易「驅」爲「敺」。如履䷉卦上九，今本作「考祥」，惠棟則作「考詳」，易「祥」爲「詳」。如大畜䷙六四，今本作「童牛之牿」，惠棟則作「童牛之告」，易「牿」爲「告」。類似之現象，在《周易述》中每每可見，成爲後人所詬病者。

惠棟雖重視引據之嚴謹性，也重視文獻資料的來源，但在述《易》的過程中，仍不免有甚多文獻運用上的缺失，站在嚴格的考據徵引的要求態度上，這些問題不論是未原本原說而斷作剪裁、轉引古說而未明出處、所明出處錯誤或有瑕疵、引用內文改易或闕字，或者是改易所引原文爲古字者，不能僅止於小疵來看待，小疵之積累則成爲不小的重大錯誤，作爲一個考據學家或漢學家，重視文獻的運用，不應犯此諸多之錯誤。

第二節　惠棟易學的評價與影響

惠棟易學的歷來評價，褒貶互見，本論著先後都有提及，總結研究的內容，最後從純粹漢學的歷史意義與從惠棟的學術背景的立場兩個方面予以評論。同時舉張惠言與李道平二家《易》說，簡要說明惠氏易學的影響。

一、從純粹漢學的歷史意義作評價

惠棟所處時代，從歷經宋明後學的游談不實，反過來對儒學的中心價值之認定，也就是一種回歸對傳統儒學的渴求情懷，一種回復漢代經學思想的理想價值之追尋，因爲那才是具有傳統文化的純粹性與原始眞實感，惠氏由於有此中心價值之認定，才有對漢學的獨鍾與對宋學的直接否定。在他的心

〔註47〕見惠棟《周易述・繫辭上傳》，卷十四，頁438。

目中，宋學背棄了傳統的本質，改變與影響了傳統的眞實性，破壞了傳統那淳厚實在的面貌，走向虛矯空談的路線，顚覆了傳統的價值與理想，所以必須予以強烈的批判與釐清。因此，在易學的研究上，也就是循著這樣的認定，走向回復漢《易》的絕對的典型路線。

惠棟極力復原「漢學」，並非單純地意指恢復漢代學術傳統，回歸漢代的學術，對漢代的學術情有獨鍾，是在張揚一種崇尙，於內表現爲學術理念，於外規制爲學術範型，亦即形式上以考據爲正統，觀念上推崇漢儒經解。在惠棟的觀念上，求六經之純正，周秦勝於兩漢，兩漢勝於魏晉，魏晉勝於隋唐，隋唐又勝於宋明。周秦之經典由於兵燹、「焚書」等歷史因素而亡佚，加上時間流轉的自然耗毀，以近親遠疏的邏輯判斷，漢儒經解可能才是貼近眞正的原本。因爲近而眞，故「漢學」理念的本質是求眞，崇漢只是它回溯的時間度。惠棟標幟「漢學」，主張惟漢是尊，然其考經尺度的把握實以求眞爲軸。考索漢《易》源流，綜采漢儒《易》說，並不以求漢《易》之說爲其最終的目的，所以不是絕對地惟漢是好，而是以求眞爲準；考文可以多形式，引據內容亦見龐富，最重要的是心法必須純粹，體例可以多變，但萬變不離其宗，這個「心法」，這個「宗」，就是「求眞」。雖然這個「眞」，未必絕對符合《周易》最原始的意旨，但惠棟試圖努力達到其心目中的《易》之最眞古義。這種求眞的治學態度，是値得肯定的。

江藩著述《漢學師承記》，刻意設置門戶壁壘，主張以考據爲正統，以三惠之學（惠周惕、惠士奇、惠棟）爲表率，用摒棄一切經世義理成分的繩墨，重新規劃師承譜系，更嚴格地把漢學與漢宋兼采之學區分開來。〔註 48〕其目的在標榜學術的「純粹性」，一種不含主觀雜質的求眞理念，它既過濾了主觀闡發對學問的干預，又過濾了學問對社會政治的干預，這正是以惠棟爲主的漢學家指認宋學的特徵。故惠棟的治學，乃至於畢其一生考索漢《易》，所表達出的不僅用復古的形式，而且最重要的是傳遞出求眞的理念；同時還表達了強烈的「非宋學」呼喚，不承認這種呼喚，就等於剝離了漢學涵義的時代

〔註48〕 在乾嘉漢學家的眼中，純粹的漢學必須與宋明道學嚴格分區，故不惜與先導大師們割斷袍澤，坦言顧炎武、黃宗羲等開創的清代學術失之純粹，或多或少殘留了宋儒面目，所謂「梨洲乃蕺山之學，矯良知之弊，以實踐爲主；亭林乃文清之裔，辯陸、王之非，以朱子爲宗。故兩家之學，皆深入宋儒之室，但以漢學爲不可廢耳」；所以屬「漢宋兼采之學」。（見江藩《漢學師承記》，卷八，北京：三聯書店，1998 年 6 月北京 1 版 1 刷，頁 158。）

特徵，削弱了用理念之「新」去洗刷學術之「舊」的力量。

惠棟峻立漢學家法，可以概括為：考明源流、篤信漢儒、識古字、審古音、謹遵古訓，鮮下己見。考求經義，必須先從考明源流作起，在易學源流上，「以虞翻次孟喜者，以翻別傳自稱五世傳孟氏《易》；以鄭玄次京房者；以《後漢書》稱玄通京氏《易》也；荀爽別為一卷，則費氏《易》之流派」，〔註49〕如此釐正，遂可發現漢《易》猶存，荀、虞之說俱在，進而為《周易》回歸原典尋著了摹本。因此，梳理、分辨學術變異的來龍去脈，從傳承理路中窺測正謬，強調的是治經皈依漢學家法須從事的基本作業。至於篤信漢儒，以漢儒解《易》之說為立論準據，在於肯定漢《易》去古未遠，回歸經典古義，當然宋儒是不及漢儒，所以，復古去宋，篤信漢經成為「厭宋儒空虛，故倡漢學以矯之」的根據。至於識古字、審古音的為學準則，乃取於漢儒「經之義存乎訓，識字審音，乃知其義」的治經傳統，其在矯朱子《周易本義》之失，或撰述《周易古義》、《周易述》等《易》著，皆重此法，得《易》之原旨，識古字、審古音是不可簡省的，藉由新的整理、爬梳和注釋，可以發掘亡佚的古義，並糾正前人的錯誤，提出新的真確見解。由於追求古義的還原，不妄下己見，使為學謹嚴的門檻大大提升；堅持放棄後人之說，謹遵古訓，鮮下己見的治學態度極為重要，一方面從時限上嚴格了取捨規則，另一面又杜絕了主觀闡發可能對原典的二次污染，如此，考索古義的學問建立了明晰的規格，成為一個具有科學性的求真之學。但是，在當代哲學思想在方法學或詮釋學的理解上，或許這僅是一種守舊、沒有開創視野的腐儒作法。全然以當代視野來看待，則著實切斷惠棟易學的歷史意義。

清初學術的變革，「薄今愛古，棄虛崇實，挽回風氣，幡然一變」，〔註50〕從理學一尊導向樸學的崛起，不論黃宗羲的「修正路線」，或是顧炎武的「黜明存宋」，學術亟待求變而尚未完全擺脫理學的糾纏，「漢學方萌芽，皆以宋學為根柢，不分門戶，各取所長，是為漢、宋兼采之學」，〔註51〕此對一學術思潮能否自主地向前發展，未必有利；能否形成屬於自己的品格，抹掉長期以來視為轉「惡」的舊有痕跡，擺脫這些舊有的依傍十分重要。然而，學術

〔註49〕見《四庫全書總目提要·易漢學》。引自臺北：新文豐出版公司《大易類聚初集》，第十八冊，頁 63。
〔註50〕見皮錫瑞《經學歷史》，頁 328。
〔註51〕見皮錫瑞《經學歷史》，頁 376。

品格的自立，不可能脫離學術建設而形成，於是，圍繞著「回歸原典」的方向，用「純粹」的學術原則，去構築一個有別於宋學或漢宋兼采的學問模式，徹底釐清經學與理學的糾纏，惠棟的峻立漢學家法的復古尋原之學，確實爲清代學術建立了新的典範與活力。由於區分漢宋，推明漢代古義，使清代經學徹底走出宋明時期的窠臼，邁出了完全告別宋學時代的新的學術氣象的具有時代性意義的一步，所以，陶澍在《國朝耆獻類徵初編》經學卷中稱許惠棟，「乾隆中葉，海內之士知鑽研古義，由漢儒小學訓詁以上溯七十子六藝之傳者，定宇先生爲之導也」，肯定惠棟對新一時代的學術貢獻。

　　學術的發展原本就應該是多元的，經學是如此，易學也是如此，漢《易》有其價值，宋《易》、清代易學亦是如此，義理學派如此，象數學派亦是如此。然而，在任何一個時代的學術發展，皆有其特殊性，清代繼宋明以後，深體空疏之學不可取，學術界沸沸然掀起改革矯正與求實求眞之風，惠棟繼前賢之志，務求考正經典古義，割裂宋學遺風，不使牽絆。矯枉過正乃歷史轉型期常見的現象，社會變革如此，學術思想的變革也是如此，一定的割裂與前者的關係，才能確定新的勢力。所以，梁啓超以其「胶固、盲從、偏狹、好排斥異己」的「功過參半」之罪責，〔註52〕似乎過於激烈。回溯那個時代，還原到那個學術環境的時空裡，錢穆對惠棟的學術成就，卻有極高度的肯定，其「棄宋《易》而治漢」，是「一時風氣趨會之所宜有」，而惠棟所引領的「吳學實爲急進，爲趨新，走先一步，帶有革命之氣度」，吳學的「高瞻遠矚」，〔註53〕使清代學術注入新的象氣，新的面貌，在那個時代，代表的是一種革新，一種進步，一種先革命而後建設的理想。

　　惠棟純粹漢學的歷史意義，就是求「眞」。這種對傳統經典的看待，背負著經典詮釋的時代使命，他對《周易》乃至其它經典的詮釋解理，與今日西方詮釋學理論的開創性精神，是不相容的，其關鍵就在於「眞」，一旦追求開創性的詮釋理解，原來的「眞」就必須接受挑戰，甚至失守。這種面對詮釋學上的困境，在惠棟的年代，正是一種超脫，一種揚棄，對宋學的揚棄，揚棄它對「眞」的背離，揚棄它對古典的扭曲。因此，若以今日詮釋學的眼光

〔註52〕參見梁啓超《清代學術概論》，天津：天津古籍出版社，2003 年 5 月第 1 版第 1 刷，頁 34。
〔註53〕內文括弧所引，見錢穆《中國近三百年學術史》，北京：商務印書館，1997 年 8 月新 1 版，1997 年 12 月北京第 2 次印刷，頁 352、354。

批判惠棟，不見得符合時代性的認識，對惠棟來說，也是極爲不公平的。

二、從惠棟的立場給予客觀的正面評價

（一）復漢的必然率行

評定一個學術的發展，觀照的角度和立足點很重要，我們必須還原歷史的本然現況，這是我們研究與評斷學術思想的應有態度。學術發展，從跨越一個歷程，將要進入另一個階段的時候，必然會伴隨著相當程度的變動。這些變動，非但是我們看到的外在環境的變動，同時更是學術本身的強烈遽變，甚至進行一種顛覆性的轉化。歷史的本身是一個不斷連續的進程，前後的人事現象皆具有因果關係，所以在一個連續的發展過程裡，常會面臨一些時勢環境的必然律，必須捨棄某些不合時宜的舊包袱，重新自我定位，決定新的方向，在面對重新出發的時刻，隨之而來的舊信仰、舊價值可以因之崩潰或被嚴厲的遭受質疑，在學術環境上，必也會接受這番的衝擊，因此，舊的學術可能形成信心危機，而新的學術路線又要反思、重新定位，確定新的出發方向，以因應時代環境的需要。立新必先破舊，而破舊的手段往往是具有革命性的，尖銳性的，甚至顛覆性的，因爲惟有如此，才能感受到在改變、在求新，而讓人感受到那種時代的使命感，所以，一般常見的發展律，是先有震撼性的「大破」，才能有建設性的「大立」。

學術在革故鼎新的變動時刻，可能又會面臨多個理論在處理同一對象或材料時，都能夠提供解釋、或解決方法的兩難抉擇。也可能是每個理論學說，都各自有其侷限，各有其不能解決的一面。其抉擇的標準，或許也並不在於對學術涵蓋面的最大有效性，而是在於最能夠解決當前最迫切的問題。所以當宋明理學走完了自身的發展歷程，也留下了學術脫離實際、學風空疏等末流所造成的爛攤子時，經學之所以雀屏中選，其被擺在第一位優先考量，並不是清儒一定要建立起和漢唐經學、宋明理學，鼎足而三的清代考據學來；而是在如何才能使學術結合現實的經世考量之共同關懷下，一致認爲講經世之術的經學，才是能夠膺此重任的學術，所以才致力發展出一片天地。因此，立足在現實基礎之上，擺脫玄虛格調，就是清初學術的基本方向；再如理學中迥異於傳統儒學、爲孔子所罕言的宇宙、性命之論，其發展也不是出自宋儒有意的預設；而是在面對佛學席捲中土的洶洶挑戰下，爲了要重回戰場、重振道德的因應現勢的抉擇。而這種基於眼前迫切需要，亟需謀求解決之道

的價值判斷，也就往往半推半就地，把學術推向了另一波不可預知後勢演變如何的學術洪流中去了，於是，最後就在所面臨的問題相同、對象相同、範圍大致一致；所建構的理論、運用的方法，也大致相同；價值觀更是由於出自相同的社會、文化、政治、經濟等背景，而趨向一致的共同情境中，建立起諸如魏晉以玄學化經學，取代兩漢神學化經學；宋明又以理學化經學，取代魏晉玄學、隋唐佛學；以及清代以考據化經學，取代了宋明義理之學一類的、學術史中的新興典範來。

　　在一波新興學術的成型之早期，必然有其具有代表性的成型之力量。惠棟身置新一波強力破舊立新的歷程的開端，基於現實環境的驅迫，以及其個人特質上高度使命感下反思尋找最佳的學術動脈，自認回復純粹的漢學才是最可行之道，破除宋明舊學術的飄渺不實。他站在開端的強勢前鋒位置，首先的第一步，當然是強烈而明顯地標幟出這個時期學術的新方向。這個新方向，就是回歸漢學的徵實本質，使爾後漢學的發展真正地落實於經世致用之坦途上。由於惠棟立於開宗階段，其所建構開展的學術內容未必精緻，但他的學術方向與目標並未偏異，由於他的學術努力，引導後學開創出更細膩、更迎人喜歡的學術成果。後來者接受了較佳成果的喜悅之同時，不能忘卻為美好成果舖路的這些像惠棟一般的前輩。惠棟的「純粹漢學」，或有被批判成「凡古皆好」的腐儒，但有識者，當平心檢視其所處的學術時代位置，他為往聖繼絕學而奮鬥，的確完成其破舊立新、走向考據化經學的時代使命，他的努力，他所樹立的典範，是值得肯定與推崇的，而非後代學者以其自己目前眼光可以框架批駁和否定的。因此，當我們以放大鏡去檢覈他的易學時，不要以今天的立場情境，只從表面去觀照，也不宜用太多的現代哲學的價值去框架他，或許今天的哲學價值乃至方法之運用，在惠棟所屬的乾嘉年代，可能正是被嚴厲揚棄與批判的對象，但是用現在去苛責那個屬於具有「創新」的年代，某種程度而言，是一種時空錯置的不當批判，就好像拿今天的原子彈去指責過去的衝天炮一般，作為一種反省的態度可以，但過度的批評，其意義性不高。

　　以一種站在當時的學術環境的情境去面對他的學術成就，面對他的易學主張，認真的用心體會，細心的看出其中不乏有精華的面向，其象數易學所表現的科學精神與邏輯思維建構的一面，以及所傳遞出來的種種漢代文化精神的內涵，分析、理解與接受其中豐盛多元的易學思想，並能夠在體察出他

的缺失時，從這被遺忘的傳統中，也可得到不斷的反饋與意外的收獲。既是漢學絕亡千餘年後的「燦然復章」者，帶引我們從時光隧道中進入那古老的淳樸年代；以那盛極一時的乾嘉易學作爲橋樑，回到象徵中國學術高度發展的兩漢盛世，在其易學的大千世界中，也可以使我們行囊飽滿、思想豐腴，更可在易學的殿堂裡積累功夫，悟得當下之道。

因此，在那復漢的必然率行的時勢下，用一種包容的態度去檢視惠棟易學，對惠棟來講才是比較公允的。所以以下試舉幾個觀點來談談：

1. 漢宋對立的必然與未必然

以二元對立的角度看漢學與宋學，二者就難以有交集了。因此，以一種決然對立的觀點看待惠棟的易學、看待惠棟對宋學對待方式，漢、宋將永遠是誓不兩立的。從惠棟對待學術價值的實然面觀之，對於宋學思想理論與哲學體系，惠氏並無視之爲洪水猛獸般，相反地在某些方面還給予極高的評價。惠氏紅豆山齋楹帖爲「六經宗孔孟，百行法程朱」，「是惠氏之學未嘗薄宋儒」；〔註54〕惠棟肯定「宋儒談心性，直接孔孟，漢以後皆不能及」；但在經學的研究上，因爲方法運用的不當，只求臆說而不切實推求古義，遠離經書本來之義蘊，所以兩漢經學的成就遠遠超越宋代，「宋儒可與談心性，未可與窮經」。〔註55〕在惠棟看來，從經學的實際面貌看來，宋儒經說並不符合儒家傳統經典的本來現況，但若要與之談心性談思想，則宋儒就多有可觀之處。並且，在其述《易》的過程中，不乏引用朱震、項安世、朱熹等人的主張。因此，若要說他刻意排斥宋學，還不如說他在追求他心目中經學乃至易學的核心價值，那「眞」的價值，與宋學的衝突或對立，是無法避免的宿命。

2. 復古的不可承受之罪

歷史不斷的發展，也不斷的在推進創新，但在一直向前行的過程中，不一定是每一個新的階段的發展，都一定符合人們的期望與實質需要，所以「傳統」才始終保有它的價值。人們面對當前而感到困惑時，往往從「傳統」去尋找答案，都可以獲得生命上的某種依止點。因此，「復古」或者稱「稽古」，不論從學術或文化的發展言，它眞的是一種歷史的倒退，是一種價值的負承載嗎？惠棟的復古或雖有「極端」，但或許因爲需要他的「極端」才能喚醒當前，所以這樣的復古，應該也無須作爲遭受嚴厲批判的原罪。

〔註54〕見皮錫瑞《經學歷史》，臺北：藝文印書館，1996 年 8 月初版 3 刷，頁 344。
〔註55〕二括弧引文見《九曜齋筆記》，卷二，〈趙庭錄〉，頁 645。

　　宋明學術末流，喜於虛幻漫言之語上，而所以由之者疏，基礎的學問之道不被重視，所以不論是考據學家或是漢學家，倡導回歸經典，注重漢唐注疏，期盼開啓學術上的文化復興，也就是通過明經而體會古代聖賢之道，用古聖賢之道以批判現世社會流行的程朱理學，實現經世的目的，這樣的復古，是一種務實而濟世之需。發展到了惠棟所屬的乾嘉學術，他的復古復漢，基本上也是因循於這股經世的學風而行；在易學的表現上，標榜著漢《易》旗幟，信守著古漢之說，不必視爲一種學術的倒退，反而可以當作是一種歷史文化的修補工作，更何況所復之古，漢《易》存在著豐富的科學知識，而治漢的方法亦存有考據的科學精神。惠棟作爲漢《易》的研究者，「熟悉天文歷算知識，從天文歷算發展越來越精密中得到啓示，具有文化進化論意識」。〔註56〕同時，惠棟復漢重古，並不能證明他就是凡古皆好，反而他重視文獻的科學性，並且認爲現有的一切學術是從古學發展而來，在承認學術是不斷發展的同時，也強調考鏡源流的重要。惠棟易學以復漢爲主，其重要原因就是宋代以後，古學漸亡，不被人重視，那些義疏諸書，束置高閣，視如糟粕，棄等弁髦，而漢代《易》說則去聖最近。惠氏要求回歸漢學，是爲了恢復古《易》的經典原義，將已經斷裂的易學傳統給接續起來。因此，從文獻研究的角度觀之，復古尊漢的治《易》態度，基本上仍是一種科學的研究原則，並且，最重要的是在惠棟看來，「求古」與「求是」或「求眞」是一致的，是不相悖的；這個「求是」或「求眞」，正是科學的精神與科學的需要，也是他認爲那個時期學術發展的核心價值，所以復古是否該承受沈重的學術罪過，這是應該得到寬容和體諒的。

　　復古與創新，需要一種宏觀而非僵化的思維或是偏頗的價值準據，這樣的概念，同於二十一世紀人類面對文明的全球化與本土化同時加速發生與強烈激蕩的時刻所應保有的理性自覺是一樣的。這個時候，人文的覺醒與人性的自我保存更當有上向的提昇力量，形成一種成長與長大的抗力和制力。個人認爲個體與整體的平衡、歷史與現實的平衡是當代人的時代感受與使命。面對新時代的挑戰，意味著一種新的思維方式的建立與發展的需要。如何在整體與個別、在差別與共性、在多元與一體、在平衡與卓越、在競爭衝突與溝通共贏，以及在歷史經驗中追求理性接構，這是需要我們嚴肅的思考的。在新時代的思維中，應當掌握一個開放的事物整體觀，凡事都屬於一個可以

〔註56〕見（美）艾爾曼《從理學到樸學》，江蘇：江蘇人民出版社，1995 年 1 版 1
　　　　刷，頁 159。

延伸的整體空間，不只是其顯示的存在可以有多種多樣的歷史因果關係，其未來的發展也可以有多種多樣的可能性。〔註57〕所以，不論是復古的易學，或是創新的詮釋易學，不論是象數的易學或是義理的易學，都有它們存在的必要性，彼此都可以存在著親切的互補性，不能持有「唯我」的思維，否則馳騁於一時，而傷害與立對始終會存在，問題也始終持續。

3. 博徵的繁瑣魅影

惠棟的治學，特別在易學的表現上，往往博徵廣引，而這樣的方法運用，也帶來「繁瑣」的指責；一些如「專求古人名物制度訓詁書數，以博為量」，「只向紙上與古人爭訓詁形聲傳注，駁雜援據群籍」，〔註58〕等等的批評，崛起於反對者的聲浪中。事實上，包括以惠棟為主的考據學家的治學方法，透過歸納與演繹的方式，以呈顯出所要表達的經典文義或是考據內涵。要提高論證的可靠性，勢必從大量的文獻蒐集分析中去尋找，這個歷程的確是繁瑣，但是結果則是具體而明確，也就是一種「簡約」的表現。所以惠棟曾經明白的說，「訓詁，漢儒其詞約，其義古；宋人則詞費矣，文亦近鄙」。〔註59〕在惠棟的想法裡，文辭的關鍵在於達意，達意則在於徵實，而非虛辭臆說。在徵實尚實的歷程中，不免繁瑣，但文獻資料的驗證，仍在結果的「真」，所以不厭其繁仍是在所難免。

惠棟面見繁瑣的考據學風，也力圖從漢儒繁複的詁訓論述中揀選要點，不論在《易漢學》或《周易述》，乃至其它有關論著，皆可見其實況。歷來以考據學風的框架置諸惠棟，批評其博徵繁瑣，未必公允。何況博徵未必繁瑣，繁瑣也未必是結果，繁瑣某種程度可能更能顯現其訴求。至少在惠氏易學中，繁瑣的魅影是不太存在的。

（二）重要的正面評價

在熟悉惠棟的易學理路與實質內涵後，也理解他在歷史的當時之普受高度推崇時，本論著在告一段落前，希望從惠棟的立場給予面正的易學評價。

〔註57〕 參見成中英〈21世紀與中國哲學走向：詮釋、整合與創新〉。載自方克立主編《21世紀中國哲學走向》，北京：商務印書館，2003年4月1版北京1刷，頁11～12。
〔註58〕 參見姚鼐《惜抱軒文集》，卷七，〈贈錢獻之序〉；方東樹《漢學商兌》，卷中之上。
〔註59〕 見惠棟《九曜齋筆記》·卷二，〈訓詁〉。

用最精簡的歸納，對其正向的看法大抵如下：

1. 講求文字詁訓，重視歷史文獻之運用，建立考據學風。

2. 治學態度與方法運用，嚴謹踏實，一絲不苟，開近代實證學風之先河。

3. 蒐羅漢儒古說，集成鄭玄《易》說佚文，大有功於漢《易》之輯佚。

4. 重視《周易》本文之校勘，特好用古，提供《周易》的另類文本，打破一般對王弼本的慣用，引發學者對《周易》文本的反省。

5. 站在推古求眞的立場上詮釋《周易》。

6. 爲明清以降大規模研究漢《易》之第一人，打著漢《易》旗幟，讓易學研究者重新關注漢《易》之發展與對其實質內容之認識。

7. 統整漢代重要《易》家之主要學說內容，可使研究者快速認識諸家之易學主張。

8. 提供後人研究漢《易》時之直接與相當完整的資料。

9. 強烈懷疑與批判精神：反對宋儒離經叛義之說，對於宋儒如朱震之說，積極提出駁正與批評。雖原本漢儒之言，但亦未全然盡信，未全般采用，縱使作爲依循之大宗如虞翻之說，《周易述》中亦多有直指其非者。

10. 考辨易圖遺緒：包括辨河圖洛書、先天後天、兩儀四象，以及考辨太極圖。提供對易圖的認識與漢代象數易學的實質參照。〔註60〕

〔註60〕關於易圖考辨的內容，出於惠棟《易漢學》卷八所述。這一部份，本研究並未作任何的說明，僅在研究的最後提出，主要是考慮易圖之考辨，早在惠氏之前已周詳，惠氏並無進一步的新說或更爲嚴密的論述，所以未作深論。中國對歷代對《易經》的研究與詮釋，傳統上普遍提到所謂的「兩派六宗」，根據《四庫全書總目提要・易類》所言：「漢儒言象數去古未遠也，一變而爲京焦入於機祥，再變而爲陳邵務窮造化，《易》遂不切用於民用。王弼盡黜象數說以老莊，一變而胡瑗程子始闡明儒理，再變而李光、楊萬里又參證史事，《易》遂日啓其論端，此兩派六宗已互相攻駁。又《易》道廣大，無所不包，旁及天文、地理、樂律、兵法、韻學、算數，以逮方外之爐火皆可援《易》以爲說，而好異者又援以入《易》，故《易》說愈繁。夫六十四卦〈大象〉皆有君子以字，其爻象則多戒占者聖人之情見乎詞矣，其餘皆易之一端非其本也。」將兩漢以降至宋代的易學發展，區分爲「象數」與「義理」兩大派，並各衍分三個宗別。在象數學派方面，從漢代的去古未遠之經學家學派，而入於漢魏時期如京房、焦贛等人大倡陰陽五行災異機祥之說，再轉而爲陳摶、邵雍的窮變造化之深邃迷途。在義理學派方面，則包括王弼以《老》、《莊》解《易》；胡瑗、程頤以理學思想詮釋《易》理；以及李光、楊萬里時期特別善用史事證《易》。其實易學發展未必僅止於此「六宗」，但歷來論述易學領域，大概總不出象數與義理兩途。晚近學者除在象數與義理之學外，又增加圖書之學。屈萬里先生曾經提到：「歷代《周易》之學，凡經數變：上下經文，初止用於占筮。十翼而後，

11. 展現《周易》從象數之學中所呈顯的科學精神，建構其一套另類的邏輯思維。

《四庫全書總目提要》予以惠氏高度的肯定，「然棟於諸經，深窺古義，其所捃摭，大抵老師宿儒專門授受之微旨，一字一句，具有淵源。荀汰其蕪雜，存其菁英，因所錄而排比參稽之，猶可以見聖人作《易》之大綱，漢代傳經之崖略」。〔註61〕凡事，「不以人廢言，不以言廢人」，〔註62〕先聖之銘訓，

乃藉以闡發哲理。至西漢中葉，孟喜習災異之術，好以象數說《易》；東漢《易》家，推衍其說，至三國而極。王弼奮起，掃象數之穿鑿，復於十翼之平實，歷六朝隋唐，定於一尊。下逮趙宋，「河圖洛書」、先天後天之說興，而易學再變，以迄晚明。遞清考據之學，突越前代，復排河洛先後天之謬，而反於漢人之象數。至於今茲，餘風未泯。惟例變雖多，然綜其大別，則不過象數義理圖書三者而已。」（見屈萬里《先秦漢魏易例述評‧自序》，臺北：學生書局，1969 年，頁 1。）依屈先生的看法，認爲易學發展的歷史演變，綜歸於象數、義理與圖書三個不同的詮釋領域。這樣的說法，雖然部份學者仍認爲「圖書」主要建基於「象數」，所以「圖書」應納入「象數」之中。固然如此，但是圖書之學不論是在詮釋的表達方式，或是內容方面，與純粹的「象數」是有所不同的；也就是說，宋儒圖書之學的象數內涵與漢儒所談的象數之說，兩者是有極大的差異的。「漢儒的象數之學與宋儒的圖書之學彼此不能互相涵括，分列應該較爲清楚」，因此，「中國傳統儒者研究和詮釋《周易》，大致分爲義理、象數、圖書三個方向，形成三個不同的體系」。（見鄭吉雄《易圖象與易詮釋》，臺北：財團法人喜瑪拉雅研究發展基金會，2002 年初版，頁 13。）圖書易學發展到了清代，在清初乃至乾嘉學者的認識裡，認爲作爲圖書學派來稱呼的，是宋《易》中的某一種產物，在今天我們的眼光下，或許可以視爲象數之學的範疇，但清代學者並不這麼認爲，並不以之爲易學的本色之一，而是一種異說。易圖之考辨，黃宗羲首開其端，其《易學象數論》認定《河圖》、《洛書》爲地理之書，與畫卦無關，至於邵雍的先天圖說，也是一人之私言。（參見黃氏《易學象數論》卷一所述。）黃氏之後，考辨易圖較著名者，如黃宗炎、朱彝尊、毛奇齡、胡渭等人。黃宗炎《圖書辨惑》中提出的主要觀點，在於認爲：易圖並未早古即有；《繫辭》並未有圖傳世；《河》、《洛》只是地理方冊；八卦方位圖僅是養生家學說；以及「太極圖」源自陳摶的「無極圖」。朱彝尊《曝書亭集》中之考辨，主述「太極圖」：「太極圖」爲道家傳授之圖式，而唐人已然知之；周敦頤取「無極圖」易名爲「太極圖」；二程並未親炙周子「太極圖」。（參見朱氏《曝書亭集》卷五十八。）毛奇齡《河圖洛書原舛編》指出：圖書易學非古即有；今之「河圖」應稱爲「大衍圖」，而「洛書」則爲「太乙下九宮法」；以及「太極圖」取自魏伯陽《參同契》之法。胡渭《易圖明辨》總結與擴大前人研究成果，徵典資料蒐羅豐富，問題考論詳實，爲易圖考辨上之最有成就者，晚近研究易圖者，莫不以胡氏爲準據，詳細內容於此不備贅述。惠棟擯棄宋《易》而推原漢《易》，於圖書之說的議題上，承此前儒諸家之說，而作概括性的考辨，到了他那時候，圖書易學的重要問題，也都已成定讞。

〔註61〕 見《四庫全書總目提要‧易例提要》。引自臺北：新文豐出版公司《大易類聚

猶言在耳，不敢或忘。每個人觀照人事的角度、態度皆有不同，惠氏易學，盛於斯時，廣被「惠九經」的崇澤極於當世，然而時過境遷，轉以毀譽參半，治學如斯，自是千萬不樂見。抽剝缺舛於細微，亦當見其可觀之大處，既是優點，理應不吝共襄推闡。惠氏治《易》，或有扞格不通之處，卻不可因之而一概抹煞其成就；《大學》不亦有言，「好而知其惡，惡而知其美」，〔註63〕此乃爲學處世之根本，況乎惠氏易學，象數繁富，可以窮究古漢易學面貌，可以深刻體會那科學與神學融攝兼併的年代所表現出的易學樣態，後學研究其象數之說，或可更進一步從當中去建構出可以包蘊的義理思想；同時，惠氏雖主訴象數，但有關論著裡亦可提煉出義理的概念，當中「多義蘊精深，所包甚廣」，〔註64〕並有發前人所未深究者，作爲乾嘉大家的他，視之爲值得對話的對象，仍可有莫大的收獲！

　　研究某人的某種學術思想，必先清楚地瞭解此人所處的學術環境與背景，並確切認識其學術面目，然後再進一步從不同的多元角度，以客觀的態度探討其學術特色、學術成就，乃至學術得失。切忌以主觀的偏見，或以預先設定的立場，從固定的某一個角度去截取、觀照該人的學術，這樣的方式，或許可以言之成理，得到一些「洞見」，卻有可能是一些個人的偏見，不能對該人學術作全面性、客觀性的理解與評斷。對惠棟易學的認識也是如此，我們不可設定象數之學爲缺乏哲學思想意義的末流學說，而無實質的價值。我們不可因其崇漢而詆其頑梗固著，窮見是處；我們更不能因其任改古字，而非其無一貢獻。畢竟學術的價值，往往也是一種主觀的認知；一般人常常將視爲有價值的學術，立於主流的地位，而視爲價值性低的學術，棄之於邊緣地帶，如此漸漸式微，漸漸爲人所遺棄。這樣在主客觀的因素下，這某些學術必然被冠以主觀上價值低廉的標籤。在這種情形下，在強勢的主流價值之壓迫下，那些被視之末流者，很快就流失殆盡，那些原本可以多元豐富的文

初集》，第十八輯，1983 年 7 月，頁 141。

〔註62〕見《元史・劉秉忠列傳》，卷一百五十七，北京：中華書局，1997 年 11 月 1 版，頁 3691。

〔註63〕《大學》云：「故好而知其惡，惡而知其美者，天下鮮矣。故諺有之曰：人莫知其子之惡，莫知其苗之碩。」載自蔣伯潛廣解《廣解四書》，臺北：東華書局，1993 年 3 月 22 版 3 刷，頁 15。

〔註64〕見胡玉縉補正惠氏《易例》，引李慈銘《息荼庵日記》所云。文收於趙鞱如編次《大易類聚初集》，第十八輯，臺北：新文豐出版公司，1983 年 7 月，頁142。

化內容，將在一波波的新的價值取代下，「傳統」漸漸渺茫，歷史的軌跡漸漸模糊；從文化發展與傳統承繼的角度看，這是我們所不願樂見的。從一個人治學的普遍性看待，一個人治學處事，終有未竟全功，亦有瑕陋不當之處，不能強求臻於完美。平心待之，用心體會，從惠棟的角色觀照惠棟，會得到較真實的惠棟易學，這是本論著努力抱持的態度。

三、惠棟易學的影響

　　戴震〈題惠定宇先生授經圖〉指出惠棟「上追漢經師授受欲墜未墜葅蘊積久之業，而以授吳之賢俊後學，俾斯事逸而復興」，也就是他掌握了時代的脈動，以文獻稽鉤為根本，以尊古家法為究竟，詳於文字訓詁，重於考辨真偽，本於漢儒舊說，在漢代易學的研究成果上，給予後學研究漢《易》者極大之方便，並對整體學術發展的脈動，賦予了明確的方向，並且直接造成了實質的影響，讓「乾嘉學派」成為清代學術發展的重要代名詞，所以惠棟成就漢學、開啓考據學風，功不可沒。

　　惠棟治《易》，「一一原本漢儒，推闡考證」，「引據古義，具有根柢」，〔註65〕成為開啓乾嘉學派的大師，〔註66〕標舉漢幟、信古廣摭，成為其學術發展上的重要特徵，並且對其後學產生莫大之影響。根據陳黃中〈惠徵君棟墓誌銘〉所述，惠氏耽思旁訊，探古訓不傳之秘以求聖賢之微言大義，除弟子余蕭客、江聲成為傳衍惠學的重要成員外，包括沈彤、朱楷、王昶、王

〔註65〕見《四庫全書總目提要‧周易述提要》。引自臺北：新文豐出版公司《大易類聚初集》，第十七輯，1983年7月，頁531。

〔註66〕惠棟與戴震為乾嘉時期的主要開啓人。歷來中分吳派與皖派者，始自章太炎《訄書》，以惠棟之學「好博而尊聞」，戴震之學「綜形名，任裁斷」，其成學各著系統。爾後梁啓超《清代學術概論》與《中國近三百年學術史》中又明白分別吳派與皖派。錢穆在其《中國近三百年學術史》中則以「惠、戴論學，求其歸極，均之於六經，要非異趣矣」，不作二派之別。近年來，學術界對分別二派之說，亦有不少質疑者，如陳祖武〈乾嘉學派吳皖分野說商榷〉、暴鴻昌〈乾嘉考據學流派辨析——吳派、皖派說質疑〉之說。但是，又有除了分二派之外，另有注意到揚州一派的問題，近人如柴德賡、戴逸、張舜徽、王俊義等人，普遍認為像阮元、焦循、王念孫、王引之、汪中諸家，有其獨特的學術風格，絕非吳、皖兩派所能拘圍的，如張舜徽《清代揚州學記》指出「吳學最專，徽學最精，揚州之學最通」的不同特色。不論以二派或三派來概括乾嘉學術，但可以肯定的是以惠棟和戴震為首，在那個時期的學術影響力最大，並且最能展現那個時期學術發展的主要風貌。

鳴盛、錢大昕、吳企晉，也都先後羽翼從學。流風所被，海內人士無不重通
經，無不知信古，四方士大夫過吳問者，也無不以不識惠棟爲恥。〔註 67〕
其再傳弟子江藩並撰《周易述補》，以補惠氏《周易述》之未竟。〔註 68〕由
惠氏發起，而形成這樣的一系學術群體，擅長經史，博聞強記，勤於蒐集古
注佚文，重視辨僞校勘，尊從漢儒之說，以辨字詁訓爲入手，詳辨而明證，
充份開展其博學詳考的治學特色。從學術發展的縱線觀之，惠氏一脈學術，
影響所及，並不能單就其自身學術而予定論與褒貶，他在清代學術發展的歷
程中，具有推波助瀾與指標性的特殊而重要的地位，這在乾嘉學者中是無人
可以取代的。

　　惠氏學術以治《易》爲主，故其易學爲其最主要的學術代表，治《易》
的特色即反映出他的學術特色，並且代表著與影響著乾嘉時期的學術發展。
單從易學發展上的影響來講，在其之後研究漢代易學乃至象數易學者，莫不
與之相涉，民國以來，不論如杭辛齋、尚秉和或是其它象數易學的重要大家，
乃至晚近研究漢《易》或是有關象數易學者，如徐芹庭、林忠軍、劉玉建等
人，在其治《易》的過程中，莫不詳參惠氏易學。因此，對於漢《易》與象
數易學之研究，惠氏在當中扮演了極爲重要的角色。以下特別舉張惠言與李
道平所受之影響作簡要說明。

（一）對張惠言的影響

　　漢《易》自王弼大倡義理，從此殞落缺佚。惠棟力圖復漢，發其開端，考
其源流，張惠言在惠氏的基礎上進行全面鑽研，遍及漢易諸家，並以虞氏易學
爲宗，詳明虞《易》大旨，實出於惠氏而後大有功。對於虞氏之學，張惠言在
惠氏之基礎上而進一步發揮者，其中「虞氏逸象」最爲明顯。惠氏列虞象三百
三十一個，張惠言則繼續增補，增約一百五十餘個，〔註 69〕其後出之轉精，實
奠基於惠氏。惠氏《周易述》以虞說作爲引述之主要對象，也就是惠氏易學根
柢虞說，爲後世研究虞翻易學奠立而極爲重要的基礎。張惠言專治虞說而學有

〔註67〕見陳黃中〈惠徵君棟墓誌銘〉，引自《碑傳集》，卷一三三，頁 1659。
〔註68〕支偉成於其《清代樸學大師列傳》中，所列之吳派經學大師，則廣列有：沈彤、
　　　　江聲、余蕭客、江藩、吳凌雲、陳詩庭、陳璵、朱右曾、孫星衍、洪亮吉、褚
　　　　寅亮、金日追、王聘珍、汪中、李惇、宋綿初、張宗泰、臧庸、臧禮堂、陳壽
　　　　祺、陳喬樅、李賡芸、王紹蘭、趙坦、李貽德、臧壽恭、洪齮孫、洪飴孫等人。
〔註69〕張惠言增補逸象之說，第三章第一節中已作說明，並參見圖表 3～1～13「張
　　　　惠言增補虞氏逸象一覽表」所示。

所成，爲後儒所頌揚，阮元特予高度評價，《清史‧儒林傳》云：

> 初，惠棟作《周易述》，大旨遵虞翻，補以鄭、荀諸儒，學者以未能專一少之。儀徵阮元謂漢人之《易》，孟費諸家，各有師承，勢不能合。惠言傳虞氏《易》，即傳漢孟氏《易》矣，孤經絕學也。〔註70〕

張氏傳虞氏《易》，獲得「孤經絕學」的高度評價，仍在惠氏的基礎下才能有成，所以阮元在稱讚張氏的同時，也不忘其源流，以「武進張編脩惠言承惠徵士之緒，恢而張之，約而精之，闡其疑滯，補其亡闕」，「蓋仲翔以來，綿綿延延千四百餘載，至今日而昭然復明」。〔註71〕張氏承惠氏之志，後起而有功，特別是在虞氏易學方面的成就。研究虞氏之有關論著，包括有《周易虞氏義》、《周易虞氏消息》、《虞氏易事》、《虞氏易言》、《虞氏易候》等主要著作。張氏同於惠氏，以虞氏易學爲漢《易》之正宗，全面探尋其易學大義，「求其條貫，明其統例，釋其疑滯，信其亡闕」。〔註72〕對於闡釋卦爻辭所用之體例，包括卦氣、旁通、卦變、升降、納甲、互體等說，都不斷有參佐或檢討惠氏之說。

張氏不論在易學的特色，或是易學的成就上，莫不受到惠氏之影響，並且在惠氏的既有成就之基礎上而進一步發揮。整體的易學表現，存在著某種程度的惠氏的影子。除了前述專綜虞氏一家的治《易》風格外，不論在反映乾嘉的學風，以及倡論家學家法的治經風格上，也都是以惠氏爲首的乾嘉易學的路數，其中如梳理漢《易》流衍的易學源流問題的釐正、輯存漢魏《易》注的輯佚工夫、考辨宋《易》圖書的考據遺緒、重視《易緯》釋《易》的文獻運用，乃至《周易》經傳訓詁的治《易》方法，也都可以視爲惠氏易學的延伸和擴展。

（二）對李道平的影響

李鼎祚《周易集解》一書，爲唐代以後保存漢《易》的主要文獻。李氏輯錄漢及當時的《易》著三十餘家之說以成其書；特重虞翻、荀爽之說，以

〔註70〕 見《清史‧儒林傳》，卷二六九，收錄於《清代傳記叢刊》，第九十四冊，臺北：明文書局，不著出版年代，頁 13243～13244。阮元對張氏之高度評價，又見《清史稿‧儒林傳‧序》云：「近時，孔廣森之於《公羊春秋》，張惠言之於孟、虞《易》說，亦專家孤學也。」是治虞學之最有功者爲張氏，而張氏本諸惠氏而有此成就。

〔註71〕 見阮元《周易虞氏易‧序》。收錄於《續修四庫全書》，第二十六冊，上海：上海古籍出版社，頁 427。

〔註72〕 見張惠言《周易虞氏易》序文。收錄於趙輯如編次《大易類聚初集》第十九輯，臺北：新文豐出版社，1983 年 7 月，頁 289。

虞、荀專主卦爻象，以刊王輔嗣掃象之野文，以補鄭康成未取之逸象。〔註73〕研究漢《易》，《周易集解》成為最直接且重要的文獻典籍，在歷史的長河中，漢《易》的緜延絕續，此書成為最寶貴的資料來源，有志於漢《易》，乃至有志於易學者，莫不以此書作為入門。乾嘉時期之學者，研究《集解》而有成者，從惠士奇與惠棟，張惠言繼之，而後孫星衍之重輯《集解》，網羅天下放失之漢、唐舊聞，並全收王、韓《易注》，成為繼《集解》之後的漢《易》要籍。再之後焦循成《易學三書》，乃漢《易》與王弼為主的魏《易》之合，雖以虞氏《易》為非，必能窮究虞氏等漢代《易》家之說，《集解》亦必為熟識之典籍。至於最能代表《集解》的承啓之功者，則是李道平的《周易集解纂疏》。李道平於其〈自序〉中指出：

> 漢儒踵周、秦而興，《易》師授受，一脈相承，恪守典型，毋敢失墜。
> 凡互卦、卦變以及卦氣、爻辰、消息、納甲、飛伏、升降之說，皆
> 所不廢。蓋去聖未遠，古義猶存，故其說往往與羲、文之旨相契合。
> 自時厥後，一變為晉《易》，而老、莊虛無之燄熾。再變為宋《易》，
> 而陳、李圖學之說興。夫老、莊之虛無，陳、李之圖學，斷不能遠
> 出漢儒象數之上。且王氏之注，論象數既不及漢儒之確，論義理又
> 不及宋儒之醇。進退無所據，有識之士多擯斥不肯道。及唐祭酒孔
> 君沖遠奉勅疏解諸經傳注，獨于《易》黜鄭、虞而宗王、韓。取輔
> 嗣野文疏而行之，其書遂藉以獨尊于世，而漢學寖微。……復不自
> 揣，萃會眾說，句梳而字櫛之。義必徵諸古，例必溯其源。務使疏
> 通證明，關節開解，讀者可一覽而得其指趣。舊注閒有未應經義者，
> 或別引一說，以申其義。或旁參愚慮，以備一解。〔註74〕

李道平對易學發展流變的體認與價值看法，基本上與惠氏一致，詳知易學演變的歷程中，漢《易》寖衰的情形，也特別罪及王輔嗣之學；而其廣摭眾說、徵古溯源、句梳字櫛之法，亦與惠氏同道。他同時提到少時取《集解》而讀之，「隱辭奧義，深邃難闚」，多有滯礙難通者，之後則「得東吳惠氏書，而向之滯者，十釋四五矣」。〔註75〕可見李道平治《易》，必當深受惠氏之影響。

〔註73〕 參見李鼎祚《周易集解・序》云：「遊心墳籍，歷觀炎漢，迄今巨唐，採群賢之遺言，議三聖之幽賾，集虞翻、荀爽三十餘家，刊輔嗣之野文，補康成之逸象，各列名義，共契元宗。」（是書，頁2。）
〔註74〕 見李道平《周易集解纂疏・自序》，頁1～2。
〔註75〕 見李道平《周易集解纂疏・自序》，頁2。

粗考李道平《集解篡疏》，的確發現其著述內容，每每可見惠氏之鑿痕，李氏在疏解經傳的過程中，往往直取惠氏之說。因此，今日學者普遍認爲李道平《篡疏》爲《周易集解》再認識的最佳詮解，「循此《篡疏》以研究《周易集解》者」，〔註 76〕是最佳的進路。但是，嚴格地說，《篡疏》是因惠氏易學特別是其《周易述》而有功。以下隨機舉例說明。

惠棟理解虞翻的卦變說，認爲虞氏無一陽一陰自剝復夬姤之例，如惠氏釋小畜䷈卦，指出「凡一陰五陽、一陽五陰之卦，皆自乾坤來」，「卦无剝、復、夬、遘之例。此卦一陰五陽，故不云自夬、遘來，而云需上變爲巽也」。〔註 77〕至於李道平的一陽一陰之卦變說，亦大致接受惠氏對虞翻的理解，《周易集解纂疏》中，同樣釋小畜卦時指出「虞无一陽一陰自剝復夬姤之例，故謂需上變爲巽而成小畜也」。〔註 78〕其它一陽一陰之卦的認定亦同。

惠棟釋比䷇卦爲例，比卦初六「有子盈缶」，惠氏引虞說云「坤器爲缶」，並進一步述明：

> 《繫上》曰「形乃謂之器」，又曰「形而下者謂之器」，皆指坤，故知坤爲器。坤爲土爲器。缶者土器，故曰坤器爲缶也。坤爲國，故以缶喻中國。初動體屯，《序卦》曰「屯者，盈也」，盈缶之象。〔註 79〕

闡發比卦盈滿之象。對於此一爻辭，李道平疏云：

> 《繫上》曰「形乃謂之器」，又曰「形而下者謂之器」，皆謂坤在地成形也，故知坤爲器。《考工記》「範土以爲器」，坤爲土，缶，土器也，且坤腹有容，其象爲缶，故云「坤器爲缶」。坎水在上，流于坤土，初動成陽，其體爲屯，《序卦》曰「屯者，盈也」，故曰「盈缶」。〔註 80〕

二文對照，可以看出惠氏引《繫上》與《序卦》之文，而李氏亦同。從文脈與論述的內容看來，惠氏與李氏並無不同，只不過李氏有再略加說明罷了。又如同卦惠氏釋九五「顯比。王用三毆，失前禽」，引虞氏之義，並云：

> 《繫上》曰「卑高以陳，貴賤位矣」。虞彼注云「乾高貴五，五多功，故五貴多功。初三失位，當變有兩离象，故體重明也。《說文》「㬎」

〔註 76〕見潘雨廷點校《周易集解篡疏》之點校〈前言〉，同前注之同書，頁 12。
〔註 77〕見《周易述》，卷二，頁 44。
〔註 78〕見李道平《周易集解篡疏》，卷二，頁 148。
〔註 79〕見《周易述》，卷二，頁 42。
〔註 80〕見李道平《周易集解纂疏》，卷二，頁 142。

字下云「案微杪也。从日中視絲。古文以爲顯字」。卦自下升，微而
之顯，「顯」从日，离爲日，日中視絲，案見微杪，故九五稱「顯比」。
《繫上》曰「顯諸仁」，亦謂重离也。乾爲王，乾五之坤，五成坎，
坎五即乾五，故坎五稱王。二升五，歷三爻，皆陰，故云三陰。五
自二升，故不及初。三毆之法，三面毆禽，獨開前面，故失前禽。
初在二前，前禽之象。二升五，初變體震，震爲鹿，故稱禽。震爲
驚，爲作足，故爲奔走。「鹿斯之奔」，《詩‧小弁》文也。〔註81〕

相對於李氏之言，其於「顯比」下疏云：

《繫上》曰「卑高以陳，貴賤位矣」。虞彼注云「乾高貴五」，《繫下》
曰「五多功」，故云「五貴多功」。以陽居五，故云「得位正中」。初
與三皆失位，當變而之正，成既濟定，有兩離象，故云「初三巳變
體重明」。《說文》「㬎」字下云「案微杪也。从日中視絲。古文以爲
顯字」。卦自下升，微而之顯，「顯」从日，离爲日，日中視絲，案
見微杪，故九五稱「顯比」。「顯諸仁」，《繫上》文，蓋震爲「仁」，
五降初爲元善，三陰亦正其體爲離，故謂「顯諸仁」也。

李氏又於「王用三毆，失前禽」下疏云：

乾五交坤成坎，故「坎五稱王」亦謂重离也。乾爲王，乾五之坤，
五成坎，。五自師二來，故「三毆謂毆下三陰」。五降初爲復，故毆
「不及初」。「前禽」謂初，故「失前禽」。初變成震，鹿性驚，震驚，
故「爲鹿」。震爲作足，故「爲驚走」。「鹿斯之奔」，《詩‧小弁》文。
鹿奔，故「失前禽也」。〔註82〕

從此九五爻辭釋文的對照也可以看出，惠氏不論引用《繫傳》、《說文》與《詩‧
小弁》之文，也皆爲李氏所用。其訓義的表現上，惠氏以震爲仁，「顯」字之
訓義上，惠氏云「卦自下升，微而之顯，顯从日，离爲日，日中視絲，案見
微杪，故九五稱顯比」，而李氏則完全不變的直接引用。至於「王用三毆，失
前禽」句的解訓，二家的意義亦大致相同。

以大畜䷙卦爲例，九三「日閑輿衛」，惠氏疏云：

馬、鄭皆云「閑，習也」。坎稱習坎，故爲閑習。《尚書大傳》曰「戰
鬭不可不習，故于搜狩以閑之」是也。坤爲大輿，故爲車輿。二居

─────────

〔註81〕見《周易述》，卷二，頁 42～43。
〔註82〕見李道平《周易集解纂疏》，卷二，頁 145～146。

五，故乾人在上。震驚百里，故爲驚衛。《晉語》曰「車有震武震」。爲講論，故講武閑兵。鄭氏謂「日習車徒」是也。

六四「童牛之告」，惠氏疏云：

蒙六五體艮，爲童蒙，故知艮爲童。旁通萃，故「萃坤爲牛」。《說文》曰「告，從口以牛。牛觸人，角著橫木所以告」，故云「告謂以木福其角」也。《周禮·封人》曰「凡祭祀飾其牛，牲設其福衡」，鄭彼注云「福設于角」。《詩·閟宮》曰「夏而福衡」，《毛傳》云「福衡，設牛角以福之」，所謂木福其角也。「告」俗作「牿」，今從古。大畜之家，取象牛豕，義取畜養。豕交獸畜，亦有畜義，故云「畜物之家」。牛觸觚人，故「惡其觸害」。

六五「豶豕之牙，吉」，惠氏疏云：

《釋獸》曰「豕子，豬豵豶么幼」，郭璞云「俗呼小豶豬爲豶子，最後生者爲么豚」，故云豕子爲豶。豶豕猶童牛也。坎爲豕，虞義也。牙者，畜豕之杙，故云牙杙也。東齊、海岱之間，以杙繫豕，防其唐突，與「童牛之告」同義也。〔註83〕

惠氏此卦爻之訓文，幾乎爲李氏所原本套用，李氏九三疏云：

閑，馬、鄭皆云「習也」。坎稱習坎，故爲閑習。《尚書大傳》「戰鬥不可不習，故于蒐狩以閑之」是也。坤爲大輿，故爲車輿。乾陽生爲人，畜乾伏萃坤輿，故乾人在上。震驚百里，故爲驚衛，言衛以防驚也。《晉語》曰「車有震武」。震爲講論，故講武閑兵。日閑輿衛，鄭氏謂「日習車徒」是也。

除了略有小異外，幾乎原本於惠氏之文。李氏六四疏云：

艮爲少男，故童蒙，與蒙六五童蒙同義。五變之正，與萃旁通，故「萃坤爲牛」。《說文》「告，從口以牛。牛觸人，角著橫木所以告」，故云「告謂以木福其角」也。「告」俗作「牿」，《說文》及《九家易》作「告」是也。大畜之家，取象牛羊，義取畜養。豕交獸畜，亦有畜義，故云「畜物之家」。牛性觚人，故「惡其觸害」。

並於六四《象傳》之疏，亦引惠氏此爻辭疏文：

《詩·閟宮》「夏而福衡」，《毛傳》云「福衡，設牛角以福之」。……復引《地官·封人》及鄭注者，蓋福設于牛角，所以防觸。

〔註83〕見《周易述》，卷四，頁117～118。

此亦本諸惠氏文。李氏於六五疏文中案語云：

> 《釋獸》曰「豕子，豬豵豶幺幼」，郭璞云「俗呼小貗豬爲豵子，最
> 後生者爲幺豕」。貗豕猶童牛也。牙者，畜豕之杙。東齊、海岱之閒，
> 以杙繫豕，防其唐突，與「童牛之告」同義也。〔註84〕

此亦本惠氏文。

惠氏釋噬嗑卦《象傳》「動而明，雷電合而章」，疏云：

> 下震上离，故動震明离。《古文尚書·堯典》曰「辨章百姓」，鄭注
> 云「章，明也」。《說卦》曰「震爲雷，离爲電」。《晉語》司空季子
> 曰「車有震武也」，韋昭云「震，威也」，又云「居樂出威」，故知震
> 爲威也。「震動而威，電動而明」，宋衷義也。電有光明，故云電照。
> 宋氏又謂「用刑之道，威明相兼」，故須雷電並合而噬嗑備。《尚書·
> 呂刑》曰「德威維畏，德明維明」，是用刑在乎威明也。〔註85〕

惠氏云「下震上离，故動震明离」，李氏則解爲「下震爲雷爲動，上離爲電爲
明」，〔註86〕二者義同。至於惠氏引《晉語》與《呂刑》之言，李氏亦同引，
而用於釋噬嗑卦《象傳》「雷電噬嗑」之說：

> 《晉語》司空季子曰「車有震武也」，韋昭云「震，威也」，又云「居
> 樂出威」，故云雷動而威。……用刑之道，二者相兼。不明則刑必濫，
> 不威則物不伏，故必二者合，而後噬嗑之道始備。《呂刑》曰「德威
> 維畏，德明維明」，是其義也。〔註87〕

可以看出李氏之說是直取惠氏之言。

惠氏釋明夷卦初九「明夷于飛，垂其翼，君子于行，三日不食」，云：

> 《說卦》曰：离爲雉。郭璞《洞林》曰：离爲朱雀，故爲飛鳥。明
> 入地中，爲坤所抑，故垂其翼。昭五年《春秋傳》曰：日之謙當鳥
> 飛不翔，垂不峻，翼不廣。初體离而在坤下，故有是象也。泰《象
> 傳》曰：君子道長，君子謂三陽。《春秋傳》曰：象日之動，故曰君
> 子于行。是知陽爲君子，陽成于三，故云三者，陽德成也。晉初動
> 體噬嗑，《雜卦》曰：噬嗑，食也。明夷反晉，故不食。荀氏謂不食

〔註84〕李道平諸文，見其《周易集解纂疏》，卷四，頁279～281。
〔註85〕見《周易述·象上傳》，卷九，頁245～246。
〔註86〕見李道平《周易集解纂疏》，卷四，頁238。
〔註87〕見李道平《周易集解纂疏》，卷四，頁239。

者，不得食君祿也。陽未居五，陰暗在上，初有明德，恥食其祿，故曰「君子于行，三日不食」，是其義也。〔註88〕

李氏疏文則云：

離爲火，火曰炎上，本乎天者親上，飛象也。《説卦》曰：离爲雉。郭璞《洞林》曰：离爲朱雀，故爲飛鳥而曰于飛也。明入地中，爲坤所抑，故垂其翼。昭五年《左傳》曰：日之謙當鳥飛不翔，垂不峻，翼不廣。初體离而在坤下，故有是象也。且晉時離在坤上，今反在坤下，故垂也。泰《象傳》曰：君子道長，君子謂三陽。《左傳》曰：象日之動，故曰君子于行。是知陽爲君子，《春秋元命包》曰：陽成于三，故云三者，陽德成也。日象陽，故喻君。晉初動體噬嗑，《雜卦》曰：噬嗑，食也。明夷反晉，故不食，謂不食君祿也。陽在初，未居于五，坤以陰暗在上，故陽有離明之德，恥食其祿。初應四，震爲行。自初至四，三爻爲三日，故曰「君子于行，三日不食」也。〔註89〕

由惠、李二家之說的對照，可以看出不論是引據文獻如《洞林》、《左傳》等由惠氏而出，包括所訓內容，也幾乎是原本於惠氏之說。

二家相似之文，不勝枚舉，這裡不再贅引。但知李道平疏解《周易集解》之旨義，應深受惠氏之影響。若說《集解》傳漢《易》於不墜，則李道平有功於《集解》，提供後世認識《集解》內容的重要詮釋論著，而惠氏《周易述》又予李氏莫大助力，李氏搭上了惠氏的成功便車，惠氏《易》說成爲李氏易學成就背後的重要功臣。雖然李氏有發一己之意，而不同於惠說，但與惠說同者尤眾，對惠氏之重要觀點主張，也都採取認同與肯定的態度。

第三節　從象數思維的定位與詮釋學思潮反省惠氏易學

惠氏易學的典型化表現，即在其回復漢《易》立場下所闡釋的象數易學，在收納以虞翻、荀爽、鄭玄等漢代《易》家爲主而重構的象數主張，歷來批評者大都認爲其純粹以象數立說，創造性與思想性不足，進而否定其成就。

〔註88〕見《周易述》，卷五，頁152～153。
〔註89〕見李道平《周易集解纂疏》，卷五，頁345。

研究的最後，試圖粗要從象數思維的定位反省「象數」可能的意義，以及從當代詮釋學思潮來架構可能的惠氏易學，提出一點簡要的概念性想法與可能的詮釋進路。

一、象數思維定位的反省

象數的思維為中國哲學史上特有的思維方式，縱使堅持義理思維才是哲學思維的人否定它的哲學意義，但個人仍堅定它是具有積極的邏輯思維與表述哲學的意義。象數的思維存在著世界的本質與可能關係的存在意義，藉由象數組成的符號和文字體系以表徵世界的本質和規律。人的意識把握世界是通過兩種基本的形式，一種是透過感性的，即形象思維，另一種是理性的，即抽象思維。任何思維方式的產生，都源自於人的需要。感性認識的產生，源自於人們把握事物的表面特徵和外在形象，以滿足其生物本能的需要。理性思維的產生，源自人們從個別中認識一般的本質和規律，以進行實踐活動的需要。形象思維的產生，源自於人們以典型化的形象反映社會生活的需要。〔註90〕而象數的思維，應該掛繫在那種人的意識形式下呢？個人認為它強調形象的思維，卻也在形象的背後又涵攝著抽象的概念。誠如《繫傳》所謂「書不盡言，言不盡意」，而「聖人立象以盡意」，也就是說，「意」雖不能直接言說，卻可以通過「象」或「象數」的解讀來領會。所以說，象數絕不僅僅指為客觀事物的表象，而是能夠生「意」的象數。擴而言之，世界的本質往往不能直接言說，但可以通過象數的概念積極的顯示出來。如此一來，象數不只是形象的思維，而是能夠帶有多樣性的抽象意義，這個抽象意義，則有待讀者或研究者的進一步詮釋與藉由語言的再一次邏輯建構，然後使其抽象的意義更為豐富起來。事實上，《周易》在義理之學的表現上，常常也是藉由《周易》本身的象數概念，乃至運用前儒的象數主張所進一步詮釋的結果；假如我們能夠接受傳統的象數之說，容許它的繁富，進入它的可能困難度，然後創造詮釋，它何嘗不能再造思維的光輝。這是本人對象數之學接受下的感受與期許。

易學思想的發展史上，從秦漢以降便逐漸形成兩大不同的論述系統，即象數與義理二派。這兩個不同的系統，或許發展初期論述者並未刻意要作區別，而是因為內容傾向的不同，後世學者才作此分別。惠棟繼承漢代象數之

〔註90〕參見何麗野〈象的思維：說不可說——中國古代形而上學方法論〉，《中國哲學》，2004 年第 4 期，頁 40。

說，而若要稱之爲純粹象數，實在也不爲過，惠氏在《周易述》中闡明經傳文義，採用象數之說，可以說是近乎純粹，根本以虞翻、荀爽爲大宗，並輔以其它漢儒象數之說，用象數之思維，體現《周易》的奧旨。惠氏佇立在復漢的歷史定點上，在畢生有限的力量下，努力將傳統的象數之學作最周延的詮解，或許他意識與憂慮到象數之學的危墜與佚失，所以迫切於純粹漢學——即他認定的漢代象數之學的堅持論述，相對反對那宋明以來視象數如糟粕的義理之學；所形式上反映出它的堅持，義理的成份相對式微，但並不代表象數的背後並無抽象的概念與理性的思考存在。理解惠氏的立場，並在研究的尾聲，很緊湊卻又很理性的反省象數之學的定位，從科學的概念與陰陽變易的思想兩個面向，簡要提出一點個人的想法。

（一）從科學的概念看象數易學

象數之學特別重視從陰陽奇偶之數、九六之數、大衍之數，以及天地之數，並且透過八卦所象徵的「象」、爻位之象，同時配合《易》例的使用，如互體、爻變等等，來解釋《周易》的經傳文義。以象數解《易》，把宇宙萬物符號化、數量化，用以解《易》並推測宇宙事物的關係與種種變化上的意義。漢代作爲象數易學獨領風騷的特殊年代，在這個時期，孟喜、京房、鄭玄等人，對前人在象數領域的諸多創見進行了系統的整理和總結，並努力將「象」與「數」的推衍之術模式化，藉此以象數之學構造出一個有系統而精緻的天人關係規則體系，並試圖通過這些規則體系的共識化與概念化，完成對現實社會的改造。成形於這個時期的另一重要代表，即爲《易緯》所代表的系統，爲漢代象數易學又注入另一股活力，融合了大量當時的天文、歷法等科學知識，並拓展出人們溝通天人的視域，豐富了「象」和「數」的內涵，使得觀象運數的推天道的方法論重心從傳統的以象爲關注的焦點的卜筮模式轉向更具有理性邏輯特色的象數運籌上。一直到了荀爽與虞翻，則總結漢儒象數之說，特別是虞翻，可以說是集大成者，是漢代象數之學最鼎盛，象數思維最圓熟的最重要的代表。

在人類生活的歷史進程中，各式各樣的方術與人類各個群體的社會生活中都曾經甚至扮演著重要的角色。方術是人類瞭解世界和自身的一種特殊類型的方式，在時空的變動中，把握不同事物或事件之間對應關係的發生是各種方術殊途同歸的共同旨趣。在方術的認識結構中，作爲結果發生的事件與誘發這一結果的其它事件的關係並非一定具有邏輯上的因果對應，雖然這其中也不乏固

定的程式運演，但在現象與將要發生的結果之間起決定作用是方術具體於實施者的心智、情感的非常態表現，帶有強烈的主觀色彩，所以方術很難作爲一種對於世間萬物具有普遍性的解釋體系而成爲社會群體普遍接受的觀念。相對於方術，象數之學之所以成爲大多數方術普遍尊奉的理論依據，主要因爲象數之學提供的對於世界的特殊理解形式爲方術所必須者。從「推天道以明人事」的《易》道法門而言，以象數作爲特殊符號形式和論述法則，從現象「推衍」出某種可以決定現象變化方向和結果的具有規律性的普遍原則，爲象數易學的主要內容，具有強烈的對於天道的揣摩和模擬，體現其推「天道」而明「人事」吉凶的歷程。因此，象數之學側重於對世界的瞭解過程，表現其解釋「世界」的特殊形式與特色，與義理之學相比，象數之學重於觀念的形式建構，亦即推「天道」所呈現的方式。象數的思維模式，表現出事物存在的基本方式與根本的邏輯，是一種具象和直觀的思維所建構出來的世界圖式結構，孟、京的卦氣說、八卦六位說如此，虞翻、荀爽的月體納甲說、升降說等也都是如此。

　　從「科學」的概念來看漢儒的象數之學，以及一般所倡論的義理之學，漢儒的象數之學，帶有濃烈的天文歷法等自然科學知識的介入，而義理之學在則重於抽象的論述，在這方面的科學性則相對不足。但是，純粹的科學概念，又與易學特別是那具有「科學性」的象數之學，仍然是截然不同的思維模式與認知結構，對於看待世界仍有其選取視角上的不同。科學思維最重要的環節在於對觀察結果的邏輯分析，其分析是在一系列嚴格的規則引導下進行的，這些規則經過了最大限度的共識檢驗，因而保證了分析推理結果在共識中的可驗證性。相對於象數易學，其《易》象的思維是意象性的，它著很大程度上的不可解析性，其演化的結果具有很強烈的個人色彩，是思想者個體在某種特殊心理狀態下所獲得的認識；《易傳》所謂「《易》无思也，无爲也，寂然不動，感而遂通天下之故」，正是《易》象思維這種與眾不同的「感通」特徵。這種思維模式是「天人合一」觀念最根本的體現，具有強烈的神秘性與獨知性，因爲這種思維超出了受現實侷限的「共識」所可以理解的範圍。同樣地，有些義理的論述內容，更具有那無法形成共識的獨知之境，特別是流落到明末如部份學者那種空談與庸俗敗壞學風，對社會、對歷史、對文化所造成的負面衝擊，人們不得不重新思索那較具務實的或較具科學性的「共識」，回歸於象數的討論，某種程度而言，也是一種科學性的渴求。因此，惠棟的復原漢《易》，重構象數之學，從歷史的背景去理解，或從科學的觀點

去理解，並不是眞的一無是處；否定象數之學，也是對漢代那長遠易學發展歷程的否定，易學研究者，是否該存如此的對待方式？在看重義理的詮釋系統時，也應該尊重象數的這套論述系統。

但是，在尊重象數易學的同時，我們也當反省這套兩漢以來所建構出的象數理論，所實際存在的負面形象，後來的論述者是否可以從中取捨再現。兩漢的象數理論，將《易》道作了形式化的建構後，落入「機祥」的桎梏中，成爲一套牽強附會、繁複瑣碎的哲學；其癥結在於形式化的共識建構對於其成立條件的強烈依賴，也就是將那些屬於天文歷法的科學性概念強加混用與擴充，欲使之公式化的運用於變化多端、紛繁複雜的現實上，則必陷入捉襟見肘、附會不實的窘境，致使科學性的共識失去了學術文化上所可以呈現的意義，甚至反而成爲罪惡的淵藪。惠棟復原漢《易》，理解到那些災異機祥的神秘性之負面形象，在其述《易》的過程中，一直儘量排除這方面的內容，所以這樣的「科學」態度，反映出惠氏的一片苦心，基本上也是值得肯定的。然而，少了這一些，好像對於漢代文化社會的表現力道也相對滅殺了，畢竟這些曾經是屬於漢代重要部份；惠氏既是復漢，少了這些，那漢《易》的實質，也可能因此而不「純粹」了。這個方面，正是惠氏選擇詮解漢《易》所面對的困境。

（二）從陰陽變易的思想看象數易學

《周易》之道，簡而言之，即是陰陽變易之道。《繫傳》云「《易》之爲書也不可遠，爲道也屢遷，變動不居，周流六虛，上下无常，剛柔相易，不可爲典要，唯變所適」。這種「唯變所適」的變易之道，源於陰陽二氣的交感變化，就《易》卦以符號而言，即是陰爻與陽爻構成的卦象、爻象及其關係的理解，而最能體現這種理解者，即象數易學的思維模式最能具體的表達出來，也就是象數系統本身即是一個能夠顯現天道生成變化的動態結構，而陰陽爻就是其中最關鍵的變數與元質，陰陽爻的性質、爻位，以及彼此的交互關係等引發卦象的千變萬化，即呈顯出天道變化的原理、變化關係以及可能的變化結果，這樣的陰陽變易，《繫傳》稱之「陰陽不測之謂神」。《周易》象數之學透過簡易的「一陰一陽」之符號的微妙變化，以表現出一種動態的變化之道，蘊涵著「範圍天地之化而不過，曲成萬物而不遺」的無盡意象。陰陽爻作爲一種符號的意義，人們賦予它們以陰陽、剛柔、動靜、天地、男女、君臣等等含義，它們作爲相對相生、極其簡易的二個符號，表示兩個根本分別的元素，而藉由這兩個簡單的元素，卻能創造出無盡的意義，而這無盡意

義下的具體現象與關係之呈現，則是象數易學之專長。

　　陰陽爻作為兩個對立而不同的表述符號，其傳達的意義，除了考慮符號本身的「陰」、「陽」性質之外，特別要關注的是符號的位置和符號間的關係，從符號的性質、位置與關係，才能充份體現出其中的具體意義。這種以陰陽符號所顯現的陰陽變異之關係，具有動態的變異關係，也就是能夠反映出過去、現在與可能的未來之意義，例如以同人☰☲卦云，《周易》指出此一陰五陽的卦，體現的是「同人于野，亨。利涉大川，利君子貞」〔註91〕的意義，而惠棟所述象數之學的意義，指出「坤五之乾，柔得位得中而應乎乾」；「當是坤五降居乾二成同人」，「坤五之乾，得位得中而應乎乾，故云同人于野」。〔註92〕在惠棟看來，同人卦是背後是由「坤五之乾」而來，也就是其過去的意義與乾坤二卦有密切的關聯，而與乾坤二卦的關係，當然不僅只是過去的意義而已，還涵攝著現在與未來的動態意義，反映的是亨通、利涉大川與利貞的內涵。在象數意義上，這僅是就卦變而言。惠氏尚指出「四、上失位，變而體坎，故利涉大川」。〔註93〕同人卦四、上陽居陰位，變而使之正，是一種爻變的動態作為；然後藉由互體以聯結成為一個新的陰陽爻所組成的卦象，即二至四爻互體為坎☵、四至上亦為坎☵所表現出的川險之象，雖是險象，但因為二、五皆正，所以「利涉大川，利君子貞」。這種透過陰陽爻位的變化關係所形成的整體的卦象，是一個動態的時空結構，所以象數結構下的意義，是一個包含內在變化創新能力的有機之變異關係。

　　在象數易學的結構概念下，陰陽二元素絕非只是象徵性兩類現成的存在形態，而是終極的相交和相互引發的動態關係，也就是它們構成的《易》象包含著原發時空的存在形態或構生形態，以及含有正在當場實現之中的流動和化生情形，也就是過去、現在與未來的相互生成關係。〔註94〕從現象學的概念言，由象數之學所表述的陰陽符號及其可能呈顯的陰陽變異關係，它除了可以如讓——保羅·薩特（Jean-Paul Sartre）所說的賦予現在一種「面對世界在場」的優先地位外，也包括「世界內部存在的前景中的過去的問題」。〔註95〕象數易學下

〔註91〕見同人卦卦辭。

〔註92〕見《周易述》，卷二，頁62。

〔註93〕見《周易述》，卷二，頁62。

〔註94〕參見張祥龍《從現象學到孔夫子》，北京：商務印書館，2001年1版1刷，頁206～211。

〔註95〕見讓——保羅·薩特著，陳宣良等譯《存在與虛無》，安徽：安徽文藝出版社，

的陰陽變易關係，即可以表現在三維的時空場景下的意義。修補那過去、現在
與未來本是斷裂的時間場景，使之緊密相繫，而象數易學也能從不斷延續中新
生。惠棟的復原漢《易》，其價值並不僅在於「復原」這些象數的「材料」而已，
而是後學也能從象數之學所充份展現的強烈的陰陽變易關係，進一步地體認與
闡釋出更為豐富的動態意義與哲學思維。

象數易學從陰陽的關係建構出變易的意義，讓人們體認和掌握變易之道，
它並非只是在求取關於變易的確定知識或靜態意義而已，而是希望能夠在變易
之中駕馭變易，認識動態，並且求得陰陽交感變化後那有機關係的不易之道而
朝向未來，這個「不易」，最重要的意義就是「中」，也就是惠氏所強調的「中
和」、「成既濟定」之道。這個「中」，或是「中和」、「成既濟定」，即是陰陽交
感之中所維持的一種動態的平衡，也是陰陽在變化中調適而成的最佳狀態，孕
育著無限的生機和新的可能性，也是《中庸》所謂「致中和，天地位焉，萬物
育焉」的變易下的理想狀態。因此，《周易》象數意義下所構築的陰陽變易關係，
它除了呈現現在的概念外，也積極的指向未來的態勢，具有強烈的動態意涵，
可以將易學思想帶引到一種微妙深遠的境域之中。然而，這種動態的易變意涵，
長期以來卻被傳統形而上學（義理性）的認識框架所遮蔽，讓象數思想可能體
現的視野與價值，一直不被關注、不被詮釋、不被活躍，這是很可惜的地方。

二、從詮釋學思潮看惠氏易學

隨著西方哲學思想與哲學方法的快速介入，特別是在詮釋學
（hermeneutics）的範疇，成為探述當代思想或是中國傳統思想上的一個極受
重視的概念，也成為極具活力的哲學思潮之一；「詮釋」在哲學上的被高度重
視，也帶引我們對中國古代經典注釋傳統的歷史反思和現代性的觀照。在對
惠氏易學有深刻的瞭解之後，特別在論文接近尾聲的部份，用當代詮釋思潮
來反省參照惠氏易學，從詮釋學的幾個面向，作簡要的討論。

（一）從「歷史圖像」的觀點看惠氏易學

不同的時空因素，直接影響人物的學術傾向或思想內涵，黃俊傑先生特
別界定為「歷史圖像」的問題，認為「歷史上的人物及其思想都是受時空因
素所決定的（tempro-spatially determined），一旦消逝之後，後代歷史學家生活

1998 年 4 月 1 版 1 刷，頁 157。

在不同的時空之中，必然不能像自然科學家一樣地在控制的實驗室中將史事再如實重演」。〔註96〕的確，人物與思想，都是其某種時空下的獨特性，過去的那個時期，與現在的這個時期，乃至未來的某一個時期，都有其不同的時空氛圍，也會造就出不同的人物性格與思想取向，因此，他們面對過去的歷史或是思想，從微觀的角度看，他們也都會有他們不同的取捨傾向與不同的詮釋方法和論述內涵。這樣的不同，是因為歷史圖像的的模糊，也就是歷史圖像的不確定所致。

荷蘭史學家海爾（Pieter Geyl，1877~1966）曾指出「歷史是無窮盡的，也是不確定的。我們常努力把過去的史學加以確定，但我們所能做的其實只是展現我們對歷史的印象而已」。柯林伍德（R. G. Collingwood，1889～1943）更為明確的認為「每個人都帶著他自己和他的時代的觀點來研究歷史」。〔註97〕因此，後來人論述之前的歷史，對於其所建構的這個歷史的歷史圖像，也就因為這一論述者所處的時空因素的變遷而有所不同。由於歷史圖像的不確定，史學家或是論述歷史的人，對於論述同樣的一段歷史或同一個歷史的事件，除了基本印象或基本輪廓或許相近外，常常也就會有不同的詮釋內容；而這種不同的詮釋內容的現象，往往因為「事實判斷」與「價值判斷」的差異所致。也就是說，不同的時代，會有不同的「事實判斷」與不同的「價值判斷」，這是時空因素的不同而有的不同，而形成了歷史圖像的不確定性。

由於歷史圖像的不確定性，形成中國史學論述內容的不同。同樣地，也發生在中國經典的詮釋上。歷代的經學家，對於傳統的那些典型化的經典，在詮釋的內涵上，會因其自身所處的時空的差異，而產生不同的「事實判斷」與「價值判斷」，而呈現出不同的內容。在易學的詮釋範疇也是如此，所以有如漢代《易》家重象數，而宋代《易》家如以程朱為首的，受到理學的學術氛圍影響，則重在義理的表述上，發展到了清代，從清初對宋明以降學術的反省與自覺，形成一股無可抵擋的經世實學學風，並發展與影響到乾嘉時期，

〔註96〕見黃俊傑《中國孟學詮釋史論》，北京：社會科學文獻出版社，2004年9月1版1刷，頁4。

〔註97〕二家之說，見 Pieter Geyl, From Ranketo Toynbee: Five Lectureson Historiansand Historiographical Problems（Northampton, Mass.: Departmentof History, Smith College, 1952）, p.3.以及 R. G. Collingwood, "The Philosophyof History", inhis Essaysinthe Philosophyof History, ed. By William Debbins（Austinand London: University of Texas Press, 1965, 1976）, vol.9 ,p.1. 二說轉引自黃俊傑《中國孟學詮釋史論》，頁4。

以惠棟和戴震爲首的漢學再現的治學風氣成爲主流。惠棟治《易》，將「事實判斷」與「價值判斷」同時放置在一平面上，他肯定「事實判斷」有其優先性，因爲他認爲必須先追求事實，才能造就價值，他認爲宋儒由於對於經典的事實不重視，甚至不以事實爲據，導致價值的殞落，這個價值的殞落就是對經典的原意的扭曲，對經典原始本義的維護不周，破壞經典原有的歷史性和原始性，乃至整個學術呈現空疏不實的傾向，不能實事求是，不能言之有物，撼動經典原有的神聖性與其不應也不可變易的內涵。惠棟易學的核心價值在於復原漢《易》的本來面貌，也就是在於求「眞」與求「實」，這樣的「眞」與「實」的價值追求，也就是惠棟「事實判斷」與「價值判斷」的核心所在，更是惠氏在治《易》上所呈現的歷史圖像。

從漢《易》的角度出發，宋儒的義理傾向的易學詮釋內容，相較於惠棟象數內容的易學思想，二者對於易學詮釋內容上的基本輪廓與基本印象已有明顯地不同，惠氏相對確實較能反映出漢《易》的基本輪廓與印象，而宋儒的義理之學，則相對薄弱；或許宋儒能夠理解這些象數的內容而刻意忽略，或許根本不屑一顧而不加深究、不予認識。對部份宋儒而言，他們的事實與價值的判斷在於義理之學脈絡，他們並不在乎經典的那「眞實」的本義，也就是他們不重視原始的「眞」或「實」，他們期盼創造新的詮釋內涵與詮釋價值，這種新的詮釋內涵與價值因此挑戰了傳統經典的本義，也消弱了傳經經典的神聖性與不可改易性。在惠棟看來，這是一件極爲嚴重的事，是一種違逆經義與經學傳統的錯誤，所以惠棟批評宋儒《易》說，批判宋儒對漢《易》的視而不見，也反對宋儒的無中生有，包括「河圖」、「洛書」等圖書易學的主張，以及不應該屬於漢《易》內容的義理方面的思想。因此，從漢《易》的角度看，惠氏易學的歷史圖像，確實與漢《易》較爲相近，而宋儒則相對不如惠氏之眞實。但是，從不同時代環境的客觀因素看，惠氏的絕對的否定，事實上也是對宋儒歷史圖像的不夠理解與體諒，他置身在其個人的歷史圖像與核心價值去對宋儒作判斷，導致宋儒在漢《易》之外的一無是處。

單獨從漢《易》的本身與惠棟易學的詮釋內涵來看，惠棟易學思想主要以虞翻之說爲主，而《周易》經傳的文字傳本，又以自取的「古文」爲本，擷取自《經典釋文》與鄭玄等諸家之說，這樣的用字與思想內容的呈現，是不是就是漢《易》的主要面貌，甚至接近原始《易》的本來面貌，他的表代性有多少，他的歷史圖象下的漢《易》與原來最具代表性的漢《易》之歷史

圖象，有多少的重疊性，事實上已很難去衡定了。況且，漢《易》師法家法紛歧，又有今古之別，惠氏混同今古，主取虞氏，次而荀、鄭諸說，是否足以代表漢《易》的主流，確實多有商榷之處。但是，從傳述的有限文獻資料來看，惠氏的主張是可以理解的。虞翻在唐代李鼎祚的視野裡，的確視為漢《易》的大宗或集大成者，也得以相對保存較為完整。惠氏對漢《易》的歷史圖像大概是從這樣的文獻觀點而來的。

　　後來的學者，諸如焦循、王引之、方東樹、梁啓超等人，嚴厲的批評惠氏之不是，根本於其不同的價值與事實所框架出的不同的歷史圖像下所作的評斷，這些人的歷史圖像，建立在一種依循義理的軌跡而探尋或肯定以之作為《周易》詮釋之本，至於象數的內容，只能視為支節的部份，不能作為主流的或是有價值的內容，所以宋儒義理之說較漢儒象數之說更具意義，而惠棟易學則相對更不具意義，所以惠氏必然招來苛責與否定。我們是否在建立屬於自己的歷史圖像的同時，我們也能立於歷史的當時，從一種理解、同理心去認識當時，倘能如此，或許對惠氏的易學內容與風格，也就不致武斷的否定。

（二）從詮釋學方法論的概念上看惠氏易學

　　中國詮釋學的重要特徵，強烈的表現在歷史性與現實取向的方面。這種特徵特別表現在傳統儒家經典的詮釋上。中國古代學者對於經典文本的意義和理解的探究，主要表現在實用與準實用的方面，而這種經典詮釋的表現傾向，當然不見得能夠視為現代學術領域特別是當代西方的詮釋學；也就是說，將傳統經典以詮釋學的觀點來看待，主要是指中國學術史及思想史上以經典注疏為中心所形成的詮釋傳統。〔註98〕《周易》不論是以象數或是義理取向的注疏內容，也同樣地姑且以詮釋的概念來看待。詮釋學在方法論上牽涉到三個問題，其一即詮釋者的歷史性：指詮釋者及其思想都受到特定的歷史條件的制約而言；其二即問題意識的自主性：指經典中的問題意識具有生命而言；其三即詮釋的循環性：指經典內部整體與部份之間，以及詮釋者與經典之間意義的循環而言。〔註99〕

〔註98〕經典的注疏方式，實際上是否可以全面視為一種詮釋的傳統，大多學者都採否定的主張。例如劉笑敢在其〈經典詮釋與體系建構——中國哲學詮釋傳統的成熟與特點芻議〉則作了嚴格的界分，特別是那些非哲學性的注解，根本就不能視為詮釋的內涵。（劉氏該文，見《中國哲學》，2002年第5期，頁18～26。）

〔註99〕見（黃俊傑）Chun-chidh Huang, "The Menciusand Historical Hermenudtics,"《清華學報》第19卷第2期（1989年8月），頁45～65。又黃俊傑《中國孟學詮

1. 從詮釋者的歷史性言

以詮釋者的歷史性而言，主要表現在經典詮釋者作爲經書價值的傳承者，這個概念與前述「歷史圖像」多有相涉，而這裡又特別專就詮釋者以對經典的價值認定而言。在惠棟看來，作爲《周易》的詮釋者，其中心的價值，在於以求眞求實的方法與態度，復原經典的本來面貌，惟有如此，才能明確地表彰《周易》原來的古義，進而發揮《周易》那種以天道下貫人事的天地位而萬物育的理想之道，藉由對原來本義的認識，才能體會與賦予《周易》那種安身立命的哲理與思想準則。同時，在詮釋的態度上，惠棟強調一種考證、求眞與實事求是的精神，追求一種原始而最眞實的面貌，彌補、挽救與傳承一套最具本義的《周易》，扶《周易》乃至漢《易》於既墜，進而才能發揮《周易》原來的大義與聖人思想的實質功能。

嚴格地說，經典詮釋者的歷史性，以詮釋者作爲詮釋系統的建構者，透過自身思想系統而賦予經典以新義，產生新的見解，也就是說，經典詮釋者以其自身的「歷史性」，對經典的理解，能夠產生若干創造性的內涵，而與原來的經典有或多或少的出入。然而，惠棟易學，特別是《周易述》，其論述的內容，大抵根本於漢儒《易》說，少有較爲豐富而不同於漢儒之主張，還原於漢儒古義，而不能有較多的新的見解，在這種從「歷史性」的概念出發的情形下，惠氏的詮釋意義著實不足。尤其是從詮釋的面向云，惠氏對《周易》的解釋過於「純粹」、過於單面化，也就是幾乎是純象數的論述內涵，缺乏較具哲學思想的義理性內容，形成一種見樹不見林的單調化內容傾向，窄化了《周易》作爲一部哲學性經典原本可以有更爲複雜而多面的豐富內容，消弱《周易》可能可以呈現的更多的哲學思想之功能。

2. 從問題意識的自主性言

「歷史性」主要是以經典詮釋者的角度爲著眼，而「問題意識」主要則針對經典本身所蘊涵的主要內容，以及經典「問題意識」自身的自主性之情形。《周易》這部經典，鉤深致遠，包羅甚廣，其中主要涉及如：
（1）宇宙生成的概念，也就是由太極而化生下的宇宙生成思想。
（2）陰陽的主體概念。
（3）時中的思想。

釋史論》，頁49；以及同書第二章有進一步詳述。本段落之論述，主要根據黃氏之所主張詮釋學方法論上的三個問題作爲架構。

（4）變化之道等等。

這些內容作為《周易》這部經典的問題意識，基本上具有相當的自主性，成為中國思想史上客觀的存在，並且成為歷化《周易》的論述者或是思想家們所普遍而一再反省思考者，所以這些思想內容有強烈的連續性，較少受到排拒或干擾者。同時，這些問題意識，一旦形成之後，獲得獨立自主的生命，並且超越《周易》這部經典本身而存在。所以這些問題意識具有既為內在所有而又具超越的性質。

然而，由於《周易》本身語言運用極為隱晦，經典本身的內容性質也引人有不同的主張，所以形成象數與義理兩大不同的論述方式與內涵，對經典的問題意識作了不同的進一步見解。《易緯》、鄭玄、虞翻等漢代《易》說的主張，明顯與王弼、程朱之說有所不同。惠氏根本於此諸漢說，也自然與王弼、程朱不同了。

羅孚若在《存在的大鏈鎖：觀念史研究》（The Great Chain of Being : A Study of the History of Ideas）中曾提出「觀念史」的主張，〔註100〕這種「觀念史」的研究方法，特別強調研究者應注意觀念在不同學科或領或、不同地區或國家，以及不同時代的演變過程及其影響。以《周易》而言，其宇宙本體觀上，是一種物質的存在或是非物質的存在，在漢儒的普遍認識裡，大都視為一種元氣的概念，也就是一種氣化傾向的宇宙觀主張，並且在這個時代裡，包括如揚雄的《太玄》、劉安的《淮南子》，以及有關的黃老思想，也肯定氣化的宇宙本體思想，然而宋儒在理學的基本堅持下，似乎「氣」不再是一種最高的存在，「理」才是最高的本體，而發展到了明末包括劉戢山、王廷相、羅整菴等人，乃至清代諸多學者，都主張以「氣」為本，乾嘉學者以惠棟作為代表的，也是如是認為。大體而言，除了理想思想的承繼者外，一般研《易》者大致肯定「太極元氣」的物質存在作為宇宙的本體。《周易》強調陰陽的概念，以陰陽作為萬化的基本元質，這種概念似乎認定萬化的本體就是陰陽，就是「氣」，漢儒去古未遠，其延續性較具可徵性，因此《周易》本身在這方面的問題意識，漢儒之說可以視為一種追隨一種更為清晰的闡明，至於宋儒

〔註100〕轉引自黃俊傑《中國孟學詮釋史論》，頁 74。羅氏「觀念史」的研究對象包括：其一、某一思想或某一時代內在的「基本假設」或「無意識的心靈習慣」；其二、某一種思想的「辨證的動機」；其三、某一種思想或觀念的「形而上的感人的力量」；哲學語意學研究；其五、思想的大原則及其所形成的相關觀念。

的說法，則是一種挑戰性的說法。以惠棟作爲觀念抉擇，向漢儒靠攏，自然對宋儒形成另以種排他的態度和反應。因此，就以「氣」作爲《周易》宇宙本體論的主張之問題意識，惠氏是一位維護者。但是，惠氏的維護效力是不足的，原因就在於惠氏以象數的內涵作爲論述的主要重心，哲學性的表述張力不夠，不能形成具有高度思想的邏輯性論述，而不受到普遍的重視與認同；原因不在於「氣」論的本身，而在於純粹化的象數主張，抵消了應有的關注與認同。《周易》其它如「時中」、「變化之道」等問題意識，歷來批判者較少，而惠氏同樣的問題，仍在於單一化的象數性論述，不如義理思想的活躍與開放，形成被忽略、被否定的情形產生。

3. 從詮釋的循環性言

中國古代的學者，對於經典注釋的工作，大都僅從文字訓詁的角度或內容著眼，這種情形，漢代的學者如此，而清代的學者更是如此，而惠棟更是如此，強調「訓詁之學，皆師所口授，其後乃著竹帛，所以漢經師之說立於學官，與經並行。《五經》出於屋壁，多古字古言，非經師之能辨。經之義存乎訓，識字審音乃知其義，是故古訓不可改也，經師不可廢也」。〔註101〕主張經義存於訓詁之中，遵循識字、審音的訓詁進路，就可以得到經義。錢大昕作爲乾嘉漢學的後繼者，他也指出「嘗謂六經者，聖人之言。因其言以求其義，則必自詁訓始。謂詁訓之外別有義理，如桑門以不立文字爲最上乘者，非吾儒之學也」。〔註102〕乾嘉學者的立場，主要歸因於宋明學風空疏淺薄、游談無根的弊病，經典的論述因不立文字和自逞私臆而缺乏一種有效性驗證，因此特別關注治經上闡釋的正確合理與可確認與可驗證性的方面，特別以惠棟尤甚，做到字字句句有所根據的詁訓方式。然而，以這種方式作爲詮釋經典，往往「易將詮釋工作的複雜性加以簡單化，將意蘊豐富的詮釋學問題轉化成較爲簡單的文字訓詁學問題」。〔註103〕這樣的治經內容，很難視爲經典詮釋學的詮釋範疇，勉強視爲詮釋的範疇，也只是單調而簡單化的章句訓解而已，難以達到詮釋的循環性之層次。

黃俊傑在探討《孟子》學說的詮釋學意義時，特別指出詮釋的循環性包

〔註101〕見《九經古義，述首》，頁362。
〔註102〕見錢大昕《潛研堂文集》，卷二十四，〈臧玉林經義雜識序〉。引自《嘉定錢大昕全集》，第九冊，江蘇：江蘇古籍出版社，1997年12月1版1刷，頁375。
〔註103〕見黃俊傑《中國孟學詮釋史論》，頁80。

括兩個不同的層次的循環，一是《孟子》內部意義的循環性，一是《孟子》書與詮釋者之間問題意識的循環性。〔註104〕將這二種不同層次的循環概念用於《周易》的詮釋問題上，惠棟所強調的詁訓以求古經本義的作法，於探尋《周易》內部的意義，只是最初步的工作而已，尚未能跨越進入經典內部意義的循環性之中。牟宗三強調「文獻途徑」，指出「講文獻的途徑，第一步要通句意，通段落，然後形成一個恰當的概念，由恰當的概念再進一步，看看這一概念屬於哪一方面的問題」。〔註105〕經典章句所呈現之概念，不能單純地視爲孤立的存在，這些章句的確切意義，往往必須從經典的整體思想脈絡中去認識，才能得到完整而精確的掌握；同樣地，經典的主要思想主張之完整意義，也常必須通過從章句的逐一理解才能使之完整。如此一來，經典的內部，從單獨的文字、到章句、到整體的經典本身，形成嚴密而有機的循環系統。這種情形，涉及「部份」與「整體」的問題，二者存在著相互影響的緊張關係。惠棟著《周易述》，窮於章句訓詁與文獻的實徵，並擷取漢儒《說》說，將諸家的不同說法，作了需求上的剪裁，以作爲其述《易》之張本，並且不能用較豐富的個人看法加以有機的聯結，雖言之有徵，卻明顯支離瑣碎，在哲學意義的表現上，更難以看到整體的思想意蘊，所以欲進入《周易》內部意義的循環性層次仍顯不足。

再從《周易》這部經典與詮釋者之間問題意識的循環性而言，宋儒的義理之學，乃至如王船山的易學論著，與《周易》經典間的問題意識之關係上，其主體性與《周易》或較能環環相扣，相融而又能相互呼應，甚至能夠主客一體，在思想的意蘊上形成某種程度的相互依存的循環關係，特別是語言運用上的高度邏輯性，強化其彼此問題意識上的依附關係，使能通識大體，旨趣明確，而無太大的泛濫或疏離的感受。但是，相對於惠氏易學，雖博通廣引，不免語小而近瑣，象數的表述，也呈現出強烈的機械化的味道，並不能將《周易》這部經典的問題意識作更有效的彰顯與昇華。因此，在這方面的循環性的概念上，惠氏之說，的確明顯不足。

（三）從現代詮釋學的角度看惠氏易學的定位

詮釋學在西方歷經長期的發展，成爲當代哲學思想論述上的重要方法與概念，而這一股哲學的思潮也深深的影響中國傳統哲學的現代化詮釋，並且

〔註104〕參見黃俊傑《中國孟學詮釋史論》，頁80～86。
〔註105〕見牟宗三〈研究中國哲學之文獻途徑〉，《鵝湖月刊》，第11卷1期，頁6。

傳統經典的詮釋學上的意義，也成爲當代哲學思考與討論的重要議題。

　　根據當代詮釋學研究專家帕爾默（R. Palmer）的區分，詮釋學的發展至少經歷了六個階段：一是作爲《聖經》注釋的理論；二是作爲一般文獻學方法論；三是作爲一切語言理解的科學；四是作爲精神科學或是人文學的方法論基礎；五是作爲「在此」和存在理解的現象學；六是作爲既恢復意義又破壞偶像的詮釋系統。〔註106〕這六個階段幾乎囊括了西方過去數百年歷史的全部思想進程，具有複雜的時代背景和十分豐富的內涵。西方隨著詮釋學的哲學轉向，文本解釋的問題反而越來越不被重視，古典釋義學之方法或規則退隱到了歷史背景的位置，而詮釋學漸次通往哲學思辨的新的路途上。若再將西方的詮釋簡分爲「前詮釋學」、「古典詮釋學」與「當代詮釋學」等三個階段，〔註107〕對應於中國的詮釋觀念與系統，及有關詮釋問題的傳統資源，大

〔註106〕 轉引見景海峰《中國哲學的現代詮釋》，北京：人民大學出版社，2004 年 8 月 1 版 1 刷，頁 11～12。詮釋學的發展至少經歷了六個階段：一是作爲《聖經》注釋的理論。從 1654 年丹恩豪威爾（J. Dannhauer）第一次使用詮釋學作爲書名起，它就表示一種正確解釋《聖經》的技術，而主要用於神學方面。二是作爲一般文獻學方法論。伴隨著理性主義的發展，十八世紀古典語文學（philology）的出現對《聖經》詮釋學產生了深遠的影響，神學方法和世俗理論在文本的解釋技巧方面趨向一致。三是作爲一切語言理解的科學。這是從施萊爾馬赫（F. Schleiermacher）開始的，他把詮釋學第一次界定爲「對理解本身的研究」。正像伽達默爾（H.G. Gadamer）《眞理與方法》中所云，「只有施萊爾馬赫才（受 Fr・施萊格爾的影響）才使詮釋學作爲一門關於理解和解釋的一般學說而擺脫了一切教義的偶然因素」。「施萊爾馬赫的詮釋學由於把理解建立在對話和人之間的一般相互了解上，從而加深了詮釋學基礎，這種基礎同時豐富了那些建立在詮釋學基礎上的科學體系」。（見伽達默爾著，洪漢鼎譯《眞理與方法——哲學詮釋學的基本特徵》，上海：譯文出版社，1999 年 4 月 1 版 2002 年 7 月 2 刷，頁 12。）四是作爲精神科學或是人文學的方法論基礎。狄爾泰（W. Dilthey）把「歷史的意識」和科學的求眞從理論上加以調和，試圖在一切人文事件相對性的後面找到一種穩固基礎，提出符合生命多面性的所謂世界觀的類型學說。五是作爲「在此」和存在理解的現象學。海德格爾（M. Heidegger）引入了「前理解」的概念，將「理解」和「詮釋」視爲人類存在的基本方式，詮釋學於是與理解的本體論方面聯繫起來。伽達默爾進一步將「理解」的本體內涵發展成爲系統的「哲學詮釋學」，使詮釋學成爲今日哲學的核心。六是作爲既恢復意義又破壞偶像的詮釋系統。利科爾（P. Ricoeur）接受了神話和符號詮釋學的挑戰，並反思地將語言、符號和神話背後的實體主題化，既包容後現代哲學懷疑的合理性，又試圖在語言層面重新恢復詮釋的信仰。（參見伽達默爾著，洪漢鼎譯《眞理與方法——哲學詮釋學的基本特徵》，頁 714～732。）

〔註107〕 「前詮釋學」即《聖經》釋義學和古典語文學；「古典詮釋學」即施萊爾馬赫與狄爾泰之說；而當代詮釋學即泛稱之哲學詮釋學。

多的古典論著只能劃歸在「前詮釋學」的形態中。因此，我們拿「當代詮釋學」去理解中國古代的經典，或去探述中國古代論著的詮釋概念，我們只能將之「理解」而姑解視爲詮釋學，而這種詮釋學本身實際上不能視爲今天我們認識的「當代詮釋學」。將詮釋學指稱用於中國古代哲學，或是有關之論著，只能視爲一種探述詮釋概念上的權便之稱，從嚴格意義上言，則絕不能與當代詮釋學等量齊觀或是相提並論。所以，傳統經典的有關論著，不論其哲學性有多高，也不能凌駕於當代詮釋學。

就《周易》這部經典而言，歷代有關義理性的論著，固不能視爲當代詮釋學的詮釋體系，而那些漢儒的象數之說者，恐怕連視爲「前詮釋學」的詮釋階段可能都有問題。在這種情形下，惠棟的易學，那種純粹的象數之說，那種相對僵化的訓詁模式，更不可能可以作爲詮釋學的概念來擬說；以詮釋學的概念，作爲論著的哲學性來對應，則惠氏易學詮釋意義不足，相對地哲學性、思想性低，價值性也就不高，勢必流入古典論著在這方面價值的棄嬰。從詮釋學的角度觀之，這是惠氏必然的宿命。但是，將「詮釋」作爲一種便稱，亦可以作爲理解惠氏釋《易》所呈現的特殊內涵。

劉笑敢先生針對當前思想界普遍討論中國詮釋學的有關議題，提出「中國古代哲學的發展與哲學詮釋的傳統有密切關係」的觀點，並且認爲「王弼和郭象代表了中國古代哲學詮釋傳統的成熟時期，朱熹、王夫之是古代哲學詮釋傳統的高峰，牟宗三則是這一傳統的現代代表。中國的哲學詮釋傳統的典型形式是以經典詮釋的方式進行哲學體系的建構或重構，這一方式包含『客觀』地詮釋經典的『原意』和建立詮釋者自身的哲學體系的內在矛盾和緊張」。但整體而言，研究中國哲學的詮釋傳統，有利於發展中國的詮釋學研究。〔註108〕依劉氏之見，惠棟的易學論著，勢必不能作爲中國古代哲學的詮釋傳統的內容來看待，頂多可以作爲研究中國詮釋傳統的原始資料，但相對於重要性與否，則惠氏易學並不能作爲建立《周易》在中國的詮釋學的重要參考資料。中國歷代對於有關經典的說解、傳注與章句的傳統，歷史悠久，內容豐富，可以視爲研究中國詮釋傳統的原始資料；但是，若從哲學的角度切入，也就是討論哲學的詮釋傳統，則必須辨析那一些傳注適合或不適合作爲研究哲學詮釋傳統的資料，而欲定出一套準據來判定，事實仍有其困

〔註108〕見劉笑敢〈經典詮釋與體系建構——中國哲學詮釋傳統的成熟與特點芻議〉，《中國哲學》，2002 年第 5 期，頁 18。

難性存在。劉氏將這些傳統的原始資料，區分爲三個概念，即非哲學性的注解，哲學性的詮釋，以及詮釋性的哲學著作。〔註 109〕這樣的區分，能夠較清楚地區別彼此的差異。哲學性的詮釋，以經典詮釋爲主，詮釋性的哲學，則以建立新的哲學體系爲主；二者雖然很難嚴格界分，但都屬中國的哲學詮釋傳統的組成部份。詮釋性的哲學著作，建立出有影響的哲學體系，比哲學性的詮釋作在哲學史上的發展上更具意義，爲中國哲學詮釋傳統的典型代表，王弼如是，朱熹、船山如是，當代的哲學詮釋主張如牟宗三、傅偉勳等說亦如是。

　　惠棟易學，廣引漢儒《易》說，建立在以象數爲立說的解經體例與內容上，並沒有提出和討論重要的哲學問題，縱使第七章有提到其有關的義理思想，仍然只是以傳統文獻的引述爲主，並沒有直接闡釋個人的哲學觀點，在求「眞」與復古的追求下，也沒有建立出屬於自己的開創性思考與主張，並且，以象數立說，只不過重新論述傳統上的釋《易》方法或體例，如卦變、互體等等而已，本身體質上的哲學性不足，在今日哲學詮釋學的論述者之眼光裡，當然絕非是被駐足或是關注的對象，而可能的結局仍是被冷落而歸類爲非哲學性的注解的範疇。但是，惠氏置身在當時的時代環境下，他並不在思考哲學性意義的多寡，反而有某種恐慌意識，認爲宋儒的過度哲學性論述，扼殺了傳統經典的本來面貌，爲了維護那危墜的傳統經典的神聖性——本來的眞實內涵，他不得不樹立漢《易》旗幟，以復原漢《易》古義爲號召，形成對抗宋學的堅實堡壘。這種學術傾向發展的結果，在今日重視哲學詮釋方法的當代哲學，惠氏易學始終逃脫不了被視爲糟粕的宿命，並在這種西學東進的詮釋學優位上，惠氏易學背後的歷史性意義與原有的實學價值，也被棄之九霄雲外，從哲學或詮釋學的角度觀之，這是惠棟所始料未及的。

　　傳統上對經典的詮釋，〔註 110〕主要是以經典注釋的形式爲主，並且大體上注經、說經都只是形式、只是載體，思想創造才是內容，也才是實質。例如王弼的論著，雖然采用了逐章注釋的方式詮釋古代經典，但不受到原有經典的束縛，以注經、說經的形式提出許多新的哲學概念和命題，雖然或許從某個角度看是對原有經典的「本義」有些曲解或是無中生有，卻給原有的哲

〔註 109〕見劉笑敢〈經典詮釋與體系建構——中國哲學詮釋傳統的成熟與特點芻議〉，
　　　　　頁 19。
〔註 110〕此一「詮釋」作爲一般性的語意，不作爲嚴格的詮釋學概念。

學經典賦予了開創性的哲學主張，注入新的生命力和時代的突破性，並且提高了原有經典的哲學思想，這在哲學思想的發展歷程，是難能可貴的。以王船山為例也是如此，在《周易內傳》、《周易外傳》及有關論著中，擴充《周易》這部傳統經典的既有面貌，提出如乾坤並建的《易》卦結構主張，並且詳細地建構出務實求眞的自然觀、和諧發展的變易論，以及天道論、人性論、修養論、道德倫理觀等等思想，創造出新概念、新命題而別於傳統章句注釋的論著，建立出新而完整的哲學思想體系。只是借經典詮釋提出了新的概念和命題，可能只是哲學性的詮釋，還不一定是詮釋性的哲學論著，也不足以標誌哲學詮釋傳統的成熟；要能視為成熟的詮釋性哲學，當從其理論主張的呈現，客觀評斷是否提出一個完整的哲學體系，而這個哲學體系的內涵，最基本的必是從作者思想本質著眼，檢視其是否為討論哲學問題的內容，並且以哲學問題作為討論的主軸，同時能夠呈現出豐富而多側面的思想，而這些多元的思想，彼此間能夠建立嚴密的邏輯性與聯貫性。另外，最重要的是詮釋的內容，應該有相當的獨特性與創造性。至於惠棟的易學，不論是《易漢學》、《周易述》，乃至《易微言》、《易大誼》等著作，在哲學問題的表現上，由於以象數的論述作為主要的內容，所以哲學問題概念或主張的討論明顯不足，象數的論述架構，雖然以重在「象」的舖陳仍不失其邏輯性，但思想的表現上，過於機械化、過於單調化，在象數的背後，不能更有效的呈顯其哲學與義理的意義，圍繞在象數的單一化的表徵，抽象的哲理化思考疲弱；並且，大量採用他說，割裂諸家既成的完整體系，不免引人支離之感，再加上述而不作，完全綜合別人已存在的主張，也難有開創性的思考介入，所以獨創性明顯不夠。在這種情形下，惠氏易學內容的性質，很難與哲學性的詮釋，甚至詮釋性的哲學靠攏，或許只能蹲踞在非哲學性的論著之範疇。

若從歷史學或文獻學的角度來看，哲學家的詮釋顯然是不合歷史學或文獻學的要求的，因為他們藉詮釋來表達自己的思想，未必忠於原有經典，原有的經典，或許只是一種依附的關係，這種依附的關係，不見得是必然或是必要的，當他們的思想主張或論述體系與經典文獻本身有不可避免的衝突時，他們不得不忽略文獻的具體意義而堅持他們重構或是新構的思想主張或論述體系，這種不見得忠於原典的詮釋內容，也可能才是眞正的哲學或是眞正的創造，或許這正是傅偉勳「創造詮釋學」所涉言的「當謂」與「創謂」

的詮釋學與思維方法論的重要內涵。〔註111〕若從經典閱讀者的角度言，某種程度也可以視爲一種有機的誤讀之結果。相對於惠氏易學，是站在歷史學與文獻學的主觀價值上面對經典，其核心的價值在於「眞」，在於實事求是，在於還原文獻的歷史性，還原經典的本來面貌、經典的本來旨意，所以述《易》的態度是極爲嚴謹的務實的，追求一種合乎於回復眞象、科學發現與客觀理解的原則，這樣的治《易》原則或精神，適與詮釋性的哲學要求或是需求相左，因爲詮釋性的哲學論述，不在乎、甚至一定不可能是客觀的、可靠的，也往往是經典的歪曲闡釋的重大嫌疑犯。

傳統經學上的「詮釋」工作，透過章句訓詁的方式依附於經典，漢儒的治經方式即是如此，清代的回歸漢學也是如此，這樣的經學歷史，將可能只是注經方法的不斷延伸、積累與重複，而難以締造出脫離經典而獨立存在的思想與方法學，而小學始終是在經學經典的卵翼之下。就如阿佩爾（K. O. Apel）所言，這種「詮釋」工作始終是侷限在「歷史的和語法的理解」之範圍以內。〔註112〕

〔註111〕 參見傅偉勳〈現代儒學的詮釋學旣思維方法論建立課題〉，收入江日新編《中西哲學的會面與對話》，臺北：文津出版社，1994 年 12 月初版，頁 127～152。傅氏有關論著，又見《從創造的詮釋學到大乘佛學》，臺北：東大圖書公司，1990 年初版。傅氏將創造的詮釋學（Creative Hermeneutics）分爲五個層次，第一是「實謂」層次，探討原典實際上說了什麼；此一層面的核心是原初資料，從版本考證、原文校勘到語詞定套奪、文法疏通，均屬純粹客觀的校讎工作，不涉及「創造」。第二是「意謂」層次，探問原典想要表達什麼。這一層面開始發生主體移位，研究者的詮釋意向初步顯現，進入狄爾泰（W. Dilthey）所謂「隨後體驗」的狀態。通過語義澄、脈絡分析、前後文意的貫通、時代背景的考察等等功夫，盡量「客觀忠實地」了解並詮釋原典和原思想家的意思，探問其意向、意指如何。第三是「蘊謂」層次，考究原思想家可能要說什麼。這一層面已跳出文本本身，而進入所謂「歷史意識」的領域。通過對種種思想史的理路線索的清理，對思想承繼的思維關聯性的多面探討，對詮釋性文本本身歷程的考索，來了解原典和原思想家種種可能的思想蘊涵。第四是「當謂」層次，追究原思想家本來應當說些什麼。到這一層面，詮釋本身已逐漸居於主導地位，已非「意謂」層次的表層分析和「蘊謂」層次的平板而無深度的詮釋可比。詮釋者的洞見和詮釋的力度已完全穿透了原有思想結構的表層，而掘發出更爲深刻的內涵，從中豁顯最有詮釋理據或強度的深層意蘊和根本義理出來。第五是「創謂」層次，思慮原思想家現在必須說出什麼。此一層面最能體現詮釋學的創造性，由不斷追問的思維歷程之中，最終形成自我轉化，即從批判繼承者轉變成爲創造的發展者，從詮釋學家升進成爲創造性的思想家。這樣的五個層面，是傅氏詮釋經典所云之創造詮釋學的基本內涵。

〔註112〕 參見阿佩爾著，孫周興等譯《哲學的改造》，上海：上海譯文出版社，1994

惠棟易學在這方面，可以說是典型的代表。儘管惠棟對傳統的過度渴求，對傳統經典與漢儒之說過度依賴，對於象數之學的過度堅持，造成難登現代詮釋學下中國哲學詮釋下的傳統，但我們對於這些如惠氏所引用的漢儒之說——看似冰冷的「原料」，倘若順此西學東進的洪流而過度狂野的全盤套用這種當前似乎具有絕對優勢的詮釋學學說，是否會對傳統經典造成可能的負面衝擊，這也是我們要思索的。特別是這些古代的「詮釋」資源，以繫附於經典的各式各樣的語文學或小學的形式，在傳統學術遭受到強烈衝擊之後，是否會面對可能解體的情形，而使這些傳統的詮釋資源迅速的斷裂和消散？這或許也是我們要思考的問題。並且，這些傳統的「原料」，是否也會因為經過西方詮釋學的觀念和框架篩揀與剪裁，完全喪失其特定的歷史情境與氛圍；從文化的修補的角度言，這樣的詮釋思想如蝗蟲般的全面壓境，在一段可能不短的時間改造之下，經學是否仍復存在，小學是否還有，而通過「詮釋」的挖掘和探索下，能夠「復活」那可能已經失落了的文化形態？所以，阿佩爾曾清楚的指出「它們絕不能期望僅僅通過詮釋學的反思來補償已經出現的與過去的斷裂。對它們來說，從一開始就有必要去獲得一個與對它們自身的和外來的傳統的詮釋學反思並存的準客觀的、歷史——哲學的參照系」。〔註113〕也就是說，使用這套新的詮釋學之論述系統，必須要能整合出一個能夠兼顧詮釋學與傳統樸質原料的哲學論述系統，使「傳統」不會流失殆盡，而傳統思想的改造也能夠提昇其所衍化的哲學思想的質與量，同時也可以透過這樣的詮釋學論述系統，修補可能將要斷裂的傳統，注入傳統的承繼與改造，擴充傳統的視野，營造一種欣欣向榮的思想國度，有舊的安慰和新的喜悅，有傳統的新生和新生命的茁壯，這才是中國思想史或是經學史的理想與期盼，否則，說不定那天危機感的再現，那種如以惠棟為代表的復歸原始的復古運動可能再現，真是有那個時候，像惠棟那樣的復歸原始的領袖，將才是被肯定的希望大師，跟過去很多學者對他的負面刻板印象，勢必不能同日而語了。

（四）從宏觀的經典闡釋角度看惠氏易學的時代意義

德國哲學家海德格爾（Martin Heidegger）曾指出以「理解」（Versteben）作為人的存在方式，〔註114〕這種「理解」即是對一切的認識與詮釋的概念或

年1版1刷，頁3。
〔註113〕見阿佩爾《哲學的改造》，頁80。
〔註114〕海德格爾（Martin Heidegger）之言，轉引自周裕鍇《中國古代闡釋學研究》，

能力，這種概念或能力，既爲人類所普遍存有，所以絕非西方的專利，當我們不要過度以西方詮釋學（hermeneutics）的理論去嚴格的檢視或框架中國人對經典或自身思想的表述時，中國古代仍有屬於中國傳統的「理解」，也有屬於中國傳統闡釋經義或思想的特色，姑且認爲那也是中國傳統所存有的廣義詮釋學內涵。漢代如此，宋代如此，清代如此，歷代都如此，都有他們詮釋經典的獨特方式和論述內容。

梁啓超認爲「有清一代學術，可紀者不少，其卓然成一潮流，帶有時代運動的色彩者」，也就是乾嘉時期的考據學，〔註115〕或稱爲漢學或樸學。乾嘉時期對於經典的理解，或是學術的普遍傾向，簡而言之，也就是在於以復古作爲手段，目的在於求眞，在於能使文本詮釋的合理性得到有效的驗證。汪中在總結考據學的歷史時，指出「國朝諸儒崛起，接二千餘年沈淪之緒」，「亭林始闢其端；河洛圖書至胡氏而紬；中西推步至梅氏而精；力攻古文者，閻氏也；專治漢《易》者，惠氏也；及東原出而集大成焉」。〔註116〕清儒從顧氏到乾嘉諸儒，治學之法，無不重於實學。這種學術的形成，主要是受到對理學的反省而來，並爲明末清初學者所普遍關注的問題，如楊愼、王鏊、焦竑、張溥、方以智等人，對於理學特別是心學末流拋棄漢唐注疏、脫離經典本義或拋開經典而空談心性的批判與譴責，並且傳達出回歸經典、探求經典本義、復興古學的呼聲，發展到了乾嘉時期爲最高峰，以實際的治經作爲，表達出對傳統儒學的期盼。

錢大昕指出「自晉代尙空虛，宋賢喜頓悟，笑學問爲支離，棄注疏爲糟粕，談經之家，師心自用，乃以俚俗之言，詮說經典」，〔註117〕這種情形，「其弊至明季而極矣」，〔註118〕所以強調「舍經則無以爲學，學道要于好古，蔑古則無以見道」。〔註119〕學術以經典的爲宗，而經典的詮釋在於求古歸眞，那種空疏的一己之言，是理解經典的負面顯現。從理解或詮釋的觀點言，惠棟乃

上海：商務印書館，2003 年 11 月 1 版 1 刷，頁 1。

〔註115〕見梁啓超《清代學術概論》，上海：上海古籍出版社，1998 年 6 月第 1 版 2刷，頁 2。

〔註116〕見江藩《漢學師承記》，北京：三聯書店，1998 年 6 月北京 1 版 1 刷，頁 134。

〔註117〕見錢大昕《潛研堂文集·經籍籑詁序》。引自《嘉定錢大昕全集·潛研堂文集》，第九冊，卷二十四，江蘇：江蘇古籍出版社，1997 年 12 月 1 版 1 刷 1，頁 377。

〔註118〕見錢大昕《潛研堂文集·臧玉林經義雜識序》，卷二十四，頁 375。

〔註119〕見錢大昕《潛研堂文集·經籍籑詁序》，卷二十四，頁 378。

至清代多數學者普遍關心的是，明代學風空疏淺薄的癥結在於其文本詮釋因不立文字與自逞私臆而缺乏一種有效性驗證。如何使詮釋做到正確合理，並可確認驗證者，為惠棟等乾嘉學者所關心的問題。惠棟在易學的表現上，希望透過文字訓詁與綜采漢儒諸說的方式，使經義得到最原始與真切的面貌；這樣的方式或態度，不但從語言層面劃定了意義闡釋的有效界限，也恢復了原始文本和實事求是的治學態度與精神。惠棟易學論著，所展現的詮釋的目的與方法，在於通過語言與文獻的考古，而真實重現作者的觀念世界；這樣的觀念世界，雖是古，卻是一種科學實證的結果，也是一種啟蒙的觀念手法所得到的結果。因此，惠氏易學的詮釋價值或特色，主要在於《周易》經典的文本之復原、本義的確立，也就是《周易》古義的確立，以及實事求是的詮釋精神。〔註120〕

1.《周易》文本的復原

宋明理學的思想詮釋方法，從「六經注我」的態度出發，透過古代經典來詮釋自己所創造的哲學思想，就當時的思潮言，是一種新的哲學思想與脈絡的建構，陸、王心學如此，程、朱理學也是如此。詮釋的活動，詮釋者有權將文本的原初視野納入自己的新構視野中，確實它對哲學思想的發展，注入新的血脈與活力，但它也可能帶來負面的風氣與種種可能浮現的隱憂，一旦顛倒了經典文本與詮釋活動的關係，忽視甚至遺忘了經典文本的本身，從經典的立場言，這樣的詮釋活動不見得有益於經典的發展，在長期的習染下，可能模糊經典的本來面貌，消蝕經典的完整性。

傳統儒家經典，有其一貫流傳的普世價值，很重要的部份即在教化的方面，藉由經典的本義與思想，以規範一切的現象世界，包括政治、社會與人倫綱常的秩序維護與體系建立，對於經典的誤解，也有可能因為思想的嚴重轉化，導致失序失範；一個朝代的崩坼後，新啟王朝的文人，常常從此反思、從此檢討，形成普遍共鳴的憂患意識，以及對那種破壞傳統經典的思想之反動。以明代經學發展為例，皮錫瑞視之為「經學積衰時代」，「實為荒經蔑古之最」，〔註121〕對經典的漠視，已非所謂「創造性的詮釋」所能牢籠，談不到對經典的依準，或是以經典作背景，怎能說是創造性或是突破性。在那個年

〔註120〕本節子段落所述，主要參考周裕《中國古代闡釋學研究》的觀點，為求嚴謹與尊重作者的原創主張，在此特作注明。
〔註121〕見皮錫瑞《經學歷史》，頁 299～304。

代，詮釋者放棄了對經典的尊崇，對知識的追求與對社會的關懷，也違背了哲學的美智真義，以及對真善美的追求，其「言不顧行，行不顧言」〔註122〕的病態，被後儒視爲其前朝亡國的重要兆因。〔註123〕惟有汲古反經，重新恢復原始儒家的主體思想，重新建立經典的神聖性與權威性，才能重返有序；藉古鑒今，經世致用，以洵致儒學的原有的教化效果。這樣的經典詮釋思想的返樸，盛行於清初，而極於乾嘉，並以惠棟爲首。

惠棟對經典的詮釋立場，重在文本的復原，一生治學，致力於斯，而特別表現在易學上。惠氏將經典的本義，付託在經典的語言文字之全面復原，以恢復經典文本的原始狀態，才是經典詮釋的正確途徑。在《周易述》、《易漢學》與《周易古義》中，惠氏苦力於文本古字的考證，透過詁訓與講求實證的方式，企圖復原《周易》原始經典的本來面貌，進而獲得《周易》之本來古義。所以，惠氏易學的文本復原工作，在於修補那些被王弼等人所荼害的被扭曲的原典，重返原始文本，並且經過審慎的詁訓考證，進而獲得最符合經典文本原義的解釋，也就是《周易》的古義，這個古義，又以漢儒距古最近，故以回復漢學又是最適當的最佳途徑。

經典文本的確立，也就是探尋《周易》本經的原貌，所以治《易》而派生出辨僞、校勘、輯佚、訓詁、識字等法門。這些方法，同歸於回復《周易》

〔註122〕見《孟子‧盡心下》，卷十四，臺北：藝文印書館《十三經注疏》本，頁263。

〔註123〕顧炎武在《日知錄》中沉痛地說：「以一人而易天下，其流風至於百有餘年之久者，古有之矣，王夷甫之清談，王介甫之新說，其在於今，則王伯安之良知是也。」（見《日知錄‧朱子晚年定論》，卷十八。）顧氏痛斥三王以異端邪說，造成社會風氣的敗壞，而造成王朝的滅亡。王衍（夷甫）爲代表的魏晉玄學，寄言出意的方法固然是借助古人之言而申說己意，但最後只有己意而無古言。王安石（介甫）作《三經新義》，其創造出的詮釋內容，「分明是侮聖人之言」，「明爲明經取士，實爲荒經蔑古之最」（見皮錫瑞《經學歷史》，頁303。）。而王守仁（伯安）「致良知」學說的流行，「則所研究之對象，乃純在紹紹靈靈不可捉摸之一物」（見梁啓超《清代學術概論》，頁8。），背離了經學本來的實質。因此，從在顧氏的看法，似乎可以看到那個時代的「六經注我」的詮釋方法，與國政之頹敗有微妙的關聯。又如錢謙益以趙宋以來經學與道學分離的歷史，作了尖銳地批判，云：「胥天下不知窮經學古，而冥行擿埴，以狂瞽相師。馴至於今，輕才小儒，敢於嗤點六經，皆毀三傳，非聖無法，先王所必誅不以聽者，而流俗以爲固然。生心而害政，作政而害事，學術蠹壞，世道偏頗，而夷狄寇盜之禍，亦相挺而起。」又云：「誠欲正人心，必自反經始；誠欲反經，必自正經學始。」（見錢氏《牧齋初學集》，卷二十八，〈新刻十三經注疏序〉。）「正經學」在於糾正朱熹、王守仁等宋明理學對經典的曲解，「反經」在於恢復經典的本來面目，返回經典文本未經篡改的最原始狀態。

古經的原貌，這也是惠氏治《易》著重於諸法的原因所在。因為，原始經典的真實狀況，是作為一切詮釋活動的最根本的依據，也是決定詮釋意向的最重要要素。這樣才能維護《周易》原始思想體系的「真實」。

2. 《周易》本義的確立

惠氏治學強調「經之義存乎訓」，以識字審音、經師古訓、復原漢說為進路，才能確立《周易》本來的古義。惠氏博蒐廣搜，考據古訓，避免私臆空談，站在尋古的道路上，以文字訓詁為法，以文獻的取用為要，希望從理性的考索揀選與邏輯化的融合中，確立《周易》的本義。這樣的方法或進路，標示著《周易》乃至經學的詮釋方法或方向，由抽象的義理層面向具體的文獻層面的轉移，文字訓詁為通明《周易》古義的必要手段。所以文字訓詁表現在惠氏的易學中，為其易學內容的主要部份。「在詮釋學中，語言是唯一的先決條件，其它一切所要發現的，包括其它客觀的、主觀的先決條件，都只能在語言中去發現」，〔註124〕經典文本的詮釋，文字語言是主要的先決條件，而有關的思想與真理或是原始古義，往往只能從文字語言、從訓詁中去獲得，誠如錢鍾書所言，「乾嘉『樸學』教人，必知字之詁，而後識句之意，而後通全篇之義，進而窺全書之指」；〔註125〕這樣的詮釋概念，正反映在惠氏易學的主要特色上。

惠棟在詮釋上的基本理路與邏輯，認為聖賢之道保存於經典之中，經典的載體是文字語言，要闡明聖賢之道，必須從文字語言的識字審音入手，才能真正理解經典的旨意，也就是從文字訓詁而後探尋古義的進路。這樣的詮釋經典的方式，不同於一般的文本詮釋，主要反映在強烈的復古與釋古的色彩。這也是解經者、詮釋者，對於經典的時間性的理解。從西方傳統詮釋學的觀點言，文本在某一時間點與詮釋者所處的時間存在著間距，為了達到正確的理解，這是必須克服的障礙。以惠棟為首的乾嘉學者的普遍看法，認為欲克服此一障礙，最好的方式就是盡可能的返回距離文本形成時間最近的解釋，即所謂「欲識古訓，當於年代相近者求之」。〔註126〕對於易學，在惠棟看

〔註124〕Friedrich Schleiermacher, Hermeneutics: The Handwritten Manuscripts, translatedby James Dukeand Jack Forstman（Missoula, Month Scholars Press, 1977），p.50.

〔註125〕見錢鍾書《管錐編》，第一冊，北京：中華書局，1999 年 1 月北京 2 版 6 刷，頁 171。

〔註126〕見盧文弨《抱經堂文集》，卷六，〈爾雅漢注序〉。盧氏云：「不識古訓，則不能通六藝之文而求其意，欲識古訓，當於年代相近者求之。」（上海：商務印書館，1935 年 12 月初版，頁 84。）

來，與古訓年代相近者為漢代，漢儒去古未遠，所以復原漢《易》為其述《易》最重要的核心價值，窮其一生著成《易漢學》、《周易述》，都在考索漢儒《易》說，重拾漢《易》的重要面貌。漢儒去古未遠的優勢在於「其所見多古字，其習讀多古音，故其所訓詁，要於本旨為近，雖有失焉者寡矣」。〔註127〕因此，克服文本在時間上所面對的困難，就是從漢人經師故訓以及漢代有關典經中去探尋採述，進而獲得最貼切的《周易》本義；這也就是惠氏在治《易》的過程中，廣引漢儒諸說的重要原因所在。

3. 實事求是的詮釋驗證

考據學或樸學的治經方式，基本上是符合實事求是的詮釋驗證精神。以同一屬性的儒家經典互訓以得經典本義，或以漢儒論著彼此互訓以得漢儒文義，大致是以同一時空性質相同的學說論著相互訓解，其語態或是語義，基本上是遠較之後時的論著或為貼近。惠氏《周易述》所引漢儒諸說，符合經典語言形式與內容的相應性，並且對於經傳文義之詮釋，合於漢儒訓解的有效性與或然性驗證；對於採用之內容，所表述的是漢儒的語言，就回復漢儒《易》說而言，也當合於公共語言規範的認可與合法性的標準。遍考群經，廣摭群籍，重視古文與古書的慣例，也合於西方於驗證論述上所謂「範型合適性」的準據。〔註128〕惠氏以象數立說，每每解釋必有依據，循此責實驗證的路線前進，至於實質效益與準確的代表意義的程度如何則另當別論。另外，惠氏在其《周易古義》，又每每「單詞片義，具有證據」，〔註129〕表現出無徵不信的態度，並為乾嘉學者所普遍遵循的學風，對《周易》文本的闡釋，也大致在或然性（probability）與可信性（plausibiliyt）的合理範圍內，這應該是值得肯定的。

惠氏治《易》，重在「述」的論述態度與方式，始終將詮釋的內容控制在語言文字所能企及的範圍，或者說是控制在有文獻資料能夠證明的範圍，不願做過多純屬個人的看法以及形而上的演繹，講求科學務實的表述手法，隱

〔註127〕見盧文弨《抱經堂文集》，卷二，〈九經古義序〉，頁25。
〔註128〕美國學者赫施（E.D. Hirsch）曾經提出驗證某種解說比其它解說更具或然性，有四條標準（criterion）：即合法性（legitimacy）、相應性（correspondence）、範型合適性（genericappropriateness）和連貫性（coherence）。參見 E.D. Hirsch, Validityin Interpretation, Appendix I Objective Interpretation C. Verification,（New Haven: Yale University Press, 1967），p.236。
〔註129〕見盧文弨《抱經堂文集》，卷二〈九經古義序〉，頁26。

含著對《周易》古經在詮釋上的堅持，是一種對傳統「原始面貌」的維護與追求，即對《周易》文本的詮釋，對那所謂的「言外之意」的探究是無法證偽的空談，純屬個人的臆說，也是無助於漢學的復原，也不能改變與跳脫宋明以來的空疏之弊，只有運用具有實質效益的文獻資料作爲證據的論釋才是眞正有效的。儘管這樣的詮釋方式不合於現代詮釋學的期盼與價值，但對惠棟來說，這並不是他治《易》的焦點，也不是他治《易》所要追求的「當代」價值，他不需要創造性的詮釋，也不需要重構的思想，因爲創造與重構對他來說，是經學發展史上的餘毒，他要的是反古求眞，他要的是綴拾那斷裂的傳統，所以他要像苦行僧般的務實，彌補、求全，期盼《周易》的本來面貌能夠再現風華。因此，把詮釋活動當作一種知識的考證，無論是本文的復原，本義的重建，都以實事求是、以實證爲圭臬，這樣的詮釋，對惠氏來說才是有意義的。

參考書目

依姓氏筆劃順序排列

一、惠棟著作

1. 惠棟《易例》，臺北：成文出版社（無求備齋易經集成第 150 冊），1976 年出版。

2. 惠棟《惠氏易學》，臺北：廣文書局，1981 年 8 月再版。

3. 惠棟《周易述》，臺北：臺灣商務印書館（四庫全書本第 52 冊），1986 年初版。

4. 惠棟《增補鄭氏周易》，臺北：臺灣商務印書館（四庫全書本第 7 冊），1986 年初版。

5. 惠棟《易漢學》，臺北：新文豐出版公司《叢書集成新編》第十七冊影印經訓堂叢書本。

6. 惠棟《周易本義辨證》，上海：上海古籍出版社《續修四庫全書》編纂委員會編《續修四庫全書·經部·易類》第 21 輯，據北京大學圖書館藏清惠氏紅豆齋抄本影印原書版。

7. 惠棟《禘說》，臺北：新文豐出版公司《叢書集成新編》第 35 輯影印經訓堂叢書，1985 年元月初版。

8. 惠棟《明堂大道錄》，臺北：新文豐出版公司《叢書集成新編》第 34 輯影印經訓堂叢書，1985 年元月初版。

9. 惠棟《松崖文鈔》，臺北：新文豐出版公司《叢書集成續編》第 191 輯影印聚學軒叢書，1989 年 7 月臺 1 版。

10. 惠棟《九曜齋筆記》，臺北：新文豐出版公司《叢書集成續編》第 20 輯影印聚學軒叢書，1989 年 7 月臺 1 版。

11. 惠棟《松崖筆記》，臺北：新文豐出版公司《叢書集成續編》第 20 輯影印聚學軒叢書，1989 年 7 月臺 1 版。

12. 惠棟《松崖筆記》，臺北：臺灣學生書局《雜著祕笈叢刊》本，1971 年 5 月景印初版。

13. 惠棟《九曜齋筆記》，臺北：臺灣學生書局《雜著祕笈叢刊》本，1971 年 5 月景印初版。

14. 惠棟《九經古義》，臺北：臺灣商務印書館《景印文淵閣四庫全書》第 191 冊，1986 年 3 月初版。

15. 惠棟《漁洋山人精華錄訓纂》，臺北：中華書局《四部備要》本，1971 年初版。

16. 惠棟《後漢書補注》，臺北：藝文印書館，1966 年初版。

17. 惠棟《春秋左傳補注》，臺北：藝文印書館，1966 年初版。

18. 惠棟《惠氏讀說文記》，北京：中華書局，1985 年初版 1 刷。

二、其它古籍《易》著

1. 丁易東《易象義》，臺北：臺灣商務印書館（《文淵閣四庫全書》本第 21 冊），1986 年初版。

2. 王弼、韓康伯注，孔穎達正義《周易正義》，臺北：藝文印書館（十三經注疏本），1997 年 8 月初版 13 刷。

3. 王弼《周易註》，臺北：臺灣商務印書館（《文淵閣四庫全書》本第 7 冊），1986 年初版。

4. 王應麟《周易鄭康成註》，臺北：臺灣商務印書館（四庫全書本第 7 冊），1986 年初版。

5. 王夫之《船山易學》，臺北：廣文書局，1981 年第 3 版。

6. 王樹枬《費氏古易訂文》，臺北：文史哲出版社影印光緒辛卯季冬文莫室刻本，1990 年 11 月景印初版。

7. 毛奇齡《仲氏易》，臺北：新文豐出版公司《大易類聚初集》第 13 輯，1983 年 10 月初版。

8. 方申《方氏易學五書》，臺北：新文豐出版公司《叢書集成續編》第二十九冊，影印南菁書院本，1989 年 7 月臺 1 版，頁 603。

9. 朱熹《原本周易本義》，臺北：新文豐出版公司《大易類聚初集》第 2 輯，影印文淵閣四庫全書本，1983 年 10 月初版。

10. 朱震《漢上易傳》，臺北：臺灣商務印書館（四庫全書本第 11 冊），1986 年初版。

11. 朱駿聲《六十四卦經解》，北京：中華書局，1998 年 12 月第 1 版第 6 刷。

12. 宋翔鳳《周易考異》，臺北：新文豐出版公司《大易類聚初集》第 20 輯，1983 年 10 月初版。

13. 江藩《周易述補》，臺北：新文豐出版公司《大易類聚初集》第 17 輯，1983 年 10 月初版。

14. 沈起元《周易孔義集說》，臺北：臺灣商務印書館（《文淵閣四庫全書》本第 50 冊），1986 年初版。

15. 李鼎祚《周易集解》，臺北：臺灣商務印書館，1996 年 12 月臺第 1 版第 2 刷。

16. 李衡《周易義海撮要》，臺北：臺灣商務印書館（《文淵閣四庫全書》本第 13 冊），1986 年初版。

17. 李光地《周易折中》，四川：巴蜀書社，1998 年月 1 版 1 刷。

18. 李光地《周易折中》，臺北：臺灣商務印書館（《文淵閣四庫全書》本第 38 冊），1986 年初版。

19. 李塨《周易傳註》，臺北：臺灣商務印書館（《文淵閣四庫全書》本第 47 冊），1986 年初版。

20. 李道平《周易集解纂疏》，臺北：廣文書局，1979 年 6 月初版。

21. 李道平《周易集解纂疏》，北京：中華書局，1994 年 3 月 1 版 2 刷。

22. 李銳《周易虞氏略例》，臺北：新文豐出版公司趙韞如編次《大易類聚初集》第 19 冊，影印南菁書院《皇清經解續編》，1983 年 10 月初版。

23. 李富孫《易經異文釋》，臺北：新文豐出版公司《大易類聚初集》第 20 輯，1983 年 10 月初版。

24. 李林松《周易述補》，臺北：新文豐出版公司《大易類聚初集》第 17 輯，1983 年 10 月初版。

25. 何楷《古周易訂詁》，臺北：臺灣商務印書館（《文淵閣四庫全書》本第 36 冊），1986 年初版。

26. 吳翊寅《易漢學考》，上海：上海古籍出版社《續修四庫全書》編纂委員會編《續修四庫全書‧經部‧易類》第 39 輯。

27. 吳翊寅《易漢學師承表》，上海：上海古籍出版社《續修四庫全書》編纂委員會編《續修四庫全書‧經部‧易類》第 39 輯。

28. 吳翊寅《周易消息升降爻例》，上海：上海古籍出版社《續修四庫全書》編纂委員會編《續修四庫全書‧經部‧易類》第 39 輯。

29. 孟喜《孟氏章句》，臺北：成文出版社（無求備齋易經集成第 173 冊），19765 年出版。

30. 京房《京氏易傳》，臺北：中國子學名著集成（第 98 冊）。

31. 來知德《周易集注》，北京：九州出版社，2004 年 6 月 1 版 1 刷。

32. 紀磊《虞氏逸象攷正》，臺北：新文豐出版公司《叢書集成續編》第三十冊，影印吳興叢書本，1989年7月臺1版。

33. 紀磊《九家逸象辨證》，臺北：新文豐出版公司《叢書集成續編》第三十冊，影印吳興叢書本，1989年7月臺1版。

34. 查慎行《周易玩辭集解》，臺北：臺灣商務印書館（《文淵閣四庫全書》本第47冊），1986年初版。

35. 俞樾《周易互體徵》，臺北：新文豐出版公司《大易類聚初集》第18輯，1983年10月初版。

36. 俞樾《周易平議》，臺北：新文豐出版公司《大易類聚初集》第18輯，1983年10月初版。

37. 胡渭《易圖明辨》，臺北：新文豐出版公司《叢書集成新編》第16輯影印守山閣叢書本，1985年元月初版。

38. 胡方《周易本義注》，臺北：新文豐出版公司《叢書集成新編》第16輯影印嶺南叢書本，1985年元月初版。

39. 高亨《周易大傳今注》，山東：齊魯書社，1998年4月第1版第1刷。

40. 晏斯盛《易翼宗》，臺北：臺灣商務印書館《景印文淵閣四庫全書·經部·易類》第43冊。

41. 章太炎等撰《易學論叢》，臺北：廣文書局，1971年5月初版。

42. 莊存與《卦氣解》，臺北：新文豐出版公司《大易類聚初集》第17輯，1983年10月初版。

43. 陳壽熊《讀易漢學私記》，臺北：新文豐出版公司《大易類聚初集》第18輯，1983年10月初版。

44. 張獻翼《讀易紀聞》，臺北：臺灣商務印書館（《文淵閣四庫全書》本第32冊），1986年初版。

45. 陳念祖《易用》，臺北：臺灣商務印書館（《文淵閣四庫全書》本第35冊），1986年初版。

46. 張惠言《周易鄭氏學》，臺北：成文出版社（無求備齋易經集成第176冊），1976年出版。

47. 張惠言《易緯略義》，上海：上海古籍出版社《續修四庫全書·經部·易類》第四十冊。

48. 張惠言《周易荀氏九家義》，臺北：新文豐出版公司《大易類聚初集》第19輯，影印學海堂《皇清經解》本，1983年10月初版。

49. 張惠言《周易鄭氏義》，臺北：新文豐出版公司《大易類聚初集》第19輯，影印學海堂《皇清經解》本，1983年10月初版。

50. 張惠言《周易虞氏義》，臺北：新文豐出版公司《大易類聚初集》第19

輯，影印學海堂《皇清經解》本，1983 年 10 月初版。

51. 張惠言《易圖條辨》，臺北：新文豐出版公司《大易類聚初集》第 17 輯，1983 年 10 月初版。

52. 張次仲《周易玩辭困學記》，臺北：新文豐出版公司《大易類聚初集》第 10 輯，1983 年 10 月初版。

53. 黃宗羲《易學象數論》，浙江：浙江古籍出版社《黃宗羲全集》第九冊，1993 年 12 月 1 版 2 刷。

54. 黃宗炎《周易象辭》，臺北：新文豐出版公司《大易類聚初集》第 13 輯，1983 年 10 月初版。

55. 黃宗炎《易圖辨惑》，臺北：新文豐出版公司《大易類聚初集》第 13 輯，1983 年 10 月初版。

56. 黃宗炎《尋門餘論》，臺北：新文豐出版公司《大易類聚初集》第 13 輯，1983 年 10 月初版。

57. 程頤《易程傳》，臺北：新文豐出版公司《大易類聚初集》第 1 冊，《伊川易傳》，1983 年 10 月初版。

58. 程廷祚《大易擇言》，臺北：新文豐出版公司《大易類聚初集》第 18 輯，1983 年 10 月初版。

59. 焦延壽《焦氏易林》，臺北：新文豐出版公司，1987 年 6 月臺 1 版。

60. 焦循《易章句》，臺北：新文豐出版公司《大易類聚初集》第 20 輯，1983 年 10 月初版。

61. 焦循《易通釋》，臺北：新文豐出版公司《大易類聚初集》第 20 輯，1983 年 10 月初版。

62. 焦循《易圖略》，臺北：新文豐出版公司《大易類聚初集》第 20 輯，1983 年 10 月初版。

63. 惠士奇《惠氏易說》，臺北：藝文印書館《皇清經解易類彙編》本，1992 年 9 月 2 版。

64. 董真卿《周易會通》，臺北：臺灣商務印書館（《文淵閣四庫全書》本第 26 冊），1986 年初版。

65. 蒼頡、鄭康成注《易緯八種》，臺北：新興書局，1963 年初版。

66. 翟均廉《周易章句證異》，臺北：新文豐出版公司《大易類聚初集》第 18 輯，1983 年 10 月初版。

67. 熊過《周易象旨決錄》，臺北：新文豐出版公司《大易類聚初集》第 8 輯，1983 年 10 月初版。

68. 熊良輔《周易本義集成》，臺北：臺灣商務印書館（《文淵閣四庫全書》本第 24 冊），1986 年初版。

69. 鄭剛中《周易窺餘》，臺北：臺灣商務印書館《景印文淵閣四庫全書·經部·易類》第 11 冊。

70. 蔡清《易經蒙引》，臺北：臺灣商務印書館（《文淵閣四庫全書》本第 29 冊），1986 年初版。

71. 魏濬《易義古象通》，臺北：臺灣商務印書館（《文淵閣四庫全書》本第 34 冊），1986 年初版。

72. 藝文印書館彙編《皇清經解易類彙編》，臺北：藝文印書館，影印皇清解本。

73. 藝文印書館彙編《續經解易類彙編》，臺北：藝文印書館，影印皇清經解續編本。

74. 《易緯八種》，日本：京都市，1998 年影印自武英殿聚珍版本《古經解彙函·易緯八種》。

三、當代《易》著

1. 丁維杰《周易哲學》，臺北：藝文印書館，1959 年 4 月初版。

2. 王弼著、樓宇烈校釋《王弼集校釋》，北京：中華書局，1999 年 12 月 1 版北京 3 刷。

3. 王瓊珊《易學通論》，臺北：廣文書局，1971 年 5 月初版。

4. 王居恭《周易旁通》，臺北：文史哲出版社，1992 年 11 月初版。

5. 王新春《周易虞氏學》，臺北：頂淵文化事業有限公司，1999 年 2 月初版 1 刷。

6. 王章陵《周易思辨哲學》，臺北：頂淵文化事業有限公司，2004 年 5 月初版 1 刷。

7. 王博《易傳通論》，臺北：大展出版社有限公司，2004 年 11 月初版 1 刷。

8. 王鐵《宋代易學》，上海：上海古籍出版社，2005 年 9 月 1 版 1 刷。

9. 孔繁詩《易經繫辭傳研究》，臺北：晴園印刷事業有限公司，1998 年 12 月再版。

10. 田合祿、田峰《周易與日月崇拜》，北京：光明日報出版社，2004 年 9 月 1 版 1 刷。

11. 田合祿、田峰《周易真原——中國最古老的天學科學體系》，山西：山西科學技術出版社，2004 年 1 月修訂再版。

12. 朱維煥《周易經傳象義闡釋》，臺北：臺灣學生書局，1993 年 9 月初版 3 刷。

13. 朱伯崑《易學哲學史》，北京：華夏出版社，1995 年 1 月第 1 版。

14. 朱伯崑主編《國際易學研究》第三輯，北京：華夏出版社，1997 年 7 月

北京第 1 版第 1 刷。

15. 朱伯崑主編《國際易學研究》第四輯，北京：華夏出版社，1998 年 6 月北京第 1 版第 1 刷。

16. 朱伯崑主編《國際易學研究》第五輯，北京：華夏出版社，1999 年 9 月北京第 1 版第 1 刷。

17. 江國樑《易學研究基礎與方法》，臺北：學易齋，2000 年 12 月。

18. 牟宗三《周易的自然哲學與道德函義》，臺北：文津出版社，1998 年 8 月初版 2 刷。

19. 牟宗三《周易哲學演講錄》，上海：華東師範大學出版社，2004 年 7 月 1 版 1 刷。

20. 汪忠長《讀易劄記》，臺北：考古文化事業公司，1982 年 6 月臺初版。

21. 汪學群《清初易學》，北京：商務印書館，2004 年 11 月 1 版北京 1 刷。

22. 邢文《帛書周易研究》，北京：人民出版社，1997 年 11 月第 1 版第 1 刷。

23. 呂紹綱主編《周易辭典》，吉林：吉林大學出版社，1992 年 4 月 1 版 1 刷。

24. 呂紹綱《周易闡微》，臺北：韜略出版有限公司，2003 年 11 月 2 版 1 刷。

25. 李周龍《易學窺餘》，臺北：文津出版社，1991 年 8 月初版。

26. 李樹菁《周易象數通論——從科學角度的開拓》，北京：光明日報出版社，2004 年 4 月 1 版 1 刷。

27. 李學勤《周易經傳溯源》，北京：長春出版社，1992 年 8 月第 1 版第 1 刷。

28. 李申、郭彧《周易圖說總滙》，上海：華東師範大學出版社，2004 年 4 月 1 版 1 刷。

29. 余敦康《內聖外王的貫通——北宋易學的現代闡釋》，上海：學林出版社，1997 年 1 月 1 版 1 刷。

30. 林尹等著《易經研究論集》，臺北：黎明文化事業公司，1981 年元月初版。

31. 林忠軍《象數易學發展史》第二卷，廣西：廣西教育出版社，1996 年 9 月 1 版 1 刷。

32. 林忠軍《周易鄭氏學闡微》，上海：上海古籍出版社，2005 年 8 月 1 版 1 刷。

33. 林文欽《周易時義研究》，臺北：鼎文書局，2002 年 10 月初版。

34. 林耕年《易學通論》，臺北：大溢出版社，2003 年 12 月出版。

35. 金景芳、呂紹綱《周易全解》，上海：上海古籍出版社，2005 年 1 月 1 版 1 刷。

36. 吳懷祺《易學與史學》，臺北：大展出版社有限公司，2004 年 12 月初版 1 刷。

37. 屈萬里《先秦漢魏易例述評》，臺北：聯經出版公司，1984 年 7 月初版。

38. 周止禮《易經與中國文化》，北京：學苑出版社，1990 年 12 月第 1 版第 1 刷。

39. 周伯達《周易哲學概論》，臺北：臺灣學生書局，1999 年 4 月初版。

40. 尚秉和《周易尚氏學》，北京：中華書局，1980 年 5 月第 1 版，2003 年 12 月北京第 8 刷。

41. 南懷瑾、徐芹庭註譯《周易今註今譯》，臺北：臺灣商務印書館，1997 年 4 月修定版 10 刷。

42. 范良光《易傳道德的形上學》，臺北：臺灣商務印書館，1990 年 4 月第 2 版。

43. 胡自逢《先秦諸子易說通考》，臺北：文史哲出版社，1989 年第 3 版。

44. 胡自逢《周易鄭氏學》，臺北：文史哲出版社，1990 年第 1 版。

45. 高懷民《大易哲學論》，臺北：作者自印，1978 年 6 月初版 1988 年 7 月再版。

46. 高懷民《先秦易學史》，臺北：中國學術著作獎助委員會，1990 年 6 月第 3 版。

47. 高懷民《兩漢易學史》，臺北：中國學術著作獎助委員會，1970 年 12 月初版。

48. 高懷民《中國哲學在皇皇易道中成長發展》，臺北：作者自印，1999 年 2 月初版。

49. 唐明邦、汪學群《易學與長江文化》，湖北：湖北教育出版社，2004 年 8 月 1 版 1 刷。

50. 徐芹庭《易學源流》，臺北：國立編譯館，1987 年 8 月初版。

51. 徐芹庭《易經詳解》，臺北：聖環圖書有限公司，1994 年 3 月 1 版 2 刷。

52. 徐芹庭《易經研究》，臺北：五洲出版社，1997 年 6 月初版。

53. 徐芹庭《虞氏易述解》，臺北：五洲出版社，1974 年出版。

54. 閏修篆《易經的圖與卦》，臺北：五洲出版有限公司，1998 年 10 月出版。

55. 孫劍秋《易理新研》，臺北：臺灣學生書局，1997 年 12 月初版。

56. 章秋農《周易占筮學》，浙江：浙江古籍出版社，1999 年 3 月第 1 版第 2 刷。

57. 郭彧《京氏易傳導讀》，山東：齊魯書社，2002 年 10 月 1 版 1 刷。

58. 郭建勳注譯、黃俊郎校閱《新譯易經讀本》，臺北：三民書局，1996 年 1 月初版。

59. 常秉義《周易與歷法》，北京：中國華僑出版社，2002 年 1 月 2 版 3 刷。

60. 陳鼓應《易傳與道家思想》，臺北：臺灣商務印書館，1994 年 9 月初版 3 刷。

61. 陳鼓應、趙建偉《周易注譯與研究》，臺北：臺灣商務印書館，1999 年 7 月初版 1 刷。

62. 張立文《周易帛書今注今譯》，臺北：臺灣學生書局，1991 年 9 月初版。

63. 張吉良《周易哲學和古代社會思想》，山東：齊魯書社，1998 年 9 月第 1 版第 1 刷。

64. 張其成《易經應用大百科》，臺北：地景企業股份有限公司，1996 年 5 月初版。

65. 張濤《秦漢易學思想研究》，北京：中華書局，2005 年 3 月 1 版 1 刷。

66. 張善文《歷代易家與易學要籍》，福建：福建人民出版社，1998 年 4 月 1 版 1 刷。

67. 張善文《象數與義理》，遼寧：遼寧教育出版社，1997 年 4 月 1 版 3 刷。

68. 張漢《周易會意》，四川：巴蜀書社，2002 年 12 月 1 版 1 刷。

69. 黃沛榮《易學論著選集》，臺北：長安出版社，1985 年 10 月初版。

70. 黃慶萱《周易縱橫談》，臺北：東大圖書股份有限公司，1995 年 3 月初版。

71. 傅隸樸《周易理解》，臺北：臺灣商務印書館，1999 年 10 月初版 7 刷。

72. 程石泉《易學新探》，上海：上海古籍出版社，2003 年 12 月 1 版 1 刷。

73. 馮家金《周易繫辭傳》，臺北：頂淵文化事業有限公司，1999 年 2 月初版 1 刷。

74. 董光璧《易學科學史綱》，湖南：武漢出版社，1993 年 12 月第 1 版第 1 刷。

75. 楊錦銓《易經古義解讀》，臺北：臺灣學生書局，2002 年 4 月初版。

76. 楊吉德《周易卦象與本義統解》，山東：齊魯書社，2004 年 11 月 1 版 1 刷。

77. 廖名春《帛書易傳初探》，臺北：文史哲出版社，1998 年 11 月初版。

78. 鄧球柏《帛書周易校釋》，湖南：湖南出版社，1996 年 8 月第 2 版第 3 刷。

79. 鄭吉雄《易圖象與易詮釋》，臺北：財團法人喜瑪拉雅研究發展基金會，2002 年 2 月初版。

80. 鄭萬耕《易學源流》，遼寧：瀋陽出版社，1997 年 5 月第 1 版第 1 刷。

81. 鄭衍通《周易探原》，臺北：文史哲出版社，2002 年 6 月修正增訂 1 版。

82. 劉百閔《周易事理通義》，臺北：世界書局，1985 年 10 月再版。

83. 劉瀚平《宋象數易學研究》，臺北：五南圖書出版公司，1993 年 2 月初版 1 刷。

84. 劉瀚平《周易思想探微》，臺北：商鼎文化出版社，1997 年 12 月第 1 版第 1 刷。

85. 劉玉建《兩漢象數易學研究》，廣西：廣西教育出版社，1996 年 9 月第 1 版第 1 次刷。

86. 劉大鈞《象數精解》，四川：巴蜀書社，2004 年 5 月 1 版 1 刷。

87. 劉大鈞主編《大易集奧》，上海：上海古籍出版社，2004 年 12 月 1 版 1 刷。

88. 劉大鈞主編《象數易學研究》第三輯，成都：巴蜀書社，2003 年 3 月 1 版 1 刷。

89. 劉大鈞主編《大易集述》，成都：巴蜀書社，1998 年 10 月 1 版 1 刷。

90. 劉保貞《易圖明辨導讀》，山東：齊魯書社，2004 年 5 月 1 版 1 刷。

91. 賴貴三《臺灣易學史》，臺北：里仁書局，2005 年 2 月初版。

92. 盧泰《周易參五筮法》，吉林：吉林文史出版社，2004 年 7 月 1 版 1 刷。

93. 盧央《易學與天文學》，臺北：大展出版社，2005 年 6 月初版 1 刷。

94. 戴君仁《談易》，臺北：臺灣開明書店，1982 年 2 月第 7 版。

95. 戴璉璋《易傳之形成及其思想》，臺北：文津出版社，1989 年初版。

96. 鍾泰德《易經研究》，臺北：文英堂出版社，1998 年 9 月初版。

97. 嚴靈峰《馬王堆帛書易經斠理》，臺北：文史哲出版社，1994 年 7 月初版。

四、《易》類以外十三經

1. 孔安國（舊題）《孔氏傳尚書》，北京：中華書局，1998 年 8 月第 1 版第 1 刷。

2. 孔穎達《尚書注疏》，臺北：藝文印書館（十三經注疏本），1997 年 8 月初版第 13 刷。

3. 孔穎達等注疏《禮記注疏》，臺北：藝文印書館（十三經注疏本），1997 年 8 月初版 13 刷。

4. 孔穎達等注疏《詩經注疏》，臺北：藝文印書館（十三經注疏本），1997 年 8 月初版 13 刷。

5. 孔穎達等注疏《左傳注疏》，臺北：藝文印書館（十三經注疏本），1997 年 8 月初版 13 刷。

6. 毛晉《陸氏詩疏廣要》，臺北：臺灣商務印書館（《文淵閣四庫全書》本第 70 冊），1986 年 3 月初版。

7. 王聘珍《大戴禮記解詁》，北京：中華書局，1998 年 12 月 1 版 4 刷。

8. 安居香山、中村璋八輯《緯書集成》，河北：河北人民出版社，1994 年 12 月 1 版 1 刷。

9. 朱熹《論孟精義》，臺北：臺灣商務印書館（《文淵閣四庫全書》本第 198 冊），1986 年初版。

10. 朱熹集注、蔣伯潛廣解《廣解四書》，臺北：東華書局，1993 年 3 月 22 版 3 刷。

11. 朱彬《禮記訓纂》，北京：中華書局，1996 年 9 月第 1 版北京第 1 刷。

12. 杜扃《中庸本義》，臺北：臺灣商務印書館，1985 年 5 月初版。

13. 李珮精《四書串釋》，臺北：臺灣中華書局，1965 年 10 月臺 1 版。

14. 吳怡《中庸誠的哲學》，臺北：東大圖書公司，1990 年 2 月第 4 版。

15. 邢昺《論語注疏》，臺北：藝文印書館（十三經注疏本），1997 年 8 月初版 13 刷。

16. 林之奇《尚書全解》，臺北：臺灣商務印書館（《文淵閣四庫全書》本第 55 冊），1986 年 3 月初版。

17. 東方橋《讀中庸的方法學》，臺北：玄同文化事業有限公司，2000 年 4 月初版。

18. 屈萬里《尚書今註今譯》，臺北：臺灣商務印書館，1997 年 3 月初版 14 刷。

19. 高明《禮學新探》，臺北：臺灣學生書局，1981 年 9 月第 4 版。

20. 高柏園《中庸形上思想》，臺北：東大圖書公司，1991 年 2 月再版。

21. 秦蕙田《五禮通考》，臺北：臺灣商務印書館（《文淵閣四庫全書》本第 135 冊），1986 年初版。

22. 孫奭（舊題）《孟子注疏》，臺北：藝文印書館（十三經注疏本），1997 年 8 月初版 13 刷。

23. 孫希旦《禮記集解》，臺北：文史哲出版社，1990 年 8 月文 1 版。

24. 陳祥道《禮書》，臺北：臺灣商務印書館（《文淵閣四庫全書》本第 130 冊），1986 年初版。

25. 陳大章《詩傳名物集覽》，臺北：臺灣商務印書館（《文淵閣四庫全書》本第 86 冊），1986 年初版。

26. 陳槃《中學中庸今釋》，臺北：國立編譯館，1984 年 10 月初版第 12 刷。

27. 陳兆榮《中庸探微》，臺北：正中書局，1975 年 7 月臺初版。

28. 陳滿銘《中庸思想研究》，臺北：文津出版社，1989 年 4 月再版。

29. 梁益《詩傳旁通》，臺北：臺灣商務印書館《景印文淵閣四庫全書‧經部‧詩類》第 76 冊。

30. 程樹德《論語集釋》，北京：中華書局，1997 年 10 月第 1 版第 4 刷。

31. 黃俊傑《中國孟學詮釋史論》，北京：社會科學文獻出版社，2004 年 9 月 1 版 1 刷。

32. 馮復京《六家詩名物疏》，臺北：臺灣商務印書館（《文淵閣四庫全書》本第 80 冊），1986 年 3 月初版。

33. 賈公彥《周禮注疏》，臺北：藝文印書館（十三經注疏本），1997 年 8 月初版第 13 刷。

34. 賈公彥《儀禮注疏》，臺北：藝文印書館（十三經注疏本），1997 年 8 月初版第 13 刷。

35. 賈馥茗等編著《中庸釋詮》，臺北：五南圖書出版有限公司，1999 年 5 月初版 1 刷。

36. 楊伯峻編著《春秋左傳注》，臺北：復文圖書出版社，1991 年 9 月再版。

37. 楊祖漢《中庸義理疏解》，臺北：鵝湖出版社，1990 年 3 月 4 版。

38. 萬心權、蔡愛仁《大學中庸精注》，臺北：正中書局，1986 年 6 月臺初版第 4 刷。

39. 衛湜《禮記集說》，臺北：臺灣商務印書館（《文淵閣四庫全書》本第 117 冊），1986 年初版。

40. 蔡卞《毛詩名物解》，臺北：臺灣商務印書館（《文淵閣四庫全書》本第 70 冊），1986 年 3 月初版。

41. 蔡沈《書經集傳》，臺北：臺灣商務印書館（《文淵閣四庫全書》本第 58 冊），1986 年初版。

42. 蔡愛仁《中庸研究》，臺北：爲學出版社，1964 年 8 月初版。

43. 錢穆《四書釋義》，臺北：臺灣學生書局，1993 年 8 月重版 4 刷。

44. 錢玄《三禮通論》，江蘇：南京師範大學出版社，1996 年 10 月第 1 版第 1 刷。

45. 魏了翁《儀禮要義》，臺北：臺灣商務印書館（《文淵閣四庫全書》本第 104 冊），1986 年初版。

46. 聶崇義《三禮圖集注》，臺北：臺灣商務印書館（《文淵閣四庫全書》本第 129 冊），1986 年初版。

47. 譚宇權《中庸哲學研究》，臺北：文津出版社，1995 年 11 月初版。

五、經學通論專著

1. 王引之《經義述聞》，臺北：臺灣商務印書館，1979 年 1 月臺 1 版。

2. 《中國哲學》編委會編《郭店簡與儒學研究》，遼寧：遼寧教育出版社，2000 年 1 月 1 版 1 刷。

3. 本田成之《中國經學史》，臺北：廣文書局，1979 年 5 月初版。

4. 皮錫瑞《經學歷史》，臺北：藝文印書館，1996 年 8 月初版 3 刷。

5. 皮錫瑞《經學通論》，臺北：臺灣商務印書館，1989 年 10 月臺 5 版。

6. 朱彝尊《經義考》，北京：中華書局影印揚州馬氏刻本《四部備要》，1998 年 11 月北京 1 版 1 刷。

7. 江藩《漢學師承記》，北京：三聯書店，1998 年 6 月北京第 1 版第 1 刷。

8. 安井小太郎等著，連清吉、林慶彰合譯《經學史》，臺北：萬卷樓出版公司，1996 年 10 月初版。

9. 艾爾曼《從理學到樸學》，江蘇：江蘇人民出版社，1995 年 1 版 1 刷。

10. 沈廷芳《十三經注疏正字》，臺北：臺灣商務印書館（《文淵閣四庫全書》本第 192 冊），1986 年初版。

11. 沈炳震《九經辨字瀆蒙》，臺北：臺灣商務印書館（《文淵閣四庫全書》本第 194 冊），1986 年初版。

12. 呂凱（師）《鄭玄之讖緯學》，臺北：嘉新水泥公司文化基金會，1977 年 11 月初版。

13. 李威熊《中國經學發展史》（上），臺北：文史哲出版社，1988 年 12 月初版。

14. 吳浩《十三經義疑》，臺北：中央圖書館影印，文淵閣四庫全書本。

15. 林慶彰《清初的群經辨偽學》，臺北：文津出版社，1990 年 3 月。

16. 林慶彰《明代經學研究論集》，臺北：文史哲出版社，1994 年 5 月初版。

17. 方東樹《漢學商兌》，臺北：臺灣商務印書館（國學基本叢書四百種本），1968 年 3 月臺第 1 版。

18. 周予同《群經概論》，臺北：臺灣商務印書館，1997 年 1 月臺 2 版第 1 刷。

19. 周予同《經學史論著選集》，上海：上海人民出版社，1996 年 7 月第 2 版第 2 刷。

20. 姜廣輝《中國經學思想史》（第二卷），北京：中國社會科學出版社，2003 年 9 月 1 版 1 刷。

21. 姜廣輝主編《郭店簡與儒學研究》（《中國哲學》第二十一輯），遼寧：遼寧教育出版社，2000 年 1 月 1 版 1 刷。

22. 胡應麟等撰《經籍會通》，北京：北京燕山出版社，1998 年 8 月第 1 版第 1 刷。

23. 苗潤田《中國儒學史》（明清卷），廣東：廣東教育出版社，1998 年 6 月

第 1 版第 1 刷。

24. 班固撰、陳立疏《白虎通疏證》，北京：中華書局，1994 年 8 月第 1 版第 1 刷。

25. 康有爲《僞經考》，臺北：臺灣商務印書館，1974 年 6 月臺 2 版。

26. 徐復觀《中國經學史的基礎》，臺北：臺灣學生書局，1996 年 4 月初版第 3 刷。

27. 孫筱《兩漢經學與社會》，北京：中國社會科學出版社，2002 年 10 月 1 版 1 刷。

28. 馬宗霍《中國經學史》，臺北：臺灣商務印書館，1992 年 11 月臺 1 版 7 刷。

29. 陸德明《經典釋文》，臺北：臺灣商務印書館《景印文淵閣四庫全書·經部·五經總義類》，第 182 冊，1986 年 3 月初版。

30. 陳立《白虎通疏證》，北京：中華書局，1997 年 1 版 2 刷。

31. 陳祖武《清儒學術拾零》，湖南：湖南人民出版社，1999 年 8 月第 1 版第 1 刷。

32. 陳居淵《清代樸學與中國文學》，江西：百花洲文藝出版社，2000 年 6 月 1 版 1 刷。

33. 湯志鈞《經學史論集》，臺北：大安出版社，1995 年 6 月出版。

34. 葉國良等著《經學通論》，臺北：國立空中大學，1996 年元月初版。

35. 楊伯峻等著《經書淺談》，臺北：萬卷樓圖書有限公司，1993 年 9 月初版 2 刷。

36. 趙吉惠等著《中國儒學史》，河南：中州古籍出版社，1993 年 4 月第 1 版第 2 刷。

37. 劉百閔《經學通論》，臺北：國防研究院出版社，1970 年 3 月初版。

38. 蔣伯潛《經學纂要》，臺北：正中書局，1981 年 10 月臺 4 版。

39. 蔣伯潛《十三經概論》，臺北：宏業書局，1981 年 10 月出版。

40. 蔣伯潛、蔣祖怡《經與經學》，上海：上海書局，1998 年 5 月第 1 版第 2 次印刷。

41. 錢基博《經學通志》，臺北：學海出版社，1985 年 9 月初版。

42. 盧元駿《五經四書要旨》，臺北：三民書局，1972 年 9 月初版。

六、小學類專著

1. 司馬光《類篇》，臺北：臺灣商務印書館（《文淵閣四庫全書》本第 225 冊），1986 年初版。

2. 邢昺《爾雅注疏》，臺北：藝文印書館（十三經注疏本），1997 年 8 月初版 13 刷。

3. 阮元等撰《經籍纂詁》，臺北：宏業書局，1993 年 8 月再版。

4. 吳玉搢《別雅》，臺北：臺灣商務印書館（《文淵閣四庫全書》本第 222 冊），1986 年初版。

5. 林尹《中國聲韻學通論》，臺北：黎明文化事業有限公司，1982 年 9 月初版。

6. 段玉裁《說文解字注》，臺北：黎明文化事業股份有限公司，1993 年 7 月 10 版。

7. 胡樸安《中國訓詁學史》，臺北：臺灣商務印書館，1988 年 11 月臺 11 版。

8. 許慎撰，段玉裁注《說文解字注》，臺北：黎明文化事業公司，1993 年 7 月第 10 版。

9. 陳第《屈宋古音義》，臺北：臺灣商務印書館（《文淵閣四庫全書》本第 239 冊），1986 年初版。

10. 陳彭年等重修，林尹校訂《宋本廣韻》，臺北：黎明文化事業公司，1995 年 3 月第 15 刷。

11. 陸佃《埤雅》，臺北：臺灣商務印書館（《文淵閣四庫全書》本第 222 冊），1986 年 3 月初版。

12. 黃生《字詁》，臺北：臺灣商務印書館《景印文淵閣四庫全書‧經部‧小學類‧訓詁之屬》第 216 冊。

13. 裴學海《古書虛字集釋》，臺北：漢京文化事業有限公司，1983 年 9 月初版。

14. 管錫華《校勘學》，安徽：安徽教育出版社，1991 年 7 月 1 版 1 刷。

15. 顧藹《隸辨》，北京：中華書局影印玉淵堂刊本，2003 年 12 月 1 版 2 刷。

七、史類專著

1. 王堯臣等編次《崇文總目》，臺北：臺灣商務印書館，1978 年 7 月臺 1 版。

2. 王俊義《清代學術探研錄》，北京：中國社會科學出版社，2002 年 8 月 1 版 1 刷。

3. 支偉成《清代樸學大師列傳》，臺北：明文書局，1970 年初版。

4. 方克立主編《21 世紀中國哲學走向》，北京：商務印書館，2003 年 4 月 1 版北京 1 刷。

5. 左丘明《國語》，臺北：宏業書局，1980 年 9 月出版。

6. 左丘明《國語》，臺北：漢京文化事業有限公司，1983 年 12 月。

7. 司馬遷《史記》，北京：中華書局，1997 年 11 月第 1 版。

8. 朱彝尊《經義考》，臺北：世界書局（四庫全書薈要，史部第 151 冊），1988 年初版。

9. 朱克敬《清代傳記叢刊》第十三冊，臺北：明文書局，1986 年元月出版。

10. 任繼愈《中國哲學史》，北京：人民出版社，1990 年 3 月第 4 版第 9 刷。

11. 李開《惠棟評傳》，江蘇：南京大學出版社，1997 年 7 月第 1 版。

12. 李申《中國古代哲學和自然科學》，上海：上海人民出版社，2002 年 1 月 1 版 1 刷。

13. 吳怡《中國哲學發展史》，臺北：三民書局，1989 年 12 月第 3 版。

14. 長孫無忌《隋書》，北京：中華書局，1997 年 11 月第 1 版。

15. 房玄齡等撰《晉書》，北京：中華書局，1997 年 11 月第 1 版。

16. 周世輔《中國哲學史》，臺北：三民書局，1983 年 10 月修正第 3 版。

17. 周裕鍇《中國古代闡釋學研究》，上海：上海人民出版社，2003 年 11 月 1 版 1 刷。

18. 孟世凱《夏商史話》，臺北：貫雅文化事業有限公司，1990 年 2 月初版。

19. 胡楚生《清代學術史研究》，臺北：臺灣學生書局，1988 年 2 月初版。

20. 范曄《後漢書》，北京：中華書局，1997 年 11 月第 1 版。

21. 紀昀等撰《四庫全書總目提要》，臺北：臺灣商務印書館，1968 年 3 月臺第 1 版。

22. 班固《漢書》，北京：中華書局，1997 年 11 月第 1 版。

23. 晁公武《郡齋讀書志》，臺北：臺灣商務印書館，1978 年 1 月臺 1 版。

24. 韋政通《中國思想史》，臺北：水牛出版社，1997 年 4 月 15 日第 12 版第 4 刷。

25. 徐世昌《清儒學案》，臺北：世界書局，1966 年 7 月再版。

26. 馬積高《清代學術思想的變遷與文學》，湖南：湖南出版社，1996 年 1 月第 1 版第 1 刷。

27. 唐鑑《清學案小識》，臺北：臺灣商務印務館，1975 年 8 月臺第 2 版。

28. 脫脫等撰《宋史》，北京：中華書局，1997 年 11 月第 1 版。

29. 陳壽《三國志》，北京：中華書局，1997 年 11 月第 1 版。

30. 陳振孫《直齋書錄解題》，臺北：臺灣商務印書館，1978 年 5 月臺 1 版。

31. 麥仲貴《明清儒學家著述生卒年表》，臺北：臺灣學生書局，1977 年 9 月初版。

32. 梁啟超《清代學術概論》，上海：上海古籍出版社，1998 年 6 月第 1 版 2

刷。

33. 梁啓超《先秦政治思想史》，臺北：臺灣中華書局，1984 年 4 月臺第 11 版。

34. 梁啓超著，陳引馳編校《梁啓超國學講錄二種》，北京：中國社會科學出版社，1997 年 6 月第 1 版第 1 刷。

35. 陳祖武《清初學術思辨錄》，北京：中國社會科學出版社，1992 年 6 月第 1 版第 1 刷。

36. 陳久金《中國古代的天文與歷法》，北京：商務印書館，1998 年 11 月北京 1 版 1 刷。

37. 張世英《新哲學講演錄》，廣西：廣西師範大學出版社，2004 年 5 月 1 版 1 刷。

38. 彭國棟《清史文讞志》，臺北：臺灣商務印書館，1969 年 9 月初版。

39. 勞思光《中國哲學史》，臺北：三民書局，1995 年 8 月增訂第 8 版。

40. 葛兆光《七世紀前中國的知識、思想與信仰世界》，上海：復旦大學出版社，1998 年 4 月第 1 版第 1 刷。

41. 楊向奎《清儒學案新編》（三），山東：齊魯書社，1994 年 3 月第 1 版第 1 刷。

42. 趙爾巽《清史稿》，北京：中華書局，1998 年 1 月北京第 1 版。

43. 趙中偉《道者萬物之宗——兩漢道家形上思維研究》，臺北：洪葉文化事業有限公司，2004 年 4 月初版 1 刷。

44. 歐陽修、宋祁撰《新唐書》，北京：中華書局，1997 年 11 月第 1 版。

45. 劉起釪《古史續辨》，北京：中國社會科學出版社，1997 年 4 月第 1 版第 2 刷。

46. 劉師培《清儒得失論》，北京：中國人民大學出版社，2004 年 9 月 1 版 1 刷。

47. 盧央《京房評傳》，江蘇：南京大學出版社，1998 年 12 月第 1 版第 1 刷。

48. 蕭一山《清代通史》，臺北：臺灣商務印書館，1962 年初版。

49. 顧頡剛《古史辨》，臺北：藍燈文化事業公司，1993 年 8 月第 2 版。

八、子部相關專著

1. 丁原植《《文子》資料探索》，臺北：萬卷樓圖書有限公司，1999 年 9 月初版。

2. 王充《論衡》，北京：中華書局《諸子集成》本第八冊，1996 年 2 月北京 9 刷。

3. 王符撰，汪繼培箋《潛夫論箋》，臺北：漢京文化事業有限公司，1984年5月初版。

4. 王明清《揮麈後錄》，臺北：臺灣商務印書館（《文淵閣四庫全書》本第1038冊），1986年初版。

5. 王明《太平經合校》，北京：中華書局，1997年10月1版5刷。

6. 王先謙《荀子集解》，北京：中華書局，1997年10月第1版第4刷。

7. 王先慎《韓非子集解》，北京：中華書局，1998年7月第1版第1刷。

8. 王利器《新語校注》，北京：中華書局，1998年10月第1版北京第3刷。

9. 王洪緒《卜筮正宗》，湖南：海南出版社編《故宮珍本叢刊》第四一六冊，2000年10月1版1刷。

10. 中華書局集成《諸子集成》，北京：中華書局，1996年2月第1版北京第9刷。

11. 白居易原撰、孔傳續撰《白孔六帖》，臺北：臺灣商務印書館（《文淵閣四庫全書》本第891冊），1986年初版。

12. 田鳳台《呂氏春秋探微》，臺北：臺灣學生書局，1986年3月初版。

13. 司馬光集注《太玄集注》，北京：中華書局，1998年9月1版北京1刷。

14. 朱謙之《老子校釋》，臺北：漢京文化事業有限公司，1985年10月初版。

15. 成中英《本體詮釋學》第二輯，北京：北京大學出版社，2002年3月1版1刷。

16. 江日新編《中西哲學的會面與對話》，臺北：文津出版社，1994年12月初版。

17. 沈括《夢溪筆談》，臺北：臺灣商務印書館，1956年4月臺初版。

18. 汪榮寶《法言義疏》，北京：中華書局，1996年9月第1版北京第2刷。

19. 伽達默爾著，洪漢鼎譯《真理與方法——哲學詮釋學的基本特徵》，上海：譯文出版社，1999年4月1版2002年7月2刷。

20. 阿佩爾著，孫周興等譯《哲學的改造》，上海：上海譯文出版社，1994年1版1刷。

21. 俞琰《周易參同契發揮》，臺北：自由出版社《道藏精華》第一集之一，2000年1月出版。

22. 胡偉希《知識、邏輯與價值：中國新實在論思潮的興起》，北京：清華大學出版社，2004年2月1版2刷。

23. 祝平一《漢代的相人術》，臺北：學生書局，1990年初版。

24. 倪濤《六藝之一錄》，臺北：臺灣商務印書館（《文淵閣四庫全書》本第830冊），1986年初版。

25. 徐文靖《管城碩記》，臺北：臺灣商務印書館（《文淵閣四庫全書》本第

861 冊），1986 年初版。

26. 徐元太《喻林》，臺北：臺灣商務印書館（《文淵閣四庫全書》本第 958 冊），1986 年初版。

27. 徐應秋《玉芝堂談薈》，臺北：臺灣商務印書館（《文淵閣四庫全書》本第 883 冊），1986 年初版。

28. 章潢《圖書編》，臺北：臺灣商務印書館（《文淵閣四庫全書》本第 968 冊），1986 年初版。

29. 章炳麟《訄書》，香港：三聯書店，1998 年 7 月香港第 1 版第 1 刷。

30. 章太炎《章氏叢書》，臺北：世界書局，1982 年 4 月再版。

31. 陳元龍《格致鏡原》，臺北：臺灣商務印書館（《文淵閣四庫全書》本第 1031 冊），1986 年 3 月初版。

32. 陳澧《東塾讀書記》，北京：三聯書店，1998 年 6 月第 1 版第 1 刷。

33. 陳鼓應《老子今註今譯》，臺北：臺灣商務印書館，1998 年 8 月第二次修訂版第 2 刷。

34. 陳鼓應《黃帝四經今註今譯》，臺北：臺灣商務印書館，1996 年 7 月初版 2 刷。

35. 陳江風《天文與社會》，河南：河南大學出版社，2002 年 8 月 1 版 1 刷。

36. 張介賓《類經圖翼》，臺北：臺灣商務印書館《景印文淵閣四庫全書‧子部‧醫家類》第 776 冊，1986 年 3 月初版。

37. 張琦《素問釋義》，湖南：海南出版社《故宮珍本叢刊》第 379 冊，2000 年 10 月 1 版 1 刷。

38. 郭慶藩《莊子集釋》，臺北：世界書局，1989 年 10 月第 12 版。

39. 郭慶藩《莊子集釋》，臺北：貫雅文化事業有限公司，1991 年 9 月初版。

40. 揚雄《太玄》，臺北：臺灣商務印書館《景印文淵閣四庫全書》第 803 冊，1986 年 3 月初版。

41. 傅偉勳《從創造的詮釋學到大乘佛學》，臺北：東大圖書公司，1990 年初版。

42. 傅偉勳《從傳統到現代——佛教倫理與現代社會》，臺北：東大圖書公司，1990 年 10 月初版。

43. 傅偉勳《學問的生命與生命的學問》，臺北：正中書局，1994 年 1 月臺初版。

44. 傅偉勳《佛教思想的現代探索——哲學與宗教五集》，臺北：東大圖書公司，1995 年 3 月初版。

45. 景海峰《中國哲學的現代詮釋》，北京：人民大學出版社，2004 年 8 月 1 版 1 刷。

46. 黃暉《論衡校釋》，北京：中華書局，1996 年 11 月北京第 1 版第 3 刷。

47. 程顥、程頤撰《二程遺書、二程外書》，上海：上海古籍出版社（文淵閣四庫全書本），1995 年 2 月第 1 版第 2 刷。

48. 葉廷珪《海錄碎事》，臺北：臺灣商務印書館（《文淵閣四庫全書》本第 921 冊），1986 年初版。

49. 楊伯峻《列子集釋》，北京：中華書局，1996 年 10 月第 1 版北京第 5 刷。

50. 黎靖德編《朱子語類》，北京：中華書局，1999 年 6 月第 1 版北京第 4 刷。

51. 黎翔鳳《管子校注》，北京：中華書局，2004 年 6 月 1 版 1 刷。

52. 盧之頤《本草乘雅半偈》，臺北：臺灣商務印書館（《文淵閣四庫全書》本第 779 冊），1986 年初版。

53. 劉文典《淮南鴻烈集解》，北京：中華書局，1997 年 1 月北京第 1 版第 1 刷。

54. 劉國樑《新譯周易參同契》，臺北：三民書局，2000 年 10 月初版 2 刷。

55. 蔣一彪輯《古文參同契集解》，臺北：新文豐出版公司影印毛晉訂本，1987 年 6 月臺 1 版。

56. 錢鍾書《管錐編》，北京：中華書局，1999 年 1 月北京 2 版 6 刷。

57. 戴望《管子校正》，北京：中華書局，1954 年 12 月第 1 版，1996 年 2 月北京第 9 刷。

58. 韓敬譯注《法言全譯》，成都：巴蜀書社，1999 年 9 月 1 版 1 刷。

59. 韓林合《《邏輯哲學論》研究》，北京：商務印書館，2000 年 8 月 1 版北京 1 刷。

60. 蕭漢明、郭東升《周易參同契研究》，上海：上海文化出版社，2001 年 1 月 1 版 1 刷。

61. 魏伯陽等撰《古文參同契箋註集外二種》，臺北：新文豐出版公司，1987 年 6 月臺 1 版。

62. 魏伯陽等撰《參同契正文外三種》，臺北：新文豐出版公司，1987 年 6 月臺 1 版。

63. 蘇輿《春秋繁露義證》，北京：中華書局，1996 年 9 月 1 版北京 2 刷。

64. 顧炎武《原抄本日知錄》，臺北：臺灣明倫書局，1979 年出版。

65. 顧炎武《日知錄》，臺北：臺灣商務印書館（《文淵閣四庫全書》本第 858 冊），1986 年初版。

九、集部相關論著

1. 王引之《王文簡公文集》，1925 年羅氏鉛印本。

2. 王伯大編《韓文考異》，臺北：臺灣商務印書館（《文淵閣四庫全書》本第 1073 冊），1986 年初版。

3. 王鏊《震澤集》，臺北：臺灣商務印書館（《文淵閣四庫全書》本第 1256 冊），1986 年初版。

4. 王昶《春融堂集》，清嘉慶丁卯年（西元 1807 年）、戊辰年（西元 1808 年）塾南書舍刊本。

5. 王昶《湖海文傳》，臺北：廣文書局，1968 年初版。

6. 王士禛著，李毓芙等整理《漁洋精華錄集釋》，上海：上海古籍出版，1999 年 12 月 1 版 1 刷。

7. 李善《文選註》，臺北：臺灣商務印書館（《文淵閣四庫全書》本第 1329 冊），1986 年初版。

8. 林希逸《竹溪鬳齋十一藁續集》，臺北：臺灣商務印書館《景印文淵閣四庫全書·集部·別集類》第 1185 冊。

9. 邵雍《擊壤集》，臺北：臺灣商務印書館《景印文淵閣四庫全書·集部·別集類》第 1101 冊。

10. 張吉《古城集》，臺北：臺灣商務印書館（《文淵閣四庫全書》本第 1257 冊），1986 年初版。

11. 游酢《圖書編》，臺北：臺灣商務印書館（《文淵閣四庫全書》本第 968 冊），1986 年初版。

12. 錢大昕《嘉定錢大昕全集·潛研堂文集》，第九冊，江蘇：江蘇古籍出版社，1997 年 12 月 1 版 1 刷 1。

13. 戴震《戴東原集》，臺北：臺灣商務印書館，1968 年 12 月臺第 1 版。

十、論文期刊

（一）學位論文

1. 江弘遠《惠棟易例研究》，臺北：國立臺灣師範大學國文研究所碩士論文，1988 年 5 月。

2. 岑溢成《訓詁學與清儒訓詁方法·訓詁方法學的兩個方面》，香港：新亞研究所博士論文，1984 年 12 月。

3. 耿志宏《惠棟之經學研究》，臺北：國立政治大學中國文學研究所碩士論文，1984 年 5 月。

4. 孫劍秋《清代吳派經學研究》，臺北：國立政治大學中國文學研究所博士論文，1992 年 12 月。

5. 康全誠《清代易學八家研究》，臺北：私立中國文化大學中國文學研究所
博士論文，2003 年 6 月。

6. 張麗珠《乾嘉時期的義理學趨向研究》，臺北：國立高雄師範大學國文研
究所博士論文，1996 年 5 月。

7. 黃順益《惠棟、戴震與乾嘉學術研究》，臺北：國立中山大學中國文學系
博士論文，1999 年 6 月。

8. 鄭國瑞《兩漢黃老思想研究》，臺北：國立政治大學中國文學系博士論文，
2003 年 6 月。

9. 劉慧珍《漢代易象研究》，臺北：私立輔仁大學中國文學研究所博士論文，
1997 年 6 月。

10. 蔡孝惲《惠棟《春秋左傳補注》之研究》，臺北：國立高雄師範大學國文
研究所碩士論文，1998 年 5 月。

11. 闞育鈴《惠棟之讀說文記研究》，臺北：國立成功大學歷史語言研究所碩
士論文，1990 年 6 月。

（二）中文期刊

1. 三英〈惠棟的治學思想〉，《社會科學輯刊》，1993 年第 3 期，頁 69～76。

2. 于春海〈論取象思維方式──易學文化精神及其現代價值討論之一〉，《周
易研究》，2000 年第 4 期，頁 76～81。

3. 于瑞桓〈乾嘉樸學的緣起及啟蒙意義〉，《中國哲學》，2002 年第 10 期，
頁 60～63。

4. 尹彤云〈惠棟《周易》學與九經訓詁學簡評〉，《寧夏社會科學》，1997
年第 1 期，89～93。

5. 尹彤云〈惠棟學術思想研究〉，《清史評論》，1999 年第 2 期，頁 90～98。

6. 王家儉〈清代漢宋之爭的再檢討〉，《中央研究院國際漢學會議論文集》
（第三冊），臺北：中央研究院，1981 年 10 月 10 日。

7. 王樹人、喻柏林〈《周易》的「象思維」及其現代意義〉，《周易研究》，
1998 年第 1 期，頁 1～8。

8. 王新春〈哲學視野下的漢易卦氣說〉，《周易研究》，2002 年第 6 期，頁
50～61。

9. 王新春〈試論虞氏易「旁通說」的易理內涵〉，《周易研究》，1996 年第 3
期，頁 6～18。

10. 王興業〈試論十二辟卦〉，《周易研究》，1997 年第 1 期，頁 3～8。

11. 朱維錚〈清學史：漢學與反漢學（上）〉，《復旦學報（社會科學版）》，1993
年第 5 期，頁 54～61。

12. 朱維錚〈清學史：漢學與反漢學（下）〉，《復旦學報（社會科學版）》，1993

年第 6 期，頁 75～79。

13. 任蘊輝〈論漢代易學的納甲〉，《中國哲學史》，1993 年第 8 期，頁 73～80。

14. 牟宗三〈研究中國哲學之文獻途徑〉，《鵝湖月刊》，第 11 卷 1 期，頁 1～7。

15. 李威熊〈吳派之經學述評〉，《中華學苑》，第 36 期，1988 年。

16. 李尚信〈孟喜卦氣卦序反映的思想初論〉，《中國哲學》，2001 年第 12 期，頁 34～38。

17. 何麗野〈象的思維：說不可說——中國古代形而上學方法法〉，《中國哲學》，2004 年第 4 期，頁 22～27。

18. 林忠軍〈干寶易學思想研究〉，《周易研究》，1996 年第 4 期，頁 12～24。

19. 林忠軍〈試析鄭玄易學天道觀〉，《中國哲學》，2003 年第 3 期，頁 44～52。

20. 林忠軍〈《易緯》宇宙觀與漢代儒道合流趨向〉，《中國哲學》，2002 年第 12 期，頁 52～56。

21. 林麗真〈如何看待易「象」——由虞翻、王弼與朱熹對易「象」的不同看法說起〉，《周易研究》，1994 年第 4 期，頁 35～41。

22. 周立升〈《周易參同契》的月體納甲學〉，《周易研究》，2000 年第 4 期，頁 35～40。

23. 周積明〈乾嘉時期的學統重建〉，《中國哲學》，2002 年第 10 期，頁 64～68。

24. 周山〈《周易》詮釋若干問題思考〉，《中國哲學》，2004 年第期，頁 49～55。

25. 高懷民〈西漢孟喜改列卦序中的哲學思想〉，《周易研究》，2000 年第 2 期，頁 14～21。

26. 唐明邦〈象數思維管窺〉，《周易研究》，1998 年第 4 期，頁 52～57。

27. 孫劍秋〈清代漢學形成原因綜論〉，《第二屆清代學術研討會論文集》，臺北：國立中山大學中國文學系主辦，1991 年 11 月 16、17 日，頁 21～39。

28. 連鎮標〈焦延壽易學淵源考〉，《周易研究》，1996 年第 1 期，頁 3～9。

29. 郭彧〈卦變說探微〉，《周易研究》，1998 年第 1 期，頁 9～20。

30. 崔波〈京房易學思想述評（上）〉，《周易研究》，1994 年第 4 期，頁 17～23。

31. 崔波〈京房易學思想述評（下）〉，《周易研究》，1995 年第 1 期，頁 26～34。

32. 常秉義〈「卦變」說辨析〉，《周易研究》，1997 年第 4 期，頁 15～24。

33. 陳恩林、郭守信〈關於《周易》「大衍之數」的問題〉,《中國哲學史》,1998 年第 3 期,頁 42～47。

34. 陳世陔〈《周易》「象數」與現代系統學模型〉,《周易研究》,1997 年第 4 期,頁 3～14。

35. 陳居淵〈清代的家學經學——兼論乾嘉漢學的成因〉,《漢學研究》,第 16 卷第 2 期,1998 年 12 月。

36. 陳居淵〈論惠棟的經學思想〉,《郭店簡與儒學研究》(《中國哲學》,第二十一輯),遼寧:遼寧教育出版社,2000 年 1 月 1 版 1 刷,頁 405～427。

37. 梁韋弦〈「卦氣」與「歷數」,象數與義理〉,《中國哲學》,2002 年第 2 期,頁 43～47。

38. 梁韋弦〈孟京易學的來源〉,《中國哲學》,2003 年第 11 期,頁 9～11。

39. 張火慶〈清初學風與乾嘉考證之學〉,《中華文化復興月刊》,第 15 卷第 6 期,1982 年 6 月,頁 38～44。

40. 張文智〈京氏易學中的陰陽對待與流行〉,《周易研究》,2002 年第 2 期,頁 39～53。

41. 張濤〈西漢後期象數易學興起的自然生態和社會政治根源〉,《周易研究》,1998 年第 4 期,頁 47～51。

42. 鈕恬〈略論《周易》卦爻變化的特點〉,《周易研究》,1999 年第 3 期,頁 25～36。

43. 傅榮賢〈孟喜易學略論〉,《周易研究》,1994 年第 3 期,頁 4～7。

44. 鄒順初〈漢代易學窺豹〉,《第十屆國際易學大會論文集》,臺北:中華民國易經學會,1993 年 7 月 25 日,頁 122～129。

45. 楊國榮〈明清之際儒家價值觀的轉換〉,《中國哲學史》,1993 年第 8 期,頁 97～104。

46. 楊國榮〈乾嘉學派的治學方法〉,《經學研究論叢》,第一輯,1994 年 4 月。

47. 漆永祥〈惠棟與古籍整理〉,《古籍整理研究學刊》,1992 年第 1 期,頁 39～41。

48. 漆永祥〈惠棟易學著述考〉,《周易研究》,2004 年第 3 期,頁 51～57。

49. 潘德榮〈詮釋的創造性與「創造的詮釋學」〉,《中國哲學》,2002 年第 11 期,頁 14～20。

50. 劉慧珍〈漢代易學的特殊問題——易象陰陽五行化試論〉,《第二屆漢代文學與思想學術研討會》,臺北:國立政治大學中國文學系主辦,1998 年 10 月 17 日。

51. 劉玉建〈五行說與京房易學〉,《周易研究》,1996 年第 4 期,頁 1～11。

52. 劉玉建〈鄭玄爻辰説述評〉,《周易研究》,1995 年第 3 期,頁 34～42。

53. 劉玉建〈論魏氏月體納甲説及其對虞氏易學的影響〉,《周易研究》,2001 年第 4 期,頁 21～25。

54. 劉玉建〈試論京房易學中的世卦起月例〉,《周易研究》,1996 年第 2 期,頁 17～20。

55. 劉潤忠〈中國哲學本體論的易學闡釋〉,《周易研究》,1994 年第 4 期,頁 33～39。

56. 劉笑敢〈經典詮釋與體系建構———中國哲學詮釋傳統的成熟與特點芻議〉,《中國哲學》,200 年第 5 期,頁 18～26。

57. 鄭卜五〈乾嘉漢學形成的主要因素探析〉,《海軍軍官學校學報》,第 6 期年第期,1996 年 10 月,頁 215～225。

58. 鄭萬耕〈易學中的陰陽五行觀〉,《周易研究》,1994 年第 4 期,頁 24～32。

59. 鄭萬耕〈易學中的整體思維方式〉,《周易研究》,1995 年第 4 期,頁 62～70。

60. 蕭漢明〈論《京氏易傳》與後世納甲筮法的文化內涵〉,《周易研究》,2000 年第 2 期,頁 22～34。

（三）西文期刊

1. Chun- chidh Huang, "The Mencius and Historical Hermenudtics,"《清華學報》第 19 卷第 2 期（1989 年 8 月）,頁 45～65。

2. E. D. Hirsch, Validity in Interpretation, Appendix I Objective Interpretation C. Verification,（New Haven :Yale University Press, 1967）, p. 236。

3. Friedrich Schleiermacher ,Hermeneutics: The Handwritten Manuscripts, translated by James Duke and Jack Forstman（Missoula, Month Scholars Press,1977）, p. 50.

附錄一　八卦候應與二十四節氣徵驗之內容

一、八卦候應之徵

八卦	方位	卦氣	正炁直卦	炁出右	炁出左	炁不至	炁　　進	炁退
乾	西北	立冬	人定。白氣出，直乾。	萬物半死。	萬物傷。	立夏有寒，傷禾稼，萬物多死，人民疾疫，應在其衝。	乾炁見於冬至之分，則陽炁火盛，當藏不藏，蟄蟲多行。乾為君父，為寒、為冰、為金、為玉，於是歲則立夏蚤蟄，夏至寒，乾得坎之蹇，則夏雨雪水冰。	傷萬物。
坎	北方	冬至	夜半，黑炁出，直坎。	天下旱。	涌水出。	夏至大寒，雨雪，湧泉出，歲多大水，應在其衝。	坎炁見立春之分，則水炁乘出。坎為溝瀆，於是歲多水災，江河決，山水涌出。	天下旱。
艮	東北	立春	雞鳴，黃炁出，直艮。	萬物傷。	山崩，涌水出。	立秋山陵多崩，萬物華實不成，五穀不入，應在其衝。	艮炁見於春分之分，則萬物不成。艮為山，為止，不止則炁過山崩。	數有雲霧霜
震	東方	春分	日出，青炁出，直震。	萬物半死。	蛟龍出。	歲中少雷，萬物不實，人民疾熱，應在其衝。	震炁見立夏之分，雷炁盛，萬物蒙而死不實。龍蛟數見，不雲而雷，多至乃止。	歲中少雷，萬物不茂。
巽	東南	立夏	食時，青炁出，直巽。	風橛木。	萬物傷，人民疾濕。	歲中多大風，發屋揚砂，禾稼盡，應在其衝。	巽炁見夏至之分，則風，炁過折木。	盲風至，萬物不成，濕傷人民。

離	南方	夏至	日中,赤炁出,直離。	萬物半死。	赤地千里。	無日光,五穀不榮,人民疾,目痛。多無冰,應在其衝。	離炁見於立秋之分,兵起。	其歲日無光,必害之。
坤	西南	立秋	晡時,黃炁出,直坤。	萬物半死。	地動。	萬物不茂,地數震,牛羊多死,應在其衝。	坤炁見於秋分之分,則其歲地動搖,江河水乍存乍亡。	地分裂,水泉不泯。
兌	西方	秋分	日□,白炁出,直兌。	萬物不生。	虎害人。	歲中多霜,草木枯落,人民疥瘙,應在其衝。	兌炁見於立冬之分,則萬物不成,虎狼為災,在澤中。	澤枯,萬物不成。

二、二十四節氣徵驗

卦爻	節氣	方位	出氣時間	出氣色	八風	卦候之徵	晷長	陰陽氣直宿	當至不至之病災	不當至而至之病災	衝應
坎初六	冬至 11月中	北	夜半	坎黑	廣莫風至	蘭射干生,麋角解,曷旦不鳴。	丈三尺	陰氣去,陽雲出箕。莖末如樹木之狀。	萬物大旱,大豆不為。人足太陰脈虛,多病振寒。	人足太陰脈逆,多病暴脹心痛,大旱。	應在夏至
坎九二	小寒 12月節					合凍,虎始交,祭蛇垂首,曷旦入空。	丈二尺四分	倉陽雲出氐,南倉北黑。	先小旱,後小水。人手太陰脈虛,人多病喉脾。	人手太陰脈盛,人多熱,來年麻不為。	應在小暑
坎六三	大寒 12月中					雪降,草木多生心,鵲始巢。	丈一尺八分	黑陽雲出心,南黑北黃。	旱。後水,麥不成。人足少陰脈虛,多病蹶,逆惕善驚。	人足少陰脈盛,人多病,上氣嗌腫。	應在大暑
坎六四	立春正節	東北	雞鳴	艮黃	條風至	雨水降,雉雊雞乳,冰解,柳楊。	丈一尺二分	青陽雲出房,如積水。	兵起,來年麥不成。人足少陰脈虛,多病疫癘。	人足少陰脈盛,人多病粟疾疫。	應在立秋
坎九五	雨水正中					凍冰釋,猛風至。獺祭魚,鴻鴈鳴,蝙蝠出。	九尺一寸六分	黃陽雲出亢,南黃北黑。	旱,麥不為。人手太陽脈虛,人多病,心痛。	人手太陽脈盛,人多病目。	應在處暑
坎上六	驚蟄 2月節					雷候應北。	八尺二寸	赤陽雲出翼,南赤北白。	霧,稚禾不為。人足太陽脈虛,人多疫病瘧。	人足太陽脈盛,多病癰疽,脛腫。	應在白露
震初九	春分 2月中	東	日出	震青	明庶風至	雷雨行,桃始花,日月同道。	七尺二寸四分	正陽雲出張,如積鵠。	先旱後水。歲惡重種來麥不為。人手太陽脈虛,人多病痺痛。	人手太陽脈盛,人多病癰疥身應。	應在秋分
震六二	清明 3月節					雷鳴雨下,清明風至,玄鳥來。	六尺二寸八分	白陽雲出宿,南白北黃。	菽豆不為。人足陽明脈虛,人多病疥痛。振寒洞泄。	人足陽明脈盛,人多病溫,暴死。	應在寒露

卦	節氣月	方位	時	卦色	風	物候	尺寸	雲	占驗	人病	應在
震六三	穀3月中					田鼠化為駕。	五尺三寸二分	太陽雲出張，上如車蓋，下如薄。	水物稻等不為。人足陽明脈虛，人多病癰疽瘴，振寒霍亂。	人足陽明脈盛，人多病溫，黑腫。	應在霜降
震九四	立夏4節	東南	食時	巽青	清明風至	暑，鵠聲蜇，電見早出，龍升天。	四尺三寸六分	當陽雲出觜，紫赤如珠。	旱，五穀大傷，牛畜亡。人手陽明脈虛，多病，寒熱、齒齲。	人手陽明脈盛，多病，頭腫嗌喉痺。	應在立冬
震六五	小滿4中					雀子蜇，螻蛄鳴。	三尺四寸	上陽霍七星，赤而饒。	多凶言，有大喪，先水後旱。人足太陽脈虛，人多病滿，筋急痺痛。	人足太陽脈盛，人多病衝氣腫。	應在小雪
震上六	芒種5節					蚯蚓出。	二尺四寸	長陽雲出宿，集赤如曼曼。	多凶言，國有狂令。人足太陽脈虛，多病血痺。	人足太陽脈盛，多蹶眩頭痛。	應在大雪
離初九	夏至5月中	南	日中	離赤	景風至	暑且濕，蟬鳴，螳螂生，鹿解角，木堇榮。	四寸八分	少陰雲出，如水波祟祟。	邦有大殃，陰陽並傷，口乾嗌痛。人手陽脈虛。	人手陽脈盛，多病肩痛。	應在冬至
離六二	小暑6節					雲五色出。伯勞鳴，蝦蟆無聲。	二尺四寸四分	黑陰雲出，南黃北黑。	前小水，後小旱，有兵。人足陽明脈虛，多病，泄注腹痛。	人足陽明脈盛，多病膕腫。	應在小寒
離九三	大暑6中					雨濕，半夏生。	三尺四寸	陰雲出，南赤北蒼。	外兵作，來年饑。人手少陽脈虛，多病，筋痺胸痛。	人手少陽脈盛，多病，脛痛惡氣。	應在大寒
離九四	立秋7節	西南	哺食	坤黃	涼風至	白露下，腐草為嗌，蜻蚓鳴。	四尺三寸六分	濁陰雲出，上如赤繒，列下黃幣。	暴風為災，年歲不入。人手少陽脈虛，多病癭。少陽氣中寒，白芒芒。	人手少陽脈盛，多病，咳嗽，上氣咽喉腫。	應在立春
離六五	處暑7中					雨水，寒蟬鳴。	五尺三寸二分	赤陰雲出，南黃北黑。	國有淫令，四方兵起。人足太陰脈虛，多病，䐜身熱，來年麥不為。	人足太陰脈盛，多病，䐜長熱，不汗出。	應在雨水
離上九	白露8節					雲氣五色，蜻蜒上堂，鷹祭鳥，燕子去室，鳥雌雄別。	六尺二寸八分	黃陰雲出，南黑北黃。	六畜多傷，人手太陰脈虛，人多病痤疽泄。	人手太陰脈盛，多病，心䐜閉症瘕。	應在驚蟄
兌初九	秋分8中	西	日入	兌白	昌盍風至	風涼慘，雷始收，驚鳥擊，元鳥歸。	七尺二寸四分	白陽雲出，南黃北白。	草木復榮，人手少陽脈虛，多病溫，悲心痛。	人手少陽脈盛，多病，痀脇鬲痛。	應在春分

兌九二	寒露9月節					霜小下，秋草死，眾鳥去。	八尺二寸	正陽雲出如纓。	來年穀不成，六畜鳥獸被殃。人手蹶陰脈虛，多病，疕疼腰痛。	人手蹶陰脈盛，多病痛，痀中熱。	應在清明
兌六三	霜降9月中					候雁南向，豺祭獸，霜大下，草禾死。	九尺一寸六分	太陽雲出，上如羊，下如磻石。	萬物大耗，來年多大風。人足蹶陰脈虛，多病，腰痛。	人足蹶陰脈盛，多病喉，風腫。	應在穀雨
兌九四	立冬10月節	西北	人定	乾白	不周風至	始冰，薺麥生，賓爵入水為蛤。	丈一寸二分	陰雲出接。	地氣不藏，立夏反寒，早旱晚水，萬物不成。人手少陽脈虛，多病溫，心煩。	人手少陽脈盛，多病，臂掌痛。	應在立夏
兌九五	小雪10月中					陰寒，熊羆入穴，雉入水為蜃。	丈一尺八分	陰雲出而黑。	來年五穀傷，蠶麥不為。人心主脈虛，多病，肘腋痛。	人心主脈盛，人多病，腹耳痛。	應在小滿
兌上六	大雪11月節					魚負冰，雨雪。	丈二尺四分	長雲出，黑如介。	溫氣泄，夏蝗生，大水。人手心主脈虛，多病少氣，五疸、水腫。	人手心主脈盛，多病，癰疽腫痛。	應在芒種

附錄二　二十八星宿圖 ^[註1]

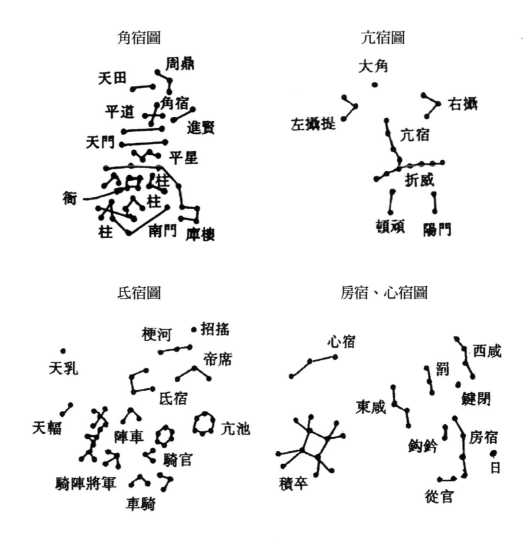

角宿圖　　　　　亢宿圖

氐宿圖　　　　房宿、心宿圖

〔註 1〕 諸圖引自張其成《易經應用大百科》（下篇），台北：地景企業股份有限公司，
1996 年 5 月初版，頁 40～53。

尾宿、箕宿圖

斗宿圖

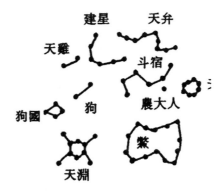

牛宿圖

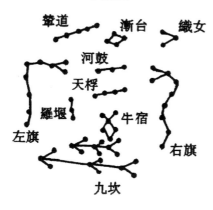

女宿圖

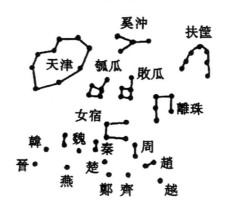

虛宿圖

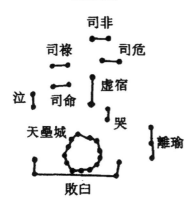

危宿圖

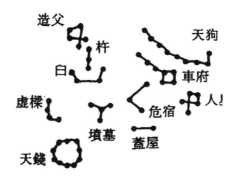

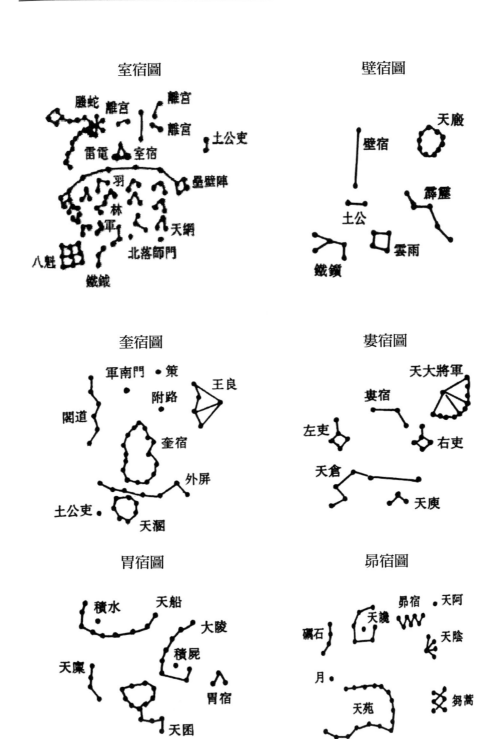

室宿圖

壁宿圖

奎宿圖

婁宿圖

胃宿圖

昴宿圖

畢宿圖

觜宿、參宿圖

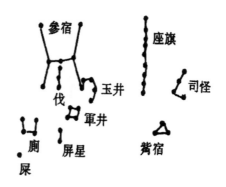

井宿圖

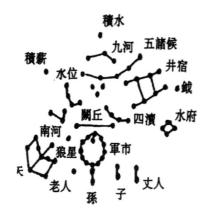

鬼宿圖

柳宿、星宿圖

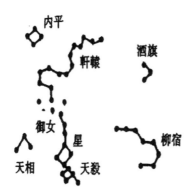

張宿圖

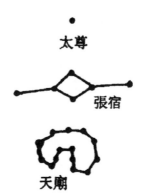

翼宿圖

軫宿圖

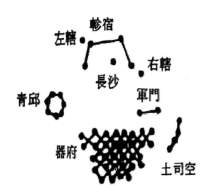

附錄三　虞氏運用《說卦傳》卦象統計表

《說卦傳》卦象	虞氏注引次數	虞　氏　注　引　出　處
艮以止之	10 則	屯初九爻注、剝《象傳》注、坎九五爻注、坎上六爻注、艮《象傳》注、艮九三爻注、節六四爻注、《繫下》二章注、又十章注兩引
兌以說之	8 則	履彖注、履九二爻注、解《象》注、節《象傳》注、中孚《象》注、損《象》注、歸妹九二爻注、兌《象傳》注
乾以君之	3 則	革上六《象》注、《繫上》八章注、《序卦下》注
坤以藏之	1 則	《繫上》八章注
帝出乎震	8 則	坤《文言》注、蠱《象傳》注、剝《象傳》注、復象注、復《象傳》注、《繫下》五章注、履九二爻注、《繫下》二章注
齊乎巽	2 則	觀《象傳》注、《繫上》十一章注
相見乎離	1 則	蹇《象傳》注
戰乎乾	1 則	《繫上》九章注
萬物出乎震	6 則	睽《象傳》注、无妄《象》注兩引、離《象傳》注、恆《象傳》注、益《象傳》注
震東方也	2 則	姤《象》注、《說卦》十一章注
離也者明也	8 則	屯象注、屯六四爻注、比九五《象》注、賁《象傳》注、既濟九五爻注、《繫上》十一章注兩引、《說卦》五章注
(離)南方之卦也	1 則	升象注
坤也者地也	6 則	復《象傳》注、歸妹《象傳》注、節《象傳》注、《繫上》四章注、《繫下》一章注、《繫下》二章注

兌正秋也	1則	《說卦》五章注
坎者水也	14則	革《象》注、屯《象傳》注、需《象》注、比初六爻注、謙《象傳》注、頤六四爻注、艮九三爻注、漸九二爻注、小過六五《象》注、未濟象注、《繫上》一章注、《繫上》八章注、《繫下》二章注、《說卦》十一章注
艮東北之卦也	1則	蹇象注
終萬物始萬物者莫盛乎艮	1則	謙象注
乾健也	3則	大畜《象傳》注、夬《象傳》注、乾《象》注
坤順也	7則	《說卦》三章注、觀《象傳》注、剝《象傳》注、復《象傳》注、漸九三爻注、漸九三《象》注、臨《象傳》注、
震動也	7則	恆上六爻注、《繫上》三章注、隨《象傳》注、无妄《象傳》注、歸妹《象傳》注、《繫下》二章注、《繫下》五章注
巽入也	2則	《繫下》二章注、復象注
離麗杣	1則	睽《象傳》注
兌說也	9則	兌《象傳》注、履《象傳》注、隨《象傳》注、臨《象傳》注、大過《象傳》注、睽《象傳》注、夬《象傳》注、革《象傳》注、歸妹《象傳》注
乾爲馬	2則	《繫下》二章注、中孚六四爻注
坤爲牛	10則	无妄六三爻注、大畜六四爻注、睽六三爻注、姤上九爻注、萃象注、旅上九爻注、既濟九五爻注、《繫下》二章注、益六二爻注、萃《象傳》注
震爲龍	2則	《繫下》五章注、《說卦》十一章注
巽爲雞	1則	中孚上九爻注
坎爲豕	4則	大畜六五爻注、睽上九爻注、姤初六爻注、巽六四爻注
離爲雉	2則	鼎九三爻注、巽六四爻注
艮爲狗	1則	《說卦》十一章注
兌爲羊	3則	夬九四爻注、歸妹上六爻注、《說卦》十一章注
乾爲首	6則	晉上九爻注、姤上九爻注、既濟六二爻注、既濟上六爻注、未濟上九爻注、《說卦》十一章注
坤爲腹	3則	比《象》注、大畜九二爻注、大壯九四爻注
震爲足	14則	履六三爻注、泰九二爻注、噬嗑初九爻注、賁初九爻注、剝初六爻注、大過上六爻注、坎六四爻注、困九五爻注、鼎初六爻注、鼎九四爻注、震六二爻注、渙九二爻注、《繫下》二章注、《說卦》十一章注

巽爲股	5 則	咸九三爻注、艮六二爻注、《繫下》二章注兩引、同人九三爻注
坎爲耳	9 則	咸上六爻注、夬九四爻注、鼎九三爻注、鼎六五爻注、艮六二爻注、《說卦》五章注、《說卦》十一章注、夬九四《象》注、旅上九《象》注
離爲目	11 則	屯上六《象》注、小畜九三爻注、頤象注、頤六四爻注、小《象》注、履六三爻注、夬九四《象》注、歸妹九二爻注、豐上六爻注、巽象注、《說卦》十一章注
艮爲手	28 則	坤六四爻注、蒙上九爻注、訟上九爻注、小畜九五爻注、泰初九爻注、噬嗑象注、无妄六二爻注、大畜六四爻注、坎上六爻注、咸九三爻注、遯六二爻注、晉六二爻注、益上九爻注、萃初六爻注、萃六二爻注、井象注、艮九三爻注、巽六四爻注、兌上六爻注、小過六五爻注、《繫上》二章注、蒙初六爻注、隨上六爻注、觀《象傳》注、旅初六《象》注、節《象傳》注、中孚九五爻注、小過上六爻注
兌爲口	15 則	乾《文言》注、需九二爻注、泰上六爻注、臨六三爻注、離六五爻注、睽上九爻注、困《象傳》注、歸妹六五注、《繫上》十二章注、《繫下》二章注兩引、需《象》注、臨《象》注、姤九五爻注、兌《象傳》注
乾天也故稱乎父	11 則	《繫下》六章注、履《象》注、臨《象傳》注、復《象傳》注、鼎《象傳》注、歸妹《象傳》注、節《象傳》注、《繫上》四章注、《繫上》六章注、《繫下》一章注兩引
坤地也故稱乎母	2 則	《繫下》一章注、《繫下》六章注
震一索而得男故謂之長男	1 則	《說卦》七章注
巽一索而得女故謂之長女	1 則	姤象注
乾爲天	20 則	乾《文言》注、大有上九爻注、豫《象傳》注、隨《象傳》注、蠱《象傳》注、无妄《象傳》注、大畜上九爻注、恆《象傳》注兩引、家人《象傳》注、睽《象傳》注、姤九五爻注、革《象傳》注、豐《象傳》注、兌《象傳》注、中孚《象傳》注、中孚上九爻注、《繫下》二章注兩引、《繫下》六章注
爲圜	2 則	姤九五爻注、《說卦》本章注
爲君	6 則	復上六爻注、復上六《象》注、革九四爻注、歸妹六五爻注、《繫上》八章注、《序卦下》注

爲父	6 則	蠱初六爻注、家人《象傳》注、《繫上》一章注、《繫下》六章注、《繫下》八章注、《序卦下》注
爲金	8 則	姤初六爻注、鼎六五爻注、《繫下》二章注兩引、《繫上》一章注、《繫上》八章注、《說卦》本章注、噬嗑六五爻注
爲寒	2 則	坤《文言》注、《繫下》五章注
爲良馬	1 則	大畜九三爻注
坤爲地	10 則	豫《象傳》注兩引、坎《象傳》注、離《象傳》注、恆《象傳》注、家人《象傳》注、睽《象傳》注、革《象傳》注、《繫上》八章注、《繫下》二章注
爲母	4 則	蠱九二爻注、晉六二爻注、小過六二爻注、《繫下》八章注
爲吝嗇	3 則	頤六四爻注、小過《象》注、損象注
爲大輿〔註1〕	2 則	大有初九爻注、大壯九四爻注
爲文	2 則	乾《文言》注、小畜《象》注
爲眾	8 則	師《象傳》注、豫九四爻注、晉象注、晉六三爻注、明夷《象》注、《雜卦》注、解象注、萃象注
爲柄	1 則	《繫下》七章注
震爲雷	4 則	《說卦》本章注兩引、屯《象傳》注、巽九五爻注
爲龍〔註2〕	1 則	《說卦》本章注
爲元黃	1 則	歸妹《象傳》注
爲旉〔註3〕	3 則	《說卦》本章注兩引、《繫下》五章注
爲大塗	4 則	履九二爻注、睽九二爻注、《繫下》二章注、《說卦》十一章注
爲長子	4 則	師上六爻注、鼎初六爻注、蒙九二爻注、《說卦》本章注
爲決躁	1 則	《繫下》十二章注
其於馬也爲善	1 則	豫初六爻注
爲作足	1 則	屯六二爻注
爲的顙	1 則	《說卦》本章注
其究爲健爲蕃鮮	1 則	巽九五爻注

〔註 1〕虞翻「輿」作「舉」。
〔註 2〕虞翻「龍」作「駹」。
〔註 3〕虞翻「旉」作「專」。

巽爲木	13 則	无妄九五爻注、漸六四爻注、旅上九爻注、渙《象傳》注、《繫下》二章注兩引、剝《象傳》注、益《象傳》注、姤初六爻注、《繫上》一章注、《繫下》二章注、《說卦》本章注
爲風	5 則	《繫下》二章注兩引、《繫下》七章注、《說卦》本章注、巽九五爻注、
爲白	6 則	履九二爻注、賁上九爻注、大畜六五爻注、《說卦》本章注兩引、《雜卦》注
爲長	2 則	大壯上六《象》注、艮六二爻注
爲高	10 則	蒙上九爻注、同人九三爻注、蠱上九爻注、賁《象傳》注、升《象》注、升六五爻注、漸九三爻注、旅上九爻注、中孚上九爻注、《繫下》十二章注
爲進退	8 則	觀《象傳》注、觀六三爻注、賁《象傳》注、大壯上六爻注、益上九爻注、姤初六爻注、巽初六爻注、《繫下》二章注
爲多白眼	1 則	小畜九三爻注
爲近利市三倍	3 則	復《象》注、兌九四爻注、《說卦》本章注
爲究爲躁卦	4 則	《說卦》本章注兩引、巽九五爻注兩引、
坎爲水	3 則	觀《象傳》注、渙《象傳》注、《繫下》十二章注
爲隱伏	7 則	訟九二爻注、艮象注、艮《象》注、《繫下》二章注、同人九二爻注、豐上六爻注、豐上六《象》注
爲矯輮	1 則	渙九二爻注
爲曳	5 則	履六三爻注、睽六三爻注、夬九四爻注、歸妹初九爻注、歸妹九四爻注
其於輿也爲多眚〔註4〕	1 則	師六二爻注
爲通	8 則	同人象注、睽《象傳》注、井象注、井《象傳》注、漸《象傳》注、節《象傳》注、節初九《象》注、《繫下》七章注
爲月	28 則	豫《象傳》注、離《象傳》注、恆《象傳》注兩引、蹇象注、蹇《象傳》注、萃《象傳》注、革《象》注兩引、歸妹象注、歸妹《象傳》注、歸妹九四爻注、歸妹六五爻注、中孚六四爻注、《繫上》二章注、《繫上》九章注、《繫下》二章注三引、《繫下》八章注、《繫下》十二章注兩引、《說卦》本章注、小畜上九爻注、賁《象傳》注、離《象》注、咸《象傳》注、大壯《象傳》注、

〔註 4〕虞翻「輿」作「車」。

爲盜	7引	《繫下》二章注、《繫下》八章注兩引、小畜上九爻注、既濟六二爻注、既濟六四爻注、艮九三爻注、艮九三《象》注
其於木也爲堅多心	1則	坎上六爻注
離爲火	9則	革《象傳》注、旅九三爻注、旅上九爻注、小畜九三注、大有初九爻注、節上六爻注、《繫上》一章注、《說卦》五章注、《說卦》十一章注
爲日	47則	乾九三爻注、乾《文言》注兩引、需象注、訟上九爻注、豫《象傳》注、豫六二爻注、小畜上九爻注、賁《象傳》注、蠱《象傳》注、大畜九三爻注、離《象傳》注兩引、離《象》注、咸《象傳》注、恆《象傳》注兩引、大壯《象傳》注、晉象注、解《象傳》注、萃《象傳》注、益《象傳》注、革象注、革《象》注、歸妹《象傳》注、歸妹九四爻注、歸妹六五爻注、震六二爻注、豐初九爻注、豐九三爻注、豐九四爻注、旅《象傳》注、巽九五爻注、中孚六四爻注、既濟六四爻注、《繫上》二章注、《繫上》九章注、《繫下》二章注、《繫下》五章注兩引、《繫下》八章注、《繫下》十二章注兩引、《說卦》五章注、《雜卦》注兩引
爲甲冑	2則	萃《象》注、漸九三爻注
爲戈兵	4則	師六三爻注、漸九三爻注、小過九三爻注、《繫上》八章注
其於人也爲大腹	5則	漸九三爻注、屯六二爻注、屯六三爻注、泰六五爻注、睽上九爻注
爲蠃	1則	震六二爻注
爲蚌	1則	震六二爻注
爲龜	6則	頤初九爻注、損六五爻注、益初九爻注、《繫上》十章注、《繫上》十二章注、《繫下》十二章注
艮爲山	18則	屯六三爻注、蒙《象》注、蒙上九爻注、需六二爻注、否《象》注、隨上六爻注、賁六五爻注、坎《象傳》注、咸《象》注、困六三爻注、遯象注、損《象》注、漸初六爻注、漸九三爻注、漸九五爻注、《繫上》一章注、《繫下》二章注、《說卦》本章注
爲門闕	1則	困六三《象》注
爲閽寺	1則	中孚九二爻注
爲指	3則	剝六二爻注、咸初六爻注、解九四爻注

爲狗〔註5〕	2則	隨上六爻注、《說卦》本章注
兌爲澤	4則	蒙六三爻注、履《象》注、《繫上》一章注、《繫下》二章注
爲少女	1則	大過九二爻注
爲口舌	2則	咸上六爻注《繫下》十二章注
爲毀折	2則	大壯象注、歸妹《象》注
其於地也爲剛鹵	1則	履象注
爲妾	2則	遯九三爻注、鼎初六爻注
爲羊〔註6〕	1則	《說卦》本章注

〔註5〕虞翻「狗」作「拘」。
〔註6〕虞翻「羊」作「羔」。

附錄四　鄭玄《周易》佚文與今本相異比較表

條次 〔註1〕	經傳卦爻名稱	今本經傳文字	鄭玄佚文文字
9	乾卦《文言傳》	不成乎名。	不成名。
11	乾卦《文言傳》	閑邪存其誠。	閑邪以存其誠。
13	乾卦《文言傳》	君子進德修業，欲及時，故无咎。	君子進德脩業，及時，故无咎。
14	乾卦《文言傳》	亢龍有悔，窮之災也。	亢龍有悔，窮志災也。
15	乾卦《文言傳》	乾始能以美利利天下。	乾始而以美利利天下。
18	坤卦六二	直方大。	直方。
21	坤卦《文言》：	爲其嫌於无陽也。	爲其慊于陽也。
23	屯卦《大象》	君子以經綸。	君子以經論。
24	屯卦六二	乘馬班如。	乘馬般如。
25	屯卦六二	匪寇昏媾。	匪寇昏菁。
26	屯卦六三	君子幾。	君子機。
30	蒙卦九二	包蒙。	苞蒙。
32	蒙卦上九	擊蒙。	繫蒙。
37	需卦九二	需于沙。	需于沚。
38	需卦九三	致寇至。	致戎至。
40	訟卦卦辭	有孚窒。	有孚咥。

〔註1〕所指條次即前文「王惠二家鄭氏輯佚參照說明表」所示之條次。

45	訟卦上九	終朝三褫之。	終朝三扡之。
49	師卦九二	王三錫命。	王三賜命。
52	比卦九五	王用三驅。	王用三敺。
55	履卦卦辭	履虎尾，不咥人。	履虎尾，不噬人。
56	履卦上九	視履考祥。	視履考詳。
60	泰卦九二	包荒。	苞荒。
63	否卦九四	疇離祉。	禹離祉。
69	同人卦九四	乘其墉。	乘其庸。
71	大有六四《象傳》	明辯晳也。	明辯遰也。
73	謙卦《大象》	君子以裒多益寡。	君子以捊多益寡。
79	豫卦六二	介于石。	砎于石。
90	噬嗑卦《大象》	先王以明罰勑法。	先王以明罰勑法。
96	賁卦初九	舍車而徒。	舍輿而徒。
97	賁卦初九《象傳》	義弗乘也。	義不乘也。
98	賁卦六四	賁如，皤如。	賁如，燔如。
109	復卦六三	頻復。	顰復。
112	復卦上六	有災眚。	有裁眚。
115*	无妄卦《象傳》	天命不祐。	天命不右。
119	大畜卦九三	良馬逐。	良馬逐逐。
121	大畜卦六四	童牛之牿。	童牛之梏。
129	大過卦九二	枯楊生稊。	枯楊生荑。
130	坎卦六三	險且枕。	檢且枕。
131	坎卦六四	樽酒，簋貳，用缶，納約自牖。	尊酒，簋貳，用缶，内約自牖。
137	離卦九三	不鼓缶而歌。	不擊缶而歌。
138	離卦九三	則大耋之嗟。	則大耋之差。
139	離卦九四	突如其來如。	突如其來如。
140	離卦六五《象傳》	離王公也。	麗王公也。
146	咸卦上六《象傳》	滕口說也。	媵口說也。
148	恆卦初六	浚恒。	濬恒。
149	恆卦九三	或承之羞。	咸承之羞。
152	遯卦	遯。	遂。

156	大壯卦九三	羸其角。	纍其角。
158	大壯上六《象傳》	不詳也。	不祥也。
160	晉卦《象傳》	君子以自昭明德。	君子以自照明德。
164	晉卦六五	失得勿恤。	矢得勿恤。
167	明夷卦《象傳》	文王以之。	文王似之。
168	明夷卦《象傳》	箕子以之。	箕子似之。
169	明夷卦六二	夷于左股。	睇于左股。
178	睽卦六三	其牛掣。	其牛犂。
179	睽卦上九	後說之弧。	後說之壺。
181	蹇卦初六《象傳》	宜待也。	宜待時也。
183	解卦《象傳》	雷雨作而百果草木皆甲坼。	雷雨作而百果草木皆甲宅。
185	損卦《象傳》	二簋可用享。	二簋可用亨。
186	損卦《象傳》	君子以懲忿窒欲。	君子以徵忿懫欲。
191	夬卦九三	壯于頄。	壯于頯。
192	夬卦九四	其行次且。	其行越趄。
194	姤卦	姤。	遘。
195	姤卦《象傳》	后以施命誥四方。	后以施命詰四方。
202	升卦	升。	昇。
205	困卦九二	朱紱方來。	朱韍方來。
218	鼎卦九四	其形渥。	其刑劇。
228	艮卦九三	列其夤。	列其腡。
234	豐卦初九	遇其配主。	遇其妃主。
236	豐卦六二	豐其蔀。	豐其菩。
237	豐卦九三	豐其沛。	豐其韋。
238	豐卦九三	日中見沫	日中見昧。
241	豐卦上六	天際翔也。	天際祥也。
242	豐卦上六《象傳》	自藏也。	自戕也。
244	兌卦《象傳》	麗澤兌。	離澤兌。
264	《繫辭上傳》	八卦相盪。	八卦相蕩。
267	《繫辭上傳》	君子居則觀其象而玩其辭。	君子居則觀其象而翫其辭。

270	《繫辭上傳》	原始反終。	原始及終。
274	《繫辭上傳》	故君子之道鮮矣。	故君子之道尟矣。
275	《繫辭上傳》	藏諸用。	臧諸用。
280	《繫辭上傳》	有功而不德。	有功而不置。
282	《繫辭上傳》	冶容誨淫。	野容誨淫。
286	《繫辭上傳》	聖人之所以極深而研幾也。	聖人之所以極深而研機也。
291	《繫辭上傳》	莫大乎蓍龜。	莫善乎蓍龜。
293	《繫辭上傳》	又以尚賢也。	有以尚賢也。
297	《繫辭下傳》	重門擊柝。	重門擊㯓。
302	《繫辭下傳》	男女構精。	男女覯精。
308	《繫辭下傳》	若夫雜物撰德。	若夫雜物算德。
322	《說卦傳》	妙萬物而為言者也。	眇萬物而為言者也。
324	《說卦傳》	水火不相逮。	水火相逮。
330	《說卦傳》	為旉。	為專。
334	《說卦傳》	為繩直，為工。	為繩直，為墨。
335	《說卦傳》	其於人也為寡髮。	其於人也為宣髮。
336	《說卦傳》	為廣顙。	為黃顙。
342	《說卦傳》	為科上槁。	為科上槀。
344	《說卦傳》	為指。	為小指。
345	《說卦傳》	為黔喙之屬。	為黚喙之屬。
346	《說卦傳》	為羊。	為陽。
350	《序卦》	履而泰，然後安，故受之以泰。	履然後安，故受之以泰。
350	《序卦》	有无妄然後可畜。	有无妄物然後可畜。
359	《序卦》	物不可以久居其所。	物不可以終久於其所。
362	《雜卦》	損益盛衰之始也。	損益衰盛之始也。
363	《雜卦》	兌見而巽伏也。	兌說而巽伏也。
364	《雜卦》	蠱則飭也。	蠱則飾也。
366	《雜卦》	小人道憂也。	小人道消也。

乾卦	坤卦	屯卦	蒙卦	需卦	訟卦	師卦	比卦	小畜	履卦
9月	8月	10月	3月	12月	5月	2月	7月	2月	9月
7月	10月	8月	5月	10月	7月	12月	9月	12月	11月
5月	12月	6月	7月	8月	9月	10月	11月	10月	1月
3月	2月	4月	9月	6月	11月	8月	1月	8月	3月
1月	4月	2月	11月	4月	1月	6月	3月	6月	5月
11月	6月	12月	1月	2月	3月	4月	5月	4月	7月

泰卦	否卦	同人	大有	謙卦	豫卦	隨卦	蠱卦	臨卦	觀卦
6月	12月	5月	8月	10月	1月	12月	5月	10月	11月
5月	11月	3月	10月	8月	7月	10月	7月	8月	1月
4月	10月	1月	12月	6月	9月	8月	9月	6月	3月
3月	9月	11月	2月	4月	11月	6月	11月	4月	5月
2月	8月	9月	4月	2月	1月	4月	1月	2月	7月
1月	7月	7月	6月	12月	3月	2月	3月	12月	9月

噬嗑	賁卦	剝卦	復卦	无妄	大畜	頤卦	大過	坎卦	離卦
8月	11月	7月	2月	7月	10月	9月	12月	9月	8月
6月	1月	5月	4月	5月	12月	7月	2月	7月	10月
4月	3月	3月	6月	3月	2月	5月	4月	5月	12月
2月	5月	1月	8月	1月	4月	3月	6月	3月	2月
12月	7月	11月	10月	11月	6月	1月	8月	1月	4月
10月	9月	9月	12月	9月	8月	11月	10月	11月	6月

咸卦	恆卦	遯卦	大壯	晉卦	明夷	家人	睽卦	蹇卦	解卦
3月	10月	4月	5月	12月	11月	3月	2月	9月	4月
1月	12月	2月	7月	10月	1月	1月	4月	7月	6月
11月	2月	12月	9月	8月	3月	11月	6月	5月	8月
9月	4月	10月	11月	6月	5月	9月	8月	3月	10月
7月	6月	8月	1月	4月	7月	7月	10月	1月	12月
5月	8月	6月	3月	2月	9月	5月	12月	11月	2月

損卦	益卦	夬卦	姤卦	萃卦	升卦	困卦	井卦	革卦	鼎卦
5月	4月	1月	8月	6月	3月	7月	8月	1月	8月
3月	6月	11月	10月	4月	5月	5月	10月	11月	10月
1月	8月	9月	12月	2月	7月	3月	12月	9月	12月
11月	10月	7月	2月	12月	9月	1月	2月	7月	2月
9月	12月	5月	4月	10月	11月	11月	4月	5月	4月
7月	2月	3月	6月	8月	1月	9月	6月	3月	6月

震卦	艮卦	漸卦	歸妹	豐卦	旅卦	巽卦	兌卦	渙卦	節卦
12月	1月	11月	12月	4月	7月	11月	6月	4月	9月
10月	3月	9月	2月	2月	9月	1月	4月	2月	11月
8月	5月	7月	4月	12月	11月	3月	2月	12月	1月
6月	7月	5月	6月	10月	1月	5月	12月	10月	3月
4月	9月	3月	8月	8月	3月	7月	10月	8月	5月
2月	11月	1月	10月	6月	5月	9月	8月	6月	7月

中孚	小過	既濟	未濟
9月	8月	8月	1月
7月	10月	6月	3月
5月	12月	4月	5月
3月	2月	2月	7月
1月	4月	12月	9月
11月	6月	10月	11月